2004
中国科技统计年鉴
CHINA STATISTICAL YEARBOOK ON SCIENCE AND TECHNOLOGY

国 家 统 计 局
科 学 技 术 部 编

Edited By
National Bureau of Statistics
Ministry of Science and Technology

中国统计出版社
China Statistics Press

（京）新登字 041 号

图书在版编目（CIP）数据

中国科技统计年鉴．2004/国家统计局、科学技术部编．
—北京：中国统计出版社，2004
ISBN 7-5037-4549-5

Ⅰ．中…
Ⅱ．①国… ②科…
Ⅲ．科技统计－中国－2004－年鉴
Ⅳ．G322－66

中国版本图书馆 CIP 数据核字（2004）第 097858 号

中国科技统计年鉴－2004

责任编辑/吕　军
装帧设计/艺编广告·张　冰
出版发行/中国统计出版社
通信地址/北京市西城区月坛南街 75 号　邮政编码/100826
办公地址/北京市丰台区西三环南路甲 6 号
电　　话/（010）63459084　63266600－22500（发行部）
印　　刷/科伦克三莱印务（北京）有限公司
经　　销/新华书店
开　　本/880×1230mm　1/16
印　　张/25.75
字　　数/760 千字
印　　数/1—1500 册
版　　别/2004 年 12 月第 1 版
版　　次/2004 年 12 月北京第 1 次印刷
书　　号/ISBN 7-5037-4549-5/F·1995
定　　价/185.00 元

《中国科技统计年鉴－2004》编辑委员会

Editorial Board

《中国科技统计年鉴－2004》编辑部

Editorial Staff

编者说明

《中国科技统计年鉴－2004》是国家统计局和科技部共同编撰的反映我国科技活动的统计资料书。全书收录了全国三十一个省、自治区、直辖市、国务院有关部门2003年度科技统计数据。

全书内容分为八个部分。第一部分为1991－2003年全社会科技活动的综合资料；第二部分为地级及以上研究与开发机构科技活动资料；第三部分为大中型工业企业科技活动资料。第四部分是高等学校科技活动资料；第五部分为国家科技发展计划统计资料；第六部分是科技活动成果和专利的有关资料；第七部分是综合技术服务部门和科协活动的有关资料；第八部分为科技活动的国际比较资料。最后附有主要统计指标解释。

参与本书编辑的单位还有财政部、教育部、国防科工委、中组部、商务部、国土资源部、中国科学院、中国工程院、国家知识产权局、中国气象局、中国科协、国家质量检验检疫总局、国家测绘局、中国地震局、国家海洋局。对上述单位有关人员在本书的编辑过程中给予的大力支持与合作，表示衷心感谢。

《中国科技统计年鉴》编辑部

二OO四年十月

Foreword

The *China Statistical Yearbook on Science and Technology – 2004* is prepared jointly by the National Bureau of Statistics and the Ministry of Science and Technology. The Yearbook, which covers data series at the national, provincial and local levels, and autonomous regions, as well as departments directly under the State Council, reports on the development of China's science and technology activities. This is the fourteenth compilation of the Yearbook.

The Yearbook contains the following eight parts: 1. General Information 2. Independent Research Institutions 3. Large and Medium-sized Enterprises 4. Institutions of Higher Education 5. National Program for Science and Technology 6. Results of Science and Technology Activities 7. Scientific and Technologic Services and 8. International Comparisons.

The institutions participating editing this volume include: Ministry of Finance, Ministry of Education, Commission of Science, Technology and Industry for National Defense, Ministry of Central Organization, Ministry of Foreign Trade and Economic Cooperation, Chinese Academy of Sciences, Chinese Academy of Engineering, State Intellectual Property Office, China Meteorological Administration, China Association for Science and Technology, General Administration of Quality Supervision , Inspection and Quarantine, State Bureau of Survey and Mapping, China Seismological Bureau, State Oceanic Administration. We would like to express our gratitude to these institutions of the State Council for their cooperation and support in sparing no effort to provide all the required data.

Editors

October, 2004

目　录　Contents

一、综合
General

二、研究与开发机构
Independent Research Institutions

三、大中型工业企业

Large and Medium-sized Enterprises

四、高等学校
Institutions of Higher Education

五、国家科技发展计划
National Program for Science and Technology Development

六、科技活动成果
Results of Science and Technology Activities

七、科技服务
Scientific and Technologic Services

八、国际比较

International Comparison

一、综合
General

1－1 国家财政科技支出(1980－2003)

Government Expenditure for Science and Technology

单位:亿元 (100,000,000 yuan)

年份 Year	国家财政总支出 Total Government Budgetary Expenditure (A)	国家财政科技拨款 Appropriation for Science and Technology (B)	科学事业费 Operating Expenses for Science	科技三项费 Science and Technology Promotion Funds	科研基建费 Capital Construction for Science Research	其 他 Others	科技拨款占财政总支出的比重 % of Total Government Budgetary Expenditure (B/A)
1980	1228.8	64.59	20.95	27.33	11.32	4.99	5.3
1981	1138.4	61.58	22.72	24.12	10.46	4.28	5.4
1982	1230.0	65.29	23.85	26.39	11.17	3.88	5.3
1983	1409.5	79.03	26.66	35.42	10.59	6.36	5.6
1984	1701.0	94.72	32.28	42.45	13.04	6.95	5.6
1985	2004.3	102.59	32.00	44.35	18.83	7.41	5.1
1986	2204.9	112.57	34.56	49.63	20.30	8.08	5.1
1987	2262.2	113.79	29.50	50.60	22.87	10.82	5.0
1988	2491.2	121.12	35.65	54.05	19.70	11.72	4.9
1989	2823.8	127.87	38.45	59.13	17.91	12.38	4.5
1990	3083.6	139.12	44.44	63.48	17.47	13.73	4.5
1991	3386.6	160.69	54.15	73.32	18.40	14.82	4.7
1992	3742.2	189.26	57.16	89.41	24.55	18.14	5.1
1993	4642.3	225.61	65.59	106.56	33.95	19.51	4.9
1994	5792.6	268.25	87.90	114.22	36.06	30.07	4.6
1995	6823.7	302.36	96.86	136.02	38.00	31.48	4.4
1996	7937.6	348.63	109.66	155.01	48.55	35.41	4.4
1997	9233.6	408.86	127.12	189.97	42.74	49.03	4.4
1998	10798.2	438.60	151.92	189.90	47.28	49.50	4.1
1999	13187.7	543.90	168.10	272.80	52.90	50.10	4.1
2000	15886.5	575.60	189.00	277.20	61.50	47.90	3.6
2001	18902.6	703.30	223.10	359.60	63.40	57.20	3.7
2002	22053.2	816.22	269.85	398.60	69.99	77.78	3.7
2003	24650.0	975.50	300.80	416.60	111.10	147.00	4.0

1－2　国家财政教育支出(1980－2002)

Government Expenditure for Education

单位:亿元　　(100,000,000 yuan)

年份 Year	国家财政总支出 Total Government Budgetary Expenditure (A)	国家财政性教育经费 Government Expenditure for Education (B)	国家财政预算内教育支出 Budgetary Expenditure for Education (C)	教育支出占国内生产总值的比重 % of GDP (B/GDP)	教育支出占国家财政支出的比重 % of Government Budgetary Expenditure (C/A)
1980	1228.8		108.2		8.81
1981	1138.4		117.6		10.33
1982	1230.0		133.2		10.83
1983	1409.5		151.9		10.78
1984	1701.0		179.8		10.57
1985	2004.3		227.9		11.37
1986	2204.9		270.4		12.26
1987	2262.2		285.9		12.64
1988	2491.2		340.7		13.68
1989	2823.8	503.9	397.7	3.15	14.08
1990	3083.6	548.7	433.9	3.10	14.07
1991	3386.6	617.8	459.7	3.02	13.57
1992	3742.2	728.7	538.7	2.65	14.40
1993	4642.3	867.8	644.4	2.52	13.88
1994	5792.6	1174.7	884.0	2.62	15.26
1995	6823.7	1411.5	1028.4	2.08	15.07
1996	7937.6	1671.7	1211.9	2.50	15.27
1997	9233.6	1862.5	1357.7	2.54	14.70
1998	10798.2	2032.4	1565.6	2.60	14.50
1999	13187.7	2287.2	1815.8	2.79	13.77
2000	15886.5	2562.6	2085.7	2.87	13.13
2001	18902.6	3057.0	2582.4	3.19	13.66
2002	22053.2	3491.4	3114.2	3.32	14.12

1－3　全国科技活动人员(1991－2003)

Personnel Engaged in Science and Technology Activities

单位:人　　(person)

年份 Year	科技活动人员总数 Total	科学家和工程师 Scientists and Engineers	占科技活动人员总数比重 % of Total	全国经济活动人口(万人) National Economically Active Population (10,000 persons)	每万名经济活动人口中科技活动人员 S&T Personnel per 10,000 Economically Active Population	每万名经济活动人口中科学家工程师 Scientists and Engineers per 10,000 Economically Active Population	全国人口(万人) National Population (10,000 persons)	每万名人口中科学家和工程师 Scientists and Engineers per 10,000 Population
1991	2286411	1320944	57.8	66091	35	20	115823	11
1992	2270389	1372037	60.4	66782	34	21	117171	12
1993	2452052	1372012	56.0	67468	36	20	118517	12
1994	2575869	1538758	59.7	68135	38	23	119850	13
1995	2624734	1553943	59.2	68855	38	23	121121	13
1996	2903153	1687844	58.1	69765	42	24	122389	14
1997	2885690	1667767	57.8	70800	41	24	123626	13
1998	2814479	1490149	52.9	72087	39	21	124810	12
1999	2905635	1594623	54.9	72791	40	22	125909	13
2000	3223519	2045906	63.5	73992	44	28	126743	16
2001	3141085	2071530	65.9	74432	42	28	127627	16
2002	3221822	2172019	67.4	75360	43	29	128453	17
2003	3284005	2254721	68.7	76075	43	30	129227	17

1－4　全国研究与试验发展(R&D)人员全时当量(1991－2003)

Full-time Equivalent of R&D Personnel

单位:万人年　　(10,000 man-year)

年份 Year	研究与试验发展人员全时当量 Total	基础研究 Basic Research	应用研究 Applied Research	试验发展 Experimental Development	#科学家和工程师 Scientists and Engineers	比重 % of Total
1991	67.05	6.13	21.46	39.46	47.14	70.31
1992	67.43	5.84	20.90	40.70	47.19	69.98
1993	69.78	6.33	21.49	41.96	48.92	70.11
1994	78.32	7.64	24.20	46.48	55.20	70.49
1995	75.17	6.66	22.79	45.71	52.20	69.44
1996	80.40	6.96	23.65	49.79	54.80	68.16
1997	83.12	7.17	25.27	50.68	58.87	70.82
1998	75.52	7.87	24.97	42.68	48.55	64.29
1999	82.17	7.60	24.15	50.42	53.11	64.63
2000	92.21	7.96	21.96	62.28	69.51	75.38
2001	95.65	7.88	22.60	65.17	74.27	77.65
2002	103.51	8.40	24.73	70.39	81.05	78.31
2003	109.48	8.97	26.03	74.49	86.21	78.74

1-5 全国研究与试验发展(R&D)人员全时当量按执行部门分组(1995-2003)

Full-time Equivalent of R&D Personnel by Performer

单位:万人年 (10,000 man-year)

	研究与试验发展人员全时当量 Total	研究与开发机构 Independent Research Institutes	企业 Interprises	大中型工业企业 Large & Medium-sized Enterprises	高等学校 Institutions of Higher Education	其他 Others
1995	75.17	24.46	-	28.18	14.42	-
1996	80.40	23.04	-	33.84	14.81	-
1997	83.12	25.37	-	32.17	16.58	-
1998	75.52	22.66	-	27.03	16.88	-
1999	82.17	23.33	-	30.30	17.60	-
2000	92.21	22.72	46.10	32.88	16.30	7.09
2001	95.65	20.50	53.21	37.93	17.11	4.83
2002	103.51	20.59	60.13	42.43	18.15	4.63
2003	109.48	20.39	65.61	47.81	18.93	4.56

1-6 全国科技活动经费筹集(1991-2003)

Sources of Fund for Science and Technology

单位:万元 (10,000 yuan)

	科技活动经费筹集总额 Total	政府资金 Government Funds	比重 % of Total	企业资金 Enterprise Funds	比重 % of Total	金融机构贷款 Bank Loans	比重 % of Total
1991	4270028	1263853	29.60	1216102	28.48	719308	16.85
1992	5573247	1599703	28.70	1624652	29.15	899166	16.13
1993	6754898	1753724	25.96	1857141	27.49	1188170	17.59
1994	7889057	2181386	27.65	2343579	29.71	1214698	15.40
1995	9625070	2487311	25.84	3051918	31.71	1270806	13.20
1996	10431730	2719714	26.07	3128228	29.99	1497880	14.36
1997	11819282	3098706	26.22	3483689	29.47	1551858	13.13
1998	12897557	3538300	27.43	4025040	31.21	1709832	13.26
1999	14606085	4729764	32.38	5102899	34.94	1287921	8.82
2000	23466834	5933920	25.29	12963664	55.24	1962129	8.36
2001	25893991	6563595	25.35	14583833	56.32	1907606	7.37
2002	29379898	7761912	26.42	16766868	57.07	2018777	6.87
2003	34590986	8392833	24.26	20535424	59.37	2593378	7.50

1-7 全国科技活动经费内部支出总额(1991-2003)
Intramural Expenditure for Science and Technology

单位:万元 (10,000 yuan)

年份 Year	科技活动经费内部支出总额 Total	劳务费 Compensation for Labourers	比重 % of Total	固定资产购建费 Expenditure on the Purchase of Fixed Assets	比重 % of Total	国内生产总值(亿元) GDP (100,000,000 yuan)	占国内生产总值比重 % of GDP	按人口平均科技经费支出(元) Per Capita S&T Expenditure (yuan)
1991	3884686	648878	16.70	1147541	29.54	21618	1.80	34
1992	4893282	815394	16.66	1432768	29.28	26638	1.84	42
1993	6227705	1035392	16.63	2038007	32.72	34634	1.80	53
1994	7387063	1477331	20.00	2285183	30.93	46759	1.58	62
1995	8469113	1787382	21.10	2410676	28.46	58478	1.45	70
1996	9329752	1871553	20.06	2690765	28.84	67885	1.37	76
1997	10652257	2115154	19.86	2934338	27.55	74463	1.43	86
1998	11284682	2362408	20.93	3045921	26.99	78345	1.44	90
1999	12849277	2701568	21.03	3574264	27.82	82068	1.57	102
2000	20502472	4757702	23.21	6073208	29.62	89468	2.29	162
2001	23125469	5493008	23.75	6922875	29.94	97315	2.38	181
2002	26715385	6545592	24.50	7226289	27.05	105172	2.54	208
2003	31215698	7514508	24.07	8523507	27.31	117252	2.66	242

1-8 全国研究与试验发展(R&D)经费支出(1995-2003)
Intramural Expenditure for R&D

单位:亿元 (100,000,000 yuan)

年份 Year	研究与试验发展经费支出 Total	基础研究 Basic Research	比重 % of Total	应用研究 Applied Research	比重 % of Total	试验发展 Experimental Development	比重 % of Total	占国内生产总值比重 % of GDP	按人口平均R&D支出(元) Per Capita R&D Expenditure (yuan)
1995	348.69	18.06	5.18	92.02	26.39	238.60	68.43	0.60	29
1996	404.48	20.24	5.00	99.12	24.51	285.12	70.49	0.60	33
1997	509.16	27.44	5.39	132.46	26.02	349.26	68.60	0.68	39
1998	551.12	28.95	5.25	124.62	22.61	397.54	72.13	0.70	44
1999	678.91	33.90	4.99	151.55	22.32	493.46	72.68	0.83	54
2000	895.66	46.73	5.22	151.90	16.96	697.03	77.82	1.00	71
2001	1042.49	55.60	5.33	184.85	17.73	802.03	76.93	1.07	82
2002	1287.64	73.77	5.73	246.68	19.16	967.20	75.12	1.23	100
2003	1539.63	87.65	5.69	311.45	20.23	1140.52	74.08	1.31	119

1-9 按执行部门分组的研究与试验发展(R&D)经费支出(1995-2003)

Intramural Expenditure for R&D by Performer

单位:亿元 (100,000,000 yuan)

年份 Year	研究与试验发展经费支出 Total	研究与开发机构 Independent Research Institutes	企业 Interprises	大中型工业企业 Large & Medium-sized Enterprises	高等学校 Institutions of Higher Education	其他 Others
1995	348.7	146.4		141.7	42.3	
1996	404.5	172.9		160.5	47.8	
1997	509.2	206.4		188.3	57.7	
1998	551.1	234.3		197.1	57.3	
1999	678.9	260.5		249.9	63.5	
2000	895.7	258.0	537.0	353.4	76.7	24.0
2001	1042.5	288.5	630.0	442.3	102.4	21.6
2002	1287.6	351.3	787.8	562.0	130.5	18.0
2003	1539.6	399.0	960.2	720.8	162.3	18.1

注:研究与开发机构历年数据均已调整为地级及以上独立核算研究与开发机构及科技信息与文献机构,不含转制所。

1-10 按执行部门和资金来源分组的研究与试验发展(R&D)经费支出(2003)

Intramural Expenditure for R&D by Performer and by Sources

单位:亿元 (100,000,000 yuan)

	研究与试验发展经费支出 Total	政府资金 Government Funds	企业资金 Enterprises Funds	国外资金 Foregn Funds	其他资金 Others Funds
全国 Total	1539.6	460.6	925.4	30	123.8
研究与开发机构 Independent Research Institutions	399.0	320.3	20.8	1.7	56.1
企业 Enterprises	960.2	47.3	839.9	25.1	47.9
其中:大中型工业企业 Large and Midium-sized Enterprises	720.8	27.6	668.4	14.3	10.4
高等学校 Institutions of Higher Education	162.3	87.7	58.3	3.0	13.4
其他 Others	18.1	5.2	6.4	0.1	6.4

1-11 国有企事业单位专业技术人员(1990-2003)
Technical Personnel in State-owned Enterprises and Institutions

单位:人 (person)

年份 Year	合计 Total	小计 Sub-total	工程技术 Engineering	农业技术 Agriculture	卫生技术 Health Care	科学研究 Scientific Research	教学人员 Teaching	国有企事业单位在岗职工(万人) Staff and Workers in State-own Enterprises	平均每万名职工中专业技术人员 Technical Personnel per 10,000 Employees
1990	22852669	16483542	4797176	450406	2657588	335066	8243306	9459	2416
1991	23918589	17168413	5024000	463050	2757993	341934	8581436	9739	2456
1992	24934607	17596532	5204950	476853	2827599	337146	8749984	9954	2505
1993	25964507	18124140	5363632	496279	2916255	333851	9014123	9948	2610
1994	26771198	18658689	5535329	519827	2995940	321036	9286557	9874	2711
1995	27053663	19133834	5625850	535731	3035335	302879	9634039	9975	2712
1996	28019313	19920785	5745367	579157	3130788	303177	10162296	9919	2825
1997	28603117	20495006	5719337	611458	3213762	302684	10647765	9723	2942
1998	28773511	20913343	5656735	635929	3254958	290537	11075184	7766	3705
1999	29042988	21430140	5654863	654138	3329706	283532	11507901	7286	3986
2000	28874159	21650807	5551098	670105	3371966	274506	11783132	6820	4234
2001	28477431	21698037	5316327	674644	3390233	265554	12051279	6355	4481
2002	28344158	21860024	5289166	666998	3402326	262692	12238842	5890	4835
2003	27745585	21739699	4992867	683437	3441109	275496	12346790	5575	4977

1-12 国有企事业单位分行业专业技术人员(2003)
Technical Personnel in State-owned Enterprises and Institutions by Industry

单位:万人 (10,000 persons)

行业分类 Industry	总计 Total	企业 Enterprise	事业 Institution
总计 Total	2174.0	445.5	1728.5
农、林、牧、渔业 Farming, forestry, Farming of animals and fishing	105.4	23.0	82.3
工业 Mining, Manufacturing, Production and distribution of electricity, gas and water	229.4	229.4	
建筑业 Construction	59.6	59.6	
交通运输、仓储和邮政业 Traffic, transport, storage and post	48.2	33.3	14.9
信息传输、计算机服务和软件业 Information transfer, computer services and software	23.4	21.7	1.7
批发和零售业 Wholesale and retail trade	12.7	12.7	
住宿和餐饮业 Accommodation and Restaurants	0.6	0.6	
金融业 Finance	6.6	6.3	0.4
房地产业 Real estate	3.9	3.9	
租赁和商务服务业 Tenancy and business services	2.9	1.1	1.9
科学研究、技术服务和地质勘查业 Scientific research, technical service and geologic perambulation	76.8	18.3	58.5
水利、环境和公共设施管理业 Management of water conservancy, environment and public establishment	37.7	3.8	33.9
居民服务和其他服务业 Resident services and other services	40.3	3.7	36.7
教育 Education	1208.4	13.6	1194.9
卫生、社会保障和社会福利业 Sanitation, social security and social welfare	301.5	13.5	287.9
文化、体育和娱乐业 Culture, sports and entertainment	16.5	1.1	15.4

注:数据口径为工农科卫教五类人员。

1-13 各地区国有企事业单位专业技术人员(2003)

Technical Personnel in State-owned Enterprises and Institutions by Region

单位:人 (person)

地区 Region		合计 Total	小计 Sub-total	工程技术 Engineering	农业技术 Agriculture	科学研究 Scientific Research	卫生技术 Health Care	教学人员 Teaching
全　国	**Total**	**27745585**	**21739699**	**4992867**	**683437**	**275496**	**3441109**	**12346790**
东部地区	Eastern Region	9295114	7667168	1435504	194737	53971	1316064	4666892
中部地区	Mid Region	7321022	6164362	960560	205366	36591	1018078	3943767
西部地区	Western Region	5922991	5162089	764264	256216	26381	804000	3311228
北　京	Beijing	599344	448505	198751	6555	6570	74368	162261
天　津	Tianjin	316931	227381	56307	2611	1716	50823	115924
河　北	Hebei	1142766	981541	147308	25129	3198	132307	673599
山　西	Shanxi	754809	619906	124547	18596	3866	90826	382071
内蒙古	Neimenggu	514746	439973	68669	22202	2029	72508	274565
辽　宁	Liaoning	988595	783087	166335	26215	6297	153782	430458
吉　林	Jilin	698124	547570	103418	27903	4456	99159	312634
黑龙江	Heilongjiang	895995	716404	155432	30731	5694	132671	391876
上　海	Shanghai	451876	316418	79852	2372	5821	77712	150661
江　苏	Jiangsu	1234430	1033231	178130	34157	6487	162217	652240
浙　江	Zhejiang	777986	657957	110674	18928	5140	130700	392515
安　徽	Anhui	820619	709608	98254	19659	2973	92539	496183
福　建	Fujian	574834	511062	68822	13859	4132	60623	363626
江　西	Jiangxi	667576	576050	79872	18307	2692	98911	376268
山　东	Shandong	1814336	1506151	282997	48947	9204	250250	914753
河　南	Henan	1395376	1232272	146998	30345	5434	166048	883447
湖　北	Hubei	1026616	849806	121557	31939	6964	177229	512117
湖　南	Hunan	1061907	912746	130482	27886	4512	160695	589171
广　东	Guangdong	1264983	1090383	135621	12575	4918	202548	734721
广　西	Guangxi	770135	654862	109325	22881	2999	105308	414349
海　南	Hainan	129033	111452	10707	3389	488	20734	76134
重　庆	Chongqing	409654	355110	47596	12606	1930	52757	240221
四　川	Sichuan	1121103	1001858	127949	43194	5486	155582	669647
贵　州	Guizhou	552914	492604	63652	27170	1633	71317	328832
云　南	Yunnan	723208	637172	89855	38730	3518	99475	405594
西　藏	Tibet	38254	33728	3038	1447	378	7112	21753
陕　西	Shaanxi	663485	565724	96386	23668	2648	84113	358909
甘　肃	Gansu	437797	382978	64779	19125	2090	53361	243623
青　海	Qinghai	105029	92034	12875	5808	569	16915	55867
宁　夏	Ningxia	143309	118268	22541	8572	702	19837	66616
新　疆	Xinjiang	443357	387778	57599	30813	2399	65715	231252

注:全国总数含中央属地方属单位,分地区数据只含地方属不含中央属单位。

1-14 各地区科技
S&T Personnel

单位:人

地区 Region		从事科技活动人员 S&T Personnel① Total	科学家和工程师 Scientists & Engineers	研究与开发机构 Independent Research Institutes② Sub-total	科学家和工程师 Scientists & Engineers
全 国	**Total**	**3284005③**	**2254721④**	**406424**	**266427**
东部地区	Eastern Region	1931267	1346066	201164	139867
中部地区	Mid Region	822736	570273	93289	58246
西部地区	Western Region	643459	428336	111971	68314
北 京	Beijing	270921	226263	77590	57582
天 津	Tianjin	78761	55602	9518	5872
河 北	Hebei	113510	78575	8434	6173
山 西	Shanxi	78601	55065	10372	6553
内蒙古	Neimenggu	34367	22450	6177	4281
辽 宁	Liaoning	159073	117039	17337	12141
吉 林	Jilin	64760	50008	10404	7084
黑龙江	Heilongjiang	92857	66539	10616	7648
上 海	Shanghai	175859	123255	25611	16653
江 苏	Jiangsu	331771	208927	23136	14463
浙 江	Zhejiang	188408	123351	7588	5247
安 徽	Anhui	86017	56655	10218	6246
福 建	Fujian	71504	49246	4495	3212
江 西	Jiangxi	64382	37008	7178	4424
山 东	Shandong	260161	162635	14765	10581
河 南	Henan	146364	93600	16673	9160
湖 北	Hubei	192724	143410	19663	12453
湖 南	Hunan	97031	67988	8165	4678
广 东	Guangdong	277576	198609	11306	7271
广 西	Guangxi	45995	32392	6389	4210
海 南	Hainan	3723	2564	1384	672
重 庆	Chongqing	65152	48318	4872	3179
四 川	Sichuan	172723	112203	33307	18636
贵 州	Guizhou	31821	19069	4284	2600
云 南	Yunnan	50191	32964	7190	4687
西 藏	Tibet	2869	1993	512	257
陕 西	Shaanxi	135997	86696	34745	20310
甘 肃	Gansu	59770	42771	8146	5551
青 海	Qinghai	9100	5879	646	492
宁 夏	Ningxia	10228	6730	806	623
新 疆	Xinjiang	25246	16871	4897	3488

注:①全社会口径。②指地级及以上独立核算研究与开发机构及科技信息与文献机构,不含转制所。

③、④栏指标全国数据和分地区数据的来源渠道不同,所以分地区数据之和与全国总量数据之间存在误差。

活动人员(2003)
by Region

(person)

大中型工业企业 Large & Medium-sized Enterprises Sub-total	科学家和工程师 Scientists & Engineers	高等学校 Institutions of Higher Education Sub-total	科学家和工程师 Scientists & Engineers
1411150	**872769**	**410995**	**403785**
786948	501202	217591	213744
360657	216367	108332	106848
263545	155200	85072	83193
29502	21433	38319	37383
21406	13621	11214	11118
55850	34510	13376	13244
40930	28111	8271	8078
16336	9035	4234	4204
84287	56085	24724	24475
18850	13878	13294	13119
49345	29913	14531	14459
62193	41462	22992	22806
168493	97758	32494	31782
78200	45465	21528	21058
40700	23220	14515	14318
28772	17504	8280	8213
32699	13815	7968	7841
144488	92513	19700	19336
74875	45769	10378	10320
61140	34824	22924	22710
42118	26837	16451	16003
113072	80266	23938	23332
16667	10017	8588	8381
685	585	1026	997
29332	19670	11691	11275
76482	43636	19216	18779
15666	8565	3530	3513
10453	6095	8132	8022
		457	457
56813	30802	17005	16422
25850	17035	6396	6342
3514	2170	886	867
3613	2294	1362	1360
8819	5881	3575	3571

1－15 各地区科技活动

Sources of Funds for Science and

单位：万元

地 区 Region		科技经费筹集总额 Sources of Fund for S&T Total	政府资金 Government Funds	企业资金 Enterprise Funds	金融机构贷款 Bank Loans	研究与开发机构 Independent Research Institutes Sub-total	政府资金 Government Funds	企业资金 Enterprise Funds
全 国	**Total**	**34590986**	**8392833**	**20535424**	**2593378**	**7506287**	**5350242**	**470580**
东部地区	Eastern Region	23836663	5109762	14833983	1698856	4801866	3265571	357163
中部地区	Mid Region	6029846	1451822	3545062	573406	1097119	772384	77215
西部地区	Western Region	4968188	1905868	2322051	275315	1607305	1312290	36204
北 京	Beijing	4924271	2162419	1748446	129611	2392915	1654259	157100
天 津	Tianjin	976505	182235	662791	73763	141680	105259	3125
河 北	Hebei	795662	209663	461690	68514	152259	132272	176
山 西	Shanxi	492115	112917	311400	36899	89550	71823	2413
内蒙古	Neimenggu	182937	62459	111143	2517	41255	37004	60
辽 宁	Liaoning	1513073	339667	1010170	68933	256169	198550	20936
吉 林	Jilin	606949	143612	367816	49315	160514	99276	5160
黑龙江	Heilongjiang	716014	225700	368710	72391	94965	66532	1758
上 海	Shanghai	3055668	704495	2019612	107323	613069	433582	67037
江 苏	Jiangsu	3728092	547747	2437776	377349	537066	304368	38288
浙 江	Zhejiang	2074594	269375	1505581	194688	152916	116265	10232
安 徽	Anhui	1063156	231180	517989	248454	162694	129569	6343
福 建	Fujian	838090	90214	605697	103654	57133	39560	7525
江 西	Jiangxi	307146	75760	199273	10927	48283	36338	1463
山 东	Shandong	2264351	206369	1742557	182462	194590	105671	14316
河 南	Henan	842688	165923	568119	42006	171031	109731	18584
湖 北	Hubei	1182487	352133	692952	51960	293609	211149	39297
湖 南	Hunan	819291	144597	518803	61454	76473	47966	2197
广 东	Guangdong	3629639	377998	2629924	392278	281835	160038	38343
广 西	Guangxi	374154	84902	212679	40619	75036	50336	1796
海 南	Hainan	36718	19580	9739	281	22234	15747	85
重 庆	Chongqing	470042	81541	318971	41893	37994	29004	1744
四 川	Sichuan	1611611	677500	682932	78499	648767	550774	1707
贵 州	Guizhou	176406	48417	101005	11333	31867	21479	724
云 南	Yunnan	295222	115946	124586	24263	91341	71881	3745
西 藏	Tibet	7638	5756	146	100	5117	4993	0
陕 西	Shaanxi	1239689	626189	460573	40604	502178	419185	20749
甘 肃	Gansu	279785	114294	108596	16641	105626	75989	1188
青 海	Qinghai	70293	21724	40359	4200	10202	9020	0
宁 夏	Ningxia	70483	18070	43575	5794	6558	5816	224
新 疆	Xinjiang	189930	49072	117487	8852	51364	36809	4267

注：数据口径同前表。

经费筹集(2003)
Technology by Region

(10,000 yuan)

	大中型工业企业				高等学校		
金融机构贷款 Bank Loans	Large & Medium-sized Enterprises Sub-total	政府资金 Government Funds	企业资金 Enterprise Funds	金融机构贷款 Bank Loans	Institutions of Higher Education Sub-total	政府资金 Government Funds	企业资金 Enterprise Funds
113015	**15886065**	**517886**	**13395588**	**1564783**	**3077922**	**1647568**	**1125898**
63370	11043676	232233	9508861	1043731	1893856	967358	729471
43146	2933535	114719	2376637	372381	703144	419366	214390
6499	1908854	170934	1510092	148672	480937	260864	182046
13706	498249	20421	447485	24702	508181	272864	170492
779	402795	4911	377376	17852	77607	39324	34396
98	387175	16483	317583	42066	58370	28949	26010
477	281527	9927	248054	18027	33136	18578	8426
40	90780	10537	79217	649	9276	5930	2827
1798	870983	38191	770054	53278	164937	68191	64962
35215	194729	3692	184916	3349	54375	27572	21143
358	342600	28981	270704	30162	151058	113653	32540
10570	1508630	21297	1413844	59909	330520	165167	136721
29453	2117670	44888	1701511	243485	310925	150990	136432
744	994456	19150	838901	114014	178135	67265	95958
1506	665984	4060	422987	225833	128792	86728	23324
260	484316	9766	404742	66829	28995	18584	8307
979	182736	21099	151742	5110	22252	13404	6950
2056	1736389	21953	1541140	154540	85398	54629	19498
557	445685	10626	400812	23312	27230	16941	7690
3046	468172	19383	412030	26890	172428	88651	73132
1008	352102	16951	285392	39698	113873	53839	41185
3625	2034465	35133	1688132	267056	147751	98734	36628
1569	209189	5638	168131	32220	29003	19951	7910
281	8548	40	8093	0	3037	2663	68
67	287318	14060	241237	27402	55164	25841	20346
1414	532152	33673	426903	32935	123914	50968	62492
1	105694	12626	81419	9477	7306	5875	399
735	85658	4291	69587	10673	22635	17436	3974
100					291	284	3
1125	337752	72520	219902	18892	196966	113439	73313
1110	93696	11539	72051	9609	26288	12820	10384
99	35283	1696	29855	2289	2641	2528	50
94	36257	2090	31523	2304	2442	1426	9
145	95075	2264	90267	2222	5011	4367	340

1－16 各地区科技活动

Intramural Expenditure for

单位:万元

地 区 Region	科技经费内部支出总额 Intramural Expenditure Total	劳务费 Compensation for Laborers	固定资产购建费 Expenditure on the Purchase of Fixed Assets	研究与开发机构 Independent Research Institutes Sub-total	劳务费 Compensation for Laborers	固定资产购建费 Expenditure on the Purchase of Fixed Assets
全 国 Total	**31215698**	**7514508**	**8523507**	**6812881**	**1691457**	**1379684**
东部地区 Eastern Region	21703284	5354249	5866515	4400869	1021136	877014
中部地区 Mid Region	5267091	1231281	1463613	943425	300286	169414
西部地区 Western Region	4650462	1124963	1247248	1468587	370035	333258
北 京 Beijing	4365699	1116418	763105	2153193	459605	400466
天 津 Tianjin	837208	215684	222868	120768	31244	22111
河 北 Hebei	742940	151542	216431	142033	16829	28200
山 西 Shanxi	446933	103557	156561	86497	30326	14678
内蒙古 Neimenggu	183340	56412	47131	37245	19493	5407
辽 宁 Liaoning	1452427	331668	379630	258158	61749	79823
吉 林 Jilin	513115	116149	89745	127688	44191	25721
黑龙江 Heilongjiang	600946	153103	122005	90866	39442	9042
上 海 Shanghai	2884416	679435	890449	562508	130309	139369
江 苏 Jiangsu	3380219	729049	932012	512613	105490	89677
浙 江 Zhejiang	1766671	449413	529391	146802	40001	35495
安 徽 Anhui	834709	141115	299132	136712	33663	25020
福 建 Fujian	692274	178738	226183	53373	21068	8537
江 西 Jiangxi	324336	80252	116035	50207	19734	11697
山 东 Shandong	2224867	492121	701898	194598	62740	35421
河 南 Henan	750303	188467	222930	138995	38386	30272
湖 北 Hubei	1081258	276660	261789	236379	67864	40456
湖 南 Hunan	715490	171978	195417	76081	26680	12528
广 东 Guangdong	3323983	997648	997840	237884	84768	34846
广 西 Guangxi	348087	89589	84389	69249	32995	7940
海 南 Hainan	32581	12532	6707	18939	7333	3069
重 庆 Chongqing	444761	97004	121827	46877	12139	11191
四 川 Sichuan	1543124	327236	406813	601477	114453	134862
贵 州 Guizhou	154777	45921	30449	29321	14059	4522
云 南 Yunnan	255774	75953	76194	82779	27308	17077
西 藏 Tibet	9620	5649	1047	4680	3134	137
陕 西 Shaanxi	1141387	240943	333430	419260	88393	104444
甘 肃 Gansu	265614	92158	70295	111484	31947	36523
青 海 Qinghai	66864	24639	14069	10638	3683	3990
宁 夏 Ningxia	63120	15346	12384	6264	2966	634
新 疆 Xinjiang	173994	54114	49219	49313	19465	6531

注：数据口径同前表。

经费内部支出(2003)
S&T by Region

(10,000 yuan)

大中型工业企业 Sub-total	劳务费 Compensation for Laborers	固定资产购建费 Expenditure on the Purchase of Fixed Assets	高等学校 Higher Learning Sub-total	劳务费 Compensation for Laborers	固定资产购建费 Expenditure on the Purchase of Fixed Assets
14677738	**3244308**	**4627192**	**2538792**	**491491**	**450616**
10241625	2278732	3253657	1534553	322171	244394
2562261	549967	821281	598494	84324	128436
1873853	415613	552255	405759	85006	77796
467021	119116	66300	379885	80793	49142
326423	80909	91567	66500	14988	8337
370848	77505	108917	52202	9457	15080
251051	49000	103081	29960	8541	8178
102721	25366	31354	7533	2099	1497
855330	167281	243698	137122	34541	19289
177734	30834	34199	38007	8244	6827
287915	79838	69912	128863	8595	7060
1402912	277854	534934	279603	60491	31800
1930090	397060	602210	261515	38352	47360
814419	196360	272623	135900	27744	21003
479083	68284	199567	112666	18379	43713
401505	92294	136414	25760	6191	5373
201945	38256	85871	20258	5044	7065
1702970	307046	581174	68046	12879	14851
390050	99908	102855	24793	5541	7454
463762	100818	130075	139128	15830	29695
310721	83029	95721	104819	14149	18445
1963037	560813	614025	124645	35607	31002
197774	29018	53304	23920	8247	6153
7070	2494	1795	3376	1128	1157
264803	45869	80802	41722	8609	4295
551350	122392	153488	112340	21745	22871
93260	19989	18523	6221	2315	1300
68104	18382	20290	19025	7971	2197
			286	81	6
365811	81908	136590	162903	26035	34215
79931	32369	20400	23569	4260	4313
34480	11598	5433	2422	1282	250
32354	4967	5257	1419	761	26
83265	23755	26814	4399	1602	674

1－17 各地区研究与试验发展

Full-time Equivalent of

单位:人年

地区 Region	研究与试验发展人员全时当量总计 Full-time Equivalent of R&D Personnel Total	科学家与工程师 Scientists & Engineers	研究与开发机构 Independent Research Institutes	科学家和工程师 Scientists & Engineers
全国 Total	**1094831**	**862108**	**203896**	**155535**
东部地区 Eastern Region	629795	506928	107013	86089
中部地区 Mid Region	234335	184391	44307	31315
西部地区 Western Region	201113	150107	52576	38131
北京 Beijing	109947	95951	50413	43155
天津 Tianjin	28808	22627	4373	3140
河北 Hebei	34438	28489	4055	3517
山西 Shanxi	18483	14635	3807	2788
内蒙古 Neimenggu	8686	7126	2499	2035
辽宁 Liaoning	56031	45363	7956	5522
吉林 Jilin	19480	16472	4505	3272
黑龙江 Heilongjiang	34635	27564	5088	3933
上海 Shanghai	56211	45571	15525	11349
江苏 Jiangsu	98054	73672	10263	7897
浙江 Zhejiang	46580	35531	2928	2484
安徽 Anhui	25107	19286	4730	3668
福建 Fujian	26614	20311	1739	1454
江西 Jiangxi	16999	12121	2995	2334
山东 Shandong	78260	61303	5034	4018
河南 Henan	40742	30664	7627	5013
湖北 Hubei	51901	41821	11603	7738
湖南 Hunan	26988	21829	3952	2569
广东 Guangdong	93812	77207	4460	3346
广西 Guangxi	13188	10746	1345	1049
海南 Hainan	1040	902	267	207
重庆 Chongqing	17744	15068	2302	1678
四川 Sichuan	57867	43995	16344	11518
贵州 Guizhou	8623	6493	1474	1072
云南 Yunnan	12943	9704	3477	2555
西藏 Tibet	617	474	234	107
陕西 Shaanxi	54239	35291	19754	14082
甘肃 Gansu	16888	12627	2947	2179
青海 Qinghai	2265	1838	245	227
宁夏 Ningxia	2718	2117	316	291
新疆 Xinjiang	5335	4628	1639	1338

注：数据口径同前表。

(R&D)人员全时当量(2003)

R&D Personnel by Region

(man. year)

大中型工业企业 Large & Medium-sized Enterprises	科学家和工程师 Scientists & Engineers	高等学校 Institutions of Higher Education	科学家和工程师 Scientists & Engineers
478066	**346273**	**189257**	**185987**
282149	212039	102236	100510
107066	76906	47824	47177
88850	57330	39197	38300
11897	9972	20263	19763
8683	5906	5345	5309
17128	13177	5989	5927
9626	7356	3792	3726
4829	3612	1945	1930
29936	23027	11854	11751
4248	3567	5702	5624
20807	15232	7040	7001
23666	18268	11213	11115
55124	38534	15049	14758
22962	15896	8070	7955
10405	7054	6085	5999
10698	7236	3965	3927
9430	5515	3162	3108
45850	34436	9704	9526
22402	16351	3185	3169
18013	12504	11769	11653
12135	9327	7090	6898
55705	45151	10444	10151
5451	3505	3614	3552
500	436	341	328
6796	5526	5042	4850
24825	17052	10464	10197
4358	2951	1377	1371
3761	2284	3955	3882
		346	346
24852	12064	7410	7163
10148	7260	2531	2515
1136	926	416	401
1039	757	483	482
1655	1393	1614	1612

1-18 各地区研究与试验发展

Intramural Expenditure for

单位:万元

地区 Region	研究与试验发展经费内部支出合计 Total R&D Expenditure	研究与开发机构 Independent Research Institutes Sub-total	基础研究 Basic Research	应用研究 Applied Research
全国 Total	**15396346**	**3989936**	**469014**	**1410634**
东部地区 Eastern Region	10947084	2559308	318726	862988
中部地区 Mid Region	2448001	502028	57165	222279
西部地区 Western Region	2230401	928602	93124	325365
北京 Beijing	2562518	1380956	197787	397078
天津 Tianjin	404290	68796	3041	26427
河北 Hebei	380530	69410	349	22068
山西 Shanxi	158256	36041	74	17826
内蒙古 Neimenggu	63898	12730	1801	5508
辽宁 Liaoning	829699	152216	11067	50260
吉林 Jilin	278001	63527	7898	35781
黑龙江 Heilongjiang	326765	24926	2155	10064
上海 Shanghai	1289187	384296	53401	206732
江苏 Jiangsu	1504625	313883	22842	87826
浙江 Zhejiang	752256	43465	4018	17416
安徽 Anhui	324219	93089	24865	17094
福建 Fujian	375019	17213	4538	6851
江西 Jiangxi	169772	25748	2835	13189
山东 Shandong	1038442	55735	12714	20749
河南 Henan	341910	83054	879	32818
湖北 Hubei	548173	145460	13284	86183
湖南 Hunan	300904	30183	5174	9325
广东 Guangdong	1798393	68514	6984	25630
广西 Guangxi	112389	9442	397	2168
海南 Hainan	12126	4824	1985	1950
重庆 Chongqing	174401	17695	3478	7732
四川 Sichuan	794211	429617	43767	189134
贵州 Guizhou	78853	12348	4260	360
云南 Yunnan	110074	40705	6451	20166
西藏 Tibet	3104	1411	558	500
陕西 Shaanxi	679914	331818	8175	77089
甘肃 Gansu	127702	50279	20258	15261
青海 Qinghai	24070	5100	1154	1602
宁夏 Ningxia	23828	1693	157	876
新疆 Xinjiang	37957	15764	2668	4969

注:数据口径同前表。

(R&D)经费内部支出(2003)
R&D by Region

(10,000 yuan)

	大中型工业企业	高等学校			
试验发展 Experimental Development	Large & Medium-sized Enterprises Sub-total	Institutions of Higher Education Sub-total	基础研究 Basic Research	应用研究 Applied Research	试验发展 Experimental Development
2110288	**7207749**	**1623109**	**329136①**	**896885②**	**397088③**
1377593	5324554	959165	197851	536892	224415
222585	1086747	393204	93256	217631	82323
510113	796449	270756	42114	137037	91609
786091	359535	254186	63317	143238	47631
39326	154932	61091	8866	29013	23213
46993	190511	35464	9027	16914	9522
18141	94824	13917	5239	5308	3372
5421	36000	5132	1663	1512	1955
90889	531728	76545	9393	49511	17640
19849	69053	29573	7895	18983	2694
12707	181823	79224	6876	61509	10841
124163	597465	171991	26777	116524	28689
203215	806435	151918	29964	83924	38028
22031	372658	78595	14365	31717	32512
51130	127298	77176	33939	28354	14883
5824	227914	17767	3002	9939	4824
9724	114934	10872	2099	4361	4414
22271	841779	41487	13071	22305	6112
49358	192410	16601	3153	7432	6016
45992	187448	77726	15724	48381	13619
15684	118957	88115	18329	43303	26485
35900	1236315	68437	19315	33161	15959
6876	65673	16698	3555	6673	6472
889	5282	1685	753	645	286
6483	100309	29206	6018	15884	7302
196717	195145	95396	14271	49913	31212
7729	51762	4815	1516	2057	1241
14088	39106	13613	2902	6873	3842
353		229	24	168	38
246555	216604	86650	8830	42156	35667
14760	44069	13027	1812	9158	2058
2344	15053	1905	194	608	1103
660	14245	1199	363	643	192
8127	18483	2886	965	1394	526

注:①②③栏指标全国数据和分地区数据的来源渠道不同,所以分地区数据之和与全国总量数据之间存在误差。

1－19 全国研究生分学科招生数(1995－2003)

Graduate-Entrants of Master Degree and above by Field of Study

单位:人 (person)

		1995	1996	1997	1998	1999	2000	2001	2002	2003
合计	**Total**	**51053**	**59398**	**63749**	**72508**	**92225**	**128484**	**165197**	**202611**	**268925**
哲学	Philosophy	705	758	880	969	1301	1679	2022	2356	3103
经济学	Economics	4648	6387	7456	9216	10828	14850	8468	11016	14423
法学	Law	2369	3366	4049	4794	5583	8198	11064	13782	18489
教育学	Education	930	1046	1319	1586	2455	3227	4532	5123	7671
文学	Literature	2936	3429	3886	4349	5454	7754	10691	13468	18926
历史学	History	930	1038	1164	1255	1553	2106	2503	2835	3634
理学	Sciences	8496	9520	9629	10821	13182	17707	21286	26240	33969
工学	Engineering	23139	25829	26510	29160	39068	55284	62958	79486	103212
农学	Agriculture	1772	2120	2404	2830	3450	4847	5687	6521	9693
医学	Medicine	5128	5891	6452	7528	9351	12832	16800	19815	26501
军事学	strategics							65	118	124
管理学	Administration							19121	21851	29180

1－20 全国高等学校本专科生分学科招生数(1995－2003)

Undergraduate-Entrants in Institutions of Higher Education by Field of Study

单位:人 (person)

		1995	1996	1997	1998	1999	2000	2001	2002	2003
合计	**Total**	**925940**	**965812**	**1000393**	**1083627**	**1548554**	**2206072**	**2682790**	**3204976**	**3821701**
哲学	Philosophy	1747	1589	1636	1341	1763	1847	1805	2175	1520
经济学	Economics	152694	153915	153367	159207	237129	363379	138746	182416	221410
法学	Law	31939	36687	41527	48102	69048	114682	146782	160618	185999
教育学	Education	41258	45232	46681	50295	67257	107259	158283	178223	218575
文学	Literature	131587	138205	143080	161862	230175	343418	417604	509315	612021
历史学	History	15672	15866	16329	16383	19070	22003	16082	15351	16330
理学	Sciences	100295	106236	110443	120531	155880	202466	258201	294867	329656
工学	Engineering	352463	366816	380946	412393	607597	832124	892356	1057241	1242426
农学	Agriculture	32590	32690	35959	38325	52251	68966	62952	69247	81619
医学	Medicine	65695	68576	70425	75188	108384	149928	174156	207909	257681
管理学	Administration							415823	527614	654464

1－21　全国研究生分学科在校生数(1995－2003)

Graduate-Enrollment of Master Degree and above by Field of Study

单位:人　　(person)

		1995	1996	1997	1998	1999	2000	2001	2002	2003
合计	**Total**	**145443**	**162322**	**176353**	**198885**	**233513**	**301239**	**393256**	**500980**	**651260**
哲学	Philosophy	1924	2085	2329	2456	3079	4007	5111	6229	7747
经济学	Economics	13885	16501	19002	23530	27763	35342	20301	27061	34675
法学	Law	6644	8077	9794	12180	14581	18890	24654	32754	43718
教育学	Education	2602	2894	3294	3913	5499	7415	9984	12364	17425
文学	Literature	7657	8851	10110	11681	13671	17622	23974	32109	43459
历史学	History	2593	2939	3134	3399	3927	4981	6212	7602	9259
理学	Sciences	24282	26366	27428	29612	33413	41733	49614	63940	82125
工学	Engineering	65653	72381	77222	84580	99211	129799	154508	197278	255754
农学	Agriculture	5244	5843	6388	7496	8856	11380	13112	16475	22105
医学	Medicine	14959	16360	17652	20038	23513	30070	38837	50000	63939
军事学	strategics							159	229	315
管理学	Administration							46790	54939	70739

1－22　全国本专科生分学科在校生数(1995－2003)

Undergraduate-Enrollment in Institutions of Higher Education by Field of Study

单位:人　　(person)

		1995	1996	1997	1998	1999	2000	2001	2002	2003
合计	**Total**	**2906429**	**3021079**	**3174362**	**3408764**	**4085874**	**5560900**	**7190658**	**9033631**	**11085642**
哲学	Philosophy	5826	5111	4916	4756	4892	5068	5372	6637	5974
经济学	Economics	434084	461027	483446	508404	614028	876452	359888	466433	604135
法学	Law	92618	104683	118418	136525	174496	272016	387880	474846	560916
教育学	Education	117367	121770	128848	138745	167145	236208	374450	470293	592123
文学	Literature	365551	383960	412019	453632	563698	818568	1059300	1368278	1719230
历史学	History	48355	47524	48779	50309	55652	62246	53368	55565	56673
理学	Sciences	309903	315357	332178	359457	421048	536776	716276	852238	1004506
工学	Engineering	1166931	1212554	1262734	1354580	1612200	2148329	2491193	3084999	3693401
农学	Agriculture	109791	106428	111887	119036	142415	181828	186022	216040	249671
医学	Medicine	256003	262665	271137	283320	329200	422869	529410	656560	814741
管理学	Administration							1027499	1381742	1784272

1－23 全国研究生分学科毕业生数(1995－2003)
Graduates of Master Degree and above by Field of Study

单位:人 (person)

		1995	1996	1997	1998	1999	2000	2001	2002	2003
合计	**Total**	**31877**	**39652**	**46539**	**47077**	**54670**	**58767**	**67809**	**80841**	**111091**
哲学	Philosophy	460	581	664	659	649	775	904	1223	1562
经济学	Economics	2165	3666	4988	4740	6302	7308	3981	4433	6578
法学	Law	1370	1864	2258	2385	3257	3820	4504	5139	7484
教育学	Education	577	736	902	893	1008	1221	1550	1946	2764
文学	Literature	1607	2228	2584	2795	3310	3714	4193	5157	7426
历史学	History	593	745	926	859	970	1026	1179	1395	1926
理学	Sciences	6039	6646	7625	7473	8251	8077	8637	9866	13220
工学	Engineering	14675	17621	19918	20681	23369	24378	24873	30078	41337
农学	Agriculture	1111	1418	1788	1715	1949	2282	2136	2790	3849
医学	Medicine	3280	4144	4886	4877	5605	6166	6992	8677	12207
军事学	strategics							17	33	32
管理学	Administration							8843	10104	12706

1－24 全国本专科生分学科毕业生数(1995－2003)
Graduates of Institutions of Higher Education by Field of Study

单位:人 (person)

		1995	1996	1997	1998	1999	2000	2001	2002	2003
合计	**Total**	**805397**	**838638**	**829070**	**829833**	**847617**	**949767**	**1036323**	**1337309**	**1877492**
哲学	Philosophy	2110	1960	1183	1183	1067	916	925	1012	1196
经济学	Economics	119042	127018	132988	132900	134258	159299	57254	65942	88181
法学	Law	23170	25852	28270	29649	31500	44124	61474	79966	110416
教育学	Education	41898	40620	39595	40716	40271	42052	52563	79812	117072
文学	Literature	115969	120051	116115	119583	120957	146997	157837	198535	286889
历史学	History	18117	16423	14559	14179	13374	13661	10220	11683	13905
理学	Sciences	100566	97260	90513	92729	90395	98200	115829	131494	173031
工学	Engineering	295839	315005	314418	308574	326180	354291	349097	459842	644106
农学	Agriculture	32975	33032	30190	28941	28070	30370	28543	36284	50057
医学	Medicine	55711	61417	61239	61379	61545	59857	62638	79500	111356
管理学	Administration							139943	193239	281283

1-25 中国科学院院士和中国工程院院士(1995-2003)
Academicians of China Academy of Sciences and Academicians of China Academy of Engineering

单位:人 (person)

	1995	1996	1997	1998	1999	2000	2001	2002	2003
中国科学院院士合计 Academicians of China Academy of Sciences	**571**	**563**	**606**	**589**	**632**	**617**	**653**	**639**	**685**
数学物理学部 Division of Mathematics and Physics	113	111	115	109	117	115	124	122	128
化学部 Division of Chemistry	99	99	107	104	110	107	113	110	119
生物学部 Division of Biological Sciences	96	93	103	100	109	107	114	112	122
地学部 Division of Earth Sciences	102	102	108	106	114	110	115	110	117
技术科学部 Division of Technological Sciences	161	158	173	170	182	178	187	185	199
中国工程院院士合计 Academicians of China Academy of Engineering	**327**	**327**	**439**	**437**	**547**	**542**	**613**	**609**	**660**
机械与运载工程学部 Division of Mechanical and Vehicle Engineering	49	49	64	64	79	78	89	88	96
信息与电子工程学部 Division of Information and Electronic Engineering	59	59	77	77	94	94	102	100	105
化工、冶金与材料工程学部 Division of Chemical, Metallurgic and Material Engineering	46	46	60	60	75	74	81	81	88
能源与矿业工程学部 Division of Energy and Mining Engineering	42	42	58	58	72	71	81	81	88
土木、水利与建筑工程学部 Division of Civil , Hydraulic Engineering and Architecture and Water Conservancy	41	41	57	55	71	71	80	80	87
农业、轻纺与环境工程学部 Division of Agriculture, Light Industries, Textile and Environmental Engineering	42	42	58	58	75	74	86	85	92
医药与卫生工程学部 Division of Medicine and Health Engineering	48	48	65	65	81	80	89	89	96
工程管理学部 Division of Manergement of Engineering							33 *	33 *	36 *

注:工程管理学部中有28人是跨学部院士。

二、研究与开发机构

Independent Research Institutions

2-1 研究与开发
Major Indicators on

	单位	1992	1993	1994
从业人员	**万人**	**108**	**106**	**103**
Employees	**10,000 person**			
科技活动人员	**万人**	**73.2**	**70.0**	**66.1**
S&T Personnel	**10,000 person**			
#科学家与工程师	万人	40.0	39.5	38.6
Scientists and Engineers	10,000 person			
研究与试验发展人员全时当量	**万人年**	**28.3**	**25.9**	**25.7**
Full-time Equivalent of R&D Personnel	**10,000man. year**			
#科学家工程师	万人年	20.7	19.3	19.4
Scientists and Engineers	10,000man. year			
#基础研究	万人年	2.1	2.1	2.3
Basic Research	10,000man. year			
应用研究	万人年	9.7	9.2	9.3
Applied Research	10,000man. year			
试验发展	万人年	16.4	14.6	14.1
Experimental Development	10,000man. year			
科技经费筹集额	**亿元**	**224.7**	**282.5**	**323.7**
Sources of Funds for S&T	**100,000,000 yuan**			
#政府拨款	亿元	117.1	127.0	158.2
Government Grant	100,000,000 yuan			
企业资金	亿元			
Enterprises Funds	100,000,000 yuan			
银行贷款	亿元	20.7	27.2	32.1
Bank Loans	100,000,000 yuan			
科技经费内部支出额	**亿元**	**213.9**	**266.0**	**308.9**
Intramural Expenditure for S&T	**100,000,000 yuan**			
#劳务费	亿元	43.0	55.6	75.5
Compensation for Laborers	100,000,000 yuan			
业务费	亿元	66.2	83.0	89.3
Operating Expenses	100,000,000 yuan			
固定资产购建费	亿元	51.5	65.3	71.6
Fixed Assets Purchases	100,000,000 yuan			
#研究与试验发展经费支出	亿元	91.5	111.1	128.7
R&D Expenditure	100,000,000 yuan			
基础研究	亿元	5.6	7.4	10.6
Basic Research	100,000,000 yuan			
应用研究	亿元	27.4	33.1	38.3
Applied Research	100,000,000 yuan			
试验发展	亿元	58.5	70.6	79.8
Experimental Development	100,000,000 yuan			

注:研究与开发机构历年数据均为县以上独立核算研究机构及科技信息与文献机构,且不含转制所。

机构情况(1992－2003)
Research Institutes

1995	1996	1997	1998	1999	2000	2001	2002	2003
101	**99**	**97**	**94**	**83**	**70**	**62**	**59**	**57**
64.4	**63.2**	**61.4**	**58.8**	**53.5**	**47.2**	**42.7**	**41.5**	**40.6**
38.0	38.5	37.5	36.3	33.6	29.7	27.6	27.1	26.6
24.5	**23.0**	**25.4**	**22.7**	**23.3**	**22.7**	**20.5**	**20.6**	**20.4**
18.4	17.9	19.2	16.1	16.7	15.0	14.8	15.2	15.6
2.1	2.1	2.2	2.7	2.3	2.5	2.4	2.3	2.6
9.2	8.8	9.5	9.9	8.6	7.5	7.6	8.1	7.9
13.2	12.1	13.7	10.1	12.4	12.8	10.5	10.2	9.9
393.5	**436.0**	**502.1**	**540.3**	**537.6**	**559.4**	**626.0**	**702.7**	**750.6**
179.2	192.9	218.5	244.7	338.6	377.4	434.9	498.0	535.0
			78.1	34.3	37.7	25.4	36.3	47.1
39.4	42.8	48.1	63.9	20.9	10.7	8.6	11.9	11.3
353.9	**409.1**	**467.1**	**479.7**	**491.7**	**495.7**	**557.9**	**620.2**	**681.3**
87.7	97.2	109.8	116.7	115.1	120.4	142.5	159.8	169.1
105.3	125.7	157.6	162.3	178.8	245.1	231.9	298.6	313.4
79.7	91.7	99.3	94.2	99.0	99.7	123.9	122.0	138.0
146.4	172.9	206.4	234.3	260.5	258.0	288.5	351.3	399.0
10.2	11.3	15.0	17.6	20.1	25.3	33.6	40.7	46.9
45.5	47.3	69.6	65.9	88.6	66.7	80.0	121.2	141.1
90.7	114.3	121.8	150.8	151.9	166.0	174.9	189.4	211.0

2－2 研究与开发机构科技活动按隶属关系分(2003)
S&T Activities of Research Institutes by Subordination

单位:万元 (10,000 yuan)

	总 计 Total	地方部门属 Subordinated to Local Level	省级部门属 Provincial Level	计划单列市部门属	地市级部门属 Miniciple Level	中央部门属 Subordinated to Central Level
机构数(个) Number of Research Institutions (unit)	**4169**	**3436**	**1533**	**253**	**1650**	**733**
从业人员(人) Employees	**568895**	**225702**	**140665**	**16516**	**68521**	**343193**
科技活动人员(人) S&T Personnel	**406424**	**152338**	**96996**	**10562**	**44780**	**254086**
#科学家与工程师 Scientists and Engineers	266427	100450	67955	7383	25112	165977
科技经费筹集额 Sources of Fund for S&T	**7506287**	**1678653**	**1241147**	**152526**	**284980**	**5827634**
#政府资金 Government Funds	5350242	996334	726234	77849	192252	4353908
企业资金 Enterprises Funds	470580	103749	83678	11253	8818	366831
银行贷款 Bank Loans	113015	26206	14116	1815	10276	86809
科技经费内部支出额 Intramural Expenditure for S&T	**6812881**	**1599541**	**1155606**	**154826**	**289110**	**5213340**
#劳务费 Compensation for Laborers	1691457	670528	461367	57487	151675	1020929
业务费 Operating Expenses	3134082	398942	313949	39423	45571	2735140
固定资产购建费 Expenditure on the Purchase of Fixed-assets	1379684	199354	146909	17360	35084	1180330
#购置仪器 Purchasing Equipment	940254	151525	119142	11798	20585	788728
课题数(个) Number of Projects(unit)	**56618**	**27362**	**20297**	**1490**	**5575**	**29256**
课题投入人员(人年) Input of Personnel(man. year)	**220735**	**65521**	**45263**	**4063**	**16196**	**155214**
#科学家与工程师 Scientists & Engineers	164998	45504	33065	2887	9552	119494
课题投入经费 Input of Funds	**3373957**	**308345**	**233182**	**31815**	**43347**	**3065612**

2-3 研究与开发机构研究与试验发展活动情况按隶属关系分(2003)
R&D Activities of Research Institutes by Subordination

	总 计 Total	地方部门属 Subordinated to Local Level	省级部门属 Provincial Level	计划单列市部门属	地市级部门属 Miniciple Level	中央部门属 Subordinated to Central Level
研究与试验发展人员全时当量(人年) Full-time Equivalent of R&D Personnel (FTE)	**203896**	**39107**	**30874**	**1723**	**6510**	**164789**
#科学家与工程师 Scientists and Engineers	155535	28986	23470	1282	4234	126549
#基础研究 Basic Research	25992	2728	2572	21	135	23264
应用研究 Applied Research	79181	11589	10103	534	952	67592
试验发展 Experimental Development	98723	24790	18199	1168	5423	73933
研究与试验发展经费内部支出(万元) Research and Development Expenses(10,000 yuan)	**3989936**	**278810**	**233616**	**13441**	**31753**	**3711127**
#基础研究 Basic Research	469014	20013	19269	163	581	449002
应用研究 Applied Research	1410634	84885	75707	3711	5467	1325749
试验发展 Experimental Development	2110288	173912	138640	9567	25705	1936376
#政府资金 Government Funds	3203271	201538	169361	8196	23981	3001734
企业资金 Enterprises Funds	208102	15373	12399	771	2202	192729
国外资金 Financed by Abroad	17337	2938	2920	5	13	14399
其他资金 Other	561226	58961	48936	4469	5556	502265
#人员劳务费 Labor Expenses	759462	136514	113584	6620	16310	622949
固定资产购建 Expenses on Fixed Assets	842180	35873	28260	2551	5062	806307
#设备购置 Purchase of Instruments	595965	25760	21698	1428	2635	570205
其他 Other	2007670	106423	91772	4270	10381	1901248

单位:人

地区 Region	从业人员合计 Total Employees	从事科技活动人员 S&T Personnel	科学家和工程师 Scientists and Engineers
全国 Total	**568895**	**406424**	**266427**
东部地区 Eastern Region	272777	201164	139867
中部地区 Mid Region	132284	93289	58246
西部地区 Western Region	163834	111971	68314
北京 Beijing	103305	77590	57582
天津 Tianjin	12290	9518	5872
河北 Hebei	11600	8434	6173
山西 Shanxi	14018	10372	6553
内蒙古 Neimenggu	8915	6177	4281
辽宁 Liaoning	23878	17337	12141
吉林 Jilin	15444	10404	7084
黑龙江 Heilongjiang	14682	10616	7648
上海 Shanghai	34734	25611	16653
江苏 Jiangsu	28727	23136	14463
浙江 Zhejiang	10467	7588	5247
安徽 Anhui	13182	10218	6246
福建 Fujian	5594	4495	3212
江西 Jiangxi	13302	7178	4424
山东 Shandong	21290	14765	10581
河南 Henan	21915	16673	9160
湖北 Hubei	26552	19663	12453
湖南 Hunan	13189	8165	4678
广东 Guangdong	16636	11306	7271
广西 Guangxi	11900	6389	4210
海南 Hainan	4256	1384	672
重庆 Chongqing	7399	4872	3179
四川 Sichuan	52555	33307	18636
贵州 Guizhou	6537	4284	2600
云南 Yunnan	9801	7190	4687
西藏 Tibet	759	512	257
陕西 Shaanxi	45575	34745	20310
甘肃 Gansu	11636	8146	5551
青海 Qinghai	865	646	492
宁夏 Ningxia	1210	806	623
新疆 Xinjiang	6682	4897	3488

开发机构人员(2003)
Institutes by Region

(person)

Natural Sciences			Social Sciences and Humanities		
自然科学技术领域从业人员 Employees	从事科技活动人员 S&T Personnel	科学家和工程师 Scientists and Engineers	社会人文科学领域从业人员 Employees	从事科技活动人员 S&T Personnel	科学家和工程师 Scientists and Engineers
535914	**379277**	**245546**	**18714**	**15575**	**12629**
254467	186145	127923	9985	8492	7160
125394	87509	53874	4066	3277	2670
156053	105623	63749	4663	3806	2799
95048	70917	51882	5343	4644	4071
11189	8750	5183	396	289	257
10999	7935	5788	309	242	190
12839	9407	5836	851	680	504
8104	5539	3832	540	420	311
22675	16354	11308	589	475	438
14444	9581	6397	663	531	466
13828	9880	7024	530	445	408
32329	23604	15258	1150	954	826
27948	22458	13954	326	294	229
9917	7124	4895	228	206	170
12481	9587	5788	367	320	247
5063	4026	2843	210	186	159
12793	6733	4133	164	129	119
19666	13399	9614	677	525	392
20973	15943	8606	548	405	321
25418	18686	11761	615	499	382
12618	7692	4329	328	268	223
15421	10233	6548	757	677	428
11161	5726	3701	342	306	246
4212	1345	650			
6954	4543	2917	236	178	161
51091	32072	17772	683	639	433
6165	3979	2374	228	192	150
9109	6556	4201	491	462	349
608	392	174	122	94	73
44768	34116	19895	363	290	212
10481	7332	5056	875	577	331
704	519	402	161	127	90
884	511	384	238	212	183
6024	4338	3041	384	309	260

2-5 各地区地方属研究与

S&T Personnel in Research Institutes of

单位:人

地区 Region		从业人员合计 Total Employees	从事科技活动人员 S&T Personnel	科学家和工程师 Scientists and Engineers
全　国	**Total**	**225702**	**152338**	**100450**
东部地区	Eastern Region	87125	61142	42074
中部地区	Mid Region	73338	48186	31272
西部地区	Western Region	65239	43010	27104
北　京	Beijing	6066	4132	3061
天　津	Tianjin	3762	2910	2089
河　北	Hebei	4223	3089	2254
山　西	Shanxi	8660	6003	4024
内蒙古	Neimenggu	6443	4350	2986
辽　宁	Liaoning	12988	9285	6695
吉　林	Jilin	11263	8039	5320
黑龙江	Heilongjiang	10981	7954	5883
上　海	Shanghai	8128	6032	4006
江　苏	Jiangsu	10294	7317	4903
浙　江	Zhejiang	5851	4017	2828
安　徽	Anhui	5173	3857	2459
福　建	Fujian	4914	3932	2725
江　西	Jiangxi	10195	5164	2949
山　东	Shandong	17381	11679	8379
河　南	Henan	8174	5790	3538
湖　北	Hubei	9274	6172	4052
湖　南	Hunan	9618	5207	3047
广　东	Guangdong	11393	7839	4785
广　西	Guangxi	10454	5675	3554
海　南	Hainan	2125	910	349
重　庆	Chongqing	3290	1661	1118
四　川	Sichuan	12866	8762	5159
贵　州	Guizhou	4757	2951	1717
云　南	Yunnan	6657	4781	2979
西　藏	Tibet	759	512	257
陕　西	Shaanxi	5747	4067	2534
甘　肃	Gansu	6589	4629	2872
青　海	Qinghai	508	392	250
宁　夏	Ningxia	1187	785	604
新　疆	Xinjiang	5982	4445	3074

开发机构人员(2003)

Local Governments by Region

(person)

Natural Sciences			Social Sciences and Humanities		
自然科学技术领域从业人员 Employees	从事科技活动人员 S&T Personnel	科学家和工程师 Scientists and Engineers	社会人文科学领域从业人员 Employees	从事科技活动人员 S&T Personnel	科学家和工程师 Scientists and Engineers
201039	**131799**	**85258**	**14049**	**11473**	**9000**
76712	52407	35557	5359	4429	3567
66585	42540	27001	4027	3238	2634
57742	36852	22700	4663	3806	2799
5259	3470	2519	717	581	478
3108	2415	1669	396	289	257
3622	2590	1869	309	242	190
7481	5038	3307	851	680	504
5632	3712	2537	540	420	311
11785	8302	5862	589	475	438
10263	7216	4633	663	531	466
10166	7257	5295	491	406	372
5723	4025	2611	1150	954	826
9515	6639	4394	326	294	229
5301	3553	2476	228	206	170
4472	3226	2001	367	320	247
4383	3463	2356	210	186	159
9686	4719	2658	164	129	119
15757	10313	7412	677	525	392
7253	5080	3000	548	405	321
8217	5270	3409	615	499	382
9047	4734	2698	328	268	223
10178	6766	4062	757	677	428
9715	5012	3045	342	306	246
2081	871	327			
2963	1410	919	236	178	161
11477	7577	4339	683	639	433
4385	2646	1491	228	192	150
5965	4147	2493	491	462	349
608	392	174	122	94	73
4940	3438	2119	363	290	212
5525	3877	2431	875	577	331
347	265	160	161	127	90
861	490	365	238	212	183
5324	3886	2627	384	309	260

2-6 分行业研究与开发机构从事科技活动人员(2003)
S&T Personnel in Research Institutes by Industry

单位:人 (person)

行　业 Industry	从业人员 Employees	从事科技活动人员 S&T Personnel	科学家和工程师 Scientists and Engineers
总　计 **Total**	**568895**	**406424**	**266427**
农、林、牧渔业小计 **Farming, Forestry, Animal Husbandry and Fishery**	**104662**	**62481**	**38146**
农业 Farming	60730	35678	21482
林业 Forestry	13760	8057	4980
畜牧业 Animal Husbandry	6519	3717	2189
渔业 Fishery	4691	2941	1900
农、林、牧、渔服务业 Service activities for agriculture, forestry, farming of animals and fishing	18962	12088	7595
采矿业小计 **Mining**	**1094**	**832**	**664**
煤炭开采和洗选业 Mining and washing of coal	550	372	300
石油和天然气开采业 Petroleum and Natural Gas Extraction	341	285	242
黑色金属矿采选业 Ferrous Metals Mining and Dressing	0	0	0
有色金属矿采选业 Nonferrous Metals Mining and Dressing	141	124	89
非金属矿采选业 Nonmetal Minerals Mining and Dressing	25	15	11
其他矿采选业 Other Minerals Mining and Dressing	37	36	22
制造业小计 **Manufacturing**	**39711**	**25983**	**17312**
农副食品加工业 Processing of food from agricultural products	2518	1845	1146
食品制造业 Food Production	1236	809	561
饮料制造业 Beverage Production	263	110	72
烟草制品业 Manufacture of tobacco	21	20	16
纺织业 Textile Industry	1796	889	517
纺织服装、鞋、帽制造业 Manufacture of textile wearing apparel, footware, and caps	379	204	85
皮革、毛皮、羽毛(绒)及其制品业 Manufacture of leather, fur, feather and its products	114	62	45
木材加工及木、竹、藤、棕、草制品业 Processing of timbers, manufacture of wood, bamboo, rattan, palm, and straw products	232	203	151

2-6 续表 1

单位:人 (person)

行 业 Industry	从业人员 Employees	从事科技活动人员 S&T Personnel	科学家和工程师 Scientists and Engineers
家具制造业 Furniture Manufacturing	18	13	9
造纸及纸制品业 Papermaking and Paper Products	179	85	75
印刷业和记录媒介的复制 Printing and Record Medium Reproduction	636	228	126
文教体育用品制造业 Culture, Educational and Sports Goods	83	58	32
石油加工、炼焦及核燃料加工业 Processing of petroleum ,coking,Processing of nucleus fuel	33	20	7
化学原料及化学制品制造业 Raw Chemical Materials and Chemical Products	6178	3720	2404
医药制造业 Medical and Pharmaceutical Products	6727	4674	3248
化学纤维制造业 Chemical Fiber	395	189	143
橡胶制品业 Rubber Products	215	131	73
塑料制品业 Plastic Products	297	163	90
非金属矿物制品业 Nonmetal Mineral Products	1909	1405	900
黑色金属冶炼及压延加工业 Smelting and Pressing of Ferrous Metals	274	132	100
有色金属冶炼及压延加工业 Smelting and Pressing of Nonferrous	618	515	367
金属制品业 Metal Products	218	171	129
通用设备制造业 Manufacture of general purpose machinery	2126	1469	1029
专用设备制造业 Equipment for Special Purposes	7251	4644	3327
交通运输设备制造业 Transport Equipment	1024	803	596
电气机械及器材制造业 Electric Equipment and Machinery	859	684	457
通信设备、计算机及其他电子设备制造业 Manufacture of communication equipment ,computer and other electronic equipment	2381	1538	818

2 -6 续表 2

单位:人 (person)

行 业 Industry	从业人员 Employees	从事科技活动人员 S&T Personnel	科学家和工程师 Scientists and Engineers
仪器仪表及文化、办公用机械制造业 Instruments, Meters, Cultural and Office Machinery	1293	910	651
工艺品及其他制造业 Manufacture of artwork, other manufacture n. e. c	438	289	138
废弃资源和废旧材料回收加工业 Recycling and disposal of waste			
电力、燃气及水的生产和供应业小计 **Production and distribution of electricity, gas and water**	**1757**	**1222**	**842**
电力、热力的生产和供应业 Production and supply of electric power and heat power	1308	859	632
燃气生产和供应业 Production and distribution of gas	167	110	63
水的生产和供应业 Production and distribution of water	282	253	147
建筑业小计 **Construction**	**6160**	**4522**	**3312**
房屋和土木工程建筑业 Construction of Building and civil engineering	5915	4361	3201
建筑安装业 Architectural installation	17	8	6
建筑装饰业 Architectural decoration	77	52	24
其他建筑业 Other construction	151	101	81
交通运输、仓储和邮政业小计 **Traffic, transport, storage and post**	**3171**	**2686**	**2058**
铁路运输业 Railway Transportation	487	428	310
道路运输业 Transport via road	1243	1050	782
城市公共交通业 Urban public traffic	452	388	254
水上运输业 Water Transport	382	295	251
航空运输业 Air Transport	184	162	136

2－6 续表 3

单位：人 (person)

行 业 Industry	从业人员 Employees	从事科技活动人员 S&T Personnel	科学家和工程师 Scientists and Engineers
管道运输业 Pipeline Transport			
装卸搬运和其他运输服务业 Loading, unloading, portage and other transport services	206	176	161
仓储业 Storage	217	187	164
邮政业 Post			
信息传输、计算机服务和软件业小计 **Information transfer, computer services and software**	**3295**	**2747**	**2133**
电信和其他信息传输服务业 Telecom and other information transfer services	1799	1505	1202
计算机服务业 Computer services	420	333	230
软件业 Software industry	1076	909	701
批发和零售业小计 **Wholesale and retail trade**	**82**	**61**	**40**
批发业 Wholesale	67	48	33
零售业 Retail trade	15	13	7
住宿和餐饮业小计 **Accommodation and Restaurants**			
住宿业 Accommodation			
餐饮业 Restaurants			
金融业小计 **Finance**	**148**	**124**	**94**
银行业 Bank	104	90	67
证券业 Securities			
保险业 Insurance			
其他金融活动 Other financial activitiesz	44	34	27

2－6 续表 4

单位：人 (person)

行 业 Industry	从业人员 Employees	从事科技活动人员 S&T Personnel	科学家和工程师 Scientists and Engineers
房地产业小计 **Real Estate**	**0**	**0**	**0**
房地产业 Real estate	0	0	0
租赁和商务服务业小计 **Tenancy and business services**	**657**	**546**	**401**
租赁业 Tenancy	0	0	0
商务服务业 Business service	657	546	401
科学研究、技术服务和地质勘查业小计 **Scientific research, technical service and geologic perambulation**	**338467**	**256209**	**166587**
研究与试验发展 Research and experimental development	298513	226599	144630
专业技术服务业 Professional technique services	27497	20748	15228
科技交流和推广服务业 Services of science and technique intercommunion and generalization	5302	4238	3017
地质勘查业 Geologic perambulation	7155	4624	3712
水利、环境和公共设施管理业小计 **Management of water conservancy, environment and public establishment**	**20454**	**14983**	**10289**
水利管理业 Management of water conservancy	10720	8194	5286
环境管理业 Environmental management	8977	6519	4829
公共设施管理业 Management of public establishment	757	270	174
居民服务和其他服务业小计 **Resident services and other services**	**168**	**114**	**75**
居民服务业 Resident services	33	23	18
其他服务业 Other services	135	91	57
教育小计 **Education**	**2092**	**1801**	**1505**

2-6 续表 5

单位:人 (person)

行 业 Industry	从业人员 Employees	从事科技活动人员 S&T Personnel	科学家和工程师 Scientists and Engineers
教育 Education	2092	1801	1505
卫生、社会保障和社会福利业小计 Sanitation, social security and social welfare	**38087**	**24826**	**17694**
卫生 Sanitation	38087	24826	17694
社会保障业 Social security			
社会福利业 Social welfare			
文化、体育和娱乐业小计 Culture, sports and entertainment	**4102**	**3358**	**2328**
新闻出版业 Journalism and publishing activities	66	36	36
广播、电视、电影和音像业 Broadcasting, movies, television and audiovisual activities	107	78	64
文化艺术业 Culture and art	2686	2207	1402
体育 Sports activities	1085	898	708
娱乐业 Entertainment	158	139	118
公共管理和社会组织小计 Public management and social organization	**4709**	**3867**	**2917**
中国共产党机关 Chinese Communist Party organs	69	63	33
国家机构 Organ of state	4640	3804	2884
人民政协和民主党派 People's Political Consultative Conference and democratic parties			
群众团体、社会团体和宗教组织 Mass communities, social communities and religion organizations			
基层群众自治组织 Grass roots self-government organizations			
国际组织小计 International organizations	**79**	**62**	**30**
国际组织 International organizations	79	62	30

2-7 各地区研究与开发机构研究与

Full-time equivalent of R&D Personnel

单位:人年

地区 Region		研究与试验发展人员全时当量 Full-time equivalent of R&D Personnel	#1. 基础研究 Basic Research	2. 应用研究 Applied Research	3. 试验发展 Experimental Development	#科学家和工程师 Scientists and Engineers	自然科学技术领域
全　国	**Total**	**203896**	**25992**	**79181**	**98723**	**155535**	**195688**
东部地区	Eastern Region	107013	16323	43087	47603	86089	101530
中部地区	Middle Region	44307	3586	18002	22719	31315	43125
西部地区	Western Region	52576	6083	18092	28401	38131	51033
北　京	Beijing	50413	10503	19475	20435	43155	46607
天　津	Tianjin	4373	276	2194	1903	3140	4092
河　北	Hebei	4055	53	1696	2306	3517	4019
山　西	Shanxi	3807	34	1838	1935	2788	3803
内蒙古	Neimenggu	2499	289	1002	1208	2035	2281
辽　宁	Liaoning	7956	597	1969	5390	5522	7916
吉　林	Jilin	4505	477	2231	1797	3272	4186
黑龙江	Heilongjiang	5088	347	1794	2947	3933	4711
上　海	Shanghai	15525	2446	7365	5714	11349	15038
江　苏	Jiangsu	10263	803	4493	4967	7897	10216
浙　江	Zhejiang	2928	271	1213	1444	2484	2789
安　徽	Anhui	4730	1080	1502	2148	3668	4595
福　建	Fujian	1739	303	642	794	1454	1559
江　西	Jiangxi	2995	341	1181	1473	2334	2920
山　东	Shandong	5034	593	2166	2275	4018	4814
河　南	Henan	7627	165	2205	5257	5013	7597
湖　北	Hubei	11603	824	5598	5181	7738	11479
湖　南	Hunan	3952	318	1653	1981	2569	3834
广　东	Guangdong	4460	387	1760	2313	3346	4213
广　西	Guangxi	1345	87	371	887	1049	1310
海　南	Hainan	267	91	114	62	207	267
重　庆	Chongqing	2302	440	1080	782	1678	2295
四　川	Sichuan	16344	2592	6274	7478	11518	16098
贵　州	Guizhou	1474	157	99	1218	1072	1452
云　南	Yunnan	3477	475	1513	1489	2555	3178
西　藏	Tibet	234	91	84	59	107	114
陕　西	Shaanxi	19754	1019	6164	12571	14082	19686
甘　肃	Gansu	2947	585	866	1496	2179	2743
青　海	Qinghai	245	60	73	112	227	242
宁　夏	Ningxia	316	36	155	125	291	182
新　疆	Xinjiang	1639	252	411	976	1338	1452

试验发展(R&D)人员全时当量(2003)
of Research Institutes by Region

(man. year)

Natural Sciences				Social Sciences and Humanities				
#1. 基础研究 Basic Research	2. 应用研究 Applied Research	3. 试验发展 Experimental Development	#科学家和工程师 Scientists and Engineers	社会人文科学领域	#1. 基础研究 Basic Research	2. 应用研究 Applied Research	3. 试验发展 Experimental Development	#科学家和工程师 Scientists and Engineers
23396	**75535**	**96757**	**148538**	**7300**	**2582**	**3429**	**1289**	**6279**
14452	41068	46010	81190	4871	1862	1926	1083	4390
3296	17231	22598	30397	1083	285	724	74	860
5648	17236	28149	36951	1346	435	779	132	1029
9179	18363	19065	39674	3317	1318	1059	940	3054
156	2081	1855	2868	231	120	97	14	227
53	1681	2285	3489	36	0	15	21	28
34	1834	1935	2784	4	0	4	0	4
221	865	1195	1865	204	68	136	0	158
597	1969	5350	5483	40	0	0	40	39
414	1975	1797	2983	313	63	250	0	285
275	1541	2895	3693	361	67	248	46	229
2294	7032	5712	10976	487	152	333	2	373
796	4453	4967	7855	47	7	40	0	42
146	1199	1444	2357	139	125	14	0	127
1034	1422	2139	3545	126	46	80	0	114
209	568	782	1299	160	91	69	0	139
310	1152	1458	2285	60	31	29	0	36
572	2019	2223	3847	183	21	130	32	163
139	2201	5257	4997	30	26	4	0	16
792	5510	5177	7642	96	32	64	0	93
298	1596	1940	2468	93	20	45	28	83
359	1589	2265	3135	231	28	169	34	198
80	347	883	1017	35	7	24	4	32
91	114	62	207	0	0	0	0	0
440	1080	775	1673	7	0	0	7	5
2541	6134	7423	11349	188	51	137	0	121
138	98	1216	1059	20	19	1	0	12
441	1290	1447	2297	282	34	217	31	241
42	32	40	74	94	49	26	19	23
993	6122	12571	14018	68	26	42	0	64
579	768	1396	2035	145	6	78	61	101
60	70	112	224	3	0	3	0	3
6	51	125	160	134	30	104	0	131
107	379	966	1180	166	145	11	10	138

2-8 各地区地方属研究与开发机构研究与
Full-time equivalent of R&D Personnel of

单位:人年

地区 Region		研究与试验发展人员全时当量 Full-time equivalent of R&D Personnel	#1. 基础研究 Basic Research	2. 应用研究 Applied Research	3. 试验发展 Experimental Development	#科学家和工程师 Scientists and Engineers	自然科学技术领域
全　国	**Total**	**39107**	**2728**	**11589**	**24790**	**28986**	**34571**
东部地区	Eastern Region	15932	1178	4576	10178	12360	14024
中部地区	Middle Region	13695	853	4287	8555	9713	12542
西部地区	Western Region	9480	697	2726	6057	6913	8005
北　京	Beijing	2025	100	771	1154	1688	1764
天　津	Tianjin	890	122	238	530	717	639
河　北	Hebei	876	28	174	674	721	840
山　西	Shanxi	910	4	100	806	637	906
内蒙古	Neimenggu	1172	112	478	582	932	954
辽　宁	Liaoning	1238		96	1142	886	1198
吉　林	Jilin	2729	224	1031	1474	2005	2410
黑龙江	Heilongjiang	3708	217	960	2531	2796	3360
上　海	Shanghai	1714	351	648	715	1284	1227
江　苏	Jiangsu	1477	92	483	902	1064	1430
浙　江	Zhejiang	1178	128	163	887	965	1039
安　徽	Anhui	711	55	173	483	564	576
福　建	Fujian	1189	135	284	770	986	1009
江　西	Jiangxi	1298	73	475	750	871	1223
山　东	Shandong	2581	144	740	1697	2051	2361
河　南	Henan	1240	37	100	1103	793	1210
湖　北	Hubei	1364	109	479	776	861	1240
湖　南	Hunan	1735	134	969	632	1186	1617
广　东	Guangdong	2736	78	977	1681	1981	2489
广　西	Guangxi	1116	38	309	769	844	1081
海　南	Hainan	28		2	26	17	28
重　庆	Chongqing	296		19	277	228	289
四　川	Sichuan	1732	74	486	1172	1178	1534
贵　州	Guizhou	519	19	80	420	359	497
云　南	Yunnan	1754	127	676	951	1182	1455
西　藏	Tibet	234	91	84	59	107	114
陕　西	Shaanxi	516	37	151	328	379	448
甘　肃	Gansu	715	6	110	599	527	531
青　海	Qinghai	20		3	17	11	17
宁　夏	Ningxia	299	36	146	117	275	165
新　疆	Xinjiang	1107	157	184	766	891	920

试验发展(R&D)人员全时当量(2003)

Local Research Institutes by Region

(man. year)

Natural Sciences				Social Sciences and Humanities				
#1. 基础研究 Basic Research	2. 应用研究 Applied Research	3. 试验发展 Experimental Development	#科学家和工程师 Scientists and Engineers	社会人文科学领域	#1. 基础研究 Basic Research	2. 应用研究 Applied Research	3. 试验发展 Experimental Development	#科学家和工程师 Scientists and Engineers
1433	**9037**	**24101**	**25320**	**4206**	**1287**	**2424**	**495**	**3451**
608	3631	9785	10726	1806	567	921	318	1571
563	3516	8463	8804	1054	285	724	45	851
262	1890	5853	5790	1346	435	779	132	1029
77	717	970	1445	252	23	54	175	235
2	141	496	472	231	120	97	14	227
28	159	653	693	36		15	21	28
4	96	806	633	4		4		4
44	341	569	762	204	68	136		158
	96	1102	847	40			40	39
161	775	1474	1716	313	63	250		285
145	707	2508	2565	332	67	248	17	220
199	315	713	911	487	152	333	2	373
85	443	902	1022	47	7	40		42
3	149	887	838	139	125	14		127
9	93	474	441	126	46	80		114
41	210	758	831	160	91	69		139
42	446	735	822	60	31	29		36
123	593	1645	1880	183	21	130	32	163
11	96	1103	777	30	26	4		16
77	391	772	765	96	32	64		93
114	912	591	1085	93	20	45	28	83
50	806	1633	1770	231	28	169	34	198
31	285	765	812	35	7	24	4	32
	2	26	17					
	19	270	223	7			7	5
23	346	1165	1049	188	51	137		121
	79	418	346	20	19	1		12
93	453	909	924	282	34	217	31	241
42	32	40	74	94	49	26	19	23
11	109	328	315	68	26	42		64
	32	499	400	145	6	78	61	101
		17	8	3		3		3
6	42	117	144	134	30	104		131
12	152	756	733	166	145	11	10	138

2-9 分行业研究与开发机构研究与试验发展(R&D)人员全时当量(2003)

Full-time equivalent of R&D Personnel of Research Institutes by Industry

单位:人年 (man. year)

行业 Industry	研究与试验发展人员全时当量 Full-time equivalent of R&D Personnel	#1. 基础研究 Basic Research	2. 应用研究 Applied Research	3. 试验发展 Experimental Development	#科学家和工程师 Scientists and Engineers
总 计 Total	**203896**	**25992**	**79181**	**98723**	**155535**
农、林、牧渔业小计 Farming, Forestry, Animal Husbandry and Fishery	**24111**	**984**	**5881**	**17246**	**17496**
农业 Farming	15522	535	3350	11637	11030
林业 Forestry	2481	103	443	1935	1877
畜牧业 Animal Husbandry	1444	117	420	907	1039
渔业 Fishery	1026	80	371	575	827
农、林、牧、渔服务业 Service activities for agriculture, forestry, farming of animals and fishing	3638	149	1297	2192	2723
采矿业小计 Mining	**161**	**0**	**84**	**77**	**138**
煤炭开采和洗选业 Mining and washing of coal	33	0	0	33	26
石油和天然气开采业 Petroleum and Natural Gas Extraction	30	0	30	0	27
黑色金属矿采选业 Ferrous Metals Mining and Dressing	0	0	0	0	0
有色金属矿采选业 Nonferrous Metals Mining and Dressing	88	0	54	34	78
非金属矿采选业 Nonmetal Minerals Mining and Dressing	0	0	0	0	0
其他矿采选业 Other Minerals Mining and Dressing	10	0	0	10	7
制造业小计 Manufacturing	**7705**	**1209**	**1942**	**4554**	**6046**
农副食品加工业 Processing of food from agricultural products	519	30	74	415	341
食品制造业 Food Production	210	10	25	175	181
饮料制造业 Beverage Production	31	0	2	29	29
烟草制品业 Manufacture of tobacco	0	0	0	0	0
纺织业 Textile Industry	101	5	18	78	66
纺织服装、鞋、帽制造业 Manufacture of textile wearing apparel, footware, and caps	34	0	0	34	5
皮革、毛皮、羽毛(绒)及其制品业 Manufacture of leather, fur, feather and its products	17	0	0	17	15
木材加工及木、竹、藤、棕、草制品业 Processing of timbers, manufacture ofwood, bamboo, rattan, palm, and straw products	165	9	52	104	142

2－9 续表 1

单位:人年 (man. year)

行　业 Industry	研究与试验发展人员全时当量 Full-time equivalent of R&D Personnel	#1. 基础研究 Basic Research	2. 应用研究 Applied Research	3. 试验发展 Experimental Development	#科学家和工程师 Scientists and Engineers
家具制造业 Furniture Manufacturing	9	0	0	9	7
造纸及纸制品业 Papermaking and Paper Products	44	0	0	44	34
印刷业和记录媒介的复制 Printing and Record Medium Reproduction	16	0	12	4	9
文教体育用品制造业 Culture, Educational and Sports Goods	0	0	0	0	0
石油加工、炼焦及核燃料加工业 Processing of petroleum ,coking, Processing of nucleus fuel	0	0	0	0	0
化学原料及化学制品制造业 Raw Chemical Materials and Chemical Products	1278	466	298	514	977
医药制造业 Medical and Pharmaceutical Products	2403	564	527	1312	1868
化学纤维制造业 Chemical Fiber	82	0	21	61	71
橡胶制品业 Rubber Products	5	0	0	5	2
塑料制品业 Plastic Products	40	0	0	40	26
非金属矿物制品业 Nonmetal Mineral Products	95	0	33	62	69
黑色金属冶炼及压延加工业 Smelting and Pressing of Ferrous Metals	28	0	0	28	28
有色金属冶炼及压延加工业 Smelting and Pressing of Nonferrous	157	0	40	117	130
金属制品业 Metal Products	18	0	5	13	15
通用设备制造业 Manufacture of general purpose machinery	148	0	15	133	116
专用设备制造业 Equipment for Special Purposes	1088	0	130	958	927
交通运输设备制造业 Transport Equipment	463	82	328	53	358
电气机械及器材制造业 Electric Equipment and Machinery	76	0	23	53	68

2-9 续表2

单位:人年 (man. year)

行 业 Industry	研究与试验发展人员全时当量 Full-time equivalent of R&D Personnel	#1. 基础研究 Basic Research	2. 应用研究 Applied Research	3. 试验发展 Experimental Development	#科学家和工程师 Scientists and Engineers
通信设备、计算机及其他电子设备制造业 Manufacture of communication equipment, computer and other electronic equipment	383	43	230	110	318
仪器仪表及文化、办公用机械制造业 Instruments, Meters, Cultural and Office Machinery	295	0	109	186	244
工艺品及其他制造业 Manufacture of artwork, other manufacture n. e. c	0	0	0	0	0
废弃资源和废旧材料回收加工业 Recycling and disposal of waste	0	0	0	0	0
电力、燃气及水的生产和供应业小计 Production and distribution of electricity, gas and water	**255**	**16**	**50**	**189**	**207**
电力、热力的生产和供应业 Production and supply of electric power and heat power	173	10	48	115	143
燃气生产和供应业 Production and distribution of gas	10	0	0	10	7
水的生产和供应业 Production and distribution of water	72	6	2	64	57
建筑业小计 Construction	**585**	**0**	**114**	**471**	**469**
房屋和土木工程建筑业 Construction of Building and civil engineering	574	0	114	460	460
建筑安装业 Architectural installation	0	0	0	0	0
建筑装饰业 Architectural decoration	0	0	0	0	0
其他建筑业 Other construction	11	0	0	11	9
交通运输、仓储和邮政业小计 Traffic, transport, storage and post	**786**	**7**	**145**	**634**	**589**
铁路运输业 Railway Transportation	116	7	0	109	99
道路运输业 Transport via road	369	0	91	278	253
城市公共交通业 Urban public traffic	120	0	9	111	74
水上运输业 Water Transport	54	0	25	29	46
航空运输业 Air Transport	31	0	0	31	27

2－9 续表 3

单位:人年 (man. year)

行业 Industry	研究与试验发展人员全时当量 Full-time equivalent of R&D Personnel	#1. 基础研究 Basic Research	2. 应用研究 Applied Research	3. 试验发展 Experimental Development	#科学家和工程师 Scientists and Engineers
管道运输业 Pipeline Transport	0	0	0	0	0
装卸搬运和其他运输服务业 Loading, unloading, portage and other transport services	32	0	20	12	30
仓储业 Storage	64	0	0	64	60
邮政业 Post	0	0	0	0	0
信息传输、计算机服务和软件业小计 Information transfer, computer services and software	**760**	**36**	**391**	**333**	**579**
电信和其他信息传输服务业 Telecom and other information transfer services	572	36	333	203	472
计算机服务业 Computer services	40	0	0	40	5
软件业 Software industry	148	0	58	90	102
批发和零售业小计 Wholesale and retail trade	**0**	**0**	**0**	**0**	**0**
批发业 Wholesale	0	0	0	0	0
零售业 Retail trade	0	0	0	0	0
住宿和餐饮业小计 Accommodation and Restaurants	**0**	**0**	**0**	**0**	**0**
住宿业 Accommodation	0	0	0	0	0
餐饮业 Restaurants	0	0	0	0	0
金融业小计 Finance	**46**	**0**	**17**	**29**	**36**
银行业 Bank	46	0	17	29	36
证券业 Securities	0	0	0	0	0
保险业 Insurance	0	0	0	0	0
其他金融活动 Other financial activities	0	0	0	0	0

2－9 续表 4

单位：人年 (man. year)

行 业 Industry	研究与试验发展人员全时当量 Full-time equivalent of R&D Personnel	#1. 基础研究 Basic Research	2. 应用研究 Applied Research	3. 试验发展 Experimental Development	#科学家和工程师 Scientists and Engineers
房地产业小计 Real Estate	**0**	**0**	**0**	**0**	**0**
房地产业 Real estate	0	0	0	0	0
租赁和商务服务业小计 Tenancy and business services	**40**	**0**	**0**	**40**	**33**
租赁业 Tenancy	0	0	0	0	0
商务服务业 Business service	40	0	0	40	33
科学研究、技术服务和地质勘查业小计 Scientific research, technical service and geologic perambulation	**156503**	**22218**	**64944**	**69341**	**119439**
研究与试验发展 Research and experimental development	150144	21112	62761	66271	113818
专业技术服务业 Professional technique services	4677	604	1653	2420	4150
科技交流和推广服务业 Services of science and techniqueintercommunion and generalization	266	0	79	187	210
地质勘查业 Geologic perambulation	1416	502	451	463	1261
水利、环境和公共设施管理业小计 Management of water conservancy, environment and public establishment	**2624**	**186**	**979**	**1459**	**2115**
水利管理业 Management of water conservancy	1421	46	504	871	1207
环境管理业 Environmental management	1147	140	475	532	873
公共设施管理业 Management of public establishment	56	0	0	56	35
居民服务和其他服务业小计 Resident services and other services	**5**	**2**	**3**	**0**	**4**
居民服务业 Resident services	5	2	3	0	4
其他服务业 Other services	0	0	0	0	0
教育小计 Education	**445**	**8**	**167**	**270**	**423**

2-9 续表 5

单位:人年 (man. year)

行 业 Industry	研究与试验发展人员全时当量 Full-time equivalent of R&D Personnel	#1. 基础研究 Basic Research	2. 应用研究 Applied Research	3. 试验发展 Experimental Development	#科学家和工程师 Scientists and Engineers
教育 Education	445	8	167	270	423
卫生、社会保障和社会福利业小计 Sanitation, social security and social welfare	**8472**	**1167**	**4039**	**3266**	**6719**
卫生 Sanitation	8472	1167	4039	3266	6719
社会保障业 Social security	0	0	0	0	0
社会福利业 Social welfare	0	0	0	0	0
文化、体育和娱乐业小计 Culture, sports and entertainment	**378**	**151**	**125**	**102**	**300**
新闻出版业 Journalism and publishing activities	16	0	10	6	15
广播、电视、电影和音像业 Broadcasting, movies, television and audiovisual activities	0	0	0	0	0
文化艺术业 Culture and art	212	148	52	12	168
体育 Sports activities	100	3	41	56	71
娱乐业 Entertainment	50	0	22	28	46
公共管理和社会组织小计 Public management and social organization	**1020**	**8**	**300**	**712**	**942**
中国共产党机关 Chinese Communist Party organs	0	0	0	0	0
国家机构 Organ of state	1020	8	300	712	942
人民政协和民主党派 People's Political Consultative Conference and democratic parties	0	0	0	0	0
群众团体、社会团体和宗教组织 Mass communities, social communities and religion organizations	0	0	0	0	0
基层群众自治组织 Grass roots self-government organizations	0	0	0	0	0
国际组织小计 International organizations	**0**	**0**	**0**	**0**	**0**
国际组织 International organizations	0	0	0	0	0

2-10 各地区研究与开发机构科技

Sources of Funds in Research

单位:万元

地区 Region		科技活动经费筹集总额 Total Sources of Fund	政府资金 Government Grant	企业资金 Enterprise Funds	银行贷款 Bank Loans	自然科学技术领域 Natural Sciences Sub-total
全国	**Total**	**7506287**	**5350242**	**470580**	**113015**	**7154409**
东部地区	Eastern Region	4801866	3265571	357163	63370	4543821
中部地区	Middle Region	1097119	772384	77215	43146	1051634
西部地区	Western Region	1607305	1312290	36204	6499	1558956
北京	Beijing	2392915	1654259	157100	13706	2261340
天津	Tianjin	141680	105259	3125	779	132897
河北	Hebei	152259	132272	176	98	149304
山西	Shanxi	89550	71823	2413	477	83169
内蒙古	Neimenggu	41255	37004	60	40	38023
辽宁	Liaoning	256169	198550	20936	1798	249892
吉林	Jilin	160514	99276	5160	35215	154686
黑龙江	Heilongjiang	94965	66532	1758	358	89599
上海	Shanghai	613069	433582	67037	10570	569264
江苏	Jiangsu	537066	304368	38288	29453	529654
浙江	Zhejiang	152916	116265	10232	744	143733
安徽	Anhui	162694	129569	6343	1506	157660
福建	Fujian	57133	39560	7525	260	51471
江西	Jiangxi	48283	36338	1463	979	45465
山东	Shandong	194590	105671	14316	2056	180426
河南	Henan	171031	109731	18584	557	164665
湖北	Hubei	293609	211149	39297	3046	285112
湖南	Hunan	76473	47966	2197	1008	71278
广东	Guangdong	281835	160038	38343	3625	253861
广西	Guangxi	75036	50336	1796	1569	69756
海南	Hainan	22234	15747	85	281	21979
重庆	Chongqing	37994	29004	1744	67	33804
四川	Sichuan	648767	550774	1707	1414	639652
贵州	Guizhou	31867	21479	724	1	30195
云南	Yunnan	91341	71881	3745	735	86763
西藏	Tibet	5117	4993	0	100	3945
陕西	Shaanxi	502178	419185	20749	1125	499240
甘肃	Gansu	105626	75989	1188	1110	96527
青海	Qinghai	10202	9020	0	99	9431
宁夏	Ningxia	6558	5816	224	94	4827
新疆	Xinjiang	51364	36809	4267	145	46793

活动经费筹集(2003)
Institutions by Region

(10,000 yuan)

政府资金 Government Grant	企业资金 Enterprise Funds	银行贷款 Bank Loans	社会人文科学领域 Social Sciences and Humanities Sub-total	政府资金 Government Grant	企业资金 Enterprise Funds	银行贷款 Bank Loans
5079681	**465362**	**112194**	**176516**	**146268**	**1177**	**710**
3067298	352614	63334	122521	104046	1177	20
737984	76715	43026	27503	20660	0	90
1274399	36033	5835	26494	21565	0	600
1551853	153764	13706	72441	60091	914	0
98212	3125	779	2235	1947	0	0
129445	176	98	1456	1456	0	0
67166	2413	477	4970	3439	0	0
33873	60	40	2346	2332	0	0
192613	20868	1798	3275	3255	0	0
94232	5145	35215	4477	3861	0	0
61514	1758	358	3556	3495	0	0
402529	66103	10570	11377	9395	188	0
299273	38201	29453	3677	2833	0	0
108373	10200	728	3713	3447	0	0
126580	6343	1416	2970	1809	0	90
34516	7525	260	2696	2515	0	0
33854	1463	949	944	783	0	0
94778	14259	2036	6216	5659	47	20
105442	18444	557	3772	2149	0	0
204161	38959	3046	3397	3190	0	0
45035	2190	1008	3417	1934	0	0
140211	38308	3625	15435	13448	28	0
46020	1695	1569	2335	2182	0	0
15495	85	281	0	0	0	0
26231	1744	67	1908	1128	0	0
542748	1707	1352	4344	4135	0	0
20070	724	1	988	899	0	0
67821	3735	735	2155	2129	0	0
3821	0	100	949	949	0	0
416663	20749	1125	1276	1272	0	0
71318	1128	510	5920	2495	0	600
8249	0	99	771	771	0	0
4187	224	92	1195	1168	0	0
33398	4267	145	2307	2105	0	0

2－11 各地区地方属研究与

Sources of Funds in Research Institutions of

单位:万元

地 区 Region		科技活动经费筹集总额 Total Sources of Fund	政府资金 Government Grant	企业资金 Enterprise Funds	银行贷款 Bank Loans	自然科学技术领域 Natural Sciences Sub-total
全 国	**Total**	**1678653**	**996334**	**103749**	**26206**	**1456313**
东部地区	Eastern Region	950499	512660	80581	11814	815225
中部地区	Middle Region	374933	236806	14508	9668	332228
西部地区	Western Region	353222	246871	8660	4723	308862
北 京	Beijing	73187	48462	4104	400	61094
天 津	Tianjin	33748	15667	2825	779	28254
河 北	Hebei	24444	21530	176	98	21489
山 西	Shanxi	48405	35383	413	477	42024
内 蒙 古	Neimenggu	26062	23544	35	40	22830
辽 宁	Liaoning	87537	46753	12353	1798	81260
吉 林	Jilin	66952	40850	4561	4112	61124
黑 龙 江	Heilongjiang	62383	45562	1758	358	57153
上 海	Shanghai	137889	82595	2846	20	94084
江 苏	Jiangsu	120790	46938	5754	1864	113378
浙 江	Zhejiang	79584	53229	7660	744	70401
安 徽	Anhui	37733	21024	1409	1506	32699
福 建	Fujian	43691	29731	6155	260	38029
江 西	Jiangxi	27764	19757	1463	621	24946
山 东	Shandong	146582	66600	11616	1988	132417
河 南	Henan	38137	25623	1353	557	32334
湖 北	Hubei	48155	25909	1682	1029	41739
湖 南	Hunan	45404	22698	1869	1008	40209
广 东	Guangdong	197025	97084	27022	3582	169052
广 西	Guangxi	66222	44236	1666	1569	60942
海 南	Hainan	6022	4071	70	281	5767
重 庆	Chongqing	19752	11750	1360	67	16639
四 川	Sichuan	76985	43878	546	737	69234
贵 州	Guizhou	19328	14901	724	1	17655
云 南	Yunnan	41485	32076	125	735	36908
西 藏	Tibet	5117	4993	0	100	3945
陕 西	Shaanxi	17784	14683	290	125	14846
甘 肃	Gansu	31391	22168	70	1110	23839
青 海	Qinghai	2456	2311	0	0	1685
宁 夏	Ningxia	6045	5325	224	94	4315
新 疆	Xinjiang	40595	27006	3620	145	36024

开发机构科技活动经费筹集(2003)
Local Governments by Region

(10,000 yuan)

政府资金 Government Grant	企业资金 Enterprise Funds	银行贷款 Bank Loans	社会人文科学领域 Social Sciences and Humanities Sub-total	政府资金 Government Grant	企业资金 Enterprise Funds	银行贷款 Bank Loans
827586	**102067**	**25385**	**115140**	**94931**	**263**	**710**
410381	79369	11778	61281	52845	263	20
204931	14149	9548	27368	20525	0	90
212275	8548	4059	26494	21565	0	600
38826	4104	400	11201	8890	0	0
11843	2825	779	2235	1947	0	0
18703	176	98	1456	1456	0	0
30725	413	477	4970	3439	0	0
20414	35	40	2346	2332	0	0
40817	12285	1798	3275	3255	0	0
35806	4546	4112	4477	3861	0	0
40678	1758	358	3421	3360	0	0
51542	1911	20	11377	9395	188	0
41842	5667	1864	3677	2833	0	0
45337	7629	728	3713	3447	0	0
18035	1409	1416	2970	1809	0	90
24687	6155	260	2696	2515	0	0
17273	1463	591	944	783	0	0
55707	11559	1968	6216	5659	47	20
21758	1353	557	3772	2149	0	0
20889	1345	1029	3397	3190	0	0
19767	1862	1008	3417	1934	0	0
77258	26988	3582	15435	13448	28	0
39920	1565	1569	2335	2182	0	0
3819	70	281	0	0	0	0
9874	1360	67	1908	1128	0	0
36942	546	675	4344	4135	0	0
13492	724	1	988	899	0	0
28017	114	735	2155	2129	0	0
3821	0	100	949	949	0	0
12162	290	125	1276	1272	0	0
18803	70	510	5920	2495	0	600
1540	0	0	771	771	0	0
3696	224	92	1195	1168	0	0
23594	3620	145	2307	2105	0	0

2-12 分行业研究与开发机构科技活动经费筹集(2003)

Sources of Funds in Research Institutions by Industry

单位:万元 (10,000 yuan)

行业 Industry	合计 Total	政府资金 Government Grant	企业资金 Enterprise Funds	金融机构贷款 Bank loans
总计 Total	**7506287**	**5350242**	**470580**	**113015**
农、林、牧渔业小计 Farming, Forestry, Animal Husbandry and Fishery	**721704**	**548312**	**7371**	**14389**
农业 Farming	415578	324071	4617	10495
林业 Forestry	82173	67308	605	474
畜牧业 Animal Husbandry	44731	30578	574	1827
渔业 Fishery	38815	32542	863	393
农、林、牧、渔服务业 Service activities for agriculture, forestry, farming of animals and fishing	140408	93814	712	1202
采矿业小计 Mining	**9257**	**2843**	**640**	**0**
煤炭开采和洗选业 Mining and washing of coal	1982	1158	194	0
石油和天然气开采业 Petroleum and Natural Gas Extraction	5941	597	317	0
黑色金属矿采选业 Ferrous Metals Mining and Dressing	0	0	0	0
有色金属矿采选业 Nonferrous Metals Mining and Dressing	1087	856	129	0
非金属矿采选业 Nonmetal Minerals Mining and Dressing	49	39	0	0
其他矿采选业 Other Minerals Mining and Dressing	198	195	0	0
制造业小计 Manufacturing	**358767**	**186807**	**46209**	**11270**
农副食品加工业 Processing of food from agricultural products	21890	10585	1599	1221
食品制造业 Food Production	9057	5224	1811	262
饮料制造业 Beverage Production	931	644	67	0
烟草制品业 Manufacture of tobacco	563	423	140	0
纺织业 Textile Industry	10624	5057	231	460
纺织服装、鞋、帽制造业 Manufacture of textile wearing apparel, footware, and caps	1674	608	99	424
皮革、毛皮、羽毛(绒)及其制品业 Manufacture of leather, fur, feather and its products	494	277	0	0
木材加工及木、竹、藤、棕、草制品业 Processing of timbers, manufacture of wood, bamboo, rattan, palm, and straw products	2576	2180	240	0

2－12 续表 1

单位:万元 (10,000 yuan)

行业 Industry	合计 Total	政府资金 Government Grant	企业资金 Enterprise Funds	金融机构贷款 Bank loans
家具制造业 Furniture Manufacturing	142	109	0	0
造纸及纸制品业 Papermaking and Paper Products	1151	429	284	0
印刷业和记录媒介的复制 Printing and Record Medium Reproduction	3871	1639	200	0
文教体育用品制造业 Culture, Educational and Sports Goods	892	151	0	0
石油加工、炼焦及核燃料加工业 Processing of petroleum ,coking,Processing of nucleus fuel	105	96	0	0
化学原料及化学制品制造业 Raw Chemical Materials and Chemical Products	50234	33013	5178	3444
医药制造业 Medical and Pharmaceutical Products	77243	37248	7026	591
化学纤维制造业 Chemical Fiber	1682	1496	15	0
橡胶制品业 Rubber Products	755	725	30	0
塑料制品业 Plastic Products	1093	820	71	0
非金属矿物制品业 Nonmetal Mineral Products	8647	4000	845	15
黑色金属冶炼及压延加工业 Smelting and Pressing of Ferrous Metals	2965	813	531	0
有色金属冶炼及压延加工业 Smelting and Pressing of Nonferrous	4599	3537	357	50
金属制品业 Metal Products	2635	435	1211	0
通用设备制造业 Manufacture of general purpose machinery	12924	6390	901	167
专用设备制造业 Equipment for Special Purposes	77082	29737	21187	122
交通运输设备制造业 Transport Equipment	26176	18193	1049	4200
电气机械及器材制造业 Electric Equipment and Machinery	4690	2096	853	0

2－12 续表 2

单位：万元 (10,000 yuan)

行 业 Industry	合计 Total	政府资金 Government Grant	企业资金 Enterprise Funds	金融机构贷款 Bank loans
通信设备、计算机及其他电子设备制造业 Manufacture of communication equipment ,computer and other electronic equipment	21175	12165	1742	284
仪器仪表及文化、办公用机械制造业 Instruments, Meters, Cultural and Office Machinery	11540	7573	523	0
工艺品及其他制造业 Manufacture of artwork, other manufacture n. e. c	1356	1145	22	30
废弃资源和废旧材料回收加工业 Recycling and disposal of waste	0	0	0	0
电力、燃气及水的生产和供应业小计 **Production and distribution of electricity,gas and water**	**23751**	**17421**	**1703**	**0**
电力、热力的生产和供应业 Production and supply of electric power and heat power	19290	16192	1150	0
燃气生产和供应业 Production and distribution of gas	1380	289	0	0
水的生产和供应业 Production and distribution of water	3081	940	553	0
建筑业小计 **Construction**	**70175**	**16125**	**24475**	**126**
房屋和土木工程建筑业 Construction of Building and civil engineering	68129	15505	23690	106
建筑安装业 Architectural installation	88	0	0	0
建筑装饰业 Architectural decoration	186	124	21	20
其他建筑业 Other construction	1772	497	764	0
交通运输、仓储和邮政业小计 **Traffic,transport, storage and post**	**51591**	**20606**	**9862**	**0**
铁路运输业 Railway Transportation	3904	2050	630	0
道路运输业 Transport via road	28986	13172	416	0
城市公共交通业 Urban public traffic	3131	2270	0	0
水上运输业 Water Transport	5439	1758	2605	0
航空运输业 Air Transport	2693	513	1008	0

2－12 续表 3

单位:万元 (10,000 yuan)

行　业 Industry	合计 Total	政府资金 Government Grant	企业资金 Enterprise Funds	金融机构贷款 Bank loans
管道运输业 Pipeline Transport	0	0	0	0
装卸搬运和其他运输服务业 Loading, unloading, portage and other transport services	4026	167	3017	0
仓储业 Storage	3413	676	2186	0
邮政业 Post	0	0	0	0
信息传输、计算机服务和软件业小计 Information transfer, computer services and software	**99158**	**34460**	**34702**	**490**
电信和其他信息传输服务业 Telecom and other information transfer services	85200	26468	32659	480
计算机服务业 Computer services	4682	1611	1710	10
软件业 Software industry	9275	6381	333	0
批发和零售业小计 Wholesale and retail trade	**331**	**153**	**0**	**90**
批发业 Wholesale	272	94	0	90
零售业 Retail trade	59	59	0	0
住宿和餐饮业小计 Accommodation and Restaurants	**0**	**0**	**0**	**0**
住宿业 Accommodation	0	0	0	0
餐饮业 Restaurants	0	0	0	0
金融业小计 Finance	**696**	**492**	**200**	**0**
银行业 Bank	200	0	200	0
证券业 Securities	0	0	0	0
保险业 Insurance	0	0	0	0
其他金融活动 Other financial activities	496	492	0	0

2－12 续表 4

单位：万元 (10,000 yuan)

行 业 Industry	合计 Total	政府资金 Government Grant	企业资金 Enterprise Funds	金融机构贷款 Bank loans
房地产业小计 Real Estate	**0**	**0**	**0**	**0**
房地产业 Real estate	0	0	0	0
租赁和商务服务业小计 Tenancy and business services	**5650**	**2755**	**837**	**0**
租赁业 Tenancy	**0**	**0**	**0**	**0**
商务服务业 Business service	**5650**	**2755**	**837**	**0**
科学研究、技术服务和地质勘查业小计 Scientific research, technical service and geologic perambulation	**5260840**	**4144896**	**309297**	**74184**
研究与试验发展 Research and experimental development	4747334	3835852	268980	73073
专业技术服务业 Professional technique services	400063	215219	38192	835
科技交流和推广服务业 Services of science and technique intercommunion and generalization	29890	21866	1781	227
地质勘查业 Geologic perambulation	83554	71959	344	50
水利、环境和公共设施管理业小计 Management of water conservancy, environment and public establishment	**216490**	**106197**	**29547**	**9058**
水利管理业 Management of water conservancy	116971	56748	12457	6808
环境管理业 Environmental management	92231	44235	16677	2230
公共设施管理业 Management of public establishment	7288	5214	413	20
居民服务和其他服务业小计 Resident services and other services	**884**	**683**	**40**	**0**
居民服务业 Resident services	469	423	0	0
其他服务业 Other services	415	260	40	0
教育小计 Education	**20193**	**13959**	**0**	**0**

2－12 续表 5

单位:万元 (10,000 yuan)

行 业 Industry	合计 Total	政府资金 Government Grant	企业资金 Enterprise Funds	金融机构贷款 Bank loans
教育 Education	20193	13959	0	0
卫生、社会保障和社会福利业小计 Sanitation, social security and social welfare	**509428**	**170703**	**4024**	**3399**
卫生 Sanitation	509428	170703	4024	3399
社会保障业 Social security	0	0	0	0
社会福利业 Social welfare	0	0	0	0
文化、体育和娱乐业小计 Culture, sports and entertainment	**67130**	**45710**	**118**	**9**
新闻出版业 Journalism and publishing activities	2382	1539	0	0
广播、电视、电影和音像业 Broadcasting, movies, television and audiovisual activities	1700	508	0	0
文化艺术业 Culture and art	47129	31622	0	9
体育 Sports activities	13624	10879	118	0
娱乐业 Entertainment	2295	1162	0	0
公共管理和社会组织小计 Public management and social organization	**83743**	**31924**	**1555**	**0**
中国共产党机关 Chinese Communist Party organs	525	355	0	0
国家机构 Organ of state	83219	31569	1555	0
人民政协和民主党派 People's Political Consultative Conference and democratic parties	0	0	0	0
群众团体、社会团体和宗教组织 Mass communities, social communities and religion organizations	0	0	0	0
基层群众自治组织 Grass roots self-government organizations	0	0	0	0
国际组织小计 International organizations	**6500**	**6196**	**0**	**0**
国际组织 International organizations	6500	6196	0	0

2-13 各地区研究与开发机构

Intramural Expenditure in

单位:万元

地区 Region		经费内部支出总额 Total	劳务费 Compensation for Laborers	业务费 Operating Expenses	固定资产购建费 Expenditure on the Purchase of Fixed-assets	购置仪器 Purchasing Equipment	自然科学技术领域 Sub-total
		Intramural Expenditure					
全 国	**Total**	**6812881**	**1691457**	**3134082**	**1379684**	**940254**	**6486973**
东部地区	Eastern Region	4400869	1021136	2096470	877014	592517	4165659
中部地区	Middle Region	943425	300286	371494	169414	122943	900324
西部地区	Western Region	1468587	370035	666118	333258	224797	1420992
北 京	Beijing	2153193	459605	1133037	400466	252246	2027505
天 津	Tianjin	120768	31244	55677	22111	19807	113106
河 北	Hebei	142033	16829	91530	28200	23549	138989
山 西	Shanxi	86497	30326	31973	14678	12902	80252
内蒙古	Neimenggu	37245	19493	8156	5407	2650	34173
辽 宁	Liaoning	258158	61749	84051	79823	43313	251844
吉 林	Jilin	127688	44191	35542	25721	14171	122193
黑龙江	Heilongjiang	90866	39442	24907	9042	6195	85502
上 海	Shanghai	562508	130309	240474	139369	94683	523028
江 苏	Jiangsu	512613	105490	271243	89677	68676	505825
浙 江	Zhejiang	146802	40001	54213	35495	27665	138707
安 徽	Anhui	136712	33663	69810	25020	19668	132710
福 建	Fujian	53373	21068	15002	8537	5741	48704
江 西	Jiangxi	50207	19734	13039	11697	10133	47618
山 东	Shandong	194598	62740	62822	35421	29709	180772
河 南	Henan	138995	38386	60458	30272	28841	132747
湖 北	Hubei	236379	67864	111780	40456	23780	228155
湖 南	Hunan	76081	26680	23985	12528	7253	71147
广 东	Guangdong	237884	84768	82706	34846	24184	218464
广 西	Guangxi	69249	32995	17324	7940	5641	64215
海 南	Hainan	18939	7333	5715	3069	2944	18715
重 庆	Chongqing	46877	12139	17000	11191	11101	42761
四 川	Sichuan	601477	114453	324102	134862	86337	593289
贵 州	Guizhou	29321	14059	7665	4522	3496	27684
云 南	Yunnan	82779	27308	23946	17077	9703	78336
西 藏	Tibet	4680	3134	641	137	107	3592
陕 西	Shaanxi	419260	88393	219052	104444	83170	415259
甘 肃	Gansu	111484	31947	31962	36523	16626	102076
青 海	Qinghai	10638	3683	1962	3990	999	9777
宁 夏	Ningxia	6264	2966	1553	634	581	4488
新 疆	Xinjiang	49313	19465	12755	6531	4386	45342

科技活动经费内部支出(2003)
Research Institutions by Region

(10,000 yuan)

Natural Sciences				社会人文科学领域 Sub-total	Social Sciences and Humanities			
劳务费 Compensation for Laborers	业务费 Operating Expenses	固定资产购建费 Expenditure on the Purchase ofFixed-assets	购置仪器 Purchasing Equipment		劳务费 Compensation for Laborers	业务费 Operating Expenses	固定资产购建费 Expenditure on the Purchase of Fixed-assets	购置仪器 Purchasing Equipment
1566427	**3056835**	**1314680**	**892851**	**164672**	**73507**	**38159**	**21689**	**8708**
938405	2038279	821702	553396	110421	47433	25853	18610	6116
280526	362930	164399	118868	26752	12508	6686	1252	1207
347496	655626	328581	220587	27501	13569	5619	1828	1387
417966	1100898	366310	232889	68202	27976	16055	14868	3118
28113	53525	21554	19250	2395	1342	456	128	128
15376	91277	27914	23262	1584	604	0	147	147
27136	30612	14415	12638	4849	2377	1154	174	174
17409	7787	5293	2536	2202	1488	191	90	90
57820	83213	79470	42961	3276	2150	360	97	97
41434	34212	25581	14031	4074	1963	1076	51	51
36391	24241	8554	5707	3501	2002	510	225	225
118351	230850	127799	83114	10375	5337	2177	844	844
101892	269805	89274	68272	3534	1817	756	123	123
37345	50994	34432	26802	3504	1078	1803	214	214
31726	69094	24458	19106	2241	1083	373	272	272
19274	13767	7682	5331	2130	654	958	130	130
18528	12836	11302	9777	939	456	100	25	25
58092	60233	32018	27052	5999	2103	733	1561	817
36030	58571	29641	28210	3905	1419	1661	144	144
64455	110453	38216	22443	3567	1934	922	213	168
24826	22911	12232	6956	3676	1274	890	148	148
76950	78055	32216	21555	9422	4372	2555	498	498
30273	16482	7535	5236	2434	1480	476	111	111
7226	5662	3033	2908					
10658	15478	10886	10795	2212	484	928	246	246
110228	322430	133819	85499	3762	1931	779	407	202
13152	7316	4415	3389	995	583	164	48	48
25658	22389	16766	9393	2119	1090	641	97	97
2310	464	126	96	947	705	167	10	10
86175	218352	104256	82982	2433	1364	479	57	57
28725	29991	35005	15372	6170	2240	969	533	297
3200	1789	3986	994	861	483	173	5	5
2078	1235	464	411	1320	652	240	124	124
17630	11913	6030	3884	2046	1069	412	100	100

2-14 各地区地方属研究与开发机构

Intramural Expenditure in Research Institutes

单位:万元

地 区 Region		经费内部支出总额 Total	Intramural Expenditure				自然科学技术领域 Sub-total
			劳务费 Compensation for Laborers	业务费 Operating Expenses	固定资产购建费 Expenditure on the Purchase of Fixed-assets	购置仪器 Purchasing Equipment	
全 国	**Total**	**1599541**	**670528**	**398942**	**199354**	**151525**	**1395998**
东部地区	Eastern Region	876335	329289	239304	125573	94826	757046
中部地区	Middle Region	359541	173567	77681	36525	28859	319028
西部地区	Western Region	363667	167672	81957	37258	27843	319925
北 京	Beijing	69262	26770	22370	8069	6084	57212
天 津	Tianjin	30147	12597	7709	3055	2547	24771
河 北	Hebei	21580	11467	4284	1965	1098	18536
山 西	Shanxi	44268	21826	9788	4750	4146	38024
内 蒙 古	Neimenggu	25145	15876	4259	1732	852	22073
辽 宁	Liaoning	86173	36116	21595	8047	4763	79859
吉 林	Jilin	61560	28681	15749	4464	3816	56065
黑 龙 江	Heilongjiang	66340	33599	12349	5579	3761	61111
上 海	Shanghai	121027	40143	31506	24007	21329	81547
江 苏	Jiangsu	114921	42463	23267	14204	10014	108133
浙 江	Zhejiang	79540	29345	20595	14992	7783	71444
安 徽	Anhui	34687	15335	5919	7781	6809	30685
福 建	Fujian	39521	17632	12120	4013	2990	34851
江 西	Jiangxi	25861	14594	3726	2396	1474	23272
山 东	Shandong	143738	49731	39762	26015	21683	129912
河 南	Henan	35782	17577	8391	2594	2387	30053
湖 北	Hubei	44831	22013	12204	3848	2726	38540
湖 南	Hunan	46212	19942	9555	5113	3740	41278
广 东	Guangdong	165237	60969	54464	20714	16141	145817
广 西	Guangxi	61619	29127	15404	6891	4900	56585
海 南	Hainan	5189	2056	1632	492	394	4964
重 庆	Chongqing	25486	8223	4986	5820	5729	22447
四 川	Sichuan	84958	33564	20064	7145	5817	78014
贵 州	Guizhou	18568	10114	3397	2362	1532	16932
云 南	Yunnan	40027	18828	9393	3277	2282	35584
西 藏	Xizang	4680	3134	641	137	107	3592
陕 西	Shaanxi	24152	12052	6176	1516	1377	20151
甘 肃	Gansu	31587	15729	6477	3450	1442	23709
青 海	Qinghai	2684	1515	311	409	74	1824
宁 夏	Ningxia	5813	2892	1261	594	541	4037
新 疆	Xinjiang	38948	16618	9588	3925	3190	34977

科技活动经费内部支出(2003)

of Local Governments by Region

(10,000 yuan)

Natural Sciences				社会人文科学领域 Sub-total	Social Sciences and Humanities			
劳务费 Compe-nsation for Laborers	业务费 Operating Expenses	固定资产购建费 Expenditure on the Purchase ofFixed-assets	购置仪器 Purchasing Equipment		劳务费 Compe-nsation for Laborers	业务费 Operating Expenses	固定资产购建费 Expenditure on the Purchase of Fixed-assets	购置仪器 Purchasing Equipment
585906	**351255**	**168856**	**124672**	**107509**	**49285**	**25392**	**9292**	**6611**
284779	210051	101997	74087	53393	23305	13088	6214	4020
154280	69245	33128	25795	26617	12415	6683	1250	1205
146847	71958	33732	24790	27501	13569	5619	1828	1387
22425	18856	5597	5061	11174	3848	3290	2472	1022
10395	5870	2551	2043	2395	1342	456	128	128
10014	4031	1679	812	1584	604	0	147	147
18636	8427	4487	3883	4849	2377	1154	174	174
13792	3890	1618	738	2202	1488	191	90	90
32186	20757	7694	4410	3276	2150	360	97	97
25924	14419	4324	3676	4074	1963	1076	51	51
30642	11684	5092	3274	3366	1909	507	223	223
28185	21882	12438	9759	10375	5337	2177	844	844
38865	21829	13800	9610	3534	1817	756	123	123
26689	17376	13929	6920	3504	1078	1803	214	214
13399	5203	7219	6248	2241	1083	373	272	272
15838	10885	3158	2579	2130	654	958	130	130
13388	3523	2001	1118	939	456	100	25	25
45083	37173	22611	19025	5999	2103	733	1561	817
15341	6615	2164	1956	3905	1419	1661	144	144
18862	10893	3024	2197	3567	1934	922	213	168
18088	8481	4817	3443	3676	1274	890	148	148
53150	49813	18084	13511	9422	4372	2555	498	498
26405	14562	6486	4495	2434	1480	476	111	111
1949	1579	456	357					
7550	3630	5528	5437	2212	484	928	246	246
29789	18522	6460	5338	3762	1931	779	407	202
9207	3048	2255	1426	995	583	164	48	48
17178	7836	2966	1971	2119	1090	641	97	97
2310	464	126	96	947	705	167	10	10
9833	5476	1328	1189	2433	1364	479	57	57
12964	4703	2713	969	6170	2240	969	533	297
1032	138	404	70	861	483	173	5	5
2004	943	425	372	1320	652	240	124	124
14783	8746	3423	2689	2046	1069	412	100	100

2－15 分行业研究与开发机构科技活动经费内部支出(2003)
Intramural Expenditure in Research Institutes by Industry

单位:万元 (10,000 yuan)

行业 Industry	合计 Total	劳务费 Compensation for Laborers	业务费 Operating Expenses	固定资产购建费 Expenditure on the Purchase of Fixed-assets	
					购置仪器 Purchasing Equipment
总 计 Total	**6812881**	**1691457**	**3134082**	**1379684**	**940254**
农、林、牧渔业小计 Farming, Forestry, Animal Husbandry and Fishery	**675801**	**290510**	**187161**	**87531**	**47103**
农业 Farming	387715	173537	102479	48417	27633
林业 Forestry	74644	34655	21055	5623	4253
畜牧业 Animal Husbandry	40566	16826	11447	4209	2930
渔业 Fishery	36333	15433	9519	5141	2697
农、林、牧、渔服务业 Service activities for agriculture, forestry, farming of animals and fishing	136542	50060	42661	24141	9591
采矿业小计 Mining	**12661**	**3542**	**2883**	**4204**	**1907**
煤炭开采和洗选业 Mining and washing of coal	2067	1262	226	217	177
石油和天然气开采业 Petroleum and Natural Gas Extraction	9406	1634	2221	3973	1717
黑色金属矿采选业 Ferrous Metals Mining and Dressing	0	0	0	0	0
有色金属矿采选业 Nonferrous Metals Mining and Dressing	888	456	376	14	14
非金属矿采选业 Nonmetal Minerals Mining and Dressing	102	81	1	0	0
其他矿采选业 Other Minerals Mining and Dressing	198	110	60	0	0
制造业小计 Manufacturing	**335969**	**133987**	**101802**	**44147**	**34238**
农副食品加工业 Processing of food from agricultural products	18742	8879	5189	1478	1376
食品制造业 Food Production	7698	3645	1474	834	834
饮料制造业 Beverage Production	907	514	145	106	106
烟草制品业 Manufacture of tobacco	520	120	110	200	200
纺织业 Textile Industry	9467	4132	3678	332	308
纺织服装、鞋、帽制造业 Manufacture of textile wearing apparel, footware, and caps	1127	824	182	24	24
皮革、毛皮、羽毛(绒)及其制品业 Manufacture of leather, fur, feather and its products	489	298	36	92	92
木材加工及木、竹、藤、棕、草制品业 Processing of timbers, manufacture of wood, bamboo, rattan, palm, and straw products	3365	1026	1350	820	380

2－15 续表 1

单位:万元 (10,000 yuan)

行业 Industry	合计 Total	劳务费 Compensation for Laborers	业务费 Operating Expenses	固定资产购建费 Expenditure on the Purchase of Fixed-assets	购置仪器 Purchasing Equipment
家具制造业 Furniture Manufacturing	185	66	0	72	72
造纸及纸制品业 Papermaking and Paper Products	1224	439	435	131	80
印刷业和记录媒介的复制 Printing and Record Medium Reproduction	3044	2162	545	52	52
文教体育用品制造业 Culture, Educational and Sports Goods	266	174	19	2	2
石油加工、炼焦及核燃料加工业 Processing of petroleum ,coking,Processing of nucleus fuel	109	102	0	0	0
化学原料及化学制品制造业 Raw Chemical Materials and Chemical Products	49665	19766	9039	11103	4984
医药制造业 Medical and Pharmaceutical Products	70581	26308	24511	9529	8720
化学纤维制造业 Chemical Fiber	1921	1358	147	43	43
橡胶制品业 Rubber Products	765	712	30	0	0
塑料制品业 Plastic Products	1200	660	113	161	161
非金属矿物制品业 Nonmetal Mineral Products	8702	4847	1390	616	543
黑色金属冶炼及压延加工业 Smelting and Pressing of Ferrous Metals	2862	746	1377	68	68
有色金属冶炼及压延加工业 Smelting and Pressing of Nonferrous	4495	1991	1849	328	313
金属制品业 Metal Products	2520	562	1653	77	77
通用设备制造业 Manufacture of general purpose machinery	12334	6144	2345	1032	823
专用设备制造业 Equipment for Special Purposes	74748	28091	30617	4457	3984
交通运输设备制造业 Transport Equipment	19707	5860	8495	3710	3175
电气机械及器材制造业 Electric Equipment and Machinery	4154	2275	903	269	269

2－15 续表 2

单位:万元 (10,000 yuan)

行 业 Industry	合计 Total	劳务费 Compensation for Laborers	业务费 Operating Expenses	固定资产购建费 Expenditure on the Purchase of Fixed-assets	购置仪器 Purchasing Equipment
通信设备、计算机及其他电子设备制造业 Manufacture of communication equipment ,computer and other electronic equipment	22605	7064	3473	5523	4779
仪器仪表及文化、办公用机械制造业 **Instruments, Meters, Cultural and Office Machinery**	**11001**	**4414**	**2381**	**2781**	**2550**
工艺品及其他制造业 Manufacture of artwork, other manufacture n. e. c	1568	810	318	307	223
废弃资源和废旧材料回收加工业 Recycling and disposal of waste	0	0	0	0	0
电力、燃气及水的生产和供应业小计 Production and distribution of electricity, gas and water	**22408**	**7409**	**5915**	**5312**	**2708**
电力、热力的生产和供应业 Production and supply of electric power and heat power	18277	5920	5012	4762	2157
燃气生产和供应业 Production and distribution of gas	1207	578	50	65	65
水的生产和供应业 Production and distribution of water	2924	911	852	485	485
建筑业小计 **Construction**	**69782**	**23593**	**20807**	**12146**	**5568**
房屋和土木工程建筑业 Construction of Building and civil engineering	67710	22579	20091	12012	5434
建筑安装业 Architectural installation	87	47	21	8	8
建筑装饰业 Architectural decoration	199	105	18	70	70
其他建筑业 Other construction	1786	862	677	56	56
交通运输、仓储和邮政业小计 **Traffic, transport, storage and post**	**48018**	**16160**	**20367**	**6090**	**4399**
铁路运输业 Railway Transportation	3498	1494	1219	138	138
道路运输业 Transport via road	25756	7191	13069	3724	2714
城市公共交通业 Urban public traffic	2822	1129	860	196	195
水上运输业 Water Transport	6426	2347	2054	1540	860
航空运输业 Air Transport	2644	1485	665	65	65

2－15 续表 3

单位:万元 (10,000 yuan)

行 业 Industry	合计 Total	劳务费 Compensation for Laborers	业务费 Operating Expenses	固定资产购建费 Expenditure on the Purchase of Fixed-assets	
					购置仪器 Purchasing Equipment
管道运输业 Pipeline Transport	0	0	0	0	0
装卸搬运和其他运输服务业 Loading, unloading, portage and other transport services	3767	1414	1049	197	197
仓储业 Storage	3106	1100	1451	230	230
邮政业 Post	0	0	0	0	0
信息传输、计算机服务和软件业小计 Information transfer, computer services and software	**71352**	**13855**	**24830**	**10909**	**10077**
电信和其他信息传输服务业 Telecom and other information transfer services	58560	9076	20378	9532	8834
计算机服务业 Computer services	3662	1280	1871	127	127
软件业 Software industry	9130	3499	2581	1250	1116
批发和零售业小计 Wholesale and retail trade	**256**	**158**	**25**	**35**	**35**
批发业 Wholesale	197	116	17	34	34
零售业 Retail trade	59	42	8	2	2
住宿和餐饮业小计 Accommodation and Restaurants	**0**	**0**	**0**	**0**	**0**
住宿业 Accommodation	0	0	0	0	0
餐饮业 Restaurants	0	0	0	0	0
金融业小计 Finance	**3869**	**853**	**1243**	**177**	**177**
银行业 Bank	3406	652	1212	146	146
证券业 Securities	0	0	0	0	0
保险业 Insurance	0	0	0	0	0
其他金融活动 Other financial activities	463	201	31	30	30

2－15 续表 4

单位：万元 (10,000 yuan)

行 业 Industry	合计 Total	劳务费 Compensation for Laborers	业务费 Operating Expenses	固定资产购建费 Expenditure on the Purchase of Fixed-assets	
					购置仪器 Purchasing Equipment
房地产业小计 Real Estate	**0**	**0**	**0**	**0**	**0**
房地产业 Real estate	0	0	0	0	0
租赁和商务服务业小计 Tenancy and business services	**5082**	**1822**	**2225**	**307**	**307**
租赁业 Tenancy	0	0	0	0	0
商务服务业 Business service	5082	1822	2225	307	307
科学研究、技术服务和地质勘查业小计 Scientific research, technical service and geologic perambulation	**4801728**	**938453**	**2529411**	**1094653**	**749966**
研究与试验发展 Research and experimental development	4328965	778012	2373141	1024115	699412
专业技术服务业 Professional technique services	363685	116119	123635	56889	42181
科技交流和推广服务业 Services of science and technique intercommunion and generalization	28147	13454	5658	2878	2233
地质勘查业 Geologic perambulation	80930	30867	26977	10772	6141
水利、环境和公共设施管理业小计 Management of water conservancy, environment and public establishment	**200363**	**70940**	**55521**	**29364**	**17579**
水利管理业 Management of water conservancy	110246	36757	32233	19217	11659
环境管理业 Environmental management	81741	32576	20244	7133	5861
公共设施管理业 Management of public establishment	8376	1607	3044	3014	59
居民服务和其他服务业小计 Resident services and other services	**674**	**295**	**164**	**58**	**58**
居民服务业 Resident services	272	108	119	33	33
其他服务业 Other services	403	187	45	24	24
教育小计 Education	**20311**	**8976**	**4863**	**2629**	**1169**

2－15 续表 5

单位:万元 (10,000 yuan)

行 业 Industry	合计 Total	劳务费 Compensation for Laborers	业务费 Operating Expenses	固定资产购建费 Expenditure on the Purchase of Fixed-assets	购置仪器 Purchasing Equipment
教育 Education	20311	8976	4863	2629	1169
卫生、社会保障和社会福利业小计 **Sanitation, social security and social welfare**	**407507**	**144580**	**121717**	**55842**	**46523**
卫生 Sanitation	407507	144580	121717	55842	46523
社会保障业 Social security	0	0	0	0	0
社会福利业 Social welfare	0	0	0	0	0
文化、体育和娱乐业小计 **Culture, sports and entertainment**	**58282**	**17496**	**12760**	**14718**	**13593**
新闻出版业 Journalism and publishing activities	2112	368	525	1086	8
广播、电视、电影和音像业 Broadcasting, movies, television and audiovisual activities	1527	659	443	97	97
文化艺术业 Culture and art	40607	11292	7863	11704	11657
体育 Sports activities	11822	4488	3434	1740	1740
娱乐业 Entertainment	2214	689	496	90	90
公共管理和社会组织小计 **Public management and social organization**	**77415**	**18614**	**41502**	**11402**	**4686**
中国共产党机关 Chinese Communist Party organs	466	237	7	41	41
国家机构 Organ of state	76949	18377	41495	11361	4645
人民政协和民主党派 People's Political Consultative Conference and democratic parties	0	0	0	0	0
群众团体、社会团体和宗教组织 Mass communities, social communities and religion organizations	0	0	0	0	0
基层群众自治组织 Grass roots self-government organizations	0	0	0	0	0
国际组织小计 **International organizations**	**1406**	**217**	**887**	**162**	**162**
国际组织 International organizations	1406	217	887	162	162

2-16 各地区研究与开发机构研究与试

Intramural R&D Expenditure in

单位:万元

地区		研究与试验发展经费内部支出 Intramural R&D Expenditure	基础研究 Basic Research	应用研究 Applied Research	试验发展 Experimental Development
全　　国	**Total**	**3989936**	**469014**	**1410634**	**2110288**
东部地区	Eastern Region	2559308	318726	862988	1377593
中部地区	Middle Region	502028	57165	222279	222585
西部地区	Western Region	928602	93124	325365	510113
北　　京	Beijing	1380956	197787	397078	786091
天　　津	Tianjin	68796	3041	26427	39326
河　　北	Hebei	69410	349	22068	46993
山　　西	Shanxi	36041	74	17826	18141
内 蒙 古	Neimenggu	12730	1801	5508	5421
辽　　宁	Liaoning	152216	11067	50260	90889
吉　　林	Jilin	63527	7898	35781	19849
黑 龙 江	Heilongjiang	24926	2155	10064	12707
上　　海	Shanghai	384296	53401	206732	124163
江　　苏	Jiangsu	313883	22842	87826	203215
浙　　江	Zhejiang	43465	4018	17416	22031
安　　徽	Anhui	93089	24865	17094	51130
福　　建	Fujian	17213	4538	6851	5824
江　　西	Jiangxi	25748	2835	13189	9724
山　　东	Shandong	55735	12714	20749	22271
河　　南	Henan	83054	879	32818	49358
湖　　北	Hubei	145460	13284	86183	45992
湖　　南	Hunan	30183	5174	9325	15684
广　　东	Guangdong	68514	6984	25630	35900
广　　西	Guangxi	9442	397	2168	6876
海　　南	Hainan	4824	1985	1950	889
重　　庆	Chongqing	17695	3478	7732	6483
四　　川	Sichuan	429617	43767	189134	196717
贵　　州	Guizhou	12348	4260	360	7729
云　　南	Yunnan	40705	6451	20166	14088
西　　藏	Tibet	1411	558	500	353
陕　　西	Shaanxi	331818	8175	77089	246555
甘　　肃	Gansu	50279	20258	15261	14760
青　　海	Qinghai	5100	1154	1602	2344
宁　　夏	Ningxia	1693	157	876	660
新　　疆	Xinjiang	15764	2668	4969	8127

验发展(R&D)经费内部支出(2003)
Research Institutions by Region

(10,000)

自然科学技术领域 Natural Sciences	基础研究 Basic Research	应用研究 Applied Research	试验发展 Experimental Development	社会人文科学领域 Social Sciences and Humanities	基础研究 Basic Research	应用研究 Applied Research	试验发展 Experimental Development
3923762	**451891**	**1383554**	**2088316**	**57042**	**17038**	**24755**	**15249**
2505491	305157	843441	1356898	47049	13492	18905	14652
496839	55464	219188	222188	4667	1694	2809	164
921434	91271	320928	509234	5329	1853	3043	435
1341924	188728	386015	767182	33376	8988	10753	13634
67054	2475	25673	38905	1325	566	614	146
69256	349	21997	46911	154	0	72	82
36013	74	17798	18141	28	0	28	0
11928	1474	5071	5384	758	327	431	0
152055	11067	50260	90728	162	0	0	162
62383	7328	35207	19849	1113	569	544	0
22748	1656	8500	12592	2108	493	1515	100
380767	52561	204079	124128	3528	840	2653	35
313470	22762	87494	203215	413	80	332	0
41367	2591	16745	22031	2098	1427	671	0
92651	24708	16816	51127	435	157	278	0
15410	3692	6104	5614	1523	839	684	0
25434	2709	13089	9636	226	126	100	0
53669	12269	19293	22107	1912	445	1383	84
82938	778	32802	49358	117	101	16	0
144962	13224	85770	45968	300	60	240	0
29710	4986	9207	15517	340	188	88	64
65695	6678	23830	35187	2558	307	1743	509
9274	375	2038	6860	168	22	130	16
4824	1985	1950	889	0	0	0	0
17681	3478	7732	6470	13	0	0	13
428201	43525	187999	196677	794	241	553	0
12260	4184	354	7723	82	76	6	0
39347	6339	19170	13838	1116	112	909	95
623	179	228	216	648	379	132	137
331564	8095	76914	246555	255	80	175	0
49357	20213	14737	14407	467	45	275	147
5054	1154	1556	2344	47	0	47	0
1240	40	540	660	453	118	336	0
14905	2215	4589	8100	528	453	49	27

2－17 各地区地方属研究与开发机构研

Intramural R&D Expenditure in Local

单位：万元

地 区		研究与试验发展经费内部支出 Intramural R&D Expenditure	基础研究 Basic Research	应用研究 Applied Research	试验发展 Experimental Development
全　国	**Total**	**278810**	**20013**	**84885**	**173912**
东部地区	Eastern Region	162914	13282	48945	100686
中部地区	Middle Region	61927	3689	20490	37749
西部地区	Western Region	53970	3042	15449	35480
北　京	Beijing	23789	1055	8735	14000
天　津	Tianjin	7869	570	1452	5846
河　北	Hebei	4990	163	1071	3757
山　西	Shanxi	4090	16	795	3280
内蒙古	Neimenggu	5138	482	1864	2792
辽　宁	Liaoning	7142	0	480	6661
吉　林	Jilin	16025	1124	5879	9022
黑龙江	Heilongjiang	16238	1185	4802	10251
上　海	Shanghai	19731	3130	8915	7686
江　苏	Jiangsu	19206	1308	7130	10767
浙　江	Zhejiang	15800	1445	2519	11836
安　徽	Anhui	5718	179	967	4572
福　建	Fujian	7854	1094	2037	4723
江　西	Jiangxi	3349	237	1457	1655
山　东	Shandong	21670	3591	6415	11664
河　南	Henan	4600	119	773	3708
湖　北	Hubei	4925	265	1896	2764
湖　南	Hunan	6982	564	3921	2497
广　东	Guangdong	34737	926	10162	23650
广　西	Guangxi	8122	326	1859	5938
海　南	Hainan	126	0	29	96
重　庆	Chongqing	1410	0	107	1302
四　川	Sichuan	10056	322	3085	6650
贵　州	Guizhou	2827	76	275	2476
云　南	Yunnan	10295	479	3552	6264
西　藏	Tibet	1411	558	500	353
陕　西	Shaanxi	1996	117	655	1224
甘　肃	Gansu	3270	45	883	2342
青　海	Qinghai	114	0	47	67
宁　夏	Ningxia	1583	157	807	619
新　疆	Xinjiang	7748	480	1815	5453

究与试验发展(R&D)经费内部支出(2003)

Research Institutions by Region

(10,000)

自然科学技术领域 Natural Sciences	基础研究 Basic Research	应用研究 Applied Research	试验发展 Experimental Development	社会人文科学领域 Social Sciences and Humanities	基础研究 Basic Research	应用研究 Applied Research	试验发展 Experimental Development
248674	**11757**	**68630**	**168287**	**27566**	**8241**	**15192**	**4134**
144269	8578	39409	96280	17631	4695	9342	3595
56796	1988	17400	37409	4609	1694	2809	106
47610	1190	11821	34600	5329	1853	3043	435
19753	863	7545	11344	3958	191	1190	2577
6304	4	839	5461	1325	566	614	146
4836	163	999	3675	154	0	72	82
4062	16	767	3280	28	0	28	0
4337	155	1426	2755	758	327	431	0
6980	0	480	6500	162	0	0	162
14881	554	5305	9022	1113	569	544	0
14118	686	3238	10194	2050	493	1515	42
16203	2290	6262	7651	3528	840	2653	35
18793	1228	6798	10767	413	80	332	0
13703	18	1848	11836	2098	1427	671	0
5280	23	689	4568	435	157	278	0
6050	247	1290	4513	1523	839	684	0
3035	111	1357	1567	226	126	100	0
19604	3146	4958	11500	1912	445	1383	84
4483	18	758	3708	117	101	16	0
4428	205	1483	2740	300	60	240	0
6509	375	3803	2330	340	188	88	64
31917	619	8361	22937	2558	307	1743	509
7954	304	1729	5922	168	22	130	16
126	0	29	96	0	0	0	0
1396	0	107	1289	13	0	0	13
9200	81	2510	6609	794	241	553	0
2739	0	269	2470	82	76	6	0
8937	367	2556	6014	1116	112	909	95
623	179	228	216	648	379	132	137
1741	37	480	1224	255	80	175	0
2597	0	608	1989	467	45	275	147
67	0	0	67	47	0	47	0
1130	40	472	619	453	118	336	0
6889	27	1436	5426	528	453	49	27

2－18 分行业研究与开发机构研究与试验发展(R&D)经费内部支出(2003)

Intramural R&D Expenditure in Research Institutions by Industry

单位:万元 (10,000 yuan)

行 业 Industry	研究与试验发展经费内部支出 Intramural R&D Expenditure	基础研究 Basic Research	应用研究 Applied Research	试验发展 Experimental Development
总 计 Total	**3989936**	**469014**	**1410634**	**2110288**
农、林、牧渔业小计 Farming, Forestry, Animal Husbandry and Fishery	**194892**	**10162**	**53107**	**131622**
农业 Farming	123296	5578	33376	84342
林业 Forestry	18274	897	3478	13899
畜牧业 Animal Husbandry	11030	747	2579	7704
渔业 Fishery	7954	611	2140	5203
农、林、牧、渔服务业 Service activities for agriculture, forestry, farming of animals and fishing	34338	2330	11535	20474
采矿业小计 Mining	**900**	**0**	**481**	**419**
煤炭开采和洗选业 Mining and washing of coal	234	0	0	234
石油和天然气开采业 Petroleum and Natural Gas Extraction	79	0	79	0
黑色金属矿采选业 Ferrous Metals Mining and Dressing	0	0	0	0
有色金属矿采选业 Nonferrous Metals Mining and Dressing	564	0	402	162
非金属矿采选业 Nonmetal Minerals Mining and Dressing	0	0	0	0
其他矿采选业 Other Minerals Mining and Dressing	22	0	0	22
制造业小计 Manufacturing	**103068**	**24125**	**34951**	**43993**
农副食品加工业 Processing of food from agricultural products	3766	94	196	3477
食品制造业 Food Production	2726	201	280	2244
饮料制造业 Beverage Production	103	0	0	102
烟草制品业 Manufacture of tobacco	0	0	0	0
纺织业 Textile Industry	727	19	46	662
纺织服装、鞋、帽制造业 Manufacture of textile wearing apparel, footware, and caps	143	0	0	143
皮革、毛皮、羽毛(绒)及其制品业 Manufacture of leather, fur, feather and its products	76	0	0	76
木材加工及木、竹、藤、棕、草制品业 Processing of timbers, manufacture ofwood, bamboo, rattan, palm, and straw products	2078	111	706	1261

2－18 续表 1

单位:万元 (10,000 yuan)

行 业 Industry	研究与试验发展经费内部支出 Intramural R&D Expenditure	基础研究 Basic Research	应用研究 Applied Research	试验发展 Experimental Development
家具制造业 Furniture Manufacturing	58	0	0	58
造纸及纸制品业 Papermaking and Paper Products	230	0	0	230
印刷业和记录媒介的复制 Printing and Record Medium Reproduction	135	0	86	50
文教体育用品制造业 Culture, Educational and Sports Goods	0	0	0	0
石油加工、炼焦及核燃料加工业 Processing of petroleum ,coking,Processing of nucleus fuel	0	0	0	0
化学原料及化学制品制造业 Raw Chemical Materials and Chemical Products	23864	13733	6011	4121
医药制造业 Medical and Pharmaceutical Products	29872	8127	4913	16832
化学纤维制造业 Chemical Fiber	337	0	79	258
橡胶制品业 Rubber Products	23	0	0	23
塑料制品业 Plastic Products	163	0	0	163
非金属矿物制品业 Nonmetal Mineral Products	707	0	393	314
黑色金属冶炼及压延加工业 Smelting and Pressing of Ferrous Metals	143	0	0	143
有色金属冶炼及压延加工业 Smelting and Pressing of Nonferrous	1339	0	430	909
金属制品业 Metal Products	78	0	14	64
通用设备制造业 Manufacture of general purpose machinery	736	0	95	642
专用设备制造业 Equipment for Special Purposes	10419	0	1149	9270
交通运输设备制造业 Transport Equipment	15125	673	13983	470
电气机械及器材制造业 Electric Equipment and Machinery	443	0	145	298

2-18 续表2

单位:万元 (10,000 yuan)

行业 Industry	研究与试验发展经费内部支出 Intramural R&D Expenditure	基础研究 Basic Research	应用研究 Applied Research	试验发展 Experimental Development
通信设备、计算机及其他电子设备制造业 Manufacture of communication equipment ,computer and other electronic equipment	7068	1168	5522	377
仪器仪表及文化、办公用机械制造业 Instruments, Meters, Cultural and Office Machinery	2712	0	904	1808
工艺品及其他制造业 Manufacture of artwork, other manufacture n. e. c	0	0	0	0
废弃资源和废旧材料回收加工业 Recycling and disposal of waste	0	0	0	0
电力、燃气及水的生产和供应业小计 Production and distribution of electricity, gas and water	**5975**	**379**	**1111**	**4484**
电力、热力的生产和供应业 Production and supply of electric power and heat power	4946	294	1097	3555
燃气生产和供应业 Production and distribution of gas	55	0	0	55
水的生产和供应业 Production and distribution of water	974	85	15	874
建筑业小计 Construction	**7014**	**0**	**1529**	**5486**
房屋和土木工程建筑业 Construction of Building and civil engineering	6895	0	1529	5366
建筑安装业 Architectural installation	0	0	0	0
建筑装饰业 Architectural decoration	0	0	0	0
其他建筑业 Other construction	120	0	0	120
交通运输、仓储和邮政业小计 Traffic, transport, storage and post	**9326**	**20**	**2663**	**6643**
铁路运输业 Railway Transportation	900	20	0	880
道路运输业 Transport via road	4704	0	1769	2936
城市公共交通业 Urban public traffic	369	0	68	302
水上运输业 Water Transport	1662	0	275	1388
航空运输业 Air Transport	382	0	0	382

2－18 续表3

单位：万元 (10,000 yuan)

行业 Industry	研究与试验发展经费内部支出 Intramural R&D Expenditure	基础研究 Basic Research	应用研究 Applied Research	试验发展 Experimental Development
管道运输业 Pipeline Transport	0	0	0	0
装卸搬运和其他运输服务业 Loading, unloading, portage and other transport services	691	0	552	138
仓储业 Storage	618	0	0	618
邮政业 Post	0	0	0	0
信息传输、计算机服务和软件业小计 **Information transfer, computer services and software**	**17804**	**214**	**13466**	**4124**
电信和其他信息传输服务业 Telecom and other information transfer services	15974	214	13148	2611
计算机服务业 Computer services	440	0	0	440
软件业 Software industry	1390	0	318	1073
批发和零售业小计 **Wholesale and retail trade**	**0**	**0**	**0**	**0**
批发业 Wholesale	0	0	0	0
零售业 Retail trade	0	0	0	0
住宿和餐饮业小计 **Accommodation and Restaurants**	**0**	**0**	**0**	**0**
住宿业 Accommodation	0	0	0	0
餐饮业 Restaurants	0	0	0	0
金融业小计 **Finance**	**2133**	**0**	**254**	**1879**
银行业 Bank	2133	0	254	1879
证券业 Securities	0	0	0	0
保险业 Insurance	0	0	0	0
其他金融活动 Other financial activities	0	0	0	0

2-18 续表4

单位:万元 (10,000 yuan)

行 业 Industry	研究与试验发展经费内部支出 Intramural R&D Expenditure	基础研究 Basic Research	应用研究 Applied Research	试验发展 Experimental Development
房地产业小计 **Real Estate**	**0**	**0**	**0**	**0**
房地产业 Real estate	0	0	0	0
租赁和商务服务业小计 **Tenancy and business services**	**183**	**0**	**0**	**183**
租赁业 Tenancy	0	0	0	0
商务服务业 Business service	183	0	0	183
科学研究、技术服务和地质勘查业小计 **Scientific research, technical service and geologic perambulation**	**3491992**	**409117**	**1241303**	**1841572**
研究与试验发展 Research and experimental development	3385360	388309	1209597	1787455
专业技术服务业 Professional technique services	81976	13674	25728	42575
科技交流和推广服务业 Services of science and technique intercommunion and generalization	1300	0	259	1040
地质勘查业 Geologic perambulation	23356	7135	5719	10502
水利、环境和公共设施管理业小计 **Management of water conservancy, environment and public establishment**	**35984**	**8842**	**10112**	**17030**
水利管理业 Management of water conservancy	23691	5991	5932	11768
环境管理业 Environmental management	11997	2850	4180	4966
公共设施管理业 Management of public establishment	296	0	0	296
居民服务和其他服务业小计 **Resident services and other services**	**49**	**18**	**31**	**0**
居民服务业 Resident services	49	18	31	0
其他服务业 Other services	0	0	0	0
教育小计 Education	5004	29	1733	3242

2－18 续表5

单位:万元 (10,000 yuan)

行 业 Industry	研究与试验发展经费内部支出 Intramural R&D Expenditure	基础研究 Basic Research	应用研究 Applied Research	试验发展 Experimental Development
教育 Education	5004	29	1733	3242
卫生、社会保障和社会福利业小计 Sanitation, social security and social welfare	**90913**	**14802**	**46359**	**29753**
卫生 Sanitation	90913	14802	46359	29753
社会保障业 Social security	0	0	0	0
社会福利业 Social welfare	0	0	0	0
文化、体育和娱乐业小计 Culture, sports and entertainment	**3662**	**1268**	**1064**	**1330**
新闻出版业 Journalism and publishing activities	422	0	250	172
广播、电视、电影和音像业 Broadcasting, movies, television and audiovisual activities	0	0	0	0
文化艺术业 Culture and art	1894	1240	427	227
体育 Sports activities	1226	28	331	867
娱乐业 Entertainment	120	0	56	64
公共管理和社会组织小计 Public management and social organization	**21038**	**39**	**2471**	**18529**
中国共产党机关 Chinese Communist Party organs	0	0	0	0
国家机构 Organ of state	21038	39	2471	18529
人民政协和民主党派 People's Political Consultative Conference and democratic parties	0	0	0	0
群众团体、社会团体和宗教组织 Mass communities, social communities and religion organizations	0	0	0	0
基层群众自治组织 Grass roots self-government organizations	0	0	0	0
国际组织小计 International organizations	**0**	**0**	**0**	**0**
国际组织 International organizations	0	0	0	0

2-19 各地区研究与开发机构研究与试验
Intramural R&D Expenditure in

单位:万元

地区 Region		研究与试验发展经费内部支出 Intramural R&D Expenditure	政府资金 Government Grant	企业资金 Enterprise Funds	国外资金 from Abroad	其他资金 Other	自然科学技术领域 Natural Sciences
全 国	**Total**	**3989936**	**3203271**	**208102**	**17337**	**561226**	**3923762**
东部地区	Eastern Region	2559308	2023097	146198	14047	375965	2505491
中部地区	Middle Region	502028	384520	41875	1036	74597	496839
西部地区	Western Region	928602	795657	20030	2254	110664	921434
北 京	Beijing	1380956	1147309	72094	7050	154503	1341924
天 津	Tianjin	68796	64645	248	53	3850	67054
河 北	Hebei	69410	61017	44	44	8305	69256
山 西	Shanxi	36041	31686	1956	60	2339	36013
内蒙古	Neimenggu	12730	11675	14	32	1008	11928
辽 宁	Liaoning	152216	132174	6643	810	12589	152055
吉 林	Jilin	63527	44157	2652	294	16424	62383
黑龙江	Heilongjiang	24926	18262	1087	14	5563	22748
上 海	Shanghai	384296	277335	33700	3676	69586	380767
江 苏	Jiangsu	313883	198916	21883	971	92113	313470
浙 江	Zhejiang	43465	38636	1067	390	3371	41367
安 徽	Anhui	93089	78005	4630	59	10394	92651
福 建	Fujian	17213	12873	1275	0	3065	15410
江 西	Jiangxi	25748	21956	185	1	3606	25434
山 东	Shandong	55735	41465	1674	139	12457	53669
河 南	Henan	83054	54095	9919	0	19040	82938
湖 北	Hubei	145460	112885	20079	490	12006	144962
湖 南	Hunan	30183	23473	1367	118	5226	29710
广 东	Guangdong	68514	44811	7511	803	15390	65695
广 西	Guangxi	9442	7014	58	40	2330	9274
海 南	Hainan	4824	3917	59	111	736	4824
重 庆	Chongqing	17695	16557	553	0	584	17681
四 川	Sichuan	429617	382071	3467	352	43727	428201
贵 州	Guizhou	12348	7630	234	15	4469	12260
云 南	Yunnan	40705	34583	1845	721	3556	39347
西 藏	Tibet	1411	1411	0	0	0	623
陕 西	Shaanxi	331818	278879	11586	702	40652	331564
甘 肃	Gansu	50279	38239	1099	244	10698	49357
青 海	Qinghai	5100	4327	313	0	461	5054
宁 夏	Ningxia	1693	1440	204	0	50	1240
新 疆	Xinjiang	15764	11831	657	148	3128	14905

发展(R&D)经费内部支出按资金来源分(2003)

Research Institutions by Resources

(10,000 yuan)

政府资金 Government Grant	企业资金 Enterprise Funds	国外资金 from Abroad	其他资金 Other	社会人文科学领域 Social Sciences and Humanities	政府资金 Government Grant	企业资金 Enterprise Funds	国外资金 from Abroad	其他资金 Other
3140885	**207450**	**16780**	**558647**	**57042**	**54328**	**517**	**449**	**1748**
1971807	145718	13619	374344	47049	45020	374	384	1271
379866	41844	1005	74124	4667	4236	1	31	399
789211	19887	2157	110180	5329	5076	143	34	78
1109766	71841	6696	153621	33376	32226	148	309	692
62997	248	53	3756	1325	1231	0	0	94
60863	44	44	8305	154	154	0	0	0
31658	1956	60	2339	28	28	0	0	0
10874	14	32	1008	758	758	0	0	0
132012	6643	810	12589	162	162	0	0	0
43014	2652	293	16424	1113	1112	0	1	0
16323	1087	2	5336	2108	1913	0	12	183
274377	33498	3602	69291	3528	2958	202	75	294
198510	21883	971	92107	413	406	0	0	7
36539	1067	390	3371	2098	2098	0	0	0
77567	4630	59	10394	435	435	0	0	0
11079	1275	0	3055	1523	1523	0	0	0
21788	185	1	3460	226	110	0	0	116
39553	1674	139	12303	1912	1891	0	0	20
53979	9919	0	19040	117	117	0	0	0
112388	20078	490	12006	300	299	1	0	0
23148	1337	100	5126	340	222	0	18	100
42195	7486	803	15210	2558	2371	24	0	164
6846	58	40	2330	168	168	0	0	0
3917	59	111	736	0	0	0	0	0
16543	553	0	584	13	13	0	0	0
380758	3466	352	43625	794	792	0	0	3
7606	170	15	4469	82	18	64	0	0
33381	1845	721	3401	1116	1116	0	0	0
623	0	0	0	648	648	0	0	0
278644	11580	688	40652	255	235	6	14	0
37447	1099	224	10587	467	372	0	20	75
4280	313	0	461	47	47	0	0	0
986	204	0	50	453	453	0	0	0
11223	585	85	3012	528	456	73	0	0

2-20 各地区地方属研究与开发机构研究与试验发展

Intramural R&D Expenditure in Local

单位:万元

地区 Region		研究与试验发展经费内部支出 Intramural R&D Expenditure	政府资金 Government Grant	企业资金 Enterprise Funds	国外资金 from Abroad	其他资金 Other	自然科学技术领域 Natural Sciences
全　国	**Total**	**278810**	**201538**	**15373**	**2938**	**58961**	**248674**
东部地区	Eastern Region	162914	114095	8905	1828	38087	144269
中部地区	Middle Region	61927	44830	4809	438	11851	56796
西部地区	Western Region	53970	42615	1660	674	9025	47610
北　京	Beijing	23789	18591	683	568	3948	19753
天　津	Tianjin	7869	4556	248	32	3033	6304
河　北	Hebei	4990	4542	44	44	360	4836
山　西	Shanxi	4090	3838	0	60	192	4062
内蒙古	Neimenggu	5138	5065	0	32	41	4337
辽　宁	Liaoning	7142	5602	81	0	1459	6980
吉　林	Jilin	16025	11839	1450	46	2690	14881
黑龙江	Heilongjiang	16238	10451	1004	14	4768	14118
上　海	Shanghai	19731	11956	1771	570	5433	16203
江　苏	Jiangsu	19206	13383	1026	94	4703	18793
浙　江	Zhejiang	15800	13129	337	58	2277	13703
安　徽	Anhui	5718	3996	861	23	838	5280
福　建	Fujian	7854	7308	47	0	499	6050
江　西	Jiangxi	3349	2626	185	1	537	3035
山　东	Shandong	21670	13059	634	27	7951	19604
河　南	Henan	4600	3693	79	0	828	4483
湖　北	Hubei	4925	4049	145	245	488	4428
湖　南	Hunan	6982	4338	1085	49	1510	6509
广　东	Guangdong	34737	21867	4030	435	8405	31917
广　西	Guangxi	8122	5798	58	20	2247	7954
海　南	Hainan	126	102	4	0	19	126
重　庆	Chongqing	1410	1039	189	0	182	1396
四　川	Sichuan	10056	7194	496	272	2094	9200
贵　州	Guizhou	2827	2356	84	15	372	2739
云　南	Yunnan	10295	8707	101	238	1250	8937
西　藏	Tibet	1411	1411	0	0	0	623
陕　西	Shaanxi	1996	1479	40	14	463	1741
甘　肃	Gansu	3270	2927	0	20	324	2597
青　海	Qinghai	114	114	0	0	0	67
宁　夏	Ningxia	1583	1330	204	0	50	1130
新　疆	Xinjiang	7748	5195	488	63	2002	6889

(R&D)经费内部支出按资金来源分(2003)

Research Institutions by Resources

(10,000 yuan)

政府资金 Government Grant	企业资金 Enterprise Funds	国外资金 from Abroad	其他资金 Other	社会人文科学领域 Social Sciences and Humanities	政府资金 Government Grant	企业资金 Enterprise Funds	国外资金 from Abroad	其他资金 Other
173758	**14835**	**2734**	**57347**	**27566**	**25857**	**507**	**141**	**1062**
96635	8542	1752	37341	17631	16606	364	77	586
40233	4778	407	11378	4609	4178	1	31	399
36890	1517	577	8630	5329	5076	143	34	78
14700	545	567	3941	3958	3812	138	2	7
3085	248	32	2939	1325	1231	0	0	94
4388	44	44	360	154	154	0	0	0
3810	0	60	192	28	28	0	0	0
4264	0	32	41	758	758	0	0	0
5440	81	0	1459	162	162	0	0	0
10696	1450	45	2690	1113	1112	0	1	0
8570	1004	2	4541	2050	1855	0	12	183
8999	1570	495	5139	3528	2958	202	75	294
12977	1026	94	4696	413	406	0	0	7
11031	337	58	2277	2098	2098	0	0	0
3558	861	23	838	435	435	0	0	0
5515	47	0	489	1523	1523	0	0	0
2458	185	1	391	226	110	0	0	116
11146	634	27	7797	1912	1891	0	0	20
3576	79	0	828	117	117	0	0	0
3552	144	245	488	300	299	1	0	0
4013	1055	31	1410	340	222	0	18	100
19252	4006	435	8225	2558	2371	24	0	164
5630	58	20	2247	168	168	0	0	0
102	4	0	19	0	0	0	0	0
1025	189	0	182	13	13	0	0	0
6352	495	272	2081	794	792	0	0	3
2332	20	15	372	82	18	64	0	0
7504	101	238	1095	1116	1116	0	0	0
623	0	0	0	648	648	0	0	0
1245	34	0	463	255	235	6	14	0
2385	0	0	213	467	372	0	20	75
67	0	0	0	47	47	0	0	0
876	204	0	50	453	453	0	0	0
4587	416	0	1886	528	456	73	0	0

2-21 分行业研究与开发机构研究与试验发展(R&D)经费内部支出按资金来源分(2003)

Intramural R&D Expenditure in Research Institutions by Resources

单位:万元 (10,000 yuan)

行业 Industry	研究与试验发展经费内部支出 Intramural R&D Expenditure	政府资金 Government Grant	企业资金 Enterprise Funds	国外资金 from Abroad	其他资金 Other
总 计 Total	**3989936**	**3203271**	**208102**	**17337**	**561226**
农、林、牧渔业小计 Farming, Forestry, Animal Husbandry and Fishery	**194892**	**154761**	**3771**	**2942**	**33418**
农业 Farming	123296	97822	2706	1165	21603
林业 Forestry	18274	14798	493	1215	1768
畜牧业 Animal Husbandry	11030	9716	36	38	1240
渔业 Fishery	7954	7143	85	30	696
农、林、牧、渔服务业 Service activities for agriculture, forestry, farming of animals and fishing	34338	25282	451	495	8111
采矿业小计 Mining	**900**	**738**	**15**	**0**	**146**
煤炭开采和洗选业 Mining and washing of coal	234	149	0	0	85
石油和天然气开采业 Petroleum and Natural Gas Extraction	79	18	0	0	61
黑色金属矿采选业 Ferrous Metals Mining and Dressing	0	0	0	0	0
有色金属矿采选业 Nonferrous Metals Mining and Dressing	564	549	15	0	0
非金属矿采选业 Nonmetal Minerals Mining and Dressing	0	0	0	0	0
其他矿采选业 Other Minerals Mining and Dressing	22	22	0	0	0
制造业小计 Manufacturing	**103068**	**72172**	**10961**	**548**	**19388**
农副食品加工业 Processing of food from agricultural products	3766	1758	361	8	1640
食品制造业 Food Production	2726	1537	503	0	687
饮料制造业 Beverage Production	103	42	0	0	61
烟草制品业 Manufacture of tobacco	0	0	0	0	0
纺织业 Textile Industry	727	532	91	0	104
纺织服装、鞋、帽制造业 Manufacture of textile wearing apparel, footware, and caps	143	72	0	0	71
皮革、毛皮、羽毛(绒)及其制品业 Manufacture of leather, fur, feather and its products	76	60	0	0	16
木材加工及木、竹、藤、棕、草制品业 Processing of timbers, manufacture of wood, bamboo, rattan, palm, and straw products	2078	1518	0	250	310

2-21 续表1

单位:万元 (10,000 yuan)

行业 Industry	研究与试验发展经费内部支出 Intramural R&D Expenditure	政府资金 Government Grant	企业资金 Enterprise Funds	国外资金 from Abroad	其他资金 Other
家具制造业 Furniture Manufacturing	58	0	0	0	58
造纸及纸制品业 Papermaking and Paper Products	230	106	74	0	49
印刷业和记录媒介的复制 Printing and Record Medium Reproduction	135	90	46	0	0
文教体育用品制造业 Culture, Educational and Sports Goods	0	0	0	0	0
石油加工、炼焦及核燃料加工业 Processing of petroleum ,coking,Processing of nucleus fuel	0	0	0	0	0
化学原料及化学制品制造业 Raw Chemical Materials and Chemical Products	23864	13192	3633	40	6999
医药制造业 Medical and Pharmaceutical Products	29872	21897	2430	224	5320
化学纤维制造业 Chemical Fiber	337	182	152	0	3
橡胶制品业 Rubber Products	23	23	0	0	0
塑料制品业 Plastic Products	163	120	0	0	42
非金属矿物制品业 Nonmetal Mineral Products	707	282	348	0	78
黑色金属冶炼及压延加工业 Smelting and Pressing of Ferrous Metals	143	101	0	0	42
有色金属冶炼及压延加工业 Smelting and Pressing of Nonferrous	1339	922	367	0	50
金属制品业 Metal Products	78	44	32	0	2
通用设备制造业 Manufacture of general purpose machinery	736	373	172	25	167
专用设备制造业 Equipment for Special Purposes	10419	5145	2093	0	3180
交通运输设备制造业 Transport Equipment	15125	14902	126	0	97
电气机械及器材制造业 Electric Equipment and Machinery	443	243	0	2	197

2-21 续表2

单位:万元 (10,000 yuan)

行 业 Industry	研究与试验发展经费内部支出 Intramural R&D Expenditure	政府资金 Government Grant	企业资金 Enterprise Funds	国外资金 from Abroad	其他资金 Other
通信设备、计算机及其他电子设备制造业 Manufacture of communication equipment ,computer and other electronic equipment	7068	6912	50	0	105
仪器仪表及文化、办公用机械制造业 Instruments, Meters, Cultural and Office Machinery	2712	2120	483	0	110
工艺品及其他制造业 Manufacture of artwork, other manufacture n. e. c	0	0	0	0	0
废弃资源和废旧材料回收加工业 Recycling and disposal of waste	0	0	0	0	0
电力、燃气及水的生产和供应业小计 Production and distribution of electricity,gas and water	**5975**	**3967**	**1164**	**63**	**781**
电力、热力的生产和供应业 Production and supply of electric power and heat power	4946	3738	470	63	675
燃气生产和供应业 Production and distribution of gas	55	0	0	0	55
水的生产和供应业 Production and distribution of water	974	229	694	0	51
建筑业小计 Construction	**7014**	**3115**	**1367**	**0**	**2533**
房屋和土木工程建筑业 Construction of Building and civil engineering	6895	3016	1346	0	2533
建筑安装业 Architectural installation	0	0	0	0	0
建筑装饰业 Architectural decoration	0	0	0	0	0
其他建筑业 Other construction	120	98	21	0	0
交通运输、仓储和邮政业小计 Traffic,transport, storage and post	**9326**	**6570**	**1268**	**40**	**1448**
铁路运输业 Railway Transportation	900	267	634	0	0
道路运输业 Transport via road	4704	4221	38	0	445
城市公共交通业 Urban public traffic	369	365	4	0	0
水上运输业 Water Transport	1662	897	581	0	185
航空运输业 Air Transport	382	371	11	0	0

2－21 续表 3

单位：万元 （10，000 yuan）

行 业 Industry	研究与试验发展经费内部支出 Intramural R&D Expenditure	政府资金 Government Grant	企业资金 Enterprise Funds	国外资金 from Abroad	其他资金 Other
管道运输业 Pipeline Transport	0	0	0	0	0
装卸搬运和其他运输服务业 Loading, unloading, portage and other transport services	691	250	0	0	441
仓储业 Storage	618	200	0	40	378
邮政业 Post	0	0	0	0	0
信息传输、计算机服务和软件业小计 Information transfer, computer services and software	**17804**	**13357**	**402**	**0**	**4045**
电信和其他信息传输服务业 Telecom and other information transfer services	15974	12329	311	0	3334
计算机服务业 Computer services	440	8	91	0	341
软件业 Software industry	1390	1020	0	0	370
批发和零售业小计 Wholesale and retail trade	**0**	**0**	**0**	**0**	**0**
批发业 Wholesale	0	0	0	0	0
零售业 Retail trade	0	0	0	0	0
住宿和餐饮业小计 Accommodation and Restaurants	**0**	**0**	**0**	**0**	**0**
住宿业 Accommodation	0	0	0	0	0
餐饮业 Restaurants	0	0	0	0	0
金融业小计 Finance	**2133**	**0**	**2133**	**0**	**0**
银行业 Bank	2133	0	2133	0	0
证券业 Securities	0	0	0	0	0
保险业 Insurance	0	0	0	0	0
其他金融活动 Other financial activities	0	0	0	0	0

2－21 续表 4

单位：万元 (10,000 yuan)

行 业 Industry	研究与试验发展经费内部支出 Intramural R&D Expenditure	政府资金 Government Grant	企业资金 Enterprise Funds	国外资金 from Abroad	其他资金 Other
房地产业小计 Real Estate	**0**	**0**	**0**	**0**	**0**
房地产业 Real estate	0	0	0	0	0
租赁和商务服务业小计 Tenancy and business services	**183**	**142**	**0**	**0**	**42**
租赁业 Tenancy	0	0	0	0	0
商务服务业 Business service	183	142	0	0	42
科学研究、技术服务和地质勘查业小计 Scientific research, technical service and geologic perambulation	**3491992**	**2844153**	**178234**	**10563**	**459042**
研究与试验发展 Research and experimental development	3385360	2751504	176334	10016	447507
专业技术服务业 Professional technique services	81976	68564	1852	546	11014
科技交流和推广服务业 Services of science and technique intercommunion and generalization	1300	1074	30	0	196
地质勘查业 Geologic perambulation	23356	23011	19	1	325
水利、环境和公共设施管理业小计 Management of water conservancy, environment and public establishment	**35984**	**23458**	**6774**	**522**	**5231**
水利管理业 Management of water conservancy	23691	13504	6187	7	3993
环境管理业 Environmental management	11997	9913	331	515	1238
公共设施管理业 Management of public establishment	296	41	255	0	0
居民服务和其他服务业小计 Resident services and other services	**49**	**47**	**0**	**0**	**2**
居民服务业 Resident services	49	47	0	0	2
其他服务业 Other services	0	0	0	0	0
教育小计 Education	**5004**	**4089**	**163**	**12**	**740**

2－21 续表 5

单位:万元 (10,000 yuan)

行　业 Industry	研究与试验发展经费内部支出 Intramural R&D Expenditure	政府资金 Government Grant	企业资金 Enterprise Funds	国外资金 from Abroad	其他资金 Other
教育 Education	5004	4089	163	12	740
卫生、社会保障和社会福利业小计 Sanitation, social security and social welfare	**90913**	**61598**	**1777**	**2340**	**25199**
卫生 Sanitation	90913	61598	1777	2340	25199
社会保障业 Social security	0	0	0	0	0
社会福利业 Social welfare	0	0	0	0	0
文化、体育和娱乐业小计 Culture, sports and entertainment	**3662**	**2675**	**66**	**0**	**922**
新闻出版业 Journalism and publishing activities	422	335	0	0	87
广播、电视、电影和音像业 Broadcasting, movies, television and audiovisual activities	0	0	0	0	0
文化艺术业 Culture and art	1894	1888	0	0	5
体育 Sports activities	1226	431	66	0	729
娱乐业 Entertainment	120	20	0	0	100
公共管理和社会组织小计 Public management and social organization	**21038**	**12430**	**10**	**308**	**8290**
中国共产党机关 Chinese Communist Party organs	0	0	0	0	0
国家机构 Organ of state	21038	12430	10	308	8290
人民政协和民主党派 People's Political Consultative Conference and democratic parties	0	0	0	0	0
群众团体、社会团体和宗教组织 Mass communities, social communities and religion organizations	0	0	0	0	0
基层群众自治组织 Grass roots self-government organizations	0	0	0	0	0
国际组织小计 International organizations	**0**	**0**	**0**	**0**	**0**
国际组织 International organizations	0	0	0	0	0

地 区 Region		合计 Total	
	课题数(个) Number of Topics	投入人员(人年) Input of Personnel (man-year)	投入经费(万元) Input of Funds (10,000 yuan)
全 国 Total	**56618**	**220735**	**3373957**
东部地区 Eastern Region	34994	113827	2154288
中部地区 Middle Region	10491	47116	444341
西部地区 Western Region	11133	59794	775329
北 京 Beijing	14767	48443	1155189
天 津 Tianjin	941	4992	59851
河 北 Hebei	816	5265	93907
山 西 Shanxi	1294	5352	30817
内蒙古 Neimenggu	745	3086	11998
辽 宁 Liaoning	1830	9326	101831
吉 林 Jilin	1525	4354	38528
黑龙江 Heilongjiang	1660	5176	19281
上 海 Shanghai	3813	13256	230726
江 苏 Jiangsu	3494	12112	304647
浙 江 Zhejiang	1817	4276	61214
安 徽 Anhui	1254	5444	87208
福 建 Fujian	1333	2257	12054
江 西 Jiangxi	723	3760	17390
山 东 Shandong	2360	6557	44471
河 南 Henan	1155	7653	78968
湖 北 Hubei	1967	11648	145645
湖 南 Hunan	913	3729	26504
广 东 Guangdong	3450	6565	84257
广 西 Guangxi	1244	2756	12090
海 南 Hainan	373	778	6141
重 庆 Chongqing	599	2953	19007
四 川 Sichuan	2032	17228	402490
贵 州 Guizhou	807	2338	10489
云 南 Yunnan	1580	4347	26979
西 藏 Tibet	70	307	1696
陕 西 Shaanxi	1434	19509	240550
甘 肃 Gansu	1203	4308	31422
青 海 Qinghai	177	216	1880
宁 夏 Ningxia	179	467	1844
新 疆 Xinjiang	1063	2279	14884

构科技活动课题(2003)

Taken by Research Institutes by Region

自然科学技术领域 Natural Sciences				社会人文科学领域 Social Sciences and Humanities			
课题数(个) Number of Topics	投入人员 (人年) Input of Personnel (man-year)	科学家和工程师 Scientists & Engineers	投入经费 (万元) Input of Funds (10,000 yuan)	课题数(个) Number of Topics	投入人员 (人年) Input of Personnel (man-year)	科学家和工程师 Scientists & Engineers	投入经费 (万元) Input of Funds (10,000 yuan)
50942	**208112**	**154791**	**3310885**	**4276**	**8835**	**7325**	**37687**
31149	105950	82590	2103002	2891	5430	4720	29642
9682	44979	31767	439395	623	1515	1156	3794
10111	57188	40435	768488	762	1893	1453	4252
12646	43777	35687	1118099	1620	3435	3096	20587
754	4592	3276	58504	124	229	214	580
776	5118	4391	93611	16	64	31	138
1125	4967	3585	29675	136	311	246	1027
644	2802	2100	11279	76	188	161	455
1653	8881	6596	100668	138	248	221	650
1416	4004	3000	37294	89	293	270	997
1517	4771	3496	18210	135	352	203	967
3282	12554	9577	228234	430	537	438	1998
3397	11929	8928	304239	65	112	65	122
1718	4060	3173	58825	49	134	118	1652
1174	5220	3905	86958	64	166	115	174
1146	2028	1572	10810	154	132	128	781
672	3595	2585	17201	8	25	15	23
2167	6091	4750	43065	146	260	198	707
1058	7400	5135	78647	66	147	119	223
1877	11440	7574	145334	73	120	94	91
843	3582	2487	26076	52	101	94	292
3239	6148	4216	80839	149	279	211	2427
1127	2550	1578	11612	63	99	89	191
371	772	424	6108	0	0	0	0
519	2892	2091	18495	75	50	36	283
1816	16558	11728	401016	180	526	328	1128
733	2140	1487	10009	43	129	121	228
1473	3996	2594	26109	73	264	206	427
50	225	112	907	16	58	23	648
1364	19368	13955	240247	53	84	84	65
1112	4071	2798	30953	61	166	111	235
158	193	154	1771	19	23	21	109
132	330	265	1629	40	126	124	187
983	2063	1573	14461	63	180	149	296

2-23 各地区地方属研究与开发

Scientific and Technological Research Topics Taken by Research

地 区 Region		合计 Total 课题数(个) Number of Topics	投入人员(人年) Input of Personnel (man-year)	投入经费(万元) Input of Funds (10,000 yuan)
全 国	**Total**	**27362**	**65521**	**308345**
东部地区	Eastern Region	12996	27622	184445
中部地区	Middle Region	6932	19287	54918
西部地区	Western Region	7434	18614	68984
北 京	Beijing	1463	2521	22891
天 津	Tianjin	621	1365	5923
河 北	Hebei	696	1512	5268
山 西	Shanxi	1046	2405	6580
内蒙古	Neimenggu	543	1679	5689
辽 宁	Liaoning	981	3664	19994
吉 林	Jilin	933	2832	11242
黑龙江	Heilongjiang	1317	3841	12168
上 海	Shanghai	1530	2308	14357
江 苏	Jiangsu	1536	2602	14184
浙 江	Zhejiang	1253	2205	21027
安 徽	Anhui	750	1638	4477
福 建	Fujian	1027	1923	8119
江 西	Jiangxi	682	2056	3513
山 东	Shandong	1649	4349	18623
河 南	Henan	697	2506	5022
湖 北	Hubei	751	2028	5094
湖 南	Hunan	756	1981	6822
广 东	Guangdong	2112	4702	53142
广 西	Guangxi	1147	2402	9928
海 南	Hainan	128	471	917
重 庆	Chongqing	396	819	4083
四 川	Sichuan	1314	3261	13019
贵 州	Guizhou	708	1392	4563
云 南	Yunnan	1093	2781	9446
西 藏	Tibet	70	307	1696
陕 西	Shaanxi	438	1437	3126
甘 肃	Gansu	645	2024	4734
青 海	Qinghai	56	96	303
宁 夏	Ningxia	165	448	1784
新 疆	Xinjiang	859	1968	10613

机构科技活动课题(2003)
Institutes of Local Governments by Region

自然科学技术领域 Natural Sciences				社会人文科学领域 Social Sciences and Humanities			
课题数(个) Number of Topics	投入人员(人年) Input of Personnel (man-year)	科学家和工程师 Scientists & Engineers	投入经费(万元) Input of Funds (10,000 yuan)	课题数(个) Number of Topics	投入人员(人年) Input of Personnel (man-year)	科学家和工程师 Scientists & Engineers	投入经费(万元) Input of Funds (10,000 yuan)
23637	**57295**	**39285**	**280866**	**2820**	**5726**	**4517**	**18840**
11072	24070	17334	168448	1440	2340	1923	10819
6131	17182	11412	50034	618	1495	1144	3770
6434	16046	10537	62384	762	1893	1453	4252
1246	2125	1659	20837	169	345	299	1764
451	1021	801	4830	124	229	214	580
656	1366	1037	4971	16	64	31	138
877	2019	1507	5437	136	311	246	1027
442	1395	984	4971	76	188	161	455
804	3219	2321	18831	138	248	221	650
824	2482	1777	10008	89	293	270	997
1179	3455	2379	11121	130	332	191	943
999	1606	1140	11864	430	537	438	1998
1439	2418	1657	13777	65	112	65	122
1154	1989	1518	18638	49	134	118	1652
670	1414	965	4227	64	166	115	174
840	1693	1298	6874	154	132	128	781
631	1891	1128	3324	8	25	15	23
1456	3883	2948	17217	146	260	198	707
601	2258	1405	4732	66	147	119	223
663	1829	1120	4792	73	120	94	91
686	1834	1131	6393	52	101	94	292
1901	4285	2766	49725	149	279	211	2427
1030	2197	1353	9451	63	99	89	191
126	465	189	884	0	0	0	0
316	758	542	3571	75	50	36	283
1105	2607	1782	11605	180	526	328	1128
634	1194	789	4083	43	129	121	228
986	2430	1425	8576	73	264	206	427
50	225	112	907	16	58	23	648
368	1295	747	2823	53	84	84	65
569	1808	1192	4443	61	166	111	235
37	74	45	195	19	23	21	109
118	312	247	1569	40	126	124	187
779	1751	1319	10190	63	180	149	296

2-24 分行业研究与开发机构科技活动课题(2003)
Scientific and Technological Research Topics Taken by Research Institutes by Industry

行业 Industry	课题数(个) Number of Topics	投入人员(人年) Input of Personnel (man-year)	科学家和工程师 Scientists & Engineers	投入经费(万元) Input of Funds (10,000 yuan)
总计 **Total**	**56618**	**220735**	**164998**	**3373957**
农、林、牧渔业小计 **Farming, Forestry, Animal Husbandry and Fishery**	**16521**	**36860**	**25150**	**182448**
农业 Farming	9903	21834	14694	109743
林业 Forestry	2109	4479	3028	22052
畜牧业 Animal Husbandry	838	2177	1474	9927
渔业 Fishery	860	1668	1274	9356
农、林、牧、渔服务业 Service activities for agriculture, forestry, farming of animals and fishing	2811	6701	4680	31371
采矿业小计 **Mining**	**146**	**386**	**335**	**5290**
煤炭开采和洗选业 Mining and washing of coal	40	78	61	362
石油和天然气开采业 Petroleum and Natural Gas Extraction	68	225	213	4292
黑色金属矿采选业 Ferrous Metals Mining and Dressing	0	0	0	0
有色金属矿采选业 Nonferrous Metals Mining and Dressing	30	51	41	564
非金属矿采选业 Nonmetal Minerals Mining and Dressing	0	0	0	0
其他矿采选业 Other Minerals Mining and Dressing	8	33	20	71
制造业小计 **Manufacturing**	**3774**	**9956**	**7213**	**83688**
农副食品加工业 Processing of food from agricultural products	227	692	435	3886
食品制造业 Food Production	128	254	209	1484
饮料制造业 Beverage Production	23	37	34	129
烟草制品业 Manufacture of tobacco	1	5	5	30
纺织业 Textile Industry	73	237	157	1112
纺织服装、鞋、帽制造业 Manufacture of textile wearing apparel, footware, and caps	24	55	16	295
皮革、毛皮、羽毛(绒)及其制品业 Manufacture of leather, fur, feather and its products	7	16	14	41
木材加工及木、竹、藤、棕、草制品业 Processing of timbers, manufacture of wood, bamboo, rattan, palm, and straw products	74	163	143	1263

2-24 续表 1

行 业 Industry	课题数(个) Number of Topics	投入人员(人年) Input of Personnel (man-year)	科学家和工程师 Scientists & Engineers	投入经费(万元) Input of Funds (10,000 yuan)
家具制造业 Furniture Manufacturing	2	9	7	51
造纸及纸制品业 Papermaking and Paper Products	26	70	51	334
印刷业和记录媒介的复制 Printing and Record Medium Reproduction	17	66	38	410
文教体育用品制造业 Culture, Educational and Sports Goods	6	2	1	48
石油加工、炼焦及核燃料加工业 Processing of petroleum ,coking,Processing of nucleus fuel	2	20	4	9
化学原料及化学制品制造业 Raw Chemical Materials and Chemical Products	469	1244	948	13257
医药制造业 Medical and Pharmaceutical Products	1214	2698	1978	18118
化学纤维制造业 Chemical Fiber	17	91	78	170
橡胶制品业 Rubber Products	4	18	5	77
塑料制品业 Plastic Products	20	85	59	351
非金属矿物制品业 Nonmetal Mineral Products	89	281	184	538
黑色金属冶炼及压延加工业 Smelting and Pressing of Ferrous Metals	17	44	38	274
有色金属冶炼及压延加工业 Smelting and Pressing of Nonferrous	59	166	134	1656
金属制品业 Metal Products	14	30	25	142
通用设备制造业 Manufacture of general purpose machinery	125	355	241	1351
专用设备制造业 Equipment for Special Purposes	667	1940	1426	20160
交通运输设备制造业 Transport Equipment	188	399	312	10628
电气机械及器材制造业 Electric Equipment and Machinery	31	109	87	476

2－24 续表 2

行 业 Industry	课题数(个) Number of Topics	投入人员(人年) Input of Personnel (man-year)	科学家和工程师 Scientists & Engineers	投入经费(万元) Input of Funds (10,000 yuan)
通信设备、计算机及其他电子设备制造业 Manufacture of communication equipment ,computer and other electronic equipment	120	404	299	5332
仪器仪表及文化、办公用机械制造业 Instruments, Meters, Cultural and Office Machinery	115	426	270	1949
工艺品及其他制造业 Manufacture of artwork, other manufacture n. e. c	15	40	18	118
废弃资源和废旧材料回收加工业 Recycling and disposal of waste	0	0	0	0
电力、燃气及水的生产和供应业小计 **Production and distribution of electricity,gas and water**	**234**	**420**	**359**	**5779**
电力、热力的生产和供应业 Production and supply of electric power and heat power	201	259	217	4458
燃气生产和供应业 Production and distribution of gas	8	13	11	103
水的生产和供应业 Production and distribution of water	25	148	132	1219
建筑业小计 **Construction**	**624**	**1513**	**1154**	**17816**
房屋和土木工程建筑业 Construction of Building and civil engineering	607	1469	1120	17610
建筑安装业 Architectural installation	2	7	2	1
建筑装饰业 Architectural decoration	3	12	8	70
其他建筑业 Other construction	12	25	24	135
交通运输、仓储和邮政业小计 **Traffic,transport, storage and post**	**579**	**1576**	**1093**	**13666**
铁路运输业 Railway Transportation	68	216	194	906
道路运输业 Transport via road	218	525	311	6915
城市公共交通业 Urban public traffic	87	308	162	1710
水上运输业 Water Transport	100	232	168	1928
航空运输业 Air Transport	41	155	133	684

2－24 续表 3

行 业 Industry	课题数(个) Number of Topics	投入人员(人年) Input of Personnel (man-year)	科学家和工程师 Scientists & Engineers	投入经费(万元) Input of Funds (10,000 yuan)
管道运输业 Pipeline Transport	0	0	0	0
装卸搬运和其他运输服务业 Loading, unloading, portage and other transport services	50	78	73	704
仓储业 Storage	15	63	54	818
邮政业 Post	0	0	0	0
信息传输、计算机服务和软件业小计 **Information transfer, computer services and software**	**923**	**1825**	**1390**	**35439**
电信和其他信息传输服务业 Telecom and other information transfer services	715	1093	893	30443
计算机服务业 Computer services	28	156	93	799
软件业 Software industry	180	576	404	4196
批发和零售业小计 **Wholesale and retail trade**	**7**	**26**	**12**	**18**
批发业 Wholesale	2	14	6	5
零售业 Retail trade	5	12	6	13
住宿和餐饮业小计 **Accommodation and Restaurants**	**0**	**0**	**0**	**0**
住宿业 Accommodation	0	0	0	0
餐饮业 Restaurants	0	0	0	0
金融业小计 **Finance**	**30**	**59**	**49**	**1380**
银行业 Bank	15	42	32	1358
证券业 Securities	0	0	0	0
保险业 Insurance	0	0	0	0
其他金融活动 Other financial activities	15	17	17	22

2－24 续表 4

行　业 Industry	课题数(个) Number of Topics	投入人员(人年) Input of Personnel (man-year)	科学家和工程师 Scientists & Engineers	投入经费(万元) Input of Funds (10,000 yuan)
房地产业小计 **Real Estate**	**0**	**0**	**0**	**0**
房地产业 Real estate	0	0	0	0
租赁和商务服务业小计 **Tenancy and business services**	**112**	**268**	**183**	**967**
租赁业 Tenancy	0	0	0	0
商务服务业 Business service	112	268	183	967
科学研究、技术服务和地质勘查业小计 **Scientific research, technical service and geologic perambulation**	**24729**	**148925**	**113780**	**2899217**
研究与试验发展 Research and experimental development	20126	138440	105281	2785983
专业技术服务业 Professional technique services	3411	6924	5760	80462
科技交流和推广服务业 Services of science and technique intercommunion and generalization	460	1258	901	4676
地质勘查业 Geologic perambulation	732	2304	1839	28096
水利、环境和公共设施管理业小计 **Management of water conservancy, environment and public establishment**	**3828**	**6721**	**4926**	**59825**
水利管理业 Management of water conservancy	2240	3482	2640	38443
环境管理业 Environmental management	1520	3073	2173	20671
公共设施管理业 Management of public establishment	68	166	113	710
居民服务和其他服务业小计 **Resident services and other services**	**13**	**19**	**12**	**78**
居民服务业 Resident services	9	14	11	55
其他服务业 Other services	4	5	1	23
教育小计 **Education**	**524**	**768**	**631**	**2434**

2－24 续表 5

行　业 Industry	课题数(个) Number of Topics	投入人员(人年) Input of Personnel (man-year)	科学家和工程师 Scientists & Engineers	投入经费(万元) Input of Funds (10,000 yuan)
教育 Education	524	768	631	2434
卫生、社会保障和社会福利业小计 **Sanitation, social security and social welfare**	**3238**	**8887**	**6525**	**47414**
卫生 Sanitation	3238	8887	6525	47414
社会保障业 Social security	0	0	0	0
社会福利业 Social welfare	0	0	0	0
文化、体育和娱乐业小计 **Culture, sports and entertainment**	**444**	**962**	**768**	**5379**
新闻出版业 Journalism and publishing activities	11	35	35	177
广播、电视、电影和音像业 Broadcasting, movies, television and audiovisual activities	3	4	2	43
文化艺术业 Culture and art	203	435	340	2385
体育 Sports activities	192	427	335	2664
娱乐业 Entertainment	35	62	56	111
公共管理和社会组织小计 **Public management and social organization**	**887**	**1563**	**1418**	**13041**
中国共产党机关 Chinese Communist Party organs	4	2	2	13
国家机构 Organ of state	883	1561	1416	13028
人民政协和民主党派 People's Political Consultative Conference and democratic parties	0	0	0	0
群众团体、社会团体和宗教组织 Mass communities, social communities and religion organizations	0	0	0	0
基层群众自治组织 Grass roots self-government organizations	0	0	0	0
国际组织小计 **International organizations**	**5**	**1**	**1**	**78**
国际组织 International organizations	5	1	1	78

2-25 研究与开发机构研究与试验发展(R&D)课题学科分组情况(2003)

R&D Topics Taken by Research Institutes by Discipline

学 科 Discipline	R&D 课题数(项) Projects of R&D	R&D 课题参加人员全时当量(人年) Participants	#科学家和工程师 Scientists & Engineers	R&D 项目(课题)经费内部支出(万元) Expenditure
全 国 Total	**36889**	**169702**	**129001**	**2767834**
数学 Mathematics	218	201	199	1740
信息科学与系统科学 Information & System Science	260	1044	938	30940
力学 Mechanics	137	221	199	3680
物理学 Physics	1343	6846	4735	259201
化学 Chemistry	1361	2253	1848	44742
天文学 Astronomy	329	589	515	16104
地球科学 Earth Science	3756	5922	4999	88923
生物学 Biology	3294	4231	3376	68740
农学 Agriculture	6508	13815	9802	73711
林学 Forestry	1039	2086	1512	11617
畜牧、兽医科学 Livestock, Veterinary Medicine	1008	2381	1754	13506
水产学 Aquatic	544	1041	836	7645
基础医学 Basic Medicine	464	1033	775	8232
临床医学 Clinic Medicine	1116	2985	2275	17341
预防医学与卫生学 Protective Medicine	451	1556	1193	9061
军事医学与特种医学 Military Medicine & Special Medicine	10	34	22	288
药学 Pharmacy	401	1029	830	9356
中医学与中药学 Traditional Chinese Medicine	1105	2783	1979	13270
工程与技术科学基础学科 Engineering & Basic Technology Science	945	14258	10224	152564
测绘科学技术 Surveying & Mapping	67	213	191	3257
材料科学 Material Science	896	3970	3274	47258
矿山工程技术 Mining	43	93	72	1151
冶金工程技术 Metallurgy	42	158	137	1421
机械工程 Mechanical Engineering	315	2271	1603	28630
动力与电气工程 Power & Electrical Engineering	217	1414	1070	17524
能源科学技术 Energy Technology	252	1031	838	23786
核科学技术 Nuclear Technology	180	4837	3602	59314

2－25 续表

学　科 Discipline	R&D 课题数(项) Projects of R&D	R&D 课题参加人员全时当量(人年) Participants	#科学家和工程师 Scientists & Engineers	R&D 项目(课题)经费内部支出(万元) Expenditure
电子、通信与自动控制技术 Electronics, Communication & Automation	2625	29399	22848	645695
计算机科学技术 Computer Technology	1002	3776	3281	45534
化学工程 Chemical Engineering	236	643	525	8199
纺织科学技术 Textile Technology	44	242	178	789
食品科学技术 Food Technology	133	416	285	2423
土木建筑工程 Civil Construction	143	373	262	1647
水利工程 Water Conservancy	527	1006	816	11269
交通运输工程 Transportaiton Engineering	389	1258	1023	13443
航空、航天科学技术 Aviation and Aerospace	1352	43518	31715	961754
环境科学技术 Environment	813	2554	2168	22860
安全科学技术 Security	139	942	778	4702
管理学 Management	289	495	404	3744
马克思主义 Marxism	67	135	128	521
哲学 Phylosophy	156	233	226	1244
宗教学 Religion	88	120	107	546
语言学 Linguistics	30	91	83	342
文学 Literature	142	309	256	1349
艺术学 Arts	79	377	309	1563
历史学 Histry	327	608	545	3032
考古学 Archaeology	95	373	316	2538
经济学 Economics	810	1920	1659	8246
政治学 Politics	155	385	330	1529
法学 Law	109	270	234	2055
军事学 Strategics	8	20	20	89
社会学 Sociology	196	500	420	1951
民族学 Ethnography	73	179	155	754
新闻学与传播学 Journalism	32	62	48	254
图书馆、情报与文献学 Library and Information Literature	153	640	580	4598
教育学 Education	332	484	442	1642
体育科学 Physical Science	36	71	54	437
统计学 Statistics	8	10	10	82

三、大中型工业企业
Large and Medium-sized Enterprises

3－1 大中型工业企业

Major Indicators on Large and

	单位		1991
企业数(个) Number of Large & Medium-sized Enterprises	个	unit	**14935**
#有科技机构的企业数 Number of Enterprises Having Institutes for S&T	个	unit	7899
#有科技活动的企业数 Number of Enterprises Having Activities for S&T	个	unit	
企业有科技机构 Number of S&T Institutes in Enterprises	个	unit	**8792**
年末从业人员数 Employees in Enterprises(year end)	**万人**	**10,000** persons	**3195**
#工程技术人员 Technical Engineering Personnel	万人	10,000 persons	210
产品销售收入 Total Revenue from the Sale of Products	**亿元**	**100** million yuan	**11937**
#新产品 Revenue from the Sale of New Products	亿元	100 million yuan	1186
#新产品出口 Export of New Products	亿元	100 million yuan	
生产经营用设备原价 Original Value of Productive Equipment	**亿元**	**100** million yuan	**6891**
#微电子控制 Equipment Controlled by Micro-electronics	亿元	100 million yuan	417
科技活动人员 S&T Personnel	**万人**	**10,000** persons	**82.9**
#科学家和工程师 Scientists and Engineers	万人	10,000 persons	50.3
科技活动经费筹集额 Total Funds Obtaied for S&T Activities	**亿元**	**100** million yuan	**193.1**
#政府资金 Government Grant	亿元	100 million yuan	13.6
企业资金 Enterprise Self-financed	亿元	100 million yuan	121.6
金融机构贷款 Bank Loans	亿元	100 million yuan	47.6
科技活动经费内部支出 Intramural Expenditure on S&T Activities	**亿元**	**100** million yuan	**166.0**
#劳务费 Compensation for Laborers	亿元	100 million yuan	20.8
原材料费 Raw Material Expenditure	亿元	100 million yuan	42.8
固定资产购建费 Expenditure on the Purchase of Fixed Assets	亿元	100 million yuan	61.2
#新产品开发经费支出 Spending for New Products	亿元	100 million yuan	71.4
研究与发展人员全时当量 Full-time Equivalent of R&D Personnel	**万人年**	**10,000** man-year	
研究与发展经费支出 R&D Expenditure	**亿元**	**100** million yuan	**58.6**
科技活动项目 Projects for S&T Activities	**项**	item	
#新产品项目 Projects for New Product	项	item	
技术改造经费支出 Technical Renovation Expenditure	**亿元**	**100** million yuan	**322.8**
技术引进经费支出 Expenditure on Import of Technology	**亿元**	**100** million yuan	**90.2**
消化吸收经费支出 Expenditure on Technology Absorption	**亿元**	**100** million yuan	**4.1**
购买国内技术支出 Expenditure on Purchase of Domestic Technology	**亿元**	**100** million yuan	**3.7**

企业基本情况(1991-2003)
Medium-sized Industrial Enterprises by Year

1992	1993	1994	1995	1996	1997	1998	1999	2000	2001	2002	2003
16991	**15000**	**20162**	**23026**	**24061**	**24024**	**23577**	**22276**	**21776**	**22904**	**23096**	**22276**
8576	9503	8817	9165	8179	7313	7220	7120	6187	6000	5836	5545
			13098	11676	11212	11529	11216	11008	10461	10346	9509
9432	**10477**	**12499**	**13107**	**12033**	**11142**	**10926**	**11237**	**7601**	**7400**	**7192**	**6841**
3448	**3571**	**3870**	**3893**	**3874**	**3780**	**3428**	**3137**	**2902**	**2804**	**2710**	**3103**
217	261		254	301	306	305	309	303	306	304	313
15235	**19077**	**23904**	**30831**	**33553**	**36297**	**37463**	**41912**	**49847**	**58511**	**67452**	**96497**
1595	2034	2444	2620	3382	3631	4367	5550	7641	8794	10838	14098
			295	435	477	632	755	1271	1393	1772	2590
8283	**7387**	**13586**	**14749**	**23893**	**24768**	**31508**	**37283**	**44269**	**49528**	**52104**	**56439**
497	687	1149	1621	2207	2234	3142	4016	3960	4673	4720	4867
88.6	**91.8**	**117.9**	**123.4**	**145.5**	**147.4**	**141.0**	**145.4**	**138.7**	**136.8**	**136.7**	**141.1**
55.0	53.8	69.0	71.0	79.6	80.2	63.7	66.8	76.9	79.1	81.3	87.3
253.1	**265.4**	**348.5**	**427.4**	**452.6**	**499.8**	**556.4**	**665.4**	**922.8**	**1046.7**	**1213.0**	**1588.6**
17.3	16.2	24.5	27.1	32.0	31.5	44.1	49.7	43.2	41.1	53.7	51.8
162.5	16.6	234.4	305.5	312.8	348.4	402.5	510.3	744.4	880.4	1020.3	1340.0
58.3	70.3	75.1	72.5	89.2	88.6	89.3	84.0	97.3	95.6	99.9	156.5
208.8	**240.0**	**321.3**	**365.8**	**384.9**	**438.4**	**478.7**	**567.2**	**823.7**	**977.9**	**1164.1**	**1467.8**
26.5	29.0	51.5	64.7	63.5	71.9	90.5	110.7	177.4	218.5	258.9	324.4
58.9	63.4	94.7	121.3	120.2	131.0	139.4	166.5	209.8	254.5	306.3	409.0
74.6	103.2	129.1	131.0	143.4	155.4	171.2	203.9	280.1	320.5	358.1	462.7
87.3	103.9	132.7	164.8	207.3	224.0	245.2	304.6	388.9	422.0	509.2	639.0
			28.2	**33.8**	**32.2**	**27.0**	**30.3**	**32.9**	**37.9**	**42.4**	**47.8**
76.1	**95.2**	**122.0**	**141.7**	**160.5**	**188.3**	**197.1**	**249.9**	**353.6**	**442.3**	**560.2**	**720.8**
		77363	**108052**	**81218**	**83160**	**83143**	**84830**	**100099**	**105489**	**110270**	**121926**
			66494	57158	51405	51763	52292	55953	57418	59788	68633
	622.2		**1137.8**	**1249.9**	**1102.4**	**919.6**	**845.6**	**1132.6**	**1264.8**	**1492.1**	**1896.4**
	159.2		**360.9**	**322.1**	**236.5**	**214.8**	**207.5**	**245.4**	**285.9**	**372.5**	**405.4**
	6.2		**13.1**	**13.6**	**13.6**	**14.6**	**18.1**	**18.2**	**19.6**	**25.7**	**27.1**
	4.7		**25.5**	**25.8**	**14.6**	**18.2**	**13.8**	**26.4**	**36.3**	**42.9**	**54.3**

	1991	1992
有科技机构的企业数所占比重 Enterprises Having institutes for S&T as a Percentage of Total Enterprises	52.9	50.5
有科技活动的企业数所占比重 Enterprises Having activities for S&T as a Percentage of Total Enterprises		
工程技术人员占企业从业人员数比重 Technical Engineering Personnel as a Percentage of Total Employees	6.6	6.3
科技活动人员占从业人员比重 S&T Personnel as a Percentage of Total Employees	2.6	2.6
科学家和工程师占科技活动人员比重 Scientists and Engineers as a Percentage of S&T Personnel	60.7	62.1
微电子控制设备占生产经营用设备原价比重 Equipment Controlled by Micro-electronics as a Percentage of Original Value of Productive Equipment	6.1	6.0
新产品销售收入占产品销售收入比重 Sales Revenue of New Products as a Percentage of Total Revenue from the Sale of Products	9.9	10.5
新产品开发经费占科技活动经费比重 Expenditure on New Products as a Percentage of Total Expenditure on S&T Activities	43.0	41.8
科技活动经费占产品销售收入比重 Expenditure for S&T Activities as a Percentage of Total Revenue from the Sale of Products	1.39	1.37
研究与发展经费支出占产品销售收入比重 Expenditure on R&D as a Percentage of Total Revenue from the Sale of Products	0.49	0.50
平均每个企业科技活动经费支出(万元) Average Enterprise Expenditure for S&T Activities	111	123
平均每个科技活动人员经费支出(万元) Per Capita Expenditure of Personnel Engaged in S&T Activities	2.00	2.36
政府资金占经费筹集比重 Government Grant as a Percentage of Total Funds Obtained for S&T Activities	7.1	6.8
企业资金占经费筹集比重 Enterprise Self-financed Fund as a Percentage of Total Funds Obtained for S&T Activities	63.0	64.2
金融机构贷款占经费筹集比重 Bank Loans as a Percentage of Total Funds Obtained for S&T Activities	24.6	23.0

情况分析指标(1991-2003)
Indicators

1993	1994	1995	1996	1997	1998	1999	2000	2001	2002	2003
63.4	43.7	39.8	34.0	30.4	30.6	32.0	28.4	26.2	25.3	24.9
		56.9	48.5	46.7	50.0	50.4	50.6	45.7	44.8	42.7
7.3		6.5	7.8	8.1	8.9	9.8	10.4	10.9	11.2	10.1
2.6	3.0	3.2	3.8	3.9	4.1	4.6	4.8	4.9	5.0	4.5
58.6	58.5	57.5	54.7	54.4	45.2	45.9	55.4	57.8	59.5	61.9
9.3	8.5	11.0	9.2	9.0	10.0	10.8	8.9	9.4	9.1	8.6
10.7	10.2	8.5	10.0	10.0	11.7	13.2	15.3	15.0	16.1	14.6
43.3	41.3	45.0	53.9	51.1	51.2	53.7	47.2	43.2	43.7	43.5
1.26	1.34	1.19	1.15	1.21	1.28	1.35	1.65	1.67	1.73	1.52
0.50	0.51	0.46	0.48	0.52	0.53	0.60	0.71	0.76	0.83	0.75
160	159	159	160	182	203	255	378	427	504	659
2.61	2.72	2.96	2.64	2.97	3.39	3.90	5.94	7.15	8.52	10.40
6.1	7.0	6.3	7.1	6.3	7.9	7.5	4.7	3.9	4.4	3.3
62.7	67.2	71.5	69.1	69.7	72.3	76.7	80.7	84.1	84.1	84.3
26.5	21.6	17.0	19.7	17.7	16.1	12.6	10.5	9.1	8.2	9.9

3-3 分登记注册类型大中型

Major Indicators of Large and Medium-sized

单位:万元

注册类型 Type of Registration	企业数(个) Number of Large & Medium-sized Enterprises	#有科技机构的企业数 having institutes for S&T	#有科技活动的企业数 having activities for S&T	工业总产值 Gross Value of Industrial Output
总计 **Total**	**22276**	**5545**	**9509**	**927712327**
内资企业 **Domestic Funded**	**16206**	**4638**	**7622**	**632333837**
国有企业 State-owned Enterprises	4278	1133	2068	155652879
其中:大型企业 of which: Large Scale	494	278	396	92537655
集体企业 Collective-owned Enterprises	1350	217	372	40380252
股份合作企业 Cooperative Enterprises	534	123	226	11502765
联营企业 Joint Ownership Enterprises	164	32	67	5161422
国有联营企业 State Joint Ownership Enterprises	54	16	29	3360356
集体联营企业 Collective Joint Ownership Enterprises	38	2	10	571860
国有与集体联营企业 Joint State-collective Enterprises	47	10	20	738559
其他联营企业 Other Joint Ownership Enterprises	25	4	8	490647
有限责任公司 Limited Liability Corporations	4819	1618	2512	202189496
国有独资公司 State Sole Funded Corporations	781	425	571	70024010
其他有限责任公司 Other Limited Liability Corporations	4038	1193	1941	132165486
股份有限公司 Share-holding Corporations Ltd.	2178	971	1342	160140371
私营企业 Private Enterprises	2852	541	1029	56445399
私营独资企业 Private-funded Enterprises	417	53	99	7780277

工业企业基本情况（2003）
Industrial Enterprises by Registration

（10,000 yuan）

新产品 New Products	产品销售收入 Total Revenue from the Sale of Products	新产品 New Products	产品销售利润 Profits from the Sale of Total Products	新产品 New Products	年末从业人员（人）Employees (year-end) (person)	工程技术人员 Technical Engineering Personnel	生产经营用设备原价 Original Value of Equipment	微电子控制 Equipment Controlled by Micro-electronics
146871442	**964965409**	**140976807**	**123444144**	**16089688**	**31026295**	**3126974**	**564386912**	**48665359**
88890636	**668759557**	**85879818**	**92070172**	**10068285**	**24598496**	**2696837**	**457269544**	**34033872**
15914663	196527284	15558369	24000330	2520348	7581709	939353	160165535	9914842
10840747	113117832	11019912	14602080	1965372	3562454	454162	93188483	6036923
6243977	38189006	5499635	3696736	492051	1570906	113138	11690156	925090
1361277	11105084	1277266	1215622	89326	443900	38484	3460496	313879
387429	4840752	716145	656562	95140	140993	14758	2810822	403098
128734	3054866	492763	465419	47615	62708	8909	2141325	372379
39735	554484	16185	46894	7470	28206	2608	148623	5405
134971	740438	126981	87481	35767	33727	2468	338300	6133
83990	490964	80217	56768	4289	16352	773	182574	19181
36303101	204375973	34959018	28733650	3843900	8917126	961550	135601568	10827864
15147543	74076299	14973960	10916064	1572027	3998948	432278	61313067	5451478
21155558	130299674	19985059	17817586	2271873	4918178	529272	74288501	5376386
24211494	158730439	23716012	28353608	2540360	3658211	480629	128745795	10633738
4319251	54045696	3992307	5335204	462507	2259403	146260	14571601	991973
288456	7529398	239576	691411	22239	331870	18350	2211073	85527

3－3 续表

单位:万元

注册类型 Type of Registration	企业数(个) Number of Large & Medium-sized Enterprises	#有科技机构的企业数 having institutes for S&T	#有科技活动的企业数 having activities for S&T	工业总产值 Gross Value of Industrial Output
私营合伙企业 Private Partnership Enterprises	77	4	21	1318033
私营有限责任公司 Private Limited Liability Corporations	2117	427	814	42092973
私营股份有限公司 Private Share-holding Corporations Ltd.	241	57	95	5254116
其他企业 Others Enterprises	31	3	6	861255
港澳台商投资企业 Enterprises with Funds from Hong Kong, Macau and Taiwan	**3075**	**457**	**885**	**107890331**
其中:大型企业 of which: Large Scale	151	54	80	34569995
与港澳台商合资经营企业 Joint-venture Enterprises(with Funds from Hong Kong, Macau and Taiwan)	1340	280	507	44234334
与港澳台商合作经营企业 Cooperative Enterprises(with Funds from Hong Kong, Macau and Taiwan)	228	26	59	6843439
港澳台商独资经营企业 Enterprises with Sole Funds from Hong Kong, Macau and Taiwan	1434	118	277	48268668
港澳台商投资股份有限公司 Share-holding Corporations Ltd. with Funds from Hong Kong, Macau and Taiwan	73	33	42	8543889
外商投资企业 Foreign Funded Enterprises	**2995**	**450**	**1002**	**187488159**
其中:大型企业 of which: Large Scale	197	74	118	80547134
中外合资经营企业 Joint-venture Enterprises	1479	295	652	100583447
中外合作经营 Cooperation Enterprises	169	16	48	7012614
外资企业 Enterprises with Sole Foreign Funds	1283	109	265	73715446
外商投资股份有限公司 Share-holding Corporations Ltd. with Foreign Funds	64	30	37	6176652

(10,000 yuan)

新产品 New Products	产品销售收入 Total Revenue from the Sale of Products	新产品 New Products	产品销售利润 Profits from the Sale of Total Products	新产品 New Products	年末从业人员（人） Employees (year-end) (person)	工程技术人员 Technical Engineering Personnel	生产经营用设备原价 Original Value of Equipment	微电子控制 Equipment Controlled by Micro-electronics
22295	1285047	21664	91105	1379	55987	3536	312282	4333
3482204	40281539	3266204	3990667	363440	1675747	108118	10740445	815155
526296	4949712	464862	562022	75449	195799	16256	1307802	86959
149444	945324	161067	78460	24654	26248	2665	223570	23387
15175483	**106519959**	**12819106**	**10220156**	**1334560**	**3387184**	**200491**	**44420667**	**4585666**
9492299	34172870	7477180	2820427	915637	669077	51615	12512889	991072
7182169	43090303	6569186	4963002	928908	1269634	93186	22967946	2919548
455516	6805289	431999	769031	24052	244972	17108	3366580	287002
5949276	48030185	4197760	3478069	202249	1726604	74848	11910242	1030679
1588522	8594182	1620160	1010054	179351	145974	15349	6175900	348437
42805323	**189685894**	**42277883**	**21153816**	**4686843**	**3040615**	**229646**	**62696701**	**10045822**
28279939	79621118	27874847	8336091	3252300	780750	63846	17838832	3603698
32861229	100285667	31686726	13247621	3992033	1357513	118289	36321778	7894310
424143	7122264	407079	1195175	25055	143923	14009	4114173	96782
7418285	75214103	7849933	5639170	419359	1405034	79392	16599039	1356634
2101666	7063860	2334145	1071850	250397	134145	17956	5661711	698096

注册类型 Type of Registration	有科技机构的企业占全部企业比重 Enterprises Having Institutes for S&T as a Percentage of Total Enterprises	科技活动人员占从业人员比重 S&T Personnel as a Percentage of Total Employees	科学家与工程师占科技活动人员比重 Scientists and Engineers as a Percentage of S&T Personnel
总计 Total	**24.9**	**4.5**	**61.9**
内资企业 Domestic Funded	**28.6**	**5.0**	**61.5**
国有企业 State-owned Enterprises	26.5	4.7	61.1
其中:大型企业 of which: Large Scale	56.3	5.5	64.4
集体企业 Collective-owned Enterprises	16.1	2.9	66.4
股份合作企业 Cooperative Enterprises	23.0	4.1	62.6
联营企业 Joint Ownership Enterprises	19.5	5.1	72.5
国有联营企业 State Joint Ownership Enterprises	29.6	8.4	75.2
集体联营企业 Collective Joint Ownership Enterprises	5.3	2.1	59.5
国有与集体联营企业 Joint State-collective Enterprises	21.3	2.6	67.9
其他联营企业 Other Joint Ownership Enterprises	16.0	2.5	66.8
有限责任公司 Limited Liability Corporations	33.6	5.6	58.7
国有独资公司 State Sole Funded Corporations	54.4	6.0	59.4
其他有限责任公司 Other Limited Liability Corporations	29.5	5.3	58.1
股份有限公司 Share-holding Corporations Ltd.	44.6	7.0	65.8
私营企业 Private Enterprises	19.0	2.6	62.3
私营独资企业 Private-funded Enterprises	12.7	1.4	60.7

企业基本情况分析指标(2003)
by Registration

科技活动经费占产品销售收入比重 Expenditure for S&T Activities as a Percentage of Total Revenue from the Sale of Products	新产品产值占工业总产值比重 Output Value of New Products as a Percentage of Gross Output of Industrial Value	新产品销售收入占产品销售收入比重 Sales Revenue of New Products as a Percentage of Total Revenue from the Sale of Products	新产品销售利润占销售利润总额比重 Profits from the sale of New Products as a Percentage of Profit from the Sale of Total Products	微电子控制设备占生产经营用设备原价比重 Equipment Controlled by Micro-electronics as a Percentage of Original Value of Productive Equipment
1.5	**15.8**	**14.6**	**13.0**	**8.6**
1.7	**14.1**	**12.8**	**10.9**	**7.4**
1.2	10.2	7.9	10.5	6.2
1.5	11.7	9.7	13.5	6.5
1.9	15.5	14.4	13.3	7.9
1.5	11.8	11.5	7.4	9.1
2.3	7.5	14.8	14.5	14.3
3.1	3.8	16.1	10.2	17.4
0.5	7.0	2.9	15.9	3.6
1.0	18.3	17.2	40.9	1.8
1.7	17.1	16.3	7.6	10.5
2.2	18.0	17.1	13.4	8.0
2.9	21.6	20.2	14.4	8.9
1.8	16.0	15.3	12.8	7.2
1.8	15.1	14.9	9.0	8.3
1.0	7.7	7.4	8.7	6.8
0.6	3.7	3.2	3.2	3.9

3－4 续表

注册类型 Type of Registration	有科技机构的企业占全部企业比重 Enterprises Having Institutes for S&T as a Percentage of Total Enterprises	科技活动人员占从业人员比重 S&T Personnel as a Percentage of Total Employees	科学家与工程师占科技活动人员比重 Scientists and Engineers as a Percentage of S&T Personnel
私营合伙企业 Private Partnership Enterprises	5.2	1.4	85.5
私营有限责任公司 Private Limited Liability Corporations	20.2	2.8	60.7
私营股份有限公司 Private Share-holding Corporations Ltd.	23.7	3.7	70.9
其他企业 Others Enterprises	9.7	2.0	67.2
港澳台商投资企业 **Enterprises with Funds from Hong Kong, Macau and Taiwan**	**14.9**	**2.2**	**63.7**
其中:大型企业 of which: Large Scale	35.8	3.5	64.3
与港澳台商合资经营企业 Joint-venture Enterprises (with Funds from Hong Kong, Macau and Taiwan)	20.9	3.0	62.4
与港澳台商合作经营企业 Cooperative Enterprises (with Funds from Hong Kong, Macau and Taiwan)	11.4	2.0	64.9
港澳台商独资经营企业 Enterprises with Sole Funds from Hong Kong, Macau and Taiwan	8.2	1.2	70.6
港澳台商投资股份有限公司 Share-holding Corporations Ltd. with Funds from Hong Kong, Macau and Taiwan	45.2	7.1	54.8
外商投资企业 **Foreign Funded Enterprises**	**15.0**	**3.3**	**65.3**
其中:大型企业 of which: Large Scale	37.6	5.2	65.7
中外合资经营企业 Joint-venture Enterprises	20.0	4.0	63.2
中外合作经营 Cooperation Enterprises	9	2	53
外资企业 Enterprises with Sole Foreign Funds	9	2	66
外商投资股份有限公司 Share-holding Corporations Ltd. with Foreign Funds	47	10	75

科技活动经费占产品销售收入比重 Expenditure for S&T Activities as a Percentage of Total Revenue from the Sale of Products	新产品产值占工业总产值比重 Output Value of New Products as a Percentage of Gross Output of Industrial Value	新产品销售收入占产品销售收入比重 Sales Revenue of New Products as a Percentage of Total Revenue from the Sale of Products	新产品销售利润占销售利润总额比重 Profits from the sale of New Products as a Percentage of Profit from the Sale of Total Products	微电子控制设备占生产经营用设备原价比重 Equipment Controlled by Micro-electronics as a Percentage of Original Value of Productive Equipment
0.7	1.7	1.7	1.5	1.4
1.1	8.3	8.1	9.1	7.6
1.6	10.0	9.4	13.4	6.7
0.9	17.4	17.0	31.4	10.5
1.0	**14.1**	**12.0**	**13.1**	**10.3**
1.4	27.5	21.9	32.5	7.9
1.2	16.2	15.3	18.7	12.7
0.4	6.7	6.4	3.1	8.5
0.7	12.3	8.7	5.8	8.7
1.6	18.6	18.9	17.8	5.6
1.2	**22.8**	**22.3**	**22.2**	**16.0**
1.6	35.1	35.0	39.0	20.2
1.2	32.7	31.6	30.1	21.7
1	6	6	2	2
1	10	10	7	8
3	34	33	23	12

单位:万元

地区 Region	企业数(个) Number of Large & Medium-sized Enterprises	#有科技机构的企业数 having institutes for S&T	#有科技活动的企业数 having activities for S&T	工业总产值 Gross Value of Industrial Output	新产品 New Products
全国 Total	**22276**	**5545**	**9509**	**927712327**	**146871442**
东部地区 EasternRegion	14636	3469	6141	652577013	118034763
中部地区 MidRegion	4439	1181	1859	169134099	15314245
西部地区 WesternRegion	3201	895	1509	106001215	13522434
北京 Beijing	432	78	196	24552943	6449803
天津 Tianjin	481	75	149	28508120	8080558
河北 Hebei	1018	245	365	37855248	2211473
山西 Shanxi	607	101	193	18779871	1330819
内蒙古 Neimenggu	254	51	87	9994491	1103024
辽宁 Liaoning	800	177	292	46788200	7275299
吉林 Jilin	344	74	116	21119230	707863
黑龙江 Heilongjiang	379	87	127	24737986	1517314
上海 Shanghai	1181	171	616	71647478	21890627
江苏 Jiangsu	2634	782	1273	113565436	17720431
浙江 Zhejiang	1939	673	1194	65652043	10763841
安徽 Anhui	540	230	328	18731892	1735628
福建 Fujian	853	168	338	30352180	8152575
江西 Jiangxi	326	100	161	10339489	1279474
山东 Shandong	2575	541	804	102053130	14639181
河南 Henan	1019	269	371	33608129	2821028
湖北 Hubei	702	159	307	25916826	3944043
湖南 Hunan	522	161	256	15900676	1978076
广东 Guangdong	2677	549	902	129843138	20273127
广西 Guangxi	297	96	148	8372552	1790774
海南 Hainan	46	10	12	1759100	577850
重庆 Chongqing	395	140	219	12065378	3798354
四川 Sichuan	814	198	395	22084897	3705589
贵州 Guizhou	230	50	96	6737109	596010
云南 Yunnan	317	89	134	11337377	404394
西藏 Tibet					
陕西 Shaanxi	386	126	202	12325222	1602745
甘肃 Gansu	165	49	95	8987183	199362
青海 Qinghai	55	23	26	2114793	55549
宁夏 Ningxia	98	27	45	2884977	169245
新疆 Xinjiang	190	46	62	9097238	97387

企业基本情况(2003)

Medium-sizedIndustrialEnterprisesbyRegion

(10,000 yuan)

产品销售收入 Total Revenue from the Sale of Products	新产品 New Products	产品销售利润 Profits from the Sale of Total Products	新产品 New Products	年末从业人员(人) Employees (year-end) (person)	工程技术人员 Technical Engineering Personnel	生产经营用设备原价 Original Value of Equipment	微电子控制 Equipment Controlled by Micro-electronics
964965409	**140976807**	**123444144**	**16089688**	**31026295**	**3126974**	**564386912**	**48665359**
679141688	113642686	76289022	12065400	18007344	1669579	319474629	33850282
177240773	14538508	28373882	2549345	8145507	883027	153786988	9064194
108582948	12795613	18781241	1474943	4873444	574368	91125295	5750883
24214813	4785479	2901802	402973	544777	58457	12812238	867763
29643497	8017435	3040954	306397	597341	46788	11367939	565865
42359112	2212139	5808228	291706	1631387	143700	30441917	3510462
19607207	1274984	2956458	185610	1250100	110816	20850485	549557
9963343	1068807	924893	122793	475594	52316	9530270	325148
47614442	6667503	6051721	555661	1556934	189884	37727581	3675019
22425500	622790	2611187	130508	695559	80508	13407235	1524998
25663138	1498981	8712405	178849	1057983	126646	33053199	787566
78120796	21888701	10131172	3191362	1095983	93020	46579321	4117117
117774581	17303532	11330025	1804345	2842661	307451	52493865	7220347
65927869	10136713	7891691	1359747	1782401	98650	20456442	2745575
19790283	1731512	2758934	206430	949073	105975	12905995	2120204
29837709	8283563	3112741	750989	948248	74155	14264154	2274307
10893176	1273105	1265719	154634	501260	51910	8516442	346574
104679874	13715364	13068041	1291490	3676309	412034	48883907	3348188
35688522	2569996	4638554	392044	1881315	197504	22855681	1728214
27154042	3622921	3251058	1105305	1103950	120078	30095763	967034
16018906	1944218	2179569	195966	706267	89590	12102188	1040048
137227413	20075977	12725000	2093785	3289007	241715	43496402	5520631
8674899	1797380	1245235	157662	332302	39251	5493588	265754
1741584	556280	227647	16945	42296	3725	950865	5008
12326621	3614583	1589677	501171	526062	58963	8205437	780509
21951569	3458541	3342372	303975	1145294	128470	14976252	1093583
7183893	529511	1322039	65386	374458	45438	6422981	235830
11771958	352063	1904198	39970	380292	51060	8110921	1125346
12875804	1439536	1945358	224170	714033	85737	9287942	663462
9141608	221936	873003	25405	395309	48513	10743400	379492
2331342	58646	361731	8244	93850	16687	2521551	154758
3209680	152065	3071022	20896	174676	14705	2748758	107131
9152232	102546	2201713	5271	261574	33228	13084196	619871

3-6 各地区大中型工业

Major Relative

地 区 Region	有科技机构的企业占全部企业比重 Enterprises Having Institutes for S&T as a Percentage of Total Enterprises	科技活动人员占从业人员比重 S&T Personnel as a Percentage of Total Employees	科学家与工程师占科技活动人员比重 Scientists and Engineers as a Percentage of S&T Personnel
全 国 Total	**24.9**	**4.5**	**61.9**
东部地区 Eastern Region	23.7	4.4	63.7
中部地区 Mid Region	26.6	4.4	60.0
西部地区 Western Region	28.0	5.4	58.9
北 京 Beijing	18.1	5.4	72.7
天 津 Tianjin	15.6	3.6	63.6
河 北 Hebei	24.1	3.4	61.8
山 西 Shanxi	16.6	3.3	68.7
内蒙古 Neimenggu	20.1	3.4	55.3
辽 宁 Liaoning	22.1	5.4	66.5
吉 林 Jilin	21.5	2.7	73.6
黑龙江 Heilongjiang	23.0	4.7	60.6
上 海 Shanghai	14.5	5.7	66.7
江 苏 Jiangsu	29.7	5.9	58.0
浙 江 Zhejiang	34.7	4.4	58.1
安 徽 Anhui	42.6	4.3	57.1
福 建 Fujian	19.7	3.0	60.8
江 西 Jiangxi	30.7	6.5	42.3
山 东 Shandong	21.0	3.9	64.0
河 南 Henan	26.4	4.0	61.1
湖 北 Hubei	22.7	5.5	57.0
湖 南 Hunan	30.8	6.0	63.7
广 东 Guangdong	20.5	3.4	71.0
广 西 Guangxi	32.3	5.0	60.1
海 南 Hainan	21.7	1.6	85.4
重 庆 Chongqing	35.4	5.6	67.1
四 川 Sichuan	24.3	6.7	57.1
贵 州 Guizhou	21.7	4.2	54.7
云 南 Yunnan	28.1	2.7	58.3
西 藏 Tibet			
陕 西 Shaanxi	32.6	8.0	54.2
甘 肃 Gansu	29.7	6.5	65.9
青 海 Qinghai	41.8	3.7	61.8
宁 夏 Ningxia	27.6	2.1	63.5
新 疆 Xinjiang	24.2	3.4	66.7

企业基本情况分析指标(2003)

IndicatorsbyRegion

科技活动经费占产品销售收入比重 Expenditure for S&T Activities as a Percentage of Total Revenue from the Sale of Products	新产品产值占工业总产值比重 Output Value of New Productsas a Percentage of Gross Output of Industrial Value	新产品销售收入占产品销售收入比重 Sales Revenue of New Products as a Percentage of Total Revenue from the Saleof Products	新产品销售利润占销售利润总额比重 Profits from the sale of New Products as a Percentage of Profit from the Sale of Total Products	微电子控制设备占生产经营用设备原价比重 Equipment Controlled by Micro-electronics as a Percentage of Original Value of Productive Equipment
1.5	**15.8**	**14.6**	**13.0**	**8.6**
1.5	18.1	16.7	15.8	10.6
1.5	9.1	8.2	9.0	5.9
1.7	12.8	11.8	7.9	6.3
1.9	26.3	19.8	13.9	6.8
1.1	28.3	27.1	10.1	5.0
0.9	5.8	5.2	5.0	11.5
1.3	7.1	6.5	6.3	2.6
1.0	11.0	10.7	13.3	3.4
1.8	15.6	14.0	9.2	9.7
0.8	3.4	2.8	5.0	11.4
1.1	6.1	5.8	2.1	2.4
1.8	30.6	28.0	31.5	8.8
1.6	15.6	14.7	15.9	13.8
1.2	16.4	15.4	17.2	13.4
2.4	9.3	8.8	7.5	16.4
1.4	26.9	27.8	24.1	15.9
1.9	12.4	11.7	12.2	4.1
1.6	14.3	13.1	9.9	6.9
1.1	8.4	7.2	8.5	7.6
1.7	15.2	13.3	34.0	3.2
1.9	12.4	12.1	9.0	8.6
1.4	15.6	14.6	16.5	12.7
2.3	21.4	20.7	12.7	4.8
0.4	32.9	31.9	7.4	0.5
2.2	31.5	29.3	31.5	9.5
2.5	16.8	15.8	9.1	7.3
1.3	8.9	7.4	5.0	3.7
0.6	3.6	3.0	2.1	13.9
2.8	13.0	11.2	11.5	7.1
0.9	2.2	2.4	2.9	3.5
1.5	2.6	2.5	2.3	6.1
1.0	5.9	4.7	0.7	3.9
0.9	1.1	1.1	0.2	4.7

3－7 分行业大中型工业

Major Indicators of Large and Medium-sized

单位：万元

行 业 Industry	企业数(个) Number of Large & Medium-sized Enterprises	#有科技机构的企业数 having institutes for S&T	#有科技活动的企业数 having activities for S&T
总 计 **Total**	**22276**	**5545**	**9509**
煤炭开采和洗选业 Mining and washing of coal	446	69	136
石油和天然气开采业 Extraction of petroleum and natural gas	49	21	29
黑色金属矿采选业 Mining of ferrous metal ores	93	6	12
有色金属矿采选业 Mining of non-ferrous metal ores	148	26	59
非金属矿采选业 Mining and processing of nonmetal ores	96	23	37
其他采矿业 Mining of other ores n. e. c			
农副食品加工业 Processing of food from agricultural products	755	106	173
食品制造业 Manufacture of foods	477	109	184
饮料制造业 Manufacture of beverage	511	142	221
烟草制品业 Manufacture of tobacco	145	64	86
纺织业 Manufacture of textile	1936	307	607
纺织服装、鞋、帽制造业 Manufacture of textile wearing apparel, footware, and caps	667	53	133
皮革、毛皮、羽毛(绒)及其制品业 Manufacture of leather, fur, feather and its products	391	59	99
木材加工及木、竹、藤、棕、草制品业 Processing of timbers, manufacture of wood, bamboo, rattan, palm, straw	169	23	49
家具制造业 Manufacture of furniture	165	9	21
造纸及纸制品业 Manufacture of paper and paper products	525	84	155
印刷业和记录媒介的复制 Printing, reproduction of recording media	242	30	60

企业基本情况(2003)

Industrial Enterprises by Industry

(10,000 yuan)

工业总产值 Gross Value of Industrial Output	新产品 New Products	产品销售收入 Total Revenue from the Sale of Products	新产品 New Products	产品销售利润 Profits from the Sale of Total Products	新产品 New Products	年末从业人员(人) Employees (year-end) (person)	工程技术人员 Technical Engineering Personnel	生产经营用设备原价 Original Value of Equipment	微电子控制 Equipment Controlled by Micro-electronics
927712327	**146871442**	**964965409**	**140976807**	**123444144**	**16089688**	**31026295**	**3126974**	**564386912**	**48665359**
19782590	421226	20124378	441281	4848480	96228	2950850	203772	22516950	954566
26704960	186503	28087883	186574	13626313	24138	650473	161763	37439580	670493
1813389	730	1939967	701	383254	131	159830	13536	1292417	10486
2895451	37320	2828708	36175	583286	8341	222855	22311	1665865	18554
1420206	15111	1462874	27219	263755	5265	163472	14193	1316344	50213
25362093	536969	24878166	527982	1658221	39159	714813	50760	6976842	227760
13665125	918204	13215249	790431	1744289	89683	493647	42868	4861175	276403
15745472	1163205	15451773	1112290	2408702	171992	553895	58711	9078949	840144
21657018	1592286	22053754	1644954	4123723	324449	193330	25678	7586793	1427010
42889484	4489825	42528878	4205826	3540167	385055	2653454	138209	21688659	2048952
12525418	733046	11999245	702927	1317442	61907	816311	30856	3046730	253583
11562810	685200	11907791	652305	892694	78795	683242	17746	2130983	70916
3194738	146255	3142681	140690	255892	11578	209509	19523	1588127	92701
2676567	121307	2671748	113014	297663	9137	157292	5959	818083	41830
13243973	1552723	13103983	1900718	1677825	231124	503870	43627	11171699	1337540
3987106	233611	3933253	210457	690944	21946	228359	13183	2794475	672127

3 -7 续表

单位:万元

行 业 Industry	企业数(个) Number of Large & Medium-sized Enterprises	#有科技机构的企业数 having institutes for S&T	#有科技活动的企业数 having activities for S&T
文教体育用品制造业 Manufacture of articles for culture,education and sport activity	241	31	65
石油加工、炼焦及核燃料加工业 Processing of petroleum ,coking,Processing of nucleus fuel	255	61	94
化学原料及化学制品制造业 Manufacture of chemical raw material and chemical products	1503	558	804
医药制造业 Manufacture of medicines	693	378	507
化学纤维制造业 Manufacture of chemical fiber	179	64	91
橡胶制品业 Manufacture of rubber	274	75	114
塑料制品业 Manufacture of plastic	562	93	182
非金属矿物制品业 Manufacture of non-metallic mineral products	1557	236	456
黑色金属冶炼及压延加工业 Manufacture and processing of ferrous metals	664	124	203
有色金属冶炼及压延加工业 Manufacture and processing of non-ferrous metals	472	128	202
金属制品业 Manufacture of metal products	629	112	229
通用设备制造业 Manufacture of general purpose machinery	1253	499	811
专用设备制造业 Manufacture of special purpose machinery	881	409	610
交通运输设备制造业 Manufacture of transport equipment	1366	510	845
电气机械及器材制造业 Manufacture of electrical machinery and equipment	1300	462	752
通信设备、计算机及其他电子设备制造业 Manufacture of communication,computer,other electronic equipment	1352	395	704
仪器仪表及文化、办公用机械制造业 Manufacture of measuring instrument,machinery for cultural and office work	327	105	196
工艺品及其他制造业 Manufacture of artwork, other manufacture n. e. c	212	39	78
电力、热力的生产和供应业 Production and supply of electric power and heat power	1498	108	419
燃气生产和供应业 Production and distribution of gas	83	7	31
水的生产和供应业 Production and distribution of water	159	20	55

(10,000 yuan)

工业总产值 Gross Value of Industrial Output	新产品 New Products	产品销售收入 Total Revenue from the Sale of Products	新产品 New Products	产品销售利润 Profits from the Sale of Total Products	新产品 New Products	年末从业人员(人) Employees (year-end) (person)	工程技术人员 Technical Engineering Personnel	生产经营用设备原价 Original Value of Equipment	微电子控制 Equipment Controlled by Micro-electronics
4132287	218819	3991653	203034	429973	26802	357999	10516	970250	45738
53869279	1261177	54905272	1255559	3654536	67609	473257	76198	29011764	1752224
52694534	5292942	52514104	5153034	6869532	772226	1753933	238111	40147748	5231464
18784438	3310771	18946084	3037910	4024749	691592	673187	101471	7952727	819220
10574441	1510554	10433277	1519666	1036448	348219	243304	22930	8257468	1127455
8917195	1254075	8293286	1237475	1032013	101735	341138	24343	4498752	607969
11584246	1090773	11327105	1057774	1178182	130554	471254	30417	4836747	730992
24150877	1342729	23552622	1325593	3308963	187966	1487665	129174	18491805	1310369
84280198	8724491	86952987	9194850	12009761	1172302	2114022	223570	63521074	5063278
22724454	1904992	22894123	1703079	3075144	186970	740592	85487	15273218	2117114
14218081	1102631	14023398	943226	1542560	128673	552829	40775	4032750	263782
31112319	7704712	30298354	7183209	4409959	917753	1280909	144667	12158732	1389639
23969162	5959950	23459465	5459792	3011010	635734	1197452	141034	8835618	864095
92164649	36493077	91912791	35324576	11627689	5357555	2107214	256503	29218261	3628779
49674167	15034359	47385154	13324439	5168715	1156647	1387415	139342	12367259	1676132
136153931	39928070	136540154	38639091	9546597	2423490	1863857	219693	24172392	6110538
11308230	1506102	11178149	1435897	1203051	245897	375664	35146	2645371	364549
3545425	334303	3334982	213580	340837	24102	244745	11795	892998	56358
50657565	61593	88939091	69613	11296686	-37912	1714798	298625	131336411	6223489
1522571		2306888	66	58841	3	106228	11911	2721822	42526
2432117	1802	2317928	1802	303196	-7153	181805	22566	7067452	246371

3－8 分行业大中型工业企业

Major Relative

行 业 Industry	有科技机构的企业占全部企业比重 Enterprises Having Institutes for S&T as a Percentage of Total Enterprises	科技活动人员占从业人员比重 S&T Personnel as a Percentage of Total Employees	科学家与工程师占科技活动人员比重 Scientists and Engineers as a Percentage of S&T Personnel
总 计 **Total**	**24.9**	**4.5**	**61.9**
煤炭开采和洗选业 Mining and washing of coal	15.5	2.2	60.2
石油和天然气开采业 Extraction of petroleum and natural gas	42.9	7.7	66.8
黑色金属矿采选业 Mining of ferrous metal ores	6.5	1.1	79.1
有色金属矿采选业 Mining of non-ferrous metal ores	17.6	2.5	58.6
非金属矿采选业 Mining and processing of nonmetal ores	24.0	1.3	69.9
其他采矿业 Mining of other ores n. e. c			
农副食品加工业 Processing of food from agricultural products	14.0	2.2	54.3
食品制造业 Manufacture of foods	22.9	2.7	73.0
饮料制造业 Manufacture of beverage	27.8	3.5	54.1
烟草制品业 Manufacture of tobacco	44.1	3.7	67.2
纺织业 Manufacture of textile	15.9	2.1	45.5
纺织服装、鞋、帽制造业 Manufacture of textile wearing apparel, footware, and caps	8.0	1.0	53.4
皮革、毛皮、羽毛(绒)及其制品业 Manufacture of leather, fur, feather and its products	15.1	0.9	47.6
木材加工及木、竹、藤、棕、草制品业 Processing of timbers, manufacture of wood, bamboo, rattan, palm, straw	13.6	1.2	59.2
家具制造业 Manufacture of furniture	5.5	0.6	47.0
造纸及纸制品业 Manufacture of paper and paper products	16.0	2.8	54.4
印刷业和记录媒介的复制 Printing, reproduction of recording media	12.4	2.0	73.0

基本情况分析指标(2003)
Indicators by Industry

科技活动经费占产品销售收入比重 Expenditure for S&T Activities as a Percentage of Total Revenue from the Sale of Products	新产品产值占工业总产值比重 Output Value of New Products as a Percentage of Gross Output of Industrial Value	新产品销售收入占产品销售收入比重 Sales Revenue of New Products as a Percentage of Total Revenue from the Sale of Products	新产品销售利润占销售利润总额比重 Profits from the sale of New Products as a Percentage of Profit from the Sale of Total Products	微电子控制设备占生产经营用设备原价比重 Equipment Controlled by Micro-electronics as a Percentage of Original Value of Productive Equipment
1.5	**15.8**	**14.6**	**13.0**	**8.6**
1.5	2.1	2.2	2.0	4.2
1.0	0.7	0.7	0.2	1.8
0.4	0.0	0.0	0.0	0.8
0.8	1.3	1.3	1.4	1.1
1.2	1.1	1.9	2.0	3.8
0.5	2.1	2.1	2.4	3.3
0.8	6.7	6.0	5.1	5.7
1.3	7.4	7.2	7.1	9.3
0.5	7.4	7.5	7.9	18.8
0.9	10.5	9.9	10.9	9.5
0.8	5.9	5.9	4.7	8.3
0.3	5.9	5.5	8.8	3.3
0.9	4.6	4.5	4.5	5.8
0.2	4.5	4.2	3.1	5.1
1.3	11.7	14.5	13.8	12.0
1.0	5.9	5.4	3.2	24.1

3-8 续表

行 业 Industry	有科技机构的企业占全部企业比重 Enterprises Having Institutes for S&T as a Percentage of Total Enterprises	科技活动人员占从业人员比重 S&T Personnel as a Percentage of Total Employees	科学家与工程师占科技活动人员比重 Scientists and Engineers as a Percentage of S&T Personnel
文教体育用品制造业 Manufacture of articles for culture, education and sport activity	12.9	0.9	53.4
石油加工、炼焦及核燃料加工业 Processing of petroleum , coking, Processing of nucleus fuel	23.9	4.4	68.1
化学原料及化学制品制造业 Manufacture of chemical raw material and chemical products	37.1	5.9	57.4
医药制造业 Manufacture of medicines	54.6	6.6	66.0
化学纤维制造业 Manufacture of chemical fiber	35.8	5.2	59.1
橡胶制品业 Manufacture of rubber	27.4	3.5	53.7
塑料制品业 Manufacture of plastic	16.6	2.8	56.5
非金属矿物制品业 Manufacture of non-metallic mineral products	15.2	2.9	53.2
黑色金属冶炼及压延加工业 Manufacture and processing of ferrous metals	18.7	5.8	59.3
有色金属冶炼及压延加工业 Manufacture and processing of non-ferrous metals	27.1	5.1	63.7
金属制品业 Manufacture of metal products	17.8	3.3	66.3
通用设备制造业 Manufacture of general purpose machinery	39.8	8.3	58.4
专用设备制造业 Manufacture of special purpose machinery	46.4	7.4	63.4
交通运输设备制造业 Manufacture of transport equipment	37.3	8.7	61.1
电气机械及器材制造业 Manufacture of electrical machinery and equipment	35.5	7.0	70.0
通信设备、计算机及其他电子设备制造业 Manufacture of communication, computer, other electronic equipment	29.2	8.2	70.8
仪器仪表及文化、办公用机械制造业 Manufacture of measuring instrument, machinery for cultural and office work	32.1	6.6	62.9
工艺品及其他制造业 Manufacture of artwork, other manufacture n. e. c	18.4	2.3	48.6
电力、热力的生产和供应业 Production and supply of electric power and heat power	7.2	2.7	65.4
燃气生产和供应业 Production and distribution of gas	8.4	2.4	71.8
水的生产和供应业 Production and distribution of water	12.6	1.8	73.5

科技活动经费占产品销售收入比重 Expenditure for S&T Activities as a Percentage of Total Revenue from the Sale of Products	新产品产值占工业总产值比重 Output Value of New Products as a Percentage of Gross Output of Industrial Value	新产品销售收入占产品销售收入比重 Sales Revenue of New Products as a Percentage of Total Revenue from the Sale of Products	新产品销售利润占销售利润总额比重 Profits from the sale of New Products as a Percentage of Profit from the Sale of Total Products	微电子控制设备占生产经营用设备原价比重 Equipment Controlled by Micro-electronics as a Percentage of Original Value of Productive Equipment
0.6	5.3	5.1	6.2	4.7
0.3	2.3	2.3	1.9	6.0
2.1	10.0	9.8	11.2	13.0
2.8	17.6	16.0	17.2	10.3
2.0	14.3	14.6	33.6	13.7
1.3	14.1	14.9	9.9	13.5
1.1	9.4	9.3	11.1	15.1
1.3	5.6	5.6	5.7	7.1
1.8	10.4	10.6	9.8	8.0
1.3	8.4	7.4	6.1	13.9
1.1	7.8	6.7	8.3	6.5
2.6	24.8	23.7	20.8	11.4
2.8	24.9	23.3	21.1	9.8
2.2	39.6	38.4	46.1	12.4
3.0	30.3	28.1	22.4	13.6
2.1	29.3	28.3	25.4	25.3
1.4	13.3	12.9	20.4	13.8
1.1	9.4	6.4	7.1	6.3
0.3	0.1	0.1	-0.3	4.7
0.3				1.6
0.7	0.1	0.1	-2.4	3.5

3-9 分登记注册类型大中型工业企业科技活动人员(2003)

Personnel for S&T in Large and Medium-sized Industrial Enterprises by Registration

单位:人 (person)

注册类型 Type of Registration	科技活动人员 Personnel for S&T Activities	科学家和工程师 Scientists & Engineers	科技机构人员 Personnel in S&T Institutes	科学家和工程师 Scientists & Engineers
总 计 Total	**1411150**	**872769**	**530505**	**356998**
内资企业 Domestic Funded	**1239011**	**761489**	**464713**	**312566**
国有企业 State-owned Enterprises	354058	216325	107911	71404
其中:大型企业 of which: Large Scale	196092	126309	58967	39408
集体企业 Collective-owned Enterprises	45329	30106	16972	10919
股份合作企业 Cooperative Enterprises	18341	11487	8392	5920
联营企业 Joint Ownership Enterprises	7158	5192	3796	2046
国有联营企业 State Joint Ownership Enterprises	5277	3969	2938	1379
集体联营企业 Collective Joint Ownership Enterprises	598	356	223	189
国有与集体联营企业 Joint State-collective Enterprises	879	597	443	332
其他联营企业 Other Joint Ownership Enterprises	404	270	192	146
有限责任公司 Limited Liability Corporations	498486	292764	183049	121995
国有独资公司 State Sole Funded Corporations	239926	142583	76762	51001
其他有限责任公司 Other Limited Liability Corporations	258560	150181	106287	70994
股份有限公司 Share-holding Corporations Ltd.	255553	168164	118169	83654
私营企业 Private Enterprises	59550	37091	26193	16442
私营独资企业 Private-funded Enterprises	4547	2760	1622	1098

3－9 续表

单位：人 (person)

注册类型 Type of Registration	科技活动人员 Personnel for S&T Activities	科学家和工程师 Scientists & Engineers	科技机构人员 Personnel in S&T Institutes	科学家和工程师 Scientists & Engineers
私营合伙企业 Private Partnership Enterprises	779	666	59	48
私营有限责任公司 Private Limited Liability Corporations	46955	28510	21837	13372
私营股份有限公司 Private Share-holding Corporations Ltd.	7269	5155	2675	1924
其他企业 Others Enterprises	536	360	231	186
港澳台商投资企业 Enterprises with Funds from Hong Kong, Macau and Taiwan	**73010**	**46537**	**28302**	**18794**
其中：大型企业 of which: Large Scale	23199	14914	9708	6326
与港澳台商合资经营企业 Joint-venture Enterprises (with Funds from Hong Kong, Macau and Taiwan)	37572	23425	16198	10926
与港澳台商合作经营企业 Cooperative Enterprises (with Funds from Hong Kong, Macau and Taiwan)	4837	3140	1227	545
港澳台商独资经营企业 Enterprises with Sole Funds from Hong Kong, Macau and Taiwan	20218	14281	7370	5293
港澳台商投资股份有限公司 Share-holding Corporations Ltd. with Funds from Hong Kong, Macau and Taiwan	10383	5691	3507	2030
外商投资企业 Foreign Funded Enterprises	**99129**	**64743**	**37490**	**25638**
其中：大型企业 of which: Large Scale	40320	26482	15474	10653
中外合资经营企业 Joint-venture Enterprises	54322	34329	21242	14811
中外合作经营 Cooperation Enterprises	3491	1851	1243	677
外资企业 Enterprises with Sole Foreign Funds	28559	18940	9772	6100
外商投资股份有限公司 Share-holding Corporations Ltd. with Foreign Funds	12757	9623	5233	4050

3-10 各地区大中型工业企业科技活动人员(2003)

Personnel for S&T in Large and Medium-sized Industrial Enterprises by Region

单位:人 (person)

地区 Region		科技活动人员 Personnel for S&T Activities	科学家和工程师 Scientists & Engineers	科技机构人员 Personnel in S&T Institutes	科学家和工程师 Scientists & Engineers
全国	**Total**	**1411150**	**872769**	**530505**	**356998**
东部地区	Eastern Region	786948	501202	318788	215119
中部地区	Mid Region	360657	216367	117442	80360
西部地区	Western Region	263545	155200	94275	61519
北京	Beijing	29502	21433	8700	6340
天津	Tianjin	21406	13621	10330	6178
河北	Hebei	55850	34510	21556	13439
山西	Shanxi	40930	28111	10548	7217
内蒙古	Neimenggu	16336	9035	5661	3729
辽宁	Liaoning	84287	56085	26474	19159
吉林	Jilin	18850	13878	6899	5652
黑龙江	Heilongjiang	49345	29913	15321	11018
上海	Shanghai	62193	41462	17505	12271
江苏	Jiangsu	168493	97758	56129	37240
浙江	Zhejiang	78200	45465	38875	23386
安徽	Anhui	40700	23220	15816	10017
福建	Fujian	28772	17504	10688	6635
江西	Jiangxi	32699	13815	9018	5447
山东	Shandong	144488	92513	71939	47726
河南	Henan	74875	45769	29955	20094
湖北	Hubei	61140	34824	15675	11325
湖南	Hunan	42118	26837	14210	9590
广东	Guangdong	113072	80266	56181	42443
广西	Guangxi	16667	10017	6532	4271
海南	Hainan	685	585	411	302
重庆	Chongqing	29332	19670	12674	8705
四川	Sichuan	76482	43636	30112	18489
贵州	Guizhou	15666	8565	3651	2354
云南	Yunnan	10453	6095	4325	2889
西藏	Tibet				
陕西	Shaanxi	56813	30802	14343	9271
甘肃	Gansu	25850	17035	8815	6388
青海	Qinghai	3514	2170	2009	1123
宁夏	Ningxia	3613	2294	1511	1093
新疆	Xinjiang	8819	5881	4642	3207

3-11 分行业大中型工业企业科技活动人员(2003)

Personnel for S&T in Large and Medium-sized Industrial Enterprises by Industry

单位:人 (person)

行业 Industry	科技活动人员 Personnel for S&T Activities	科学家和工程师 Scientists & Engineers	科技机构人员 Personnel in S&T Institutes	科学家和工程师 Scientists & Engineers
总计 Total	**1411150**	**872769**	**530505**	**356998**
煤炭开采和洗选业 Mining and washing of coal	64005	38537	11703	8968
石油和天然气开采业 Extraction of petroleum and natural gas	50108	33483	20779	15213
黑色金属矿采选业 Mining of ferrous metal ores	1752	1385	329	236
有色金属矿采选业 Mining of non-ferrous metal ores	5635	3303	1705	1055
非金属矿采选业 Mining and processing of nonmetal ores	2098	1467	1196	783
其他采矿业 Mining of other ores n. e. c				
农副食品加工业 Processing of food from agricultural products	15791	8574	6251	3154
食品制造业 Manufacture of foods	13241	9664	7299	6253
饮料制造业 Manufacture of beverage	19363	10472	8377	5207
烟草制品业 Manufacture of tobacco	7072	4749	3854	1922
纺织业 Manufacture of textile	56785	25814	23262	11959
纺织服装、鞋、帽制造业 Manufacture of textile wearing apparel, footware, and caps	7867	4202	3956	2414
皮革、毛皮、羽毛(绒)及其制品业 Manufacture of leather, fur, feather and its products	6389	3040	3259	1312
木材加工及木、竹、藤、棕、草制品业 Processing of timbers,manufacture of wood,bamboo,rattan,palm,straw	2527	1497	880	530
家具制造业 Manufacture of furniture	984	462	342	102
造纸及纸制品业 Manufacture of paper and paper products	13863	7542	5508	3155
印刷业和记录媒介的复制 Printing,reproduction of recording media	4586	3346	1930	1341

3-11 续表

单位:人 (person)

行业 Industry	科技活动人员 Personnel for S&T Activities	科学家和工程师 Scientists & Engineers	科技机构人员 Personnel in S&T Institutes	科学家和工程师 Scientists & Engineers
文教体育用品制造业 Manufacture of articles for culture, education and sport activity	3115	1664	1694	792
石油加工、炼焦及核燃料加工业 Processing of petroleum ,coking, Processing of nucleus fuel	20835	14187	7526	4344
化学原料及化学制品制造业 Manufacture of chemical raw material and chemical products	103203	59199	39580	24933
医药制造业 Manufacture of medicines	44561	29424	19007	13545
化学纤维制造业 Manufacture of chemical fiber	12729	7518	5653	3558
橡胶制品业 Manufacture of rubber	12015	6453	5785	3786
塑料制品业 Manufacture of plastic	13032	7363	5337	3524
非金属矿物制品业 Manufacture of non-metallic mineral products	42649	22696	16536	9981
黑色金属冶炼及压延加工业 Manufacture and processing of ferrous metals	121647	72179	29567	18937
有色金属冶炼及压延加工业 Manufacture and processing of non-ferrous metals	37863	24132	11347	6986
金属制品业 Manufacture of metal products	18189	12060	8638	5800
通用设备制造业 Manufacture of general purpose machinery	106104	61947	45003	29568
专用设备制造业 Manufacture of special purpose machinery	87955	55782	39310	28183
交通运输设备制造业 Manufacture of transport equipment	182563	111607	62290	42973
电气机械及器材制造业 Manufacture of electrical machinery and equipment	97411	68145	40126	28421
通信设备、计算机及其他电子设备制造业 Manufacture of communication, computer, other electronic equipment	152466	107896	69787	53505
仪器仪表及文化、办公用机械制造业 Manufacture of measuring instrument, machinery for cultural and office work	24912	15677	9214	6307
工艺品及其他制造业 Manufacture of artwork, other manufacture n. e. c	5617	2727	2492	1306
电力、热力的生产和供应业 Production and supply of electric power and heat power	46444	30374	10200	6356
燃气生产和供应业 Production and distribution of gas	2492	1789	146	116
水的生产和供应业 Production and distribution of water	3282	2413	637	473

3－12 分登记注册类型大中型工业企业科技活动经费筹集(2003)

Sources of Funds for S&T of Large and Medium-sized Industrial Enterprises by Registration

单位:万元 (10,000 yuan)

注册类型 Type of Registration	科技活动经费筹集总额 Total Funds Obtaied for S&T Activities	政府资金 Government Grant	企业资金 Enterprise Self-financed	金融机构贷款 Bank Loans	来自国外的资金 Financed by Abroad
总计 Total	**15886065**	**517886**	**13395588**	**1564783**	**60395**
内资企业 Domestic Funded	12122312	487872	10018865	1350688	19023
国有企业 State-owned Enterprises	2572605	116410	2215140	178410	3722
其中:大型企业 of which: Large Scale	1708331	47624	1528347	101614	1914
集体企业 Collective-owned Enterprises	764602	8209	677846	73354	160
股份合作企业 Cooperative Enterprises	168667	2282	122572	41831	318
联营企业 Joint Ownership Enterprises	115210	1265	107687	6067	
国有联营企业 State Joint Ownership Enterprises	95857	1068	89970	4719	
集体联营企业 Collective Joint Ownership Enterprises	3201	30	2793	300	
国有与集体联营企业 Joint State-collective Enterprises	8556	167	7849	528	
其他联营企业 Other Joint Ownership Enterprises	7596		7076	520	
有限责任公司 Limited Liability Corporations	4683678	271344	3650356	635411	7770
国有独资公司 State Sole Funded Corporations	2077538	149854	1702198	162153	4050
其他有限责任公司 Other Limited Liability Corporations	2606140	121490	1948157	473258	3720
股份有限公司 Share-holding Corporations Ltd.	3193246	75684	2741929	317602	5906
私营企业 Private Enterprises	612901	12005	493064	97553	1148
私营独资企业 Private-funded Enterprises	53834	942	36292	16480	
私营合伙企业 Private Partnership Enterprises	10475	159	9566	750	

3－12 续表

单位：万元 (10,000 yuan)

注册类型 Type of Registration	科技活动经费筹集总额 Total Funds Obtaied for S&T Activities	政府资金 Government Grant	企业资金 Enterprise Self-financed	金融机构贷款 Bank Loans	来自国外的资金 Financed by Abroad
私营有限责任公司 Private Limited Liability Corporations	467785	8995	387736	62928	1148
私营股份有限公司 Private Share-holding Corporations Ltd.	80806	1910	59471	17395	
其他企业 Others Enterprises	11404	672	10272	460	
港澳台商投资企业 Enterprises with Funds from Hong Kong, Macau and Taiwan	**1177903**	**13489**	**1021494**	**111567**	**9849**
其中：大型企业 of which: Large Scale	552461	5021	506580	34727	5962
与港澳台商合资经营企业 Joint-venture Enterprises (with Funds from Hong Kong, Macau and Taiwan)	626032	10182	534768	73643	1321
与港澳台商合作经营企业 Cooperative Enterprises (with Funds from Hong Kong, Macau and Taiwan)	24213	365	23085	755	
港澳台商独资经营企业 Enterprises with Sole Funds from Hong Kong, Macau and Taiwan	384405	1366	337171	22461	8528
港澳台商投资股份有限公司 Share-holding Corporations Ltd. with Funds from Hong Kong, Macau and Taiwan	143254	1576	126470	14709	
外商投资企业 Foreign Funded Enterprises	**2585850**	**16525**	**2355229**	**102527**	**31522**
其中：大型企业 of which: Large Scale	1309842	5091	1189079	36731	7562
中外合资经营企业 Joint-venture Enterprises	1495412	12618	1391690	64312	24431
中外合作经营 Cooperation Enterprises	42492	100	41208	1184	0
外资企业 Enterprises with Sole Foreign Funds	859959	1188	743473	31032	6907
外商投资股份有限公司 Share-holding Corporations Ltd. with Foreign Funds	187988	2618	178858	6000	185

3-13 各地区大中型工业企业科技活动经费筹集(2003)
Sources of Fund for S&T of Large and Medium-sized Industrial Enterprises by Region

单位:万元 (10,000 yuan)

地区 Region		科技活动经费筹集总额 Total Funds Obtaied for S&T Activities	政府资金 Government Grant	企业资金 Enterprise Self-financed	金融机构贷款 Bank Loans	来自国外的资金 Financed by Abroad
全　国	**Total**	**15886065**	**517886**	**13395588**	**1564783**	**60395**
东部地区	Eastern Region	11043677	232233	9508860	1043731	44700
中部地区	Mid Region	2933534	114719	2376636	372381	7416
西部地区	Western Region	1908854	170933	1510092	148671	8279
北　京	Beijing	498249	20421	447485	24702	619
天　津	Tianjin	402795	4911	377376	17852	
河　北	Hebei	387175	16483	317583	42066	26
山　西	Shanxi	281527	9927	248054	18027	2300
内蒙古	Neimenggu	90780	10537	79217	649	
辽　宁	Liaoning	870983	38191	770054	53278	160
吉　林	Jilin	194729	3692	184916	3349	30
黑龙江	Heilongjiang	342600	28981	270704	30162	3
上　海	Shanghai	1508630	21297	1413844	59909	
江　苏	Jiangsu	2117670	44888	1701511	243485	7918
浙　江	Zhejiang	994456	19150	838901	114014	3194
安　徽	Anhui	665984	4060	422987	225833	
福　建	Fujian	484316	9766	404742	66829	1826
江　西	Jiangxi	182736	21099	151742	5110	185
山　东	Shandong	1736389	21953	1541140	154540	910
河　南	Henan	445685	10626	400812	23312	
湖　北	Hubei	468172	19383	412030	26890	4898
湖　南	Hunan	352102	16951	285392	39698	
广　东	Guangdong	2034465	35133	1688132	267056	30047
广　西	Guangxi	209189	5638	168131	32220	400
海　南	Hainan	8548	40	8093		
重　庆	Chongqing	287318	14060	241237	27402	160
四　川	Sichuan	532152	33673	426903	32935	6752
贵　州	Guizhou	105694	12626	81419	9477	
云　南	Yunnan	85658	4291	69587	10673	
西　藏	Tibet					
陕　西	Shaanxi	337752	72520	219902	18892	
甘　肃	Gansu	93696	11539	72051	9609	
青　海	Qinghai	35283	1696	29855	2289	967
宁　夏	Ningxia	36257	2090	31523	2304	
新　疆	Xinjiang	95075	2264	90267	2222	

3-14 分行业大中型工业企业科技活动经费筹集(2003)

Sources of Fund for S&T of Large and Medium-sized Industrial Enterprises by Industry

单位:万元 (10,000 yuan)

行 业 Industry	科技活动经费筹集总额 Total Funds Obtaied for S&T Activities	政府资金 Government Grant	企业资金 Enterprise Self-financed	金融机构贷款 Bank Loans	来自国外的资金 Financed by Abroad
总 计 Total	**15886065**	**517886**	**13395588**	**1564783**	**60395**
煤炭开采和洗选业 Mining and washing of coal	349297	9494	312013	23579	
石油和天然气开采业 Extraction of petroleum and natural gas	335145	2914	311589	5414	
黑色金属矿采选业 Mining of ferrous metal ores	9606	135	7411	2059	
有色金属矿采选业 Mining of non-ferrous metal ores	27693	820	23778	2875	
非金属矿采选业 Mining and processing of nonmetal ores	31807	359	21961	8500	967
其他采矿业 Mining of other ores n. e. c					
农副食品加工业 Processing of food from agricultural products	115755	4401	90691	18800	160
食品制造业 Manufacture of foods	121157	6087	109458	4690	
饮料制造业 Manufacture of beverage	208703	2378	177096	24909	279
烟草制品业 Manufacture of tobacco	112772	3214	107757	550	
纺织业 Manufacture of textile	409663	10925	327986	64201	
纺织服装、鞋、帽制造业 Manufacture of textile wearing apparel, footware, and caps	101841	4323	69505	23729	400
皮革、毛皮、羽毛(绒)及其制品业 Manufacture of leather, fur, feather and its products	43050	292	38844	3609	246
木材加工及木、竹、藤、棕、草制品业 Processing of timbers, manufacture of wood, bamboo, rattan, palm, straw	30121	786	22272	5015	2000
家具制造业 Manufacture of furniture	6731	17	6605	110	
造纸及纸制品业 Manufacture of paper and paper products	187633	2007	161548	20717	
印刷业和记录媒介的复制 Printing, reproduction of recording media	41332	1082	34822	4300	

3-14 续表

单位:万元 (10,000 yuan)

行业 Industry	科技活动经费筹集总额 Total Funds Obtaied for S&T Activities	政府资金 Government Grant	企业资金 Enterprise Self-financed	金融机构贷款 Bank Loans	来自国外的资金 Financed by Abroad
文教体育用品制造业 Manufacture of articles for culture, education and sport activity	21946	362	20207	1378	
石油加工、炼焦及核燃料加工业 Processing of petroleum, coking, Processing of nucleus fuel	209357	3910	157279	40754	
化学原料及化学制品制造业 Manufacture of chemical raw material and chemical products	1189237	24374	1009537	127307	3836
医药制造业 Manufacture of medicines	640446	18875	547803	53535	326
化学纤维制造业 Manufacture of chemical fiber	220689	1892	191014	22203	
橡胶制品业 Manufacture of rubber	123912	1338	108226	13876	
塑料制品业 Manufacture of plastic	167262	3415	140214	11060	3104
非金属矿物制品业 Manufacture of non-metallic mineral products	346172	6091	278287	54126	3245
黑色金属冶炼及压延加工业 Manufacture and processing of ferrous metals	1539796	7880	1418989	110560	
有色金属冶炼及压延加工业 Manufacture and processing of non-ferrous metals	353095	12629	304446	32791	
金属制品业 Manufacture of metal products	190475	4323	158227	16951	2640
通用设备制造业 Manufacture of general purpose machinery	812283	28218	680831	91021	965
专用设备制造业 Manufacture of special purpose machinery	680243	46444	534382	66241	
交通运输设备制造业 Manufacture of transport equipment	2186118	204833	1666920	242746	9288
电气机械及器材制造业 Manufacture of electrical machinery and equipment	1452057	21629	1310686	108938	5328
通信设备、计算机及其他电子设备制造业 Manufacture of communication, computer, other electronic equipment	3075347	59286	2569302	328267	24543
仪器仪表及文化、办公用机械制造业 Manufacture of measuring instrument, machinery for cultural and office work	187724	11441	156235	17973	488
工艺品及其他制造业 Manufacture of artwork, other manufacture n. e. c	41150	3493	32378	4803	280
电力、热力的生产和供应业 Production and supply of electric power and heat power	282827	1160	263669	4982	2300
燃气生产和供应业 Production and distribution of gas	14332	3067	10415	700	
水的生产和供应业 Production and distribution of water	19291	3995	13205	1515	

3－15 分登记注册类型大中型工业企业

Intramural Expenditure on S&T Activities in Large and Medium-

单位:万元

注册类型 Type of Registration	科技活动经费内部支出总额 Intramural Expenditure on S&T Activities	劳务费 Compensation for Laborers
总计 **Total**	**14677738**	**3244308**
内资企业 **Domestic Funded**	**11377501**	**2563512**
国有企业 State-owned Enterprises	2426411	599719
其中:大型企业 of which: Large Scale	1639699	365550
集体企业 Collective-owned Enterprises	714785	98979
股份合作企业 Cooperative Enterprises	162443	37098
联营企业 Joint Ownership Enterprises	111894	21923
国有联营企业 State Joint Ownership Enterprises	93725	18081
集体联营企业 Collective Joint Ownership Enterprises	2820	769
国有与集体联营企业 Joint State-collective Enterprises	7258	2085
其他联营企业 Other Joint Ownership Enterprises	8091	988
有限责任公司 Limited Liability Corporations	4504048	1030552
国有独资公司 State Sole Funded Corporations	2107741	420643
其他有限责任公司 Other Limited Liability Corporations	2396307	609909
股份有限公司 Share-holding Corporations Ltd.	2894283	657861
私营企业 Private Enterprises	554766	115771
私营独资企业 Private-funded Enterprises	43604	9407
私营合伙企业 Private Partnership Enterprises	9480	1777
私营有限责任公司 Private Limited Liability Corporations	424579	88554
私营股份有限公司 Private Share-holding Corporations Ltd.	77103	16033
其他企业 Others Enterprises	8871	1610
港澳台商投资企业 **Enterprises with Funds from Hong Kong, Macau and Taiwan**	**1007483**	**243760**
其中:大型企业 of which: Large Scale	464782	95033
与港澳台商合资经营企业 Joint-venture Enterprises (with Funds from Hong Kong, Macau and Taiwan)	534572	116939
与港澳台商合作经营企业 Cooperative Enterprises(with Funds from Hong Kong, Macau and Taiwan)	24770	8095
港澳台商独资经营企业 Enterprises with Sole Funds from Hong Kong, Macau and Taiwan	315103	80626
港澳台商投资股份有限公司 Share-holding Corporations Ltd. with Funds from Hong Kong, Macau and Taiwan	133037	38100
外商投资企业 **Foreign Funded Enterprises**	**2292755**	**437036**
其中:大型企业 of which: Large Scale	1261248	183450
中外合资经营企业 Joint-venture Enterprises	1197757	207273
中外合作经营 Cooperation Enterprises	46165	9181
外资企业 Enterprises with Sole Foreign Funds	815237	163911
外商投资股份有限公司 Share-holding Corporations Ltd. with Foreign Funds	233597	56671

科技活动经费内部支出(2003)

sized Industrial Enterprises by Registration

(10,000 yuan)

原材料费 Raw Material Expenditure	固定资产购建费 Expenditure on the Purchase of Fixed Assets	设备购置 Purchase of Instruments	开发新产品经费 Spending for New Products	科技机构经费 Spending for S&T Institute
4089521	**4627192**	**3951221**	**6389593**	**6534502**
3311339	**3568862**	**2970394**	4697016	4992075
759705	569332	483279	929994	818047
516006	390821	336179	599335	511742
270111	282131	265447	292694	215864
52499	51322	35588	90042	95204
34201	46731	42766	33570	72065
29530	42389	39302	22472	64396
648	972	698	1217	860
2622	2208	2146	3195	4895
1401	1162	621	6686	1914
1276466	1462433	1166539	1900774	2149790
700784	647260	532183	915833	945112
575682	815173	634356	984940	1204678
753524	951368	815006	1163730	1391882
161145	204236	160459	278072	242964
14213	13690	11273	25322	24382
4260	2844	2741	7957	175
124738	156948	122354	207038	194987
17935	30753	24091	37755	23420
3688	1310	1310	8141	6259
321467	**304279**	**271081**	**463780**	**566318**
171161	139236	133873	209024	299201
162253	178565	159947	297541	294383
8624	5730	5244	9934	10310
124871	71210	61540	117971	190618
25720	48775	44350	38334	71007
456715	**754050**	**709747**	**1228798**	**976109**
204685	447007	433850	738982	627074
250744	345135	317497	634178	510129
11931	19117	17046	26696	16480
148617	296610	288609	439568	316234
45423	93189	86596	128357	133266

3-16 各地区大中型工业企业

Intramural Expenditure on S&T Activities in Large and Medium-

单位:万元

地区 Region		科技活动经费内部支出总额 Intramural Expenditure on S&T Activities	劳务费 Compensation for Laborers	原材料费 Raw Material Expenditure
全 国	**Total**	**14677738**	**3244308**	**4089521**
东部地区	Eastern Region	10241625	2278730	2894904
中部地区	Mid Region	2562261	549967	652924
西部地区	Western Region	1873852	415611	541693
北 京	Beijing	467021	119116	145988
天 津	Tianjin	326423	80909	81815
河 北	Hebei	370848	77505	138107
山 西	Shanxi	251051	49000	66582
内 蒙 古	Neimenggu	102721	25366	33410
辽 宁	Liaoning	855330	167281	327068
吉 林	Jilin	177734	30834	49583
黑 龙 江	Heilongjiang	287915	79838	83445
上 海	Shanghai	1402912	277854	241357
江 苏	Jiangsu	1930090	397060	570185
浙 江	Zhejiang	814419	196360	235740
安 徽	Anhui	479083	68284	124745
福 建	Fujian	401505	92294	124444
江 西	Jiangxi	201945	38256	36246
山 东	Shandong	1702970	307046	595684
河 南	Henan	390050	99908	132145
湖 北	Hubei	463762	100818	84857
湖 南	Hunan	310721	83029	75321
广 东	Guangdong	1963037	560813	432492
广 西	Guangxi	197774	29018	69362
海 南	Hainan	7070	2494	2023
重 庆	Chongqing	264803	45869	77820
四 川	Sichuan	551350	122392	180133
贵 州	Guizhou	93260	19989	30577
云 南	Yunnan	68104	18382	15683
西 藏	Tibet			
陕 西	Shaanxi	365811	81908	73820
甘 肃	Gansu	79931	32369	16492
青 海	Qinghai	34480	11598	9344
宁 夏	Ningxia	32354	4967	17826
新 疆	Xinjiang	83265	23755	17226

科技经费内部支出(2003)

sized Industrial Enterprises by Region

(10,000 yuan)

固定资产购建费 Expenditure on the Purchase of Fixed Assets	设备购置 Purchase of Instruments	开发新产品经费 Spending for New Products	科技机构经费 Spending for S&T Institute
4627192	**3951221**	**6389593**	**6534502**
3253655	2770082	4714427	4647434
821282	701060	972685	1057789
552255	480079	702481	829279
66300	56964	154876	236043
91567	74648	140668	184142
108917	97392	120647	177222
103081	92446	76181	128119
31354	23483	30471	41200
243698	195871	386970	284345
34199	27301	66501	94062
69912	58804	94258	130231
534934	512199	754920	487610
602210	498889	875641	791146
272623	229973	487992	418542
199567	181541	162624	166233
136414	105142	223366	145679
85871	67005	80795	100208
581174	529374	655750	862865
102855	89249	188660	215631
130075	115193	210792	111516
95721	69523	92874	111789
614025	467939	910712	1055049
53304	45478	76529	82692
1795	1691	2886	4791
80802	69886	143495	134233
153488	126749	220100	249078
18523	17397	39570	46291
20290	16831	17521	41747
136590	131521	134750	97010
20400	19246	18127	41569
5433	4386	4370	26457
5257	4929	13083	16057
26814	20174	4467	52945

3－17 分行业大中型工业企业

Intramural Expenditure on S&T Activities in Large and

单位：万元

行业 Industry	科技活动经费内部支出总额 Intramural Expenditure on S&T Activities	劳务费 Compensation for Laborers
总计 Total	**14677738**	**3244308**
煤炭开采和洗选业 Mining and washing of coal	305382	80310
石油和天然气开采业 Extraction of petroleum and natural gas	290758	127143
黑色金属矿采选业 Mining of ferrous metal ores	8282	2829
有色金属矿采选业 Mining of non-ferrous metal ores	22994	6925
非金属矿采选业 Mining and processing of nonmetal ores	17356	3017
其他采矿业 Mining of other ores n. e. c		
农副食品加工业 Processing of food from agricultural products	112554	22696
食品制造业 Manufacture of foods	104521	22030
饮料制造业 Manufacture of beverage	200601	38933
烟草制品业 Manufacture of tobacco	109493	21849
纺织业 Manufacture of textile	400806	76257
纺织服装、鞋、帽制造业 Manufacture of textile wearing apparel, footware, and caps	99904	19204
皮革、毛皮、羽毛(绒)及其制品业 Manufacture of leather, fur, feather and its products	40610	13480
木材加工及木、竹、藤、棕、草制品业 Processing of timbers, manufacture of wood, bamboo, rattan, palm, straw	29189	4074
家具制造业 Manufacture of furniture	6065	1424
造纸及纸制品业 Manufacture of paper and paper products	172924	21443
印刷业和记录媒介的复制 Printing, reproduction of recording media	37770	11477

科技活动经费内部支出(2003)

Medium-sized Industrial Enterprises by Industry

(10,000 yuan)

原材料费 Raw Material Expenditure	固定资产购建费 Expenditure on the Purchase of Fixed Assets	设备购置 Purchase of Instruments	开发新产品经费 Spending for New Products	科技机构经费 Spending for S&T Institute
4089521	**4627192**	**3951221**	**6389593**	**6534502**
84433	100209	96611	25020	143819
53799	60150	52325	17290	191305
848	3537	3461	1279	1430
5426	6529	6253	2534	13018
4200	8660	7826	4271	10546
24989	46536	38982	40573	57010
28932	42241	36706	42797	63858
47968	80006	70951	93961	124093
20016	32976	18758	25475	71462
153735	125774	108540	195720	186087
15523	54717	47948	45013	58385
13592	9436	7728	27825	27012
11179	10322	9041	21029	13706
1263	2204	1906	2804	2420
65375	47012	40528	58023	114158
8901	13363	12690	13559	18354

3－17 续表

单位:万元

行　业 Industry	科技活动经费内部支出总额 Intramural Expenditure on S&T Activities	劳务费 Compensation for Laborers
文教体育用品制造业 Manufacture of articles for culture,education and sport activity	23057	6374
石油加工、炼焦及核燃料加工业 Processing of petroleum ,coking,Processing of nucleus fuel	151992	47551
化学原料及化学制品制造业 Manufacture of chemical raw material and chemical products	1086569	227748
医药制造业 Manufacture of medicines	527349	102486
化学纤维制造业 Manufacture of chemical fiber	206209	26805
橡胶制品业 Manufacture of rubber	109998	22169
塑料制品业 Manufacture of plastic	128347	24914
非金属矿物制品业 Manufacture of non-metallic mineral products	315077	64031
黑色金属冶炼及压延加工业 Manufacture and processing of ferrous metals	1538044	243488
有色金属冶炼及压延加工业 Manufacture and processing of non-ferrous metals	307437	60005
金属制品业 Manufacture of metal products	158856	32434
通用设备制造业 Manufacture of general purpose machinery	778247	209281
专用设备制造业 Manufacture of special purpose machinery	655692	165811
交通运输设备制造业 Manufacture of transport equipment	1986184	370226
电气机械及器材制造业 Manufacture of electrical machinery and equipment	1423541	251335
通信设备、计算机及其他电子设备制造业 Manufacture of communication,computer,other electronic equipment	2882968	766730
仪器仪表及文化、办公用机械制造业 Manufacture of measuring instrument,machinery for cultural and office work	152086	49940
工艺品及其他制造业 Manufacture of artwork, other manufacture n. e. c	36634	7838
电力、热力的生产和供应业 Production and supply of electric power and heat power	227540	83321
燃气生产和供应业 Production and distribution of gas	7677	3607
水的生产和供应业 Production and distribution of water	15031	5123

(10,000 yuan)

原材料费 Raw Material Expenditure	固定资产购建费 Expenditure on the Purchase of Fixed Assets	设备购置 Purchase of Instruments	开发新产品经费 Spending for New Products	科技机构经费 Spending for S&T Institute
8503	4143	2749	15227	10982
29714	42549	38978	26814	76188
333814	386508	324218	352216	448763
101996	202180	151071	228616	236050
72553	85848	72680	93205	87332
44347	26607	25093	66026	90090
31725	55376	48246	67102	48318
104083	105859	87897	116720	158081
523520	479100	424152	461878	397914
96311	98530	81647	113657	117370
46950	58239	44384	82140	78737
257862	187375	149407	422657	376631
258435	138586	106038	387177	293234
459270	591111	511428	979499	861829
434852	544747	487120	665128	575417
629522	866332	738838	1558334	1464117
40140	37063	26686	85668	54453
12980	10102	8705	19724	14431
59100	56531	56164	25939	42507
1583	1834	1734	251	789
2087	4901	3735	4446	4606

3－18　分登记注册类型大中型工业企业其他技术活动经费支出(2003)

Expenditure on Other Technical Activities in Large and Medium-sized Industrial Enterprises by Registration

单位:万元　　　　　　　　　　　　　　　　　　　　　　　　　　　　　　(10,000 yuan)

注册类型 Type of Registration	技术改造经费 Expenditure on Technical Renovation	技术引进经费 Expenditure on Import of Technology	引进技术资料及关键设备的支出 Purchase of Documents and Key Equipments	消化吸收经费 Expenditure on Technology Absorption	购买国内技术经费 Expenditure on Purchase of Domestic Technology
总计 **Total**	**18964332**	**4054075**	**3091719**	**270957**	**543258**
内资企业 **Domestic Funded**	**17528735**	**2924758**	**2153983**	**164885**	**499586**
国有企业 State-owned Enterprises	4978408	566547	448846	35588	78549
其中:大型企业 of which: Large Scale	3894087	421812	345755	25007	62176
集体企业 Collective-owned Enterprises	462863	105935	94454	11527	12311
股份合作企业 Cooperative Enterprises	174860	26204	20943	1699	1839
联营企业 Joint Ownership Enterprises	223100	26314	16763	1037	1716
国有联营企业 State Joint Ownership Enterprises	214921	18152	15392	1000	1716
集体联营企业 Collective Joint Ownership Enterprises	776	442	387	20	
国有与集体联营企业 Joint State-collective Enterprises	7353	1083	985	17	
其他联营企业 Other Joint Ownership Enterprises	50	6637			
有限责任公司 Limited Liability Corporations	6508734	1048861	607833	59418	288870
国有独资公司 State Sole Funded Corporations	3403599	351560	255087	19845	154479
其他有限责任公司 Other Limited Liability Corporations	3105134	697301	352746	39573	134391
股份有限公司 Share-holding Corporations Ltd.	4326662	1032049	870056	47044	101043
私营企业 Private Enterprises	849298	118585	94969	6065	15259
私营独资企业 Private-funded Enterprises	30147	5726	2599	379	340

3－18 续表

单位:万元 (10,000 yuan)

注册类型 Type of Registration	技术改造经费 Expenditure on Technical Renovation	技术引进经费 Expenditure on Import of Technology	引进技术资料及关键设备的支出 Purchase of Documents and Key Equipments	消化吸收经费 Expenditure on Technology Absorption	购买国内技术经费 Expenditure on Purchase of Domestic Technology
私营合伙企业 Private Partnership Enterprises	5054	786	772		30
私营有限责任公司 Private Limited Liability Corporations	733885	98493	83856	3814	12992
私营股份有限公司 Private Share-holding Corporations Ltd.	80212	13581	7742	1872	1897
其他企业 Others Enterprises	4811	262	118	2507	
港澳台商投资企业 Enterprises with Funds from Hong Kong, Macau and Taiwan	**689584**	**294330**	**213247**	**43504**	**31622**
其中:大型企业 of which: Large Scale	242894	160050	102137	38866	18182
与港澳台商合资经营企业 Joint-venture Enterprises (with Funds from Hong Kong, Macau and Taiwan)	524498	246051	190102	5518	7635
与港澳台商合作经营企业 Cooperative Enterprises (with Funds from Hong Kong, Macau and Taiwan)	29116	3042	2702	101	2720
港澳台商独资经营企业 Enterprises with Sole Funds from Hong Kong, Macau and Taiwan	84580	39552	15019	2145	4593
港澳台商投资股份有限公司 Share-holding Corporations Ltd. with Funds from Hong Kong, Macau and Taiwan	51391	5685	5425	35740	16675
外商投资企业 Foreign Funded Enterprises	**746013**	**834987**	**724489**	**62568**	**12050**
其中:大型企业 of which: Large Scale	411030	366231	342196	17834	5526
中外合资经营企业 Joint-venture Enterprises	622619	640655	537119	57775	11237
中外合作经营 Cooperation Enterprises	11493	5417	3291	132	50
外资企业 Enterprises with Sole Foreign Funds	45956	175709	171032	4433	608
外商投资股份有限公司 Share-holding Corporations Ltd. with Foreign Funds	65945	13206	13046	227	155

3-19 各地区大中型工业企业其他技术活动经费支出(2003)

Expenditure on Other Technical Activities in Large and Medium-sized Industrial Enterprises by Region

单位:万元 (10,000 yuan)

地 区 Region	技术改造经费 Expenditure on Technical Renovation	技术引进经费 Expenditure on Import of Technology	引进技术资料及关键设备的支出 Purchase of Documents and Key Equipments	消化吸收经费 Expenditure on Technology Absorption	购买国内技术经费 Expenditure on Purchase of Domestic Technology
全 国 Total	**18964332**	**4054075**	**3091719**	**270957**	**543258**
东部地区 Eastern Region	10780614	2602038	2053690	171411	354845
中部地区 Mid Region	5116206	969077	743012	65231	79367
西部地区 Western Region	3067512	482960	295017	34315	109046
北 京 Beijing	227354	29141	24798	239	933
天 津 Tianjin	350294	135850	125172	1518	7084
河 北 Hebei	733676	89174	56661	5291	4550
山 西 Shanxi	468764	69269	52333	4734	6446
内蒙古 Neimenggu	251575	32797	23510	530	19717
辽 宁 Liaoning	1012278	167341	138218	2469	3545
吉 林 Jilin	367144	71965	43385	1344	5045
黑龙江 Heilongjiang	677248	103050	72502	7040	19190
上 海 Shanghai	807001	584885	435632	66111	24338
江 苏 Jiangsu	2316401	626985	518181	33994	103492
浙 江 Zhejiang	2214499	409981	355790	19691	35178
安 徽 Anhui	1109257	373925	280862	3448	10170
福 建 Fujian	287426	106874	89972	9583	10132
江 西 Jiangxi	428991	47419	35517	25660	4231
山 东 Shandong	1951762	203134	158962	15205	55171
河 南 Henan	574054	89311	76930	6557	11862
湖 北 Hubei	716953	129952	115829	10529	16773
湖 南 Hunan	773795	84185	65654	5919	5651
广 东 Guangdong	878111	248383	150012	17310	110421
广 西 Guangxi	446931	29996	25406	3239	3162
海 南 Hainan	1813	291	291		
重 庆 Chongqing	297780	55358	52080	1736	17897
四 川 Sichuan	684189	156767	49727	9327	8569
贵 州 Guizhou	330325	18834	3753	25	1707
云 南 Yunnan	288918	50527	32693	11105	11984
西 藏 Tibet					
陕 西 Shaanxi	329790	67541	54553	5828	34587
甘 肃 Gansu	127479	23870	14746	2335	9349
青 海 Qinghai	7074	1183	875		106
宁 夏 Ningxia	50440	5132	4153	101	378
新 疆 Xinjiang	253011	40957	33523	89	1591

3-20 分行业大中型工业企业其他技术活动经费支出(2003)

Expenditure on Other Technical Activities in Large and Medium-sized Industrial Enterprises by Industry

单位:万元 (10,000 yuan)

行 业 Industry	技术改造经费 Expenditure on Technical Renovation	技术引进经费 Expenditure on Import of Technology	引进技术资料及关键设备的支出 Purchase of Documents and Key Equipments	消化吸收经费 Expenditure on Technology Absorption	购买国内技术经费 Expenditure on Purchase of Domestic Technology
总 计 **Total**	**18964332**	**4054075**	**3091719**	**270957**	**543258**
煤炭开采和洗选业 Mining and washing of coal	461863	42794	33921	3923	8320
石油和天然气开采业 Extraction of petroleum and natural gas	301870	19943	8212	415	237
黑色金属矿采选业 Mining of ferrous metal ores	24261	1434	1224	100	108
有色金属矿采选业 Mining of non-ferrous metal ores	31447	3701	497	2	52
非金属矿采选业 Mining and processing of nonmetal ores	55268	7868	7640		319
其他采矿业 Mining of other ores n. e. c					
农副食品加工业 Processing of food from agricultural products	102395	27603	22707	1195	957
食品制造业 Manufacture of foods	85010	32683	29030	1458	1419
饮料制造业 Manufacture of beverage	428363	152857	66756	1044	7113
烟草制品业 Manufacture of tobacco	397756	83974	51225	3318	19943
纺织业 Manufacture of textile	890113	232693	178262	6736	24073
纺织服装、鞋、帽制造业 Manufacture of textile wearing apparel, footware, and caps	84898	37230	34122	5165	1812
皮革、毛皮、羽毛(绒)及其制品业 Manufacture of leather, fur, feather and its products	44299	10915	10056	99	430
木材加工及木、竹、藤、棕、草制品业 Processing of timbers, manufacture of wood, bamboo, rattan, palm, straw	23784	5687	5168	900	804
家具制造业 Manufacture of furniture	12060	3653	1144	28	268
造纸及纸制品业 Manufacture of paper and paper products	340009	92488	63121	2398	2561
印刷业和记录媒介的复制 Printing, reproduction of recording media	47513	26802	19654	13	11

3－20 续表

单位:万元 (10,000 yuan)

行业 Industry	技术改造经费 Expenditure on Technical Renovation	技术引进经费 Expenditure on Import of Technology	引进技术资料及关键设备的支出 Purchase of Documents and Key Equipments	消化吸收经费 Expenditure on Technology Absorption	购买国内技术经费 Expenditure on Purchase of Domestic Technology
文教体育用品制造业 Manufacture of articles for culture, education and sport activity	7480	601	363	209	83
石油加工、炼焦及核燃料加工业 Processing of petroleum ,coking, Processing of nucleus fuel	817575	43648	40316	1014	14046
化学原料及化学制品制造业 Manufacture of chemical raw material and chemical products	1688615	253834	169695	60952	45317
医药制造业 Manufacture of medicines	469164	73770	53230	19166	39713
化学纤维制造业 Manufacture of chemical fiber	358708	176751	153232	3016	41542
橡胶制品业 Manufacture of rubber	336469	27056	21856	1503	2011
塑料制品业 Manufacture of plastic	77329	43020	24867	3224	1608
非金属矿物制品业 Manufacture of non-metallic mineral products	605449	95195	75329	4458	17317
黑色金属冶炼及压延加工业 Manufacture and processing of ferrous metals	5155927	639202	502842	3295	133994
有色金属冶炼及压延加工业 Manufacture and processing of non-ferrous metals	1017934	101352	90235	9018	25767
金属制品业 Manufacture of metal products	140998	46475	42231	1365	1058
通用设备制造业 Manufacture of general purpose machinery	610499	111421	79314	13758	15178
专用设备制造业 Manufacture of special purpose machinery	514579	94785	75526	7934	13737
交通运输设备制造业 Manufacture of transport equipment	1632700	569696	418646	35168	68037
电气机械及器材制造业 Manufacture of electrical machinery and equipment	557128	172014	139535	40112	15295
通信设备、计算机及其他电子设备制造业 Manufacture of communication, computer, other electronic equipment	647509	750333	627294	34537	15326
仪器仪表及文化、办公用机械制造业 Manufacture of measuring instrument, machinery for cultural and office work	81411	39677	16980	690	1262
工艺品及其他制造业 Manufacture of artwork, other manufacture n. e. c	45005	1928	1583	434	209
电力、热力的生产和供应业 Production and supply of electric power and heat power	809863	24341	20912	4283	23084
燃气生产和供应业 Production and distribution of gas	23977	3673	3623		
水的生产和供应业 Production and distribution of water	35103	2983	1376	30	251

3-21 分登记注册类型大中型工业企业科技机构(2003)

S&T Institutes in Large and Medium-sized Industrial Enterprises by Registration

单位:个 (unit)

注册类型 Type of Registration	企业科技机构数 Number of the S&T Institutes	#有经常性开发任务 with a current task of development	#有稳定经费来源 with a stable source of funds	#有一定测试条件 with a capacity of administer tests and experiments
总计 Total	**6841**	**6298**	**6286**	**6464**
内资企业 Domestic Funded	**5835**	**5370**	**5338**	**5491**
国有企业 State-owned Enterprises	1473	1336	1297	1346
其中:大型企业 of which: Large Scale	492	466	459	444
集体企业 Collective-owned Enterprises	259	234	239	244
股份合作企业 Cooperative Enterprises	131	119	119	123
联营企业 Joint Ownership Enterprises	41	38	38	39
国有联营企业 State Joint Ownership Enterprises	23	22	23	22
集体联营企业 Collective Joint Ownership Enterprises	2	2	2	2
国有与集体联营企业 Joint State-collective Enterprises	10	8	7	9
其他联营企业 Other Joint Ownership Enterprises	6	6	6	6
有限责任公司 Limited Liability Corporations	2146	1992	1980	2029
国有独资公司 State Sole Funded Corporations	703	663	661	658
其他有限责任公司 Other Limited Liability Corporations	1443	1329	1319	1371
股份有限公司 Share-holding Corporations Ltd.	1204	1133	1125	1158
私营企业 Private Enterprises	578	515	537	549
私营独资企业 Private-funded Enterprises	58	46	54	55

3－21 续表

单位:个 (unit)

注册类型 Type of Registration	企业科技机构数 Number of the S&T Institutes	#有经常性开发任务 with a current task of development	#有稳定经费来源 with a stable source of funds	#有一定测试条件 with a capacity of administer tests and experiments
私营合伙企业 Private Partnership Enterprises	4	4	4	4
私营有限责任公司 Private Limited Liability Corporations	457	410	424	434
私营股份有限公司 Private Share-holding Corporations Ltd.	59	55	55	56
其他企业 Others Enterprises	3	3	3	3
港澳台商投资企业 Enterprises with Funds from Hong Kong, Macau and Taiwan	**505**	**464**	**472**	**487**
其中:大型企业 of which: Large Scale	70	70	70	67
与港澳台商合资经营企业 Joint-venture Enterprises(with Funds from Hong Kong, Macau and Taiwan)	301	277	277	294
与港澳台商合作经营企业 Cooperative Enterprises (with Funds from Hong Kong, Macau and Taiwan)	31	27	29	29
港澳台商独资经营企业 Enterprises with Sole Funds from Hong Kong, Macau and Taiwan	130	118	123	124
港澳台商投资股份有限公司 Share-holding Corporations Ltd. with Funds from Hong Kong, Macau and Taiwan	43	42	43	40
外商投资企业 Foreign Funded Enterprises	**501**	**464**	**476**	**486**
其中:大型企业 of which: Large Scale	101	94	100	99
中外合资经营企业 Joint-venture Enterprises	325	304	307	316
中外合作经营 Cooperation Enterprises	19	15	17	17
外资企业 Enterprises with Sole Foreign Funds	116	104	111	112
外商投资股份有限公司 Share-holding Corporations Ltd. with Foreign Funds	41	41	41	41

3-22 各地区大中型工业企业科技机构(2003)

S&T Institutes in Large and Medium-sized Industrial Enterprises by Region

单位:个 (unit)

地区 Region	企业科技机构数 Number of the S&T Institutes	#有经常性开发任务 with a current task of development	#有稳定经费来源 with a stable source of funds	#有一定测试条件 with a capacity of administer tests and experiments
全国 Total	**6841**	**6298**	**6286**	**6464**
东部地区 Eastern Region	4271	3944	3970	4046
中部地区 Mid Region	1457	1339	1315	1373
西部地区 Western Region	1113	1015	1001	1045
北京 Beijing	104	97	95	94
天津 Tianjin	99	92	90	92
河北 Hebei	339	300	313	308
山西 Shanxi	129	121	111	123
内蒙古 Neimenggu	67	62	64	64
辽宁 Liaoning	250	231	218	232
吉林 Jilin	90	80	76	79
黑龙江 Heilongjiang	140	130	129	133
上海 Shanghai	207	189	190	199
江苏 Jiangsu	960	901	887	911
浙江 Zhejiang	752	707	719	732
安徽 Anhui	271	246	241	256
福建 Fujian	182	172	173	175
江西 Jiangxi	123	116	120	117
山东 Shandong	725	674	678	683
河南 Henan	316	285	285	300
湖北 Hubei	185	171	167	180
湖南 Hunan	203	190	186	185
广东 Guangdong	643	574	598	611
广西 Guangxi	109	104	98	104
海南 Hainan	10	7	9	9
重庆 Chongqing	149	138	139	146
四川 Sichuan	234	210	212	221
贵州 Guizhou	60	56	52	59
云南 Yunnan	104	89	86	94
西藏 Tibet				
陕西 Shaanxi	212	200	192	192
甘肃 Gansu	69	64	61	63
青海 Qinghai	29	26	24	26
宁夏 Ningxia	32	26	28	31
新疆 Xinjiang	48	40	45	45

3-23 分行业大中型工业企业科技机构(2003)
S&T Institutes in Large and Medium-sized Industrial Enterprises by Industry

单位:个 (unit)

行 业 Industry	企业科技机构数 Number of the S&T Institutes	#有经常性开发任务 with a current task of development	#有稳定经费来源 with a stable source of funds	#有一定测试条件 with a capacity of administer tests and experiments
总 计 Total	**6841**	**6298**	**6286**	**6464**
煤炭开采和洗选业 Mining and washing of coal	103	92	93	84
石油和天然气开采业 Extraction of petroleum and natural gas	83	77	73	75
黑色金属矿采选业 Mining of ferrous metal ores	9	7	6	9
有色金属矿采选业 Mining of non-ferrous metal ores	36	35	34	36
非金属矿采选业 Mining and processing of nonmetal ores	27	19	19	22
其他采矿业 Mining of other ores n. e. c				
农副食品加工业 Processing of food from agricultural products	127	104	115	119
食品制造业 Manufacture of foods	127	116	114	126
饮料制造业 Manufacture of beverage	166	146	146	155
烟草制品业 Manufacture of tobacco	65	65	64	65
纺织业 Manufacture of textile	336	309	316	332
纺织服装、鞋、帽制造业 Manufacture of textile wearing apparel, footware, and caps	61	51	53	53
皮革、毛皮、羽毛(绒)及其制品业 Manufacture of leather, fur, feather and its products	67	56	60	65
木材加工及木、竹、藤、棕、草制品业 Processing of timbers, manufacture of wood, bamboo, rattan, palm, straw	27	21	23	23
家具制造业 Manufacture of furniture	9	9	8	7
造纸及纸制品业 Manufacture of paper and paper products	90	82	76	83
印刷业和记录媒介的复制 Printing, reproduction of recording media	33	27	29	31
文教体育用品制造业 Manufacture of articles for culture, education and sport activity	32	28	31	29

3 - 23 续表

单位:个 (unit)

行 业 Industry	企业科技机构数 Number of the S&T Institutes	#有经常性开发任务 with a current task of development	#有稳定经费来源 with a stable source of funds	#有一定测试条件 with a capacity of administer tests and experiments
石油加工、炼焦及核燃料加工业 Processing of petroleum ,coking,Processing of nucleus fuel	86	82	80	83
化学原料及化学制品制造业 Manufacture of chemical raw material and chemical products	664	612	616	620
医药制造业 Manufacture of medicines	476	447	454	460
化学纤维制造业 Manufacture of chemical fiber	69	64	65	67
橡胶制品业 Manufacture of rubber	88	77	79	86
塑料制品业 Manufacture of plastic	116	108	109	110
非金属矿物制品业 Manufacture of non-metallic mineral products	288	253	257	273
黑色金属冶炼及压延加工业 Manufacture and processing of ferrous metals	171	150	158	160
有色金属冶炼及压延加工业 Manufacture and processing of non-ferrous metals	149	140	141	146
金属制品业 Manufacture of metal products	133	119	115	126
通用设备制造业 Manufacture of general purpose machinery	578	546	530	557
专用设备制造业 Manufacture of special purpose machinery	501	477	458	459
交通运输设备制造业 Manufacture of transport equipment	664	631	610	613
电气机械及器材制造业 Manufacture of electrical machinery and equipment	580	547	546	558
通信设备、计算机及其他电子设备制造业 Manufacture of communication, computer, other electronic equipment	531	497	499	517
仪器仪表及文化、办公用机械制造业 Manufacture of measuring instrument, machinery for cultural and office work	137	132	130	137
工艺品及其他制造业 Manufacture of artwork, other manufacture n. e. c	44	41	38	42
电力、热力的生产和供应业 Production and supply of electric power and heat power	135	100	110	106
燃气生产和供应业 Production and distribution of gas	8	8	8	8
水的生产和供应业 Production and distribution of water	25	23	23	22

3-24 分登记注册类型大中型工业企业科技项目与专利(2003)

Projects and Patents for S&T Activities in Large and Medium-sized Industrial Enterprises by Registration

单位:项 (unit)

注册类型 Type of Registration	科技活动项目数 Projects for S&T Activities	新产品开发项目数 Projects for New Product	专利申请 Patent Applications	发明专利数 Inventive Patent	拥有发明专利数 Owning Inventive Patent
总计 **Total**	**121926**	**68633**	**31382**	**9395**	**15409**
内资企业 **Domestic Funded**	**106194**	**57897**	**22238**	**5711**	**11993**
国有企业 State-owned Enterprises	30055	13696	3307	730	1715
其中:大型企业 of which: Large Scale	14521	5371	1581	429	1108
集体企业 Collective-owned Enterprises	4365	2758	1425	222	246
股份合作企业 Cooperative Enterprises	1209	821	643	103	148
联营企业 Joint Ownership Enterprises	597	306	93	21	135
国有联营企业 State Joint Ownership Enterprises	330	115	37	9	21
集体联营企业 Collective Joint Ownership Enterprises	84	77	36	12	94
国有与集体联营企业 Joint State-collective Enterprises	124	71	18		20
其他联营企业 Other Joint Ownership Enterprises	59	43	2		
有限责任公司 Limited Liability Corporations	41562	24453	7766	2911	3138
国有独资公司 State Sole Funded Corporations	20009	12113	2016	376	836
其他有限责任公司 Other Limited Liability Corporations	21553	12340	5750	2535	2302
股份有限公司 Share-holding Corporations Ltd.	22971	12612	5294	1312	3515
私营企业 Private Enterprises	5424	3244	3700	412	3090
私营独资企业 Private-funded Enterprises	318	203	77	37	2038
私营合伙企业 Private Partnership Enterprises	131	79	26	4	8

3-24 续表

单位:项 (unit)

注册类型 Type of Registration	科技活动项目数 Projects for S&T Activities	新产品开发项目数 Projects for New Product	专利申请 Patent Applications	发明专利数 Inventive Patent	拥有发明专利数 Owning Inventive Patent
私营有限责任公司 Private Limited Liability Corporations	4360	2563	3369	333	927
私营股份有限公司 Private Share-holding Corporations Ltd.	615	399	228	38	117
其他企业 Others Enterprises	11	7	10		6
港澳台商投资企业 Enterprises with Funds from Hong Kong, Macau and Taiwan	**7357**	**4844**	**3812**	**925**	**1385**
其中:大型企业 of which: Large Scale	2577	1813	1465	473	347
与港澳台商合资经营企业 Joint-venture Enterprises (with Funds from Hong Kong, Macau and Taiwan)	3614	2258	1501	302	811
与港澳台商合作经营企业 Cooperative Enterprises (with Funds from Hong Kong, Macau and Taiwan)	274	167	61	6	24
港澳台商独资经营企业 Enterprises with Sole Funds from Hong Kong, Macau and Taiwan	2803	2091	1746	519	355
港澳台商投资股份有限公司 Share-holding Corporations Ltd. with Funds from Hong Kong, Macau and Taiwan	666	328	504	98	195
外商投资企业 Foreign Funded Enterprises	**8375**	**5892**	**5332**	**2759**	**2031**
其中:大型企业 of which: Large Scale	2590	1982	3486	2078	886
中外合资经营企业 Joint-venture Enterprises	5642	3965	3812	2221	608
中外合作经营 Cooperation Enterprises	234	139	160	9	10
外资企业 Enterprises with Sole Foreign Funds	1757	1308	1033	390	1341
外商投资股份有限公司 Share-holding Corporations Ltd. with Foreign Funds	742	480	327	139	72

3-25 各地区大中型工业企业科技项目与专利(2003)

Projects and Patents for S&T Activities in Large and Medium-sized Industrial Enterprises by Region

单位:项 (unit)

地区 Region	科技活动项目数 Projects for S&T Activities	新产品开发项目数 Projects for New Product	专利申请 Patent Applications	发明专利数 Inventive Patent	拥有发明专利数 Owning Inventive Patent
全 国 Total	**121926**	**68633**	**31382**	**9395**	**15409**
东部地区 Eastern Region	69417	41852	23016	7639	11570
中部地区 Mid Region	28029	12343	3904	869	2105
西部地区 Western Region	24480	14438	4462	887	1734
北 京 Beijing	2661	1511	1334	592	367
天 津 Tianjin	2437	1506	2423	1909	438
河 北 Hebei	4275	2048	503	100	130
山 西 Shanxi	3035	1345	208	34	140
内蒙古 Neimenggu	1411	833	236	37	66
辽 宁 Liaoning	6883	3353	464	130	340
吉 林 Jilin	1825	1079	224	64	84
黑龙江 Heilongjiang	4296	1247	527	119	335
上 海 Shanghai	3366	2400	2715	745	1541
江 苏 Jiangsu	13156	7975	2880	696	3775
浙 江 Zhejiang	6310	4456	3201	600	753
安 徽 Anhui	3888	2366	399	101	243
福 建 Fujian	2957	1204	759	120	307
江 西 Jiangxi	2159	1270	136	38	58
山 东 Shandong	14306	9034	3146	631	1093
河 南 Henan	5484	2037	770	190	444
湖 北 Hubei	4661	1856	355	110	441
湖 南 Hunan	2681	1143	1285	213	360
广 东 Guangdong	12996	8337	5585	2110	2799
广 西 Guangxi	1939	1348	279	89	74
海 南 Hainan	70	28	6	6	27
重 庆 Chongqing	2585	1581	1801	80	641
四 川 Sichuan	9722	6577	993	373	444
贵 州 Guizhou	1433	798	159	40	62
云 南 Yunnan	958	307	227	63	99
西 藏 Tibet					
陕 西 Shaanxi	3806	2161	331	88	158
甘 肃 Gansu	1230	506	96	43	54
青 海 Qinghai	248	60	38	2	9
宁 夏 Ningxia	382	166	168	16	79
新 疆 Xinjiang	766	101	134	56	48

3-26 分行业大中型工业企业科技项目与专利(2003)

Projects and Patents for S&T Activities in Large and Medium-sized Industrial Enterprises by Industry

单位:项 (unit)

行 业 Industry	科技活动项目数 Projects for S&T Activities	新产品开发项目数 Projects for New Product	专利申请 Patent Applications	发明专利数 Inventive Patent	拥有发明专利数 Owning Inventive Patent
总计 **Total**	**121926**	**68633**	**31382**	**9395**	**15409**
煤炭开采和洗选业 Mining and washing of coal	4393	701	149	36	112
石油和天然气开采业 Extraction of petroleum and natural gas	4048	390	601	115	411
黑色金属矿采选业 Mining of ferrous metal ores	198	8	10	2	12
有色金属矿采选业 Mining of non-ferrous metal ores	291	34	28	20	18
非金属矿采选业 Mining and processing of nonmetal ores	171	69	3	2	15
其他采矿业 Mining of other ores n. e. c					
农副食品加工业 Processing of food from agricultural products	1098	666	116	48	93
食品制造业 Manufacture of foods	2173	1279	567	63	230
饮料制造业 Manufacture of beverage	1332	630	812	217	410
烟草制品业 Manufacture of tobacco	897	292	95	24	70
纺织业 Manufacture of textile	6807	5398	536	84	103
纺织服装、鞋、帽制造业 Manufacture of textile wearing apparel, footware, and caps	636	465	84	9	35

3－26 续表 1

单位：项 (unit)

行 业 Industry	科技活动项目数 Projects for S&T Activities	新产品开发项目数 Projects for New Product	专利申请 Patent Applications	发明专利数 Inventive Patent	拥有发明专利数 Owning Inventive Patent
皮革、毛皮、羽毛(绒)及其制品业 Manufacture of leather, fur, feather and its products	270	175	70	10	12
木材加工及木、竹、藤、棕、草制品业 Processing of timbers, manufacture of wood, bamboo, rattan, palm, straw	242	93	18	7	25
家具制造业 Manufacture of furniture	140	117	185	58	73
造纸及纸制品业 Manufacture of paper and paper products	702	268	112	55	41
印刷业和记录媒介的复制 Printing, reproduction of recording media	494	254	101	42	23
文教体育用品制造业 Manufacture of articles for culture, education and sport activity	458	381	868	31	124
石油加工、炼焦及核燃料加工业 Processing of petroleum , coking, Processing of nucleus fuel	1687	402	265	165	231
化学原料及化学制品制造业 Manufacture of chemical raw material and chemical products	7526	3711	1271	440	823
医药制造业 Manufacture of medicines	5120	2935	1305	757	459
化学纤维制造业 Manufacture of chemical fiber	924	358	111	47	39
橡胶制品业 Manufacture of rubber	1918	1432	156	81	73
塑料制品业 Manufacture of plastic	916	559	302	58	161
非金属矿物制品业 Manufacture of non-metallic mineral products	3523	2139	603	138	213

3 -26 续表 2

单位:项 (unit)

行 业 Industry	科技活动项目数 Projects for S&T Activities	新产品开发项目数 Projects for New Product	专利申请 Patent Applications	发明专利数 Inventive Patent	拥有发明专利数 Owning Inventive Patent
黑色金属冶炼及压延加工业 Manufacture and processing of ferrous metals	6521	1950	755	197	1128
有色金属冶炼及压延加工业 Manufacture and processing of non-ferrous metals	2109	760	506	229	256
金属制品业 Manufacture of metal products	1443	852	591	129	2248
通用设备制造业 Manufacture of general purpose machinery	11699	8291	1513	305	791
专用设备制造业 Manufacture of special purpose machinery	5840	3612	1805	261	950
交通运输设备制造业 Manufacture of transport equipment	17062	11245	3692	267	1282
电气机械及器材制造业 Manufacture of electrical machinery and equipment	10902	6812	6131	2406	1947
通信设备、计算机及其他电子设备制造业 Manufacture of communication, computer, other electronic equipment	13030	9881	6121	2790	2371
仪器仪表及文化、办公用机械制造业 Manufacture of measuring instrument, machinery for cultural and office work	2598	1798	589	188	362
工艺品及其他制造业 Manufacture of artwork, other manufacture n. e. c	482	197	530	60	81
电力、热力的生产和供应业 Production and supply of electric power and heat power	3809	445	190	48	177
燃气生产和供应业 Production and distribution of gas	172	11	2	1	2
水的生产和供应业 Production and distribution of water	295	23	589	5	8

3－27 各地区大中型工业

Major Indicators of LMIE

单位：万元

地 区 Region	企业数(个) Number of Large & Medium-sized Enterprises	#有科技机构的企业数 having institutes for S&T	#有科技活动的企业数 having activities for S&T	工业总产值 Gross Value of Industrial Output	新产品 New Products
全 国 Total	**4278**	**1133**	**2068**	**155652879**	**15914663**
东部地区 Eastern Region	1843	492	931	69277579	8696331
中部地区 Mid Region	1470	368	645	55630461	4904856
西部地区 Western Region	965	273	492	30744839	2313477
北 京 Beijing	110	22	53	2723777	150241
天 津 Tianjin	70	22	41	3745293	571162
河 北 Hebei	284	77	120	7239033	356458
山 西 Shanxi	169	36	73	6307567	776959
内蒙古 Neimenggu	46	10	16	1222204	50594
辽 宁 Liaoning	165	49	76	8551276	1065117
吉 林 Jilin	109	30	43	7193107	276486
黑龙江 Heilongjiang	123	24	38	4565306	105778
上 海 Shanghai	139	22	115	7332875	835917
江 苏 Jiangsu	240	108	168	12203191	2989282
浙 江 Zhejiang	80	20	44	3679136	266647
安 徽 Anhui	130	50	84	4643563	272387
福 建 Fujian	92	17	44	2940077	148086
江 西 Jiangxi	139	37	64	4317542	304099
山 东 Shandong	434	96	164	12427280	1346866
河 南 Henan	367	90	131	11191719	585674
湖 北 Hubei	214	44	102	10631311	1764199
湖 南 Hunan	219	57	110	6780347	819274
广 东 Guangdong	213	55	101	7408769	393894
广 西 Guangxi	131	35	64	2960921	432855
海 南 Hainan	16	4	5	1026872	572662
重 庆 Chongqing	81	28	47	1157426	193365
四 川 Sichuan	162	52	106	4996649	636000
贵 州 Guizhou	105	17	38	2819632	156962
云 南 Yunnan	102	30	47	6759527	81538
西 藏 Tibet					
陕 西 Shaanxi	173	55	94	5593265	592241
甘 肃 Gansu	90	30	55	3940851	154158
青 海 Qinghai	12	3	3	256552	2109
宁 夏 Ningxia	17	3	7	477406	11195
新 疆 Xinjiang	46	10	15	560407	2461

企业(国有)基本情况(2003)

(State-owned) by Region

(10,000 yuan)

产品销售收入 Total Revenue from the Sale of Products	新产品 New Products	产品销售利润 Profits from the Sale of Total Products	新产品 New Products	年末从业人员(人) Employees (year-end) (person)	工程技术人员 Technical Engineering Personnel	生产经营用设备原价 Original Value of Equipment	微电子控制 Equipment Controlled by Micro-electronics
196527284	**15558369**	**24000330**	**2520348**	**7581709**	**939353**	**160165535**	**9914842**
97522692	8367583	10041633	923363	2767032	355210	72893571	5330114
65050769	4942380	8121580	1325936	3130895	368233	55240575	2776496
33953823	2248406	5837117	271049	1683782	215910	32031389	1808232
3020435	121695	412117	20909	136307	19766	2457886	89021
4714877	489460	275881	(9750)	128306	15160	3989834	228571
10020593	370304	1079128	72880	428939	51988	9564233	1252293
7302027	736427	1009049	65922	456728	48728	10072720	266305
1207309	40918	23289	901	78915	12637	1240789	50173
9224767	1035540	1708502	163587	512753	76998	11869184	607490
8306712	204222	771285	70788	366071	40328	4708872	211032
5440064	119234	1166477	14101	414855	50614	6633306	155063
9336745	1145423	998276	120845	163159	18035	9123481	133134
17619941	2818976	1617806	328282	402632	53592	11310633	710414
4628444	272336	639446	27090	89449	8234	2050692	129854
5507967	279134	715202	50039	187860	29871	3989267	517755
3223423	143812	290329	25804	75302	13345	3723189	722746
4790018	313410	480558	25764	229006	24723	4924397	148067
18352937	1037299	1824495	108978	609164	65022	9755015	652393
13684704	533636	1599931	102127	624510	74160	7594693	677415
12261823	1939675	1172984	916785	509207	54852	10200803	226437
7757454	816641	1206094	80411	342658	44957	7116517	574421
16304689	380619	1031000	48504	201132	30988	8445747	802302
3269167	434844	598991	37303	140144	17720	2758215	93264
1075842	552118	164653	16235	19889	2082	603677	1896
1186960	206890	173752	25848	110296	12449	1178138	64413
5164893	652310	870254	70177	351683	43150	6265961	353002
3430892	141995	737632	27474	154902	20539	3326403	107272
7029027	78456	1158894	11309	137024	23386	4455546	586249
6447446	542899	920149	79679	365156	39280	4614624	162824
4227615	134632	458232	16709	236512	30470	5520718	208104
569090	2200	14321		33865	8282	867721	88124
842260	10088	827732	1710	24622	3055	733905	43579
579165	3175	53872	-61	50663	4942	1069370	51229

3－28 分行业大中型工业

Major Indicators of LMIE

单位:万元

行 业 Industry	企业数(个) Number of Large & Medium-sized Enterprises	#有科技机构的企业数 having institutes for S&T	#有科技活动的企业数 having activities for S&T
总 计 Total	**4278**	**1133**	**2068**
煤炭开采和洗选业 Mining and washing of coal	200	23	66
石油和天然气开采业 Extraction of petroleum and natural gas	22	6	11
黑色金属矿采选业 Mining of ferrous metal ores	23	3	8
有色金属矿采选业 Mining of non－ferrous metal ores	75	15	33
非金属矿采选业 Mining and processing of nonmetal ores	40	8	17
其他采矿业 Mining of other ores n. e. c			
农副食品加工业 Processing of food from agricultural products	90	15	23
食品制造业 Manufacture of foods	46	16	24
饮料制造业 Manufacture of beverage	78	24	36
烟草制品业 Manufacture of tobacco	113	56	73
纺织业 Manufacture of textile	201	39	80
纺织服装、鞋、帽制造业 Manufacture of textile wearing apparel, footware, and caps	24	1	5
皮革、毛皮、羽毛(绒)及其制品业 Manufacture of leather, fur, feather and its products	11	4	7
木材加工及木、竹、藤、棕、草制品业 Processing of timbers, manufacture of wood, bamboo, rattan, palm, straw	28	8	15
家具制造业 Manufacture of furniture	2		
造纸及纸制品业 Manufacture of paper and paper products	57	10	17
印刷业和记录媒介的复制 Printing, reproduction of recording media	77	4	12

企业(国有)基本情况(2003)
(State-owned) by Industry

(10,000 yuan)

工业总产值 Gross Value of Industrial Output	新产品 New Products	产品销售收入 Total Revenue from the Sale of Products	新产品 New Products	产品销售利润 Profits from the Sale of Total Products	新产品 New Products	年末从业人员(人) Employees (year-end) (person)	工程技术人员 Technical Engineering Personnel	生产经营用设备原价 Original Value of Equipment	微电子控制 Equipment Controlled by Micro-electronics
155652879	**15914663**	**196527284**	**15558369**	**24000330**	**2520348**	**7581709**	**939353**	**160165535**	**9914842**
5557725	82881	5346991	86365	1063180	11368	978446	68597	6172397	316800
3631228	168509	4424882	168539	639688	20665	292449	47812	3254078	119790
710375	730	828847	701	187045	131	87172	9039	771743	4839
1201123	6349	1153188	5125	290414	201	119811	12123	897882	9114
509729	4658	523601	4110	96572	1139	70577	7139	486252	13795
1640717	10651	1638221	4339	118109	1984	64443	5294	699556	9496
1379922	100298	1215098	39505	137772	3089	64150	10511	581546	8314
1895276	214534	1849765	217293	391788	55726	112163	13864	1261436	40515
19802388	1143271	20184342	1356258	3815989	263506	170022	23366	6754835	1170922
3814898	465068	3662816	461797	234254	28053	402479	22737	2595977	280360
296607	2653	325167	1514	31135	171	40423	1275	156842	1908
892150	22964	864396	19342	24892	1412	15544	1092	564914	52
290004	9203	296986	8806	31772	-623	74878	7943	322159	31307
12423		11501		371		812	52	3948	
1090208	114557	1096984	146296	148626	21908	54941	5738	1015197	79304
1119798	27440	1168505	24621	279432	1164	62480	4118	1266283	255540

3－28 续表

单位:万元

行 业 Industry	企业数(个) Number of Large & Medium-sized Enterprises	#有科技机构的企业数 having institutes for S&T	#有科技活动的企业数 having activities for S&T
文教体育用品制造业 Manufacture of articles for culture, education and sport activity	4	1	3
石油加工、炼焦及核燃料加工业 Processing of petroleum ,coking, Processing of nucleus fuel	55	17	28
化学原料及化学制品制造业 Manufacture of chemical raw material and chemical products	307	106	162
医药制造业 Manufacture of medicines	79	43	59
化学纤维制造业 Manufacture of chemical fiber	18	8	12
橡胶制品业 Manufacture of rubber	25	12	19
塑料制品业 Manufacture of plastic	13	2	6
非金属矿物制品业 Manufacture of non－metallic mineral products	240	38	75
黑色金属冶炼及压延加工业 Manufacture and processing of ferrous metals	78	23	37
有色金属冶炼及压延加工业 Manufacture and processing of non－ferrous metals	88	27	42
金属制品业 Manufacture of metal products	51	11	25
通用设备制造业 Manufacture of general purpose machinery	252	115	183
专用设备制造业 Manufacture of special purpose machinery	224	123	179
交通运输设备制造业 Manufacture of transport equipment	360	168	271
电气机械及器材制造业 Manufacture of electrical machinery and equipment	107	46	77
通信设备、计算机及其他电子设备制造业 Manufacture of communication, computer, other electronic equipment	76	46	66
仪器仪表及文化、办公用机械制造业 Manufacture of measuring instrument, machinery for cultural and office work	44	21	39
工艺品及其他制造业 Manufacture of artwork, other manufacture n. e. c	11	5	10
电力、热力的生产和供应业 Production and supply of electric power and heat power	979	70	285
燃气生产和供应业 Production and distribution of gas	59	5	21
水的生产和供应业 Production and distribution of water	121	14	42

(10,000 yuan)

工业总产值 Gross Value of Industrial Output	新产品 New Products	产品销售收入 Total Revenue from the Sale of Products	新产品 New Products	产品销售利润 Profits from the Sale of Total Products	新产品 New Products	年末从业人员(人) Employees (year-end) (person)	工程技术人员 Technical Engineering Personnel	生产经营用设备原价 Original Value of Equipment	微电子控制 Equipment Controlled by Micro-electronics
42994	2734	42590	2536	9457	834	3769	114	20286	3213
12148726	168342	12991100	163531	865929	(5132)	126300	21079	6238838	222449
8895691	561554	9513526	544028	968989	89847	453133	66153	9876457	1065257
1465251	273159	1360251	253361	337073	62513	86102	12751	843708	56367
416904	32248	405498	33716	106705	4753	21909	1724	596414	110341
314676	42274	299810	36730	38485	4754	34301	2462	162839	9414
250923	71220	236324	69569	42909	16704	19697	2786	422873	131850
2568167	218145	2601752	188796	374859	27586	235823	23061	2704526	254902
16885335	2620453	17597375	2572419	3212932	316058	571292	68767	18993467	1070569
5882622	156794	6608725	195230	1012226	17454	273830	35708	5583866	330785
1239292	282741	1273285	254740	194701	36777	45616	4421	641637	40801
4193270	1236154	4133210	1150697	662615	139352	285315	33636	2397130	247657
3764336	754830	3715773	679547	554396	110703	372695	48128	2582815	217912
18958093	5352853	20106594	5290867	1630866	1135594	734561	95394	7153070	530856
2804470	687549	2668959	646524	347832	86751	143729	21767	1222331	130083
2391631	885318	2389889	756355	311585	74504	105833	18545	1372926	345710
378295	144905	407721	117720	92770	33212	44643	8122	351999	37611
178700	9319	171599	9014	16956	882	7785	1269	51710	3046
26374062	38503	62440148	46512	5431631	-42891	1181659	205592	64972830	2511118
928496		1370371	66	64495	3	77146	9431	1587044	37636
1726378	1802	1601494	1802	231882	198	145781	17743	5583726	215207

3-29 各地区大中型工业企业(国有)科技活动人员(2003)

Personnel for S&T Activities in LMIE(State-owned) by Region

单位:人 (person)

地 区 Region		科技活动人员 Personnel for S&T Activities	科学家和工程师 Scientists & Engineers	科技机构人员 Personnel in S&T Institutes	科学家和工程师 Scientists & Engineers
全　　国	**Total**	**354058**	**216325**	**107911**	**71404**
东部地区	Eastern Region	131732	85394	43807	28794
中部地区	Mid Region	133428	80232	38777	26503
西部地区	Western Region	88898	50699	25327	16107
北　　京	Beijing	6783	4938	1541	1160
天　　津	Tianjin	5997	3934	2949	1810
河　　北	Hebei	11997	8533	4554	3020
山　　西	Shanxi	18863	13329	4007	2710
内 蒙 古	Neimenggu	1199	617	668	391
辽　　宁	Liaoning	27215	17718	8875	6339
吉　　林	Jilin	10036	7636	3392	2813
黑 龙 江	Heilongjiang	9109	5471	2967	2050
上　　海	Shanghai	11000	7048	2240	1477
江　　苏	Jiangsu	30220	18921	9153	6302
浙　　江	Zhejiang	4331	2093	1250	705
安　　徽	Anhui	9660	6283	3492	2503
福　　建	Fujian	2990	1869	973	595
江　　西	Jiangxi	9441	4437	2186	1249
山　　东	Shandong	18768	11333	7772	4644
河　　南	Henan	27309	15784	11044	8156
湖　　北	Hubei	27767	13830	5611	3376
湖　　南	Hunan	21243	13462	6078	3646
广　　东	Guangdong	11952	8608	4244	2587
广　　西	Guangxi	5587	3497	1594	1086
海　　南	Hainan	479	399	256	155
重　　庆	Chongqing	5879	3008	1813	1187
四　　川	Sichuan	25065	14640	8624	5592
贵　　州	Guizhou	6552	3506	1289	834
云　　南	Yunnan	3248	1867	1464	899
西　　藏	Tibet				
陕　　西	Shaanxi	23665	12668	5539	3611
甘　　肃	Gansu	16102	9847	3531	2089
青　　海	Qinghai	496	219	406	153
宁　　夏	Ningxia	659	489	204	166
新　　疆	Xinjiang	446	341	195	99

3-30 分行业大中型工业企业(国有)科技活动人员(2003)

Personnel for S&T Activities in LMIE(State-owned) by Industry

单位:人 (person)

行业 Industry	科技活动人员 Personnel for S&T Activities	科学家和工程师 Scientists & Engineers	科技机构人员 Personnel in S&T Institutes	科学家和工程师 Scientists & Engineers
总计 **Total**	**354058**	**216325**	**107911**	**71404**
煤炭开采和洗选业 Mining and washing of coal	22335	11032	1968	1304
石油和天然气开采业 Extraction of petroleum and natural gas	9856	6558	3589	2411
黑色金属矿采选业 Mining of ferrous metal ores	1611	1270	279	205
有色金属矿采选业 Mining of non-ferrous metal ores	2954	1469	937	488
非金属矿采选业 Mining and processing of nonmetal ores	679	526	175	145
其他采矿业 Mining of other ores n. e. c				
农副食品加工业 Processing of food from agricultural products	2119	824	322	181
食品制造业 Manufacture of foods	4291	3958	3292	3203
饮料制造业 Manufacture of beverage	4393	2515	1563	1127
烟草制品业 Manufacture of tobacco	5769	3981	3431	1674
纺织业 Manufacture of textile	7599	3284	2977	1528
纺织服装、鞋、帽制造业 Manufacture of textile wearing apparel, footware, and caps	674	247	380	213
皮革、毛皮、羽毛(绒)及其制品业 Manufacture of leather, fur, feather and its products	877	737	100	41
木材加工及木、竹、藤、棕、草制品业 Processing of timbers, manufacture of wood, bamboo, rattan, palm, straw	762	429	186	131
家具制造业 Manufacture of furniture				
造纸及纸制品业 Manufacture of paper and paper products	1590	1045	666	456
印刷业和记录媒介的复制 Printing, reproduction of recording media	1644	1102	105	75

3－30 续表

单位:人 (person)

行 业 Industry	科技活动人员 Personnel for S&T Activities	科学家和工程师 Scientists & Engineers	科技机构人员 Personnel in S&T Institutes	科学家和工程师 Scientists & Engineers
文教体育用品制造业 Manufacture of articles for culture, education and sport activity	24	14	10	10
石油加工、炼焦及核燃料加工业 Processing of petroleum ,coking, Processing of nucleus fuel	5086	3839	1702	973
化学原料及化学制品制造业 Manufacture of chemical raw material and chemical products	24502	13567	8323	4999
医药制造业 Manufacture of medicines	5574	3556	1922	1361
化学纤维制造业 Manufacture of chemical fiber	530	354	354	211
橡胶制品业 Manufacture of rubber	1367	728	423	209
塑料制品业 Manufacture of plastic	1018	672	352	286
非金属矿物制品业 Manufacture of non－metallic mineral products	7388	3474	3206	1577
黑色金属冶炼及压延加工业 Manufacture and processing of ferrous metals	35876	21067	8257	5390
有色金属冶炼及压延加工业 Manufacture and processing of non－ferrous metals	15605	10208	3691	2112
金属制品业 Manufacture of metal products	2389	1705	654	509
通用设备制造业 Manufacture of general purpose machinery	22700	12654	9545	6181
专用设备制造业 Manufacture of special purpose machinery	27853	16605	10706	7669
交通运输设备制造业 Manufacture of transport equipment	62070	38259	19446	13499
电气机械及器材制造业 Manufacture of electrical machinery and equipment	17663	12467	5258	3530
通信设备、计算机及其他电子设备制造业 Manufacture of communication, computer, other electronic equipment	15449	10341	5932	3886
仪器仪表及文化、办公用机械制造业 Manufacture of measuring instrument, machinery for cultural and office work	6556	3843	1954	1368
工艺品及其他制造业 Manufacture of artwork, other manufacture n. e. c	1338	784	695	421
电力、热力的生产和供应业 Production and supply of electric power and heat power	30079	20432	5001	3663
燃气生产和供应业 Production and distribution of gas	1851	1249	122	93
水的生产和供应业 Production and distribution of water	1987	1530	388	275

3-31 各地区大中型工业企业(国有)科技活动经费筹集(2003)

Sources of Funds for S&T of LMIE(State-owned) by Region

单位:万元 (10,000 yuan)

地 区 Region	科技活动经费筹集总额 Total Funds Obtaied for S&T Activities	政府资金 Government Grant	企业资金 Enterprise Self-financed	金融机构贷款 Bank Loans	来自国外的资金 from Abroad
全 国 Total	**2572605**	**116410**	**2215140**	**178410**	**3722**
东部地区 Eastern Region	1234121	35665	1065478	103788	2505
中部地区 Mid Region	842874	36403	735343	51654	250
西部地区 Western Region	495610	44342	414319	22968	967
北 京 Beijing	47136	6190	38808	7	591
天 津 Tianjin	78622	281	65032	13200	
河 北 Hebei	55040	3979	40084	1417	
山 西 Shanxi	76193	2706	58928	12000	
内蒙古 Neimenggu	3786	730	2795	19	
辽 宁 Liaoning	261516	6283	246197	7400	
吉 林 Jilin	121154	2199	117646		
黑龙江 Heilongjiang	50679	4086	39160	5461	
上 海 Shanghai	193933	5309	145073	42985	
江 苏 Jiangsu	295960	8556	260457	16183	1754
浙 江 Zhejiang	32444	389	30075	1236	160
安 徽 Anhui	75065	697	57152	15370	
福 建 Fujian	23980	356	22849	178	
江 西 Jiangxi	34477	3310	28417	1098	
山 东 Shandong	136284	1694	116535	16583	
河 南 Henan	140702	3601	130237	3999	
湖 北 Hubei	202673	11594	185092	3600	250
湖 南 Hunan	141932	8212	118713	10127	
广 东 Guangdong	105765	2630	97044	4600	
广 西 Guangxi	75069	1825	70625	1650	
海 南 Hainan	3440		3325		
重 庆 Chongqing	24332	1943	21331	250	
四 川 Sichuan	127209	8585	111183	3550	
贵 州 Guizhou	39897	4492	28120	6919	
云 南 Yunnan	32783	1023	30782	460	
西 藏 Tibet					
陕 西 Shaanxi	137186	16607	106379	8583	
甘 肃 Gansu	39866	8608	29447	1398	
青 海 Qinghai	3981	10	2926		967
宁 夏 Ningxia	9110	280	8830		
新 疆 Xinjiang	2391	239	1902	140	

3-32 分行业大中型工业企业(国有)科技活动经费筹集(2003)

Sources of Fund for S&T of LMIE(State-owned) by Industry

单位:万元 (10,000 yuan)

行业 Industry	科技活动经费筹集总额 Total Funds Obtaied for S&T Activities	政府资金 Government Grant	企业资金 Enterprise Self-financed	金融机构贷款 Bank Loans	来自国外的资金 from Abroad
总计 Total	**2572605**	**116410**	**2215140**	**178410**	**3722**
煤炭开采和洗选业 Mining and washing of coal	76378	2285	60433	12005	
石油和天然气开采业 Extraction of petroleum and natural gas	62843	1379	49268	3500	
黑色金属矿采选业 Mining of ferrous metal ores	8910	135	6715	2059	
有色金属矿采选业 Mining of non-ferrous metal ores	9118	272	8706	20	
非金属矿采选业 Mining and processing of nonmetal ores	3496	13	2496		967
其他采矿业 Mining of other ores n. e. c					
农副食品加工业 Processing of food from agricultural products	16097	92	7821	7320	160
食品制造业 Manufacture of foods	34794	1650	31853	1000	
饮料制造业 Manufacture of beverage	42602	1207	34856	5734	
烟草制品业 Manufacture of tobacco	95384	1268	92736	350	
纺织业 Manufacture of textile	44487	864	38219	5321	
纺织服装、鞋、帽制造业 Manufacture of textile wearing apparel, footware, and caps	1037		437	600	
皮革、毛皮、羽毛(绒)及其制品业 Manufacture of leather, fur, feather and its products	2209		2209		
木材加工及木、竹、藤、棕、草制品业 Processing of timbers, manufacture of wood, bamboo, rattan, palm, straw	5395	30	3028	2325	
家具制造业 Manufacture of furniture					
造纸及纸制品业 Manufacture of paper and paper products	15425	75	7168	8122	
印刷业和记录媒介的复制 Printing, reproduction of recording media	8770	142	8020		

3－32 续表

单位:万元 (10,000 yuan)

地　区 Region	科技活动经费筹集总额 Total Funds Obtaied for S&T Activities	政府资金 Government Grant	企业资金 Enterprise Self-financed	金融机构贷款 Bank Loans	来自国外的资金 from Abroad
文教体育用品制造业 Manufacture of articles for culture, education and sport activity	114		114		
石油加工、炼焦及核燃料加工业 Processing of petroleum, coking, Processing of nucleus fuel	64452	640	28588	34387	
化学原料及化学制品制造业 Manufacture of chemical raw material and chemical products	202288	5110	176801	15500	250
医药制造业 Manufacture of medicines	35889	1473	31141	3019	
化学纤维制造业 Manufacture of chemical fiber	4354	159	2907		
橡胶制品业 Manufacture of rubber	7374	455	6217	250	
塑料制品业 Manufacture of plastic	10317	60	8950		
非金属矿物制品业 Manufacture of non－metallic mineral products	36847	786	28585	6111	591
黑色金属冶炼及压延加工业 Manufacture and processing of ferrous metals	471498	1499	456572	13362	
有色金属冶炼及压延加工业 Manufacture and processing of non－ferrous metals	59717	6665	50249	2770	
金属制品业 Manufacture of metal products	44595	545	38709		
通用设备制造业 Manufacture of general purpose machinery	118892	7874	97607	7889	
专用设备制造业 Manufacture of special purpose machinery	154274	12258	127214	6150	
交通运输设备制造业 Manufacture of transport equipment	487910	47065	409104	22300	1754
电气机械及器材制造业 Manufacture of electrical machinery and equipment	101870	3556	95121	2989	
通信设备、计算机及其他电子设备制造业 Manufacture of communication, computer, other electronic equipment	109405	10485	90543	7047	
仪器仪表及文化、办公用机械制造业 Manufacture of measuring instrument, machinery for cultural and office work	23363	4013	16439	2307	
工艺品及其他制造业 Manufacture of artwork, other manufacture n. e. c	6679	2675	3854	150	
电力、热力的生产和供应业 Production and supply of electric power and heat power	184482	150	175513	3626	
燃气生产和供应业 Production and distribution of gas	10413	67	9496	700	
水的生产和供应业 Production and distribution of water	10930	1465	7454	1500	

3-33 各地区大中型工业企业(国有)
Intramural Expenditure on S&T Activities

单位:万元

地 区 Region	科技活动经费内部支出总额 Intramural Expenditure on S&T Activities	劳务费 Compensation for Laborers
全 国 Total	**2426411**	**599719**
东部地区 Eastern Region	1122134	275037
中部地区 Mid Region	812010	204012
西部地区 Western Region	492267	120669
北 京 Beijing	34989	14029
天 津 Tianjin	64693	10728
河 北 Hebei	46708	13817
山 西 Shanxi	55501	17460
内 蒙 古 Neimenggu	3278	1361
辽 宁 Liaoning	266358	41954
吉 林 Jilin	103038	19042
黑 龙 江 Heilongjiang	44400	10188
上 海 Shanghai	142528	40127
江 苏 Jiangsu	285951	71535
浙 江 Zhejiang	26134	9608
安 徽 Anhui	91734	14015
福 建 Fujian	24001	6184
江 西 Jiangxi	32415	14074
山 东 Shandong	128268	27141
河 南 Henan	132345	42638
湖 北 Hubei	213574	44801
湖 南 Hunan	139004	41796
广 东 Guangdong	99033	38583
广 西 Guangxi	75128	9377
海 南 Hainan	3471	1332
重 庆 Chongqing	25689	6422
四 川 Sichuan	130518	37732
贵 州 Guizhou	35829	7494
云 南 Yunnan	26593	6496
西 藏 Tibet		
陕 西 Shaanxi	137899	31769
甘 肃 Gansu	42075	17544
青 海 Qinghai	5633	993
宁 夏 Ningxia	7173	751
新 疆 Xinjiang	2453	732

科技活动经费内部支出(2003)
of LMIE(State-owned) by Region

(10,000 yuan)

原材料费 Raw Material Expenditure	固定资产购建费 Expenditure on the Purchase of Fixed Assets	设备购置 Purchase of Instruments	开发新产品经费 Spending for New Products	科技机构经费 Spending for S&T Institute
759705	**569332**	**483279**	**929994**	**818047**
409382	277294	226295	484654	357923
194835	178475	155195	312355	286122
155488	113563	101789	132986	174002
9648	6710	5408	12313	9502
25442	21156	20161	25877	31798
14459	13104	10118	17818	23137
14442	15065	14950	16845	25724
954	318	314	2018	2192
146443	37627	34687	134854	42540
27060	6761	6758	29541	57236
16146	10794	9409	9167	15537
52653	26947	24701	70641	25897
83069	84770	60462	126395	107050
8160	4894	4663	8588	9361
27291	37095	29417	24901	27125
3517	12462	6960	7440	7169
5989	6194	5473	16554	14564
40219	41237	35179	49274	70402
34683	35182	29517	65411	60817
34735	32760	31432	108202	27132
34491	34625	28240	41734	57987
25110	27286	22909	29092	28117
37238	11056	8713	10236	14036
664	1101	1047	2361	2950
6744	6696	5955	10468	12063
40686	27917	23329	36293	49860
12849	5856	5029	16792	18438
7314	5149	5070	3803	20716
34350	44856	42859	40942	29308
8580	8204	7533	11308	21198
1307	1873	1552		4924
5075	582	582	976	369
391	1058	853	150	898

3－34 分行业大中型工业企业(国有)
Intramural Expenditure on S&T Activities

单位:万元

行 业 Industry	科技活动经费内部支出总额 Intramural Expenditure on S&T Activities	劳务费 Compensation for Laborers
总 计 Total	**2426411**	**599719**
煤炭开采和洗选业 Mining and washing of coal	59997	26788
石油和天然气开采业 Extraction of petroleum and natural gas	49329	18835
黑色金属矿采选业 Mining of ferrous metal ores	7607	2594
有色金属矿采选业 Mining of non－ferrous metal ores	7672	3198
非金属矿采选业 Mining and processing of nonmetal ores	3073	703
其他采矿业 Mining of other ores n. e. c		
农副食品加工业 Processing of food from agricultural products	11168	6585
食品制造业 Manufacture of foods	24138	5175
饮料制造业 Manufacture of beverage	43370	10060
烟草制品业 Manufacture of tobacco	88139	19482
纺织业 Manufacture of textile	47105	9646
纺织服装、鞋、帽制造业 Manufacture of textile wearing apparel, footware, and caps	780	514
皮革、毛皮、羽毛(绒)及其制品业 Manufacture of leather, fur, feather and its products	2166	1571
木材加工及木、竹、藤、棕、草制品业 Processing of timbers, manufacture of wood, bamboo, rattan, palm, straw	5280	476
家具制造业 Manufacture of furniture		
造纸及纸制品业 Manufacture of paper and paper products	9198	1884
印刷业和记录媒介的复制 Printing, reproduction of recording media	8069	2989

科技活动经费内部支出(2003)
of LMIE(State-owned) by Industry

(10,000 yuan)

原材料费 Raw Material Expenditure	固定资产购建费 Expenditure on the Purchase of Fixed Assets	设备购置 Purchase of Instruments	开发新产品经费 Spending for New Products	科技机构经费 Spending for S&T Institute
759705	**569332**	**483279**	**929994**	**818047**
13435	13301	12403	8532	18973
13800	8587	8016	3585	20475
740	3274	3198	1271	1219
1539	1520	1408	774	4063
450	1694	1450	304	1646
1783	2284	1913	1546	2047
6187	11408	10838	11704	13837
14033	7963	7549	18889	29779
16069	24440	14056	21122	57685
23498	9817	8254	21923	13860
32	228	228	259	550
122	397	397	264	253
3537	980	759	4306	4022
4347	2216	1858	1516	5917
2009	1457	1457	1705	859

3－34 续表

单位:万元

行 业 Industry	科技活动经费内部支出总额 Intramural Expenditure on S&T Activities	劳务费 Compensation for Laborers
文教体育用品制造业 Manufacture of articles for culture, education and sport activity	94	35
石油加工、炼焦及核燃料加工业 Processing of petroleum ,coking, Processing of nucleus fuel	29640	12377
化学原料及化学制品制造业 Manufacture of chemical raw material and chemical products	181387	44511
医药制造业 Manufacture of medicines	33709	9877
化学纤维制造业 Manufacture of chemical fiber	5764	832
橡胶制品业 Manufacture of rubber	4425	1731
塑料制品业 Manufacture of plastic	10451	1488
非金属矿物制品业 Manufacture of non－metallic mineral products	39032	10019
黑色金属冶炼及压延加工业 Manufacture and processing of ferrous metals	464863	67329
有色金属冶炼及压延加工业 Manufacture and processing of non－ferrous metals	72137	20292
金属制品业 Manufacture of metal products	41788	5848
通用设备制造业 Manufacture of general purpose machinery	110955	35329
专用设备制造业 Manufacture of special purpose machinery	154997	35140
交通运输设备制造业 Manufacture of transport equipment	488576	110829
电气机械及器材制造业 Manufacture of electrical machinery and equipment	119816	36174
通信设备、计算机及其他电子设备制造业 Manufacture of communication, computer, other electronic equipment	105069	23114
仪器仪表及文化、办公用机械制造业 Manufacture of measuring instrument, machinery for cultural and office work	23168	8429
工艺品及其他制造业 Manufacture of artwork, other manufacture n. e. c	6995	1984
电力、热力的生产和供应业 Production and supply of electric power and heat power	153190	58485
燃气生产和供应业 Production and distribution of gas	5394	2454
水的生产和供应业 Production and distribution of water	7871	2944

(10,000 yuan)

原材料费 Raw Material Expenditure	固定资产购建费 Expenditure on the Purchase of Fixed Assets	设备购置 Purchase of Instruments	开发新产品经费 Spending for New Products	科技机构经费 Spending for S&T Institute
54	1	1	74	20
6337	5776	5148	9923	11681
55136	53716	46581	45490	54722
8270	8322	7020	15988	14493
3380	984	984	3322	5284
1411	946	914	2276	1732
1896	4961	4648	5271	7493
11222	13455	10344	17453	19470
186327	62804	57784	215452	69601
13888	30912	25563	12638	19201
16548	13094	9077	30597	21619
30575	20730	18917	57700	58440
73613	18266	13532	91211	55629
137265	125710	93691	182824	178701
37460	27604	24974	59006	40838
25916	44319	43790	49359	41124
7226	4124	4010	11839	7470
1492	2197	2015	2492	4516
37470	37958	37590	18568	28472
1419	1176	1176	141	778
1222	2713	1735	670	1578

3-35 各地区大中型工业企业(国有)其他技术活动经费支出(2003)

Expenditure on Other Technical Activities in LMIE(State-owned) by Region

单位:万元 (10,000 yuan)

地区 Region	技术改造经费 Expenditure on Technical Renovation	技术引进经费 Expenditure on Import of Technology	引进技术资料及关键设备的支出 Purchase of Documents and Key Equipments	消化吸收经费 Expenditure on Technology Absorption	购买国内技术经费 Expenditure on Purchase of Domestic Technology
全国 Total	**4978408**	**566547**	**448846**	**35588**	**78549**
东部地区 Eastern Region	2064921	329043	279491	14603	50003
中部地区 Mid Region	1946971	132272	104719	13313	19390
西部地区 Western Region	966516	105232	64635	7673	9156
北京 Beijing	54766	10147	9013	75	28
天津 Tianjin	162653	13925	13258	295	904
河北 Hebei	215325	32409	13860	210	1084
山西 Shanxi	256727	2613	1160	1077	601
内蒙古 Neimenggu	20702	3488	3485	2	
辽宁 Liaoning	470533	78909	78471	446	622
吉林 Jilin	57320	1682	1450	769	1174
黑龙江 Heilongjiang	75903	21050	20165	249	4105
上海 Shanghai	272263	20919	10256	894	6279
江苏 Jiangsu	368270	123183	118875	8337	14254
浙江 Zhejiang	103011	12276	8499	106	8134
安徽 Anhui	153264	21596	15294	1031	277
福建 Fujian	55534	2299	2298	168	2333
江西 Jiangxi	66200	17707	17347	2976	3338
山东 Shandong	223639	22869	13258	2398	15354
河南 Henan	169869	15894	13788	4362	4901
湖北 Hubei	527455	9702	6920	1574	1461
湖南 Hunan	640233	42029	28597	1276	3534
广东 Guangdong	137122	12047	11644	1674	1012
广西 Guangxi	324236	6713	5503	582	216
海南 Hainan	1805	61	61		
重庆 Chongqing	19418	837	785	5	431
四川 Sichuan	152617	18060	7735	82	1808
贵州 Guizhou	133171	1737	1639	10	117
云南 Yunnan	68281	18164	798	100	1236
西藏 Tibet					
陕西 Shaanxi	121750	37155	34695	4587	462
甘肃 Gansu	94290	18167	9114	2304	4717
青海 Qinghai	1698	50	50		
宁夏 Ningxia	2896	832	832		170
新疆 Xinjiang	27458	30			

3－36　分行业大中型工业企业(国有)其他技术活动经费支出(2003)

Expenditure on Other Technical Activities in LMIE(State-owned) by Industry

单位:万元　　　　(10,000 yuan)

行业 Industry	技术改造经费 Expenditure on Technical Renovation	技术引进经费 Expenditure on Import of Technology	引进技术资料及关键设备的支出 Purchase of Documents and Key Equipments	消化吸收经费 Expenditure on Technology Absorption	购买国内技术经费 Expenditure on Purchase of Domestic Technology
总　计 Total	**4978408**	**566547**	**448846**	**35588**	**78549**
煤炭开采和洗选业 Mining and washing of coal	69562	10215	4183	1693	288
石油和天然气开采业 Extraction of petroleum and natural gas	12719	8029	6564	410	208
黑色金属矿采选业 Mining of ferrous metal ores	22961	1334	1134		8
有色金属矿采选业 Mining of non－ferrous metal ores	27763	3385	416	2	26
非金属矿采选业 Mining and processing of nonmetal ores	12001				
其他采矿业 Mining of other ores n. e. c					
农副食品加工业 Processing of food from agricultural products	5366	1272	17	31	150
食品制造业 Manufacture of foods	14369	1905	1877	52	88
饮料制造业 Manufacture of beverage	76635	3209	1894	20	1856
烟草制品业 Manufacture of tobacco	357450	74294	41544	3318	7023
纺织业 Manufacture of textile	61913	35233	34493	107	112
纺织服装、鞋、帽制造业 Manufacture of textile wearing apparel, footware, and caps	71	256	198	15	
皮革、毛皮、羽毛(绒)及其制品业 Manufacture of leather, fur, feather and its products	14861				
木材加工及木、竹、藤、棕、草制品业 Processing of timbers, manufacture of wood, bamboo, rattan, palm, straw	6490	235	235	28	24
家具制造业 Manufacture of furniture					
造纸及纸制品业 Manufacture of paper and paper products	10714	5779	3127	4	92
印刷业和记录媒介的复制 Printing, reproduction of recording media	20978	15614	8683	5	

3-36 续表

单位:万元 (10,000 yuan)

行业 Industry	技术改造经费 Expenditure on Technical Renovation	技术引进经费 Expenditure on Import of Technology	引进技术资料及关键设备的支出 Purchase of Documents and Key Equipments	消化吸收经费 Expenditure on Technology Absorption	购买国内技术经费 Expenditure on Purchase of Domestic Technology
文教体育用品制造业 Manufacture of articles for culture, education and sport activity	239578	8796	8445	15	290
石油加工、炼焦及核燃料加工业 Processing of petroleum, coking, Processing of nucleus fuel	266287	15331	10511	1826	5625
化学原料及化学制品制造业 Manufacture of chemical raw material and chemical products	60136	994	438	686	2699
医药制造业 Manufacture of medicines	9075	5267	465	12	176
化学纤维制造业 Manufacture of chemical fiber	5644			313	300
橡胶制品业 Manufacture of rubber	5102	2897	2897	170	
塑料制品业 Manufacture of plastic	58858	3239	2625	90	2338
非金属矿物制品业 Manufacture of non-metallic mineral products	1961890	106910	95857	673	11688
黑色金属冶炼及压延加工业 Manufacture and processing of ferrous metals	290635	45501	39401	3228	3412
有色金属冶炼及压延加工业 Manufacture and processing of non-ferrous metals	12945	1088	676	5	29
金属制品业 Manufacture of metal products	115929	10207	6550	375	1598
通用设备制造业 Manufacture of general purpose machinery	130384	15134	13448	2181	4849
专用设备制造业 Manufacture of special purpose machinery	348713	83825	62634	8755	18082
交通运输设备制造业 Manufacture of transport equipment	52643	12289	10497	4501	772
电气机械及器材制造业 Manufacture of electrical machinery and equipment	133988	71662	70661	5956	161
通信设备、计算机及其他电子设备制造业 Manufacture of communication, computer, other electronic equipment	20859	786	772		385
仪器仪表及文化、办公用机械制造业 Manufacture of measuring instrument, machinery for cultural and office work	19551	6	2		
工艺品及其他制造业 Manufacture of artwork, other manufacture n. e. c	502822	20365	17283	1120	16036
电力、热力的生产和供应业 Production and supply of electric power and heat power	8561	45	45		
燃气生产和供应业 Production and distribution of gas	20937	1445	1275		235
水的生产和供应业 Production and distribution of water	34198	2983	1376	30	251

3-37 各地区大中型工业企业(国有)科技机构(2003)

S&T Institutes in LMIE(State-owned) by Region

单位:个 (unit)

地区 Region		企业科技机构数 Number of the S&T Institutes	#有经常性开发任务 with a current task of development	#有稳定经费来源 with a stable source of funds	#有一定测试条件 with a capacity of administer tests and experiments
全　国	**Total**	**1473**	**1336**	**1297**	**1346**
东部地区	Eastern Region	647	585	579	582
中部地区	Mid Region	464	426	402	427
西部地区	Western Region	362	325	316	337
北　京	Beijing	26	22	21	20
天　津	Tianjin	26	24	23	23
河　北	Hebei	93	74	82	79
山　西	Shanxi	48	47	41	47
内蒙古	Neimenggu	11	11	11	11
辽　宁	Liaoning	79	68	61	71
吉　林	Jilin	39	31	28	29
黑龙江	Heilongjiang	42	39	39	38
上　海	Shanghai	24	23	22	24
江　苏	Jiangsu	158	153	146	148
浙　江	Zhejiang	23	23	23	20
安　徽	Anhui	58	51	49	56
福　建	Fujian	18	16	16	18
江　西	Jiangxi	44	40	42	42
山　东	Shandong	129	119	119	111
河　南	Henan	105	95	91	99
湖　北	Hubei	53	51	46	50
湖　南	Hunan	75	72	66	66
广　东	Guangdong	67	61	63	65
广　西	Guangxi	41	39	36	40
海　南	Hainan	4	2	3	3
重　庆	Chongqing	30	25	26	29
四　川	Sichuan	74	65	68	67
贵　州	Guizhou	19	17	16	19
云　南	Yunnan	32	27	28	27
西　藏	Tibet				
陕　西	Shaanxi	93	89	81	88
甘　肃	Gansu	46	41	38	40
青　海	Qinghai	3	2	1	3
宁　夏	Ningxia	3	3	2	3
新　疆	Xinjiang	10	6	9	10

3-38 分行业大中型工业企业(国有)科技机构(2003)

S&T Institutes in LMIE(State-owned) by Industry

单位:个 (unit)

行 业 Industry	企业科技机构数 Number of the S&T Institutes	#有经常性开发任务 with a current task of development	#有稳定经费来源 with a stable source of funds	#有一定测试条件 with a capacity of administer tests and experiments
总 计 **Total**	**1473**	**1336**	**1297**	**1346**
煤炭开采和洗选业 Mining and washing of coal	39	33	32	27
石油和天然气开采业 Extraction of petroleum and natural gas	33	28	26	27
黑色金属矿采选业 Mining of ferrous metal ores	5	5	3	5
有色金属矿采选业 Mining of non-ferrous metal ores	18	18	17	18
非金属矿采选业 Mining and processing of nonmetal ores	8	6	7	6
其他采矿业 Mining of other ores n. e. c				
农副食品加工业 Processing of food from agricultural products	19	13	18	15
食品制造业 Manufacture of foods	26	24	22	26
饮料制造业 Manufacture of beverage	24	21	20	21
烟草制品业 Manufacture of tobacco	57	57	56	57
纺织业 Manufacture of textile	39	37	36	38
纺织服装、鞋、帽制造业 Manufacture of textile wearing apparel, footware, and caps	1	1	1	1
皮革、毛皮、羽毛(绒)及其制品业 Manufacture of leather, fur, feather and its products	4	4	4	4
木材加工及木、竹、藤、棕、草制品业 Processing of timbers, manufacture of wood, bamboo, rattan, palm, straw	9	5	5	5
家具制造业 Manufacture of furniture				
造纸及纸制品业 Manufacture of paper and paper products	10	8	8	8
印刷业和记录媒介的复制 Printing, reproduction of recording media	4	3	3	3

3－38 续表

单位:个 (unit)

行　业 Industry	企业科技机构数 Number of the S&T Institutes	#有经常性开发任务 with a current task of development	#有稳定经费来源 with a stable source of funds	#有一定测试条件 with a capacity of administer tests and experiments
文教体育用品制造业 Manufacture of articles for culture, education and sport activity	1	1	1	1
石油加工、炼焦及核燃料加工业 Processing of petroleum , coking, Processing of nucleus fuel	27	26	25	26
化学原料及化学制品制造业 Manufacture of chemical raw material and chemical products	128	113	117	118
医药制造业 Manufacture of medicines	52	48	49	50
化学纤维制造业 Manufacture of chemical fiber	9	9	9	9
橡胶制品业 Manufacture of rubber	14	12	11	13
塑料制品业 Manufacture of plastic	7	7	7	7
非金属矿物制品业 Manufacture of non－metallic mineral products	44	35	38	41
黑色金属冶炼及压延加工业 Manufacture and processing of ferrous metals	45	39	39	43
有色金属冶炼及压延加工业 Manufacture and processing of non－ferrous metals	37	35	32	35
金属制品业 Manufacture of metal products	17	16	15	17
通用设备制造业 Manufacture of general purpose machinery	130	121	115	123
专用设备制造业 Manufacture of special purpose machinery	152	142	129	138
交通运输设备制造业 Manufacture of transport equipment	232	218	205	206
电气机械及器材制造业 Manufacture of electrical machinery and equipment	55	53	48	51
通信设备、计算机及其他电子设备制造业 Manufacture of communication, computer, other electronic equipment	77	74	70	74
仪器仪表及文化、办公用机械制造业 Manufacture of measuring instrument, machinery for cultural and office work	30	30	29	30
工艺品及其他制造业 Manufacture of artwork, other manufacture n. e. c	7	6	7	7
电力、热力的生产和供应业 Production and supply of electric power and heat power	92	68	73	75
燃气生产和供应业 Production and distribution of gas	6	6	6	6
水的生产和供应业 Production and distribution of water	15	14	14	15

3－39 各地区大中型工业企业(国有)科技项目与专利(2003)

Projects and Patents for S&T Activities in LMIE(State-owned) by Region

单位:项 (unit)

地区 Region		科技活动项目数 Projects for S&T Activities	新产品开发项目数 Projects for New Product	专利申请 Patent Applications	发明专利数 Inventive Patent	拥有发明专利数 Owning Inventive Patent
全　国	**Total**	**30055**	**13696**	**3307**	**730**	**1715**
东部地区	Eastern Region	12294	5868	1213	317	772
中部地区	Mid Region	10467	4636	1519	279	685
西部地区	Western Region	7294	3192	575	134	258
北　京	Beijing	490	225	47	8	13
天　津	Tianjin	725	346	52	36	31
河　北	Hebei	946	455	96	32	53
山　西	Shanxi	1182	527	84	13	75
内蒙古	Neimenggu	66	17	16	1	4
辽　宁	Liaoning	2103	722	140	33	170
吉　林	Jilin	945	620	112	23	43
黑龙江	Heilongjiang	1210	693	168	40	142
上　海	Shanghai	730	416	196	35	73
江　苏	Jiangsu	3462	1937	309	85	210
浙　江	Zhejiang	280	166	52	3	13
安　徽	Anhui	962	498	51	21	33
福　建	Fujian	539	110	13	4	3
江　西	Jiangxi	731	411	27	8	7
山　东	Shandong	2061	1129	205	46	177
河　南	Henan	1754	589	147	63	101
湖　北	Hubei	2164	755	141	42	201
湖　南	Hunan	1519	543	789	69	83
广　东	Guangdong	925	360	103	35	29
广　西	Guangxi	493	302	58	10	32
海　南	Hainan	33	2			
重　庆	Chongqing	552	265	17	9	16
四　川	Sichuan	2270	953	166	61	79
贵　州	Guizhou	792	386	66	8	15
云　南	Yunnan	302	63	20	1	4
西　藏	Tibet					
陕　西	Shaanxi	1920	895	160	30	46
甘　肃	Gansu	746	283	41	10	32
青　海	Qinghai	25		26	1	1
宁　夏	Ningxia	91	24	2		6
新　疆	Xinjiang	37	4	3	3	23

3-40 分行业大中型工业企业(国有)科技项目与专利(2003)

Projects and Patents for S&T Activities in LMIE(State-owned) by Industry

单位:项 (unit)

行业 Industry	科技活动项目数 Projects for S&T Activities	新产品开发项目数 Projects for New Product	专利申请 Patent Applications	发明专利数 Inventive Patent	拥有发明专利数 Owning Inventive Patent
总计 Total	**30055**	**13696**	**3307**	**730**	**1715**
煤炭开采和洗选业 Mining and washing of coal	1026	182	35	6	38
石油和天然气开采业 Extraction of petroleum and natural gas	989	62	171	37	82
黑色金属矿采选业 Mining of ferrous metal ores	192	7	10	2	12
有色金属矿采选业 Mining of non-ferrous metal ores	173	19	24	17	17
非金属矿采选业 Mining and processing of nonmetal ores	41	12	1		
其他采矿业 Mining of other ores n. e. c					
农副食品加工业 Processing of food from agricultural products	74	38	4	2	3
食品制造业 Manufacture of foods	298	127	35	5	3
饮料制造业 Manufacture of beverage	296	101	70	5	10
烟草制品业 Manufacture of tobacco	765	242	84	20	46
纺织业 Manufacture of textile	1550	1227	57	12	4
纺织服装、鞋、帽制造业 Manufacture of textile wearing apparel, footware, and caps	98	70			

3 -40 续表 1

单位:项 (unit)

行业 Industry	科技活动项目数 Projects for S&T Activities	新产品开发项目数 Projects for New Product	专利申请 Patent Applications	发明专利数 Inventive Patent	拥有发明专利数 Owning Inventive Patent
皮革、毛皮、羽毛(绒)及其制品业 Manufacture of leather, fur, feather and its products	68	36			
木材加工及木、竹、藤、棕、草制品业 Processing of timbers, manufacture of wood, bamboo, rattan, palm, straw	77	10	2	1	5
家具制造业 Manufacture of furniture					
造纸及纸制品业 Manufacture of paper and paper products	88	37	17	10	3
印刷业和记录媒介的复制 Printing, reproduction of recording media	245	66	27	18	4
文教体育用品制造业 Manufacture of articles for culture, education and sport activity	4	3	16		
石油加工、炼焦及核燃料加工业 Processing of petroleum , coking, Processing of nucleus fuel	546	151	49	22	57
化学原料及化学制品制造业 Manufacture of chemical raw material and chemical products	1635	595	147	84	122
医药制造业 Manufacture of medicines	848	360	59	48	47
化学纤维制造业 Manufacture of chemical fiber	44	16	15	4	1
橡胶制品业 Manufacture of rubber	231	171	10	8	1
塑料制品业 Manufacture of plastic	109	84	66	5	8
非金属矿物制品业 Manufacture of non – metallic mineral products	444	199	45	15	25

3－40 续表 2

单位:项 (unit)

行 业 Industry	科技活动项目数 Projects for S&T Activities	新产品开发项目数 Projects for New Product	专利申请 Patent Applications	发明专利数 Inventive Patent	拥有发明专利数 Owning Inventive Patent
黑色金属冶炼及压延加工业 Manufacture and processing of ferrous metals	2333	577	245	59	245
有色金属冶炼及压延加工业 Manufacture and processing of non－ferrous metals	850	251	144	62	103
金属制品业 Manufacture of metal products	267	142	42	7	4
通用设备制造业 Manufacture of general purpose machinery	2279	1623	160	28	65
专用设备制造业 Manufacture of special purpose machinery	1839	1092	315	78	235
交通运输设备制造业 Manufacture of transport equipment	6024	3709	383	60	175
电气机械及器材制造业 Manufacture of electrical machinery and equipment	1643	932	117	14	192
通信设备、计算机及其他电子设备制造业 Manufacture of communication, computer, other electronic equipment	900	719	175	44	17
仪器仪表及文化、办公用机械制造业 Manufacture of measuring instrument, machinery for cultural and office work	584	378	22	9	15
工艺品及其他制造业 Manufacture of artwork, other manufacture n. e. c	238	36	3	1	2
电力、热力的生产和供应业 Production and supply of electric power and heat power	2888	408	177	46	168
燃气生产和供应业 Production and distribution of gas	137	8	2	1	1
水的生产和供应业 Production and distribution of water	232	6	578		5

3－41 各地区大中型工业企

Major Indicators of LMIE

单位:万元

地 区 Region		企业数(个) Number of Large & Medium-sized Enterprises	#有科技机构的企业数 having institutes for S&T	#有科技活动的企业数 having activities for S&T	工业总产值 Gross Value of Industrial Output	新产品 New Products
全 国	**Total**	**4819**	**1618**	**2512**	**202189496**	**36303101**
东部地区	Eastern Region	2768	969	1525	131207237	25834112
中部地区	Mid Region	1060	343	508	39248906	4583976
西部地区	Western Region	991	306	479	31733353	5885013
北 京	Beijing	65	11	35	5349542	932441
天 津	Tianjin	91	26	45	3788496	579357
河 北	Hebei	238	87	113	12998354	967926
山 西	Shanxi	186	38	70	6953447	431927
内 蒙 古	Neimenggu	91	20	36	3735702	437548
辽 宁	Liaoning	181	67	95	13035507	4073742
吉 林	Jilin	71	15	27	1813451	228926
黑 龙 江	Heilongjiang	110	34	43	5234465	1320780
上 海	Shanghai	177	35	125	7958212	1703553
江 苏	Jiangsu	501	212	327	19707753	4769688
浙 江	Zhejiang	495	213	335	19316779	3530083
安 徽	Anhui	175	73	102	5370033	426538
福 建	Fujian	85	21	41	2204728	213474
江 西	Jiangxi	84	30	43	3640010	512147
山 东	Shandong	695	209	287	35823879	6241407
河 南	Henan	207	71	98	9832869	794311
湖 北	Hubei	134	46	69	3568635	507445
湖 南	Hunan	93	36	56	2835997	361901
广 东	Guangdong	234	87	121	10940515	2822441
广 西	Guangxi	63	25	32	1754492	462099
海 南	Hainan	6	1	1	83473	
重 庆	Chongqing	124	57	75	4231173	1283050
四 川	Sichuan	251	80	126	9545859	2422824
贵 州	Guizhou	61	19	34	2099778	262440
云 南	Yunnan	112	32	46	2228330	200459
西 藏	Tibet					
陕 西	Shaanxi	108	35	61	4007019	709444
甘 肃	Gansu	33	8	23	803057	22877
青 海	Qinghai	16	8	8	388746	1054
宁 夏	Ningxia	38	8	15	1401462	43715
新 疆	Xinjiang	94	14	23	1537734	39504

业(有限责任公司)基本情况(2003)
(Limited Liability Corporations) by Region

(10,000 yuan)

产品销售收入 Total Revenue from the Sale of Products	新产品 New Products	产品销售利润 Profits from the Sale of Total Products	新产品 New Products	年末从业人员(人) Employees (year-end) (person)	工程技术人员 Technical Engineering Personnel	生产经营用设备原价 Original Value of Equipment	微电子控制 Equipment Controlled by Micro-electronics
204375973	**34959018**	**28733650**	**3843900**	**8917126**	**961550**	**135601568**	**10827864**
132163653	25378687	17802800	2767453	4544639	498127	74198243	6886603
40275674	4142366	5475409	581126	2579677	260910	32995637	2345973
31936646	5437965	5455441	495321	1792810	202513	28407688	1595288
4706503	850558	664947	125346	157251	16026	5695453	73730
3907284	574958	474179	70141	146275	18803	2091522	121845
13417467	1002373	2070969	128619	638656	54571	9996136	856275
6869889	421258	1145316	102991	507110	42283	6766041	153286
3816737	422204	410580	47831	254228	24446	6060929	159394
13654174	3665432	1498000	278296	553023	65788	11209535	1471877
1846198	206329	268763	27609	110498	15593	1170092	86683
5540049	1294559	633711	149084	330503	36988	6934159	416510
8688221	1683665	1074496	167273	173519	16112	6467142	167735
20156181	5029338	2290847	506960	681308	75623	10095137	1296481
19057937	3318861	2287973	417301	514748	34353	7087113	765627
5801375	390601	860073	26438	428852	45625	3679848	555779
2235658	230067	278846	31558	89843	7870	1163336	108579
3749542	466843	421817	72141	161000	15486	2522132	77390
35187693	6186157	5641759	562120	1346049	177125	17175783	1391191
9844722	684532	1360547	109692	683430	61437	6982545	638816
3689432	328968	503780	66079	189273	21741	2955820	187267
2934468	349277	281403	27093	169011	21757	1985001	230242
11072296	2837278	1507105	479841	240967	31632	3152496	632632
1689550	432920	194064	28356	83554	9196	1374524	47753
80240		13680		3000	224	64591	630
4577412	1150996	495282	127422	214632	24428	3750564	421774
9334161	2303324	1433718	168891	418155	48821	4618004	388532
2019331	219092	296322	14281	145708	17858	1817640	79768
2346744	192834	378422	17216	149574	15835	1851197	130637
4043653	612690	602658	80005	243215	34309	3410524	230882
668124	22208	57056	3904	48006	5108	1564066	44856
414024	920	35852	37	22002	3925	97701	5393
1423751	43416	1353454	7364	98710	7004	1137302	28770
1603159	37362	198032	15	115026	11583	2725238	57531

单位：万元

行 业 Industry	企业数(个) Number of Large & Medium-sized Enterprises	#有科技机构的企业数 having institutes for S&T	#有科技活动的企业数 having activities for S&T
总计 **Total**	**4819**	**1618**	**2512**
煤炭开采和洗选业 Mining and washing of coal	140	34	54
石油和天然气开采业 Extraction of petroleum and natural gas	7	2	3
黑色金属矿采选业 Mining of ferrous metal ores	27	2	3
有色金属矿采选业 Mining of non-ferrous metal ores	35	6	15
非金属矿采选业 Mining and processing of nonmetal ores	29	10	13
其他采矿业 Mining of other ores n. e. c			
农副食品加工业 Processing of food from agricultural products	205	39	57
食品制造业 Manufacture of foods	104	31	47
饮料制造业 Manufacture of beverage	144	50	70
烟草制品业 Manufacture of tobacco	16	4	6
纺织业 Manufacture of textile	494	114	202
纺织服装、鞋、帽制造业 Manufacture of textile wearing apparel, footware, and caps	68	8	22
皮革、毛皮、羽毛(绒)及其制品业 Manufacture of leather, fur, feather and its products	35	14	19
木材加工及木、竹、藤、棕、草制品业 Processing of timbers, manufacture of wood, bamboo, rattan, palm, straw	26	2	6
家具制造业 Manufacture of furniture	11	2	3
造纸及纸制品业 Manufacture of paper and paper products	129	26	50
印刷业和记录媒介的复制 Printing, reproduction of recording media	34	9	12
文教体育用品制造业 Manufacture of articles for culture, education and sport activity	17	5	9

业(有限责任公司)基本情况(2003)

(Limited Liability Corporations) by Industry

(10,000 yuan)

工业总产值 Gross Value of Industrial Output	新产品 New Products	产品销售收入 Total Revenue from the Sale of Products	新产品 New Products	产品销售利润 Profits from the Sale of Total Products	新产品 New Products	年末从业人员(人) Employees (year-end) (person)	工程技术人员 Technical Engineering Personnel	生产经营用设备原价 Original Value of Equipment	微电子控制 Equipment Controlled by Micro-electronics
202189496	**36303101**	**204375973**	**34959018**	**28733650**	**3843900**	**8917126**	**961550**	**135601568**	**10827864**
10821883	338345	11361997	347603	2999303	84082	1648640	111730	12841689	600387
4934027	17451	4761869	17381	2128529	3288	111422	62069	3002213	77612
420606		458193		88794		34799	3124	290139	4479
580295	30651	637348	30651	169870	8129	54998	5481	448175	5533
534906	8005	573215	20693	75480	2978	64399	5465	704608	30385
6585109	152586	6623671	151313	517874	14604	219425	20135	2015308	60956
1987367	74961	1955237	66257	216838	9810	101360	8443	872591	47727
5151341	502650	5272537	492327	910411	52430	187569	18118	2911569	191035
1363075	446244	1389799	286073	250425	60622	14491	1419	545221	125531
12397518	1296222	12562874	1175895	1026255	104731	879529	43940	6559863	683929
1539337	76812	1458280	77030	193684	5712	86569	2560	308605	17193
1324763	284353	1253848	265708	158230	36370	53206	2545	148459	8771
420327	1317	421002	1179	37083	145	31254	5992	219001	12382
143313	11101	151573	8381	19473	1095	8315	807	44241	1275
2662569	272620	2568589	249472	279678	30243	126583	10874	2087754	240366
494181	62205	490141	59351	71691	7418	19997	1229	284515	59466
408913	79075	408443	70204	54607	11625	19028	842	91980	726

3 -42 续表

单位:万元

行 业 Industry	企业数(个) Number of Large & Medium-sized Enterprises	#有科技机构的企业数 having institutes for S&T	#有科技活动的企业数 having activities for S&T
石油加工、炼焦及核燃料加工业 Processing of petroleum ,coking,Processing of nucleus fuel	66	17	26
化学原料及化学制品制造业 Manufacture of chemical raw material and chemical products	464	202	276
医药制造业 Manufacture of medicines	170	98	128
化学纤维制造业 Manufacture of chemical fiber	54	25	34
橡胶制品业 Manufacture of rubber	54	21	30
塑料制品业 Manufacture of plastic	65	16	39
非金属矿物制品业 Manufacture of non-metallic mineral products	373	79	147
黑色金属冶炼及压延加工业 Manufacture and processing of ferrous metals	198	57	86
有色金属冶炼及压延加工业 Manufacture and processing of non-ferrous metals	111	33	54
金属制品业 Manufacture of metal products	101	28	49
通用设备制造业 Manufacture of general purpose machinery	295	148	208
专用设备制造业 Manufacture of special purpose machinery	237	122	181
交通运输设备制造业 Manufacture of transport equipment	312	139	210
电气机械及器材制造业 Manufacture of electrical machinery and equipment	262	131	194
通信设备、计算机及其他电子设备制造业 Manufacture of communication,computer,other electronic equipment	148	85	114
仪器仪表及文化、办公用机械制造业 Manufacture of measuring instrument,machinery for cultural and office work	48	26	43
工艺品及其他制造业 Manufacture of artwork, other manufacture n. e. c	33	7	18
电力、热力的生产和供应业 Production and supply of electric power and heat power	264	21	67
燃气生产和供应业 Production and distribution of gas	18	1	9
水的生产和供应业 Production and distribution of water	24	4	8

(10,000 yuan)

工业总产值 Gross Value of Industrial Output	新产品 New Products	产品销售收入 Total Revenue from the Sale of Products	新产品 New Products	产品销售利润 Profits from the Sale of Total Products	新产品 New Products	年末从业人员(人) Employees (year-end) (person)	工程技术人员 Technical Engineering Personnel	生产经营用设备原价 Original Value of Equipment	微电子控制 Equipment Controlled by Micro-electronics
4321574	152801	4333410	130567	612385	15385	98082	13822	2380299	74822
14091139	1755934	13980578	1572552	1880058	234971	633222	83058	12654422	713919
5891704	1175816	6833929	1098702	1223026	307090	226330	32670	3077958	347793
3628732	436509	3636746	446206	354134	58329	106999	9512	2919435	399088
2602138	435324	2237296	418350	224148	32540	85298	8523	1064579	103759
1186104	152679	1198263	141439	127381	12649	55376	5412	581094	107972
5790602	476444	5841416	471994	841855	65687	407831	38144	5256351	425035
36438899	4530051	37531895	4589409	4521818	483291	982282	108071	23423125	2222673
5353093	731742	5323530	550320	885771	51725	202053	23321	3102834	440818
1966301	219937	2049473	181932	214063	24643	102286	8418	622808	40896
8710040	2495207	8655378	2348425	1173706	310138	388720	47440	3683085	440426
7766944	2779611	7484412	2567966	932953	292679	445823	50387	3258369	310694
17441577	7728570	17581710	7468795	2039338	728427	576635	79834	7299182	960864
8381010	1867605	7848871	1778815	1021239	212706	277312	34343	2168264	221078
13518369	7083209	13115586	7293401	1224221	510694	239470	48287	2533900	678996
1774068	560068	1716809	520303	259530	70500	65967	10443	513422	97528
566288	66785	600500	60099	67575	6506	30408	3907	201301	6035
9925198	212	10647248	223	1907301	9	279563	45851	25518564	1034647
435597		759227		-6567		23167	2068	939702	3107
514828		522869		28440	-7351	26892	3261	1024321	29964

3-43 各地区大中型工业企业(有限责任公司)科技活动人员(2003)

Personnel for S&T Activities in LMIE(Limited Liability Corporations) by Region

单位:人 (person)

地区 Region	科技活动人员 Personnel for S&T Activities	科学家和工程师 Scientists & Engineers	科技机构人员 Personnel in S&T Institutes	科学家和工程师 Scientists & Engineers
全国 Total	**498486**	**292764**	**183049**	**121995**
东部地区 Eastern Region	271728	165967	111983	77661
中部地区 Mid Region	117681	67063	33332	21965
西部地区 Western Region	109077	59734	37734	22369
北京 Beijing	6681	4966	1656	1078
天津 Tianjin	6401	4620	2674	2107
河北 Hebei	31921	18269	9085	5396
山西 Shanxi	16314	11157	4222	2970
内蒙古 Neimenggu	10300	5223	2507	1513
辽宁 Liaoning	38958	24828	10898	8186
吉林 Jilin	3227	1936	1459	1119
黑龙江 Heilongjiang	20625	12473	5710	4049
上海 Shanghai	10672	6634	3494	1842
江苏 Jiangsu	51238	27454	16126	10370
浙江 Zhejiang	26716	15182	13649	8404
安徽 Anhui	14961	8552	4742	3089
福建 Fujian	4266	1837	1094	572
江西 Jiangxi	17114	6008	4020	2445
山东 Shandong	67771	42961	35192	25065
河南 Henan	24264	16106	7163	4269
湖北 Hubei	12486	6131	3392	2464
湖南 Hunan	8690	4700	2624	1560
广东 Guangdong	27098	19210	18109	14635
广西 Guangxi	4346	2611	2635	1431
海南 Hainan	6	6	6	6
重庆 Chongqing	12499	9011	4972	3362
四川 Sichuan	34922	17782	15087	8020
贵州 Guizhou	6175	3234	1767	1083
云南 Yunnan	5272	2806	1742	1145
西藏 Tibet				
陕西 Shaanxi	28289	14593	6743	4239
甘肃 Gansu	2902	1426	745	390
青海 Qinghai	1134	848	383	228
宁夏 Ningxia	1331	915	569	487
新疆 Xinjiang	1907	1285	584	471

3-44 分行业大中型工业企业（有限责任公司）科技活动人员（2003）

Personnel for S&T Activities in LMIE (Limited Liability Corporations) by Industry

单位：人 (person)

行业 Industry	科技活动人员 Personnel for S&T Activities	科学家和工程师 Scientists & Engineers	科技机构人员 Personnel in S&T Institutes	科学家和工程师 Scientists & Engineers
总计 Total	**498486**	**292764**	**183049**	**121995**
煤炭开采和洗选业 Mining and washing of coal	36569	23969	8958	7202
石油和天然气开采业 Extraction of petroleum and natural gas	11399	7496	4684	3686
黑色金属矿采选业 Mining of ferrous metal ores	98	72	32	22
有色金属矿采选业 Mining of non-ferrous metal ores	1768	1281	622	453
非金属矿采选业 Mining and processing of nonmetal ores	1045	730	767	505
其他采矿业 Mining of other ores n. e. c				
农副食品加工业 Processing of food from agricultural products	6849	3991	2183	1027
食品制造业 Manufacture of foods	3184	1733	1335	1027
饮料制造业 Manufacture of beverage	8598	3947	3760	2117
烟草制品业 Manufacture of tobacco	964	507	312	143
纺织业 Manufacture of textile	21985	9970	8757	4367
纺织服装、鞋、帽制造业 Manufacture of textile wearing apparel, footware, and caps	981	532	537	273
皮革、毛皮、羽毛（绒）及其制品业 Manufacture of leather, fur, feather and its products	2154	605	1244	487
木材加工及木、竹、藤、棕、草制品业 Processing of timbers, manufacture of wood, bamboo, rattan, palm, straw	415	211	29	27
家具制造业 Manufacture of furniture	183	70	133	21
造纸及纸制品业 Manufacture of paper and paper products	3900	2328	1319	653
印刷业和记录媒介的复制 Printing, reproduction of recording media	295	187	232	139
文教体育用品制造业 Manufacture of articles for culture, education and sport activity	808	312	690	262

3－44 续表

单位：人 （person）

行　业 Industry	科技活动人员 Personnel for S&T Activities	科学家和工程师 Scientists & Engineers	科技机构人员 Personnel in S&T Institutes	科学家和工程师 Scientists & Engineers
石油加工、炼焦及核燃料加工业 Processing of petroleum ,coking,Processing of nucleus fuel	3918	2628	949	779
化学原料及化学制品制造业 Manufacture of chemical raw material and chemical products	34504	18115	13144	7665
医药制造业 Manufacture of medicines	15796	10050	6163	4041
化学纤维制造业 Manufacture of chemical fiber	5161	3266	2790	1733
橡胶制品业 Manufacture of rubber	4633	2212	1842	1256
塑料制品业 Manufacture of plastic	2867	1141	633	396
非金属矿物制品业 Manufacture of non-metallic mineral products	13449	6713	6126	3711
黑色金属冶炼及压延加工业 Manufacture and processing of ferrous metals	61831	34994	10661	6100
有色金属冶炼及压延加工业 Manufacture and processing of non-ferrous metals	10825	6342	2970	1734
金属制品业 Manufacture of metal products	4490	2833	1981	1165
通用设备制造业 Manufacture of general purpose machinery	39773	22916	16844	10728
专用设备制造业 Manufacture of special purpose machinery	34852	22834	15790	11494
交通运输设备制造业 Manufacture of transport equipment	75175	41528	21457	14324
电气机械及器材制造业 Manufacture of electrical machinery and equipment	23729	16107	11237	7546
通信设备、计算机及其他电子设备制造业 Manufacture of communication,computer,other electronic equipment	44364	29929	26515	21929
仪器仪表及文化、办公用机械制造业 Manufacture of measuring instrument,machinery for cultural and office work	8761	5616	3163	2371
工艺品及其他制造业 Manufacture of artwork, other manufacture n. e. c	1557	815	467	243
电力、热力的生产和供应业 Production and supply of electric power and heat power	10017	5686	4569	2249
燃气生产和供应业 Production and distribution of gas	415	317	12	11
水的生产和供应业 Production and distribution of water	1174	781	142	109

3-45 各地区大中型工业企业(有限责任公司)科技活动经费筹集

Sources of Funds for S&T of LMIE(Limited Liability Corporations) by Region

单位:万元 (10,000 yuan)

地区 Region		科技活动经费筹集总额 Total Funds Obtaied for S&T Activities	政府资金 Government Grant	企业资金 Enterprise Self-financed	金融机构贷款 Bank Loans	来自国外的资金 from Abroad
全　国	**Total**	**4683678**	**271344**	**3650356**	**635411**	**7770**
东部地区	Eastern Region	2973658	107200	2412074	407192	2983
中部地区	Mid Region	992997	60022	723043	187667	203
西部地区	Western Region	717024	104122	515239	40551	4584
北　京	Beijing	68464	4964	53908	9100	
天　津	Tianjin	107051	2018	100302	2252	
河　北	Hebei	229031	10750	188112	28909	26
山　西	Shanxi	125604	6023	115815	3393	
内蒙古	Neimenggu	43244	8352	34842		
辽　宁	Liaoning	426336	29498	363829	26961	
吉　林	Jilin	35298	628	31509	1762	
黑龙江	Heilongjiang	177388	24222	127394	22859	3
上　海	Shanghai	148637	9031	120063	8200	
江　苏	Jiangsu	465921	21033	387968	48166	2077
浙　江	Zhejiang	339576	6556	281509	44348	
安　徽	Anhui	337658	1693	184472	148197	
福　建	Fujian	43363	616	31711	10528	
江　西	Jiangxi	93611	17057	72861	1000	
山　东	Shandong	680339	11207	585822	74319	880
河　南	Henan	127386	4018	113864	2107	
湖　北	Hubei	55786	2954	47146	5290	200
湖　南	Hunan	40266	3428	29982	3060	
广　东	Guangdong	464490	11527	298399	154410	
广　西	Guangxi	45027	1239	25833	16446	400
海　南	Hainan	450		450		
重　庆	Chongqing	97253	9104	79503	4836	160
四　川	Sichuan	283800	20743	227353	6885	4024
贵　州	Guizhou	31440	6974	21220	1758	
云　南	Yunnan	25611	1514	22196	1720	
西　藏	Tibet					
陕　西	Shaanxi	150015	53630	69902	5662	
甘　肃	Gansu	8693	734	6665	1212	
青　海	Qinghai	8049	105	6064	1870	
宁　夏	Ningxia	9250	810	8099		
新　疆	Xinjiang	14642	917	13562	163	

3-46 分行业大中型工业企业(有限责任公司)科技活动经费筹集(2003)

Sources of Fund for S&T of LMIE(Limited Liability Corporations) by Industry

单位:万元 (10,000 yuan)

行业 Industry	科技活动经费筹集总额 Total Funds Obtaied for S&T Activities	政府资金 Government Grant	企业资金 Enterprise Self-financed	金融机构贷款 Bank Loans	来自国外的资金 from Abroad
总计 Total	**4683678**	**271344**	**3650356**	**635411**	**7770**
煤炭开采和洗选业 Mining and washing of coal	241290	7149	222132	11574	
石油和天然气开采业 Extraction of petroleum and natural gas	55183	1520	49663	1914	
黑色金属矿采选业 Mining of ferrous metal ores	666		666		
有色金属矿采选业 Mining of non-ferrous metal ores	13317	268	11349	1700	
非金属矿采选业 Mining and processing of nonmetal ores	13298	200	13099		
其他采矿业 Mining of other ores n. e. c					
农副食品加工业 Processing of food from agricultural products	36749	1585	31808	3354	
食品制造业 Manufacture of foods	22167	594	20173	1300	
饮料制造业 Manufacture of beverage	86056	585	81406	1368	
烟草制品业 Manufacture of tobacco	13562	1931	11541		
纺织业 Manufacture of textile	147500	5193	103662	33248	
纺织服装、鞋、帽制造业 Manufacture of textile wearing apparel, footware, and caps	13005	885	5340	5056	
皮革、毛皮、羽毛(绒)及其制品业 Manufacture of leather, fur, feather and its products	9089	77	8882	120	
木材加工及木、竹、藤、棕、草制品业 Processing of timbers, manufacture of wood, bamboo, rattan, palm, straw	2900	35	2791	40	
家具制造业 Manufacture of furniture	574	4	570		
造纸及纸制品业 Manufacture of paper and paper products	39204	608	35576	2503	
印刷业和记录媒介的复制 Printing, reproduction of recording media	6543	67	5608	600	
文教体育用品制造业 Manufacture of articles for culture, education and sport activity	4711	171	4340	200	

3－46 续表

单位:万元 (10,000 yuan)

行　业 Industry	科技活动经费筹集总额 Total Funds Obtaied for S&T Activities	政府资金 Government Grant	企业资金 Enterprise Self-financed	金融机构贷款 Bank Loans	来自国外的资金 from Abroad
石油加工、炼焦及核燃料加工业 Processing of petroleum ,coking,Processing of nucleus fuel	26064	789	22752	2145	
化学原料及化学制品制造业 Manufacture of chemical raw material and chemical products	338330	7652	299850	25358	
医药制造业 Manufacture of medicines	199627	4745	183340	9728	26
化学纤维制造业 Manufacture of chemical fiber	76672	403	67669	8275	
橡胶制品业 Manufacture of rubber	42310	301	38008	4000	
塑料制品业 Manufacture of plastic	28242	377	24110	2330	400
非金属矿物制品业 Manufacture of non-metallic mineral products	116856	1471	96323	15901	880
黑色金属冶炼及压延加工业 Manufacture and processing of ferrous metals	594815	2384	571270	19109	
有色金属冶炼及压延加工业 Manufacture and processing of non-ferrous metals	66456	3710	53928	6543	
金属制品业 Manufacture of metal products	32645	311	25053	6815	3
通用设备制造业 Manufacture of general purpose machinery	283734	12021	237690	31367	200
专用设备制造业 Manufacture of special purpose machinery	245420	28006	183697	16268	
交通运输设备制造业 Manufacture of transport equipment	841821	146671	464467	174358	6101
电气机械及器材制造业 Manufacture of electrical machinery and equipment	194100	6000	167303	18813	
通信设备、计算机及其他电子设备制造业 Manufacture of communication,computer,other electronic equipment	771360	24163	517768	218435	
仪器仪表及文化、办公用机械制造业 Manufacture of measuring instrument,machinery for cultural and office work	58057	4789	41295	11136	160
工艺品及其他制造业 Manufacture of artwork, other manufacture n. e. c	10155	660	7798	1500	
电力、热力的生产和供应业 Production and supply of electric power and heat power	40081	580	33781	338	
燃气生产和供应业 Production and distribution of gas	3443	3000	443		
水的生产和供应业 Production and distribution of water	7678	2440	5208	15	

3-47 各地区大中型工业企业(有限责任公司)

Intramural Expenditure on S&T Activities of LMIE

单位:万元

地 区 Region		科技活动经费内部支出总额 Intramural Expenditure on S&T Activities	劳务费 Compensation for Laborers
全　国	**Total**	**4504048**	**1030552**
东部地区	Eastern Region	2907082	713492
中部地区	Mid Region	783218	155309
西部地区	Western Region	813748	161751
北　京	Beijing	65492	15848
天　津	Tianjin	104121	14675
河　北	Hebei	214579	45034
山　西	Shanxi	114851	24505
内蒙古	Neimenggu	54750	15873
辽　宁	Liaoning	409146	83952
吉　林	Jilin	33466	3909
黑龙江	Heilongjiang	146961	34374
上　海	Shanghai	165344	29759
江　苏	Jiangsu	447673	93923
浙　江	Zhejiang	257345	62959
安　徽	Anhui	160527	21055
福　建	Fujian	41002	8448
江　西	Jiangxi	118418	15412
山　东	Shandong	667820	160623
河　南	Henan	116084	28213
湖　北	Hubei	52470	15553
湖　南	Hunan	40441	12289
广　东	Guangdong	534212	198171
广　西	Guangxi	37876	6823
海　南	Hainan	350	100
重　庆	Chongqing	126188	19998
四　川	Sichuan	314935	56190
贵　州	Guizhou	25908	6520
云　南	Yunnan	26504	7719
西　藏	Tibet		
陕　西	Shaanxi	189238	38970
甘　肃	Gansu	8471	3847
青　海	Qinghai	5963	1762
宁　夏	Ningxia	7483	1942
新　疆	Xinjiang	16431	2108

科技活动经费内部支出(2003)
(Limited Liability Corporations) by Region

(10,000 yuan)

原材料费 Raw Material Expenditure	固定资产购建费 Expenditure on the Purchase of Fixed Assets	设备购置 Purchase of Instruments	开发新产品经费 Spending for New Products	科技机构经费 Spending for S&T Institute
1276466	**1462433**	**1166539**	**1900774**	**2149790**
841944	922999	700997	1277125	1454162
208735	251628	213698	291362	343809
225787	287807	251845	332287	351819
16732	13649	11649	22833	11588
36782	35311	27078	53873	45925
83328	61568	54245	70925	93000
23678	51064	46288	20069	73483
11898	18937	11941	15974	14753
125885	151555	113197	195355	151400
11661	13512	9668	16278	17719
53347	25598	20836	72777	47962
39242	70008	64131	52598	34107
164209	135035	116941	250504	188342
67875	86716	78372	155603	151553
35969	50918	48276	58376	60821
10803	17355	13169	9112	8512
20425	58772	45480	35084	53037
235455	179943	152287	284182	413998
38512	28810	25920	55996	54483
12592	12186	11059	20422	25605
12551	10769	6172	12360	10699
61584	171699	69768	182052	355517
13399	12869	12108	15873	18498
50	160	160	90	220
31653	48854	41512	61388	52768
114437	93021	80603	133023	167525
7588	7358	7182	11601	15010
4915	10456	8047	8908	12720
31076	84149	81546	76469	49953
2507	1861	1773	4125	2515
1369	1057	1040	285	5720
2636	1536	1331	3660	3689
4310	7709	4764	981	8668

3－48 分行业大中型工业企业(有限责任公司)

Intramural Expenditure on S&T Activities of LMIE

单位:万元

行业 Industry	科技活动经费内部支出总额 Intramural Expenditure on S&T Activities	劳务费 Compensation for Laborers
总计 **Total**	**4504048**	**1030552**
煤炭开采和洗选业 Mining and washing of coal	215676	48750
石油和天然气开采业 Extraction of petroleum and natural gas	45337	31855
黑色金属矿采选业 Mining of ferrous metal ores	592	157
有色金属矿采选业 Mining of non-ferrous metal ores	10707	2441
非金属矿采选业 Mining and processing of nonmetal ores	11966	1915
其他采矿业 Mining of other ores n. e. c		
农副食品加工业 Processing of food from agricultural products	35998	6306
食品制造业 Manufacture of foods	21122	4447
饮料制造业 Manufacture of beverage	81943	17251
烟草制品业 Manufacture of tobacco	16654	1909
纺织业 Manufacture of textile	148435	25207
纺织服装、鞋、帽制造业 Manufacture of textile wearing apparel, footware, and caps	8592	1633
皮革、毛皮、羽毛(绒)及其制品业 Manufacture of leather, fur, feather and its products	8159	3654
木材加工及木、竹、藤、棕、草制品业 Processing of timbers, manufacture of wood, bamboo, rattan, palm, straw	2685	639
家具制造业 Manufacture of furniture	472	275
造纸及纸制品业 Manufacture of paper and paper products	40508	5827
印刷业和记录媒介的复制 Printing, reproduction of recording media	6088	957
文教体育用品制造业 Manufacture of articles for culture, education and sport activity	4718	1056

科技活动经费内部支出(2003)
(Limited Liability Corporations) by Industry

(10,000 yuan)

原材料费 Raw Material Expenditure	固定资产购建费 Expenditure on the Purchase of Fixed Assets	设备购置 Purchase of Instruments	开发新产品经费 Spending for New Products	科技机构经费 Spending for S&T Institute
1276466	**1462433**	**1166539**	**1900774**	**2149790**
62405	78514	76170	15894	120666
5501	5257	4261	5924	39193
104	263	263		166
3606	1989	1832	1169	7822
3346	5801	5629	3690	7474
11533	12628	9138	13075	22016
5891	8816	7679	7698	12918
19032	35008	30438	37173	53121
2735	6519	3185	3057	11358
58364	44979	39865	70527	73889
2325	3702	3681	5996	5264
2062	1266	1266	6241	6325
763	666	528	1282	790
100	77	77	320	258
15548	15186	10869	15156	24132
1876	2705	2284	2490	3365
2664	497	462	4054	3688

3－48 续表

单位:万元

行　业 Industry	科技活动经费内部支出总额 Intramural Expenditure on S&T Activities	劳务费 Compensation for Laborers
石油加工、炼焦及核燃料加工业 Processing of petroleum ,coking,Processing of nucleus fuel	19208	5472
化学原料及化学制品制造业 Manufacture of chemical raw material and chemical products	317028	71884
医药制造业 Manufacture of medicines	182344	30910
化学纤维制造业 Manufacture of chemical fiber	68003	9875
橡胶制品业 Manufacture of rubber	43949	9026
塑料制品业 Manufacture of plastic	20107	5521
非金属矿物制品业 Manufacture of non-metallic mineral products	102358	17883
黑色金属冶炼及压延加工业 Manufacture and processing of ferrous metals	640652	109626
有色金属冶炼及压延加工业 Manufacture and processing of non-ferrous metals	66562	17230
金属制品业 Manufacture of metal products	24549	5851
通用设备制造业 Manufacture of general purpose machinery	263216	73922
专用设备制造业 Manufacture of special purpose machinery	241345	67639
交通运输设备制造业 Manufacture of transport equipment	754642	133186
电气机械及器材制造业 Manufacture of electrical machinery and equipment	187663	44937
通信设备、计算机及其他电子设备制造业 Manufacture of communication,computer,other electronic equipment	802877	238277
仪器仪表及文化、办公用机械制造业 Manufacture of measuring instrument,machinery for cultural and office work	54865	15991
工艺品及其他制造业 Manufacture of artwork, other manufacture n. e. c	11017	2041
电力、热力的生产和供应业 Production and supply of electric power and heat power	35694	14099
燃气生产和供应业 Production and distribution of gas	1806	905
水的生产和供应业 Production and distribution of water	6513	2002

(10,000 yuan)

原材料费 Raw Material Expenditure	固定资产购建费 Expenditure on the Purchase of Fixed Assets	设备购置 Purchase of Instruments	开发新产品经费 Spending for New Products	科技机构经费 Spending for S&T Institute
5291	6722	6292	1123	5111
86503	109503	91658	103450	177578
30942	82032	61839	78226	82352
32588	22010	14467	34792	33057
21279	10961	9797	25524	33892
6571	6595	4312	9810	5366
40131	31061	23080	39129	49135
213721	258881	217622	163784	162611
15408	24421	22687	27119	26588
6189	10477	8823	12917	14137
103290	48430	34554	157974	121507
91649	44121	38968	153717	117872
170715	252483	219161	345546	227517
53273	57366	51176	104051	111355
172064	248128	143085	400356	556489
16032	12232	8803	34417	19696
4673	2989	2723	5459	2852
7542	7475	7475	5752	7691
165	659	559	110	3
586	2016	1829	3776	2536

3-49 各地区大中型工业企业(有限责任公司)其他技术活动经费支出(2003)

Expenditure on Other Technical Activities in LMIE (Limited Liability Corporations) by Region

单位:万元 (10,000 yuan)

地 区 Region		技术改造经费 Expenditure on Technical Renovation	技术引进经费 Expenditure on Import of Technology	引进技术资料及关键设备的支出 Purchase of Documents and Key Equipments	消化吸收经费 Expenditure on Technology Absorption	购买国内技术经费 Expenditure on Purchase of Domestic Technology
全 国	**Total**	**6508734**	**1048861**	**607833**	**59418**	**288870**
东部地区	Eastern Region	3908557	563046	370739	29064	181044
中部地区	Mid Region	1425778	261930	133161	14011	30365
西部地区	Western Region	1174398	223886	103933	16342	77460
北 京	Beijing	90565	441	435	20	109
天 津	Tianjin	111660	9981	8675	51	5037
河 北	Hebei	391743	41963	33560	4128	2180
山 西	Shanxi	149242	24708	21712	2292	4952
内 蒙 古	Neimenggu	180147	7586	6390	113	13374
辽 宁	Liaoning	369810	38823	14631	878	2748
吉 林	Jilin	12793	1643	1535	125	105
黑 龙 江	Heilongjiang	204598	60250	32414	5946	3012
上 海	Shanghai	260811	139279	37314	4625	1385
江 苏	Jiangsu	514183	83824	55309	5324	30771
浙 江	Zhejiang	791248	130108	122716	7352	15851
安 徽	Anhui	307257	95694	16727	1066	3946
福 建	Fujian	93337	6416	6402	488	4664
江 西	Jiangxi	303665	18304	9942	1213	737
山 东	Shandong	1047995	96825	78309	5276	20540
河 南	Henan	328336	40357	31782	1441	3761
湖 北	Hubei	78269	17712	16226	466	12839
湖 南	Hunan	41618	3263	2824	1462	1014
广 东	Guangdong	237206	15154	13159	924	97760
广 西	Guangxi	58485	6325	6295	430	1931
海 南	Hainan		230	230		
重 庆	Chongqing	150570	23340	21771	1437	13742
四 川	Sichuan	324389	112684	21818	2178	3589
贵 州	Guizhou	88353	16188	1206	15	30
云 南	Yunnan	67731	12110	11749	10972	10566
西 藏	Tibet					
陕 西	Shaanxi	179075	28494	18088	1100	33976
甘 肃	Gansu	14927	3603	3562	10	55
青 海	Qinghai	1007	256			90
宁 夏	Ningxia	16313	1771	1771	74	94
新 疆	Xinjiang	93401	11530	11283	13	14

3-50 分行业大中型工业企业(有限责任公司)其他技术活动经费支出(2003)

Expenditure on Other Technical Activities in LMIE (Limited Liability Corporations) by Industry

单位:万元 (10,000 yuan)

行业 Industry	技术改造经费 Expenditure on Technical Renovation	技术引进经费 Expenditure on Import of Technology	引进技术资料及关键设备的支出 Purchase of Documents and Key Equipments	消化吸收经费 Expenditure on Technology Absorption	购买国内技术经费 Expenditure on Purchase of Domestic Technology
总计 **Total**	**6508734**	**1048861**	**607833**	**59418**	**288870**
煤炭开采和洗选业 Mining and washing of coal	368816	31876	29190	2210	7668
石油和天然气开采业 Extraction of petroleum and natural gas	710	176	145	5	29
黑色金属矿采选业 Mining of ferrous metal ores	1300	100	90	100	100
有色金属矿采选业 Mining of non-ferrous metal ores	3562	316	81		
非金属矿采选业 Mining and processing of nonmetal ores	33055	360	240		215
其他采矿业 Mining of other ores n. e. c					
农副食品加工业 Processing of food from agricultural products	41228	6144	5349	668	103
食品制造业 Manufacture of foods	8035	1366	1073	158	384
饮料制造业 Manufacture of beverage	319636	130495	46177	760	4597
烟草制品业 Manufacture of tobacco	34062	3797	3797		12920
纺织业 Manufacture of textile	341403	66723	43800	1928	21178
纺织服装、鞋、帽制造业 Manufacture of textile wearing apparel, footware, and caps	12597	467	296	102	222
皮革、毛皮、羽毛(绒)及其制品业 Manufacture of leather, fur, feather and its products	6220	2306	2096		193
木材加工及木、竹、藤、棕、草制品业 Processing of timbers, manufacture of wood, bamboo, rattan, palm, straw	3222	2484	2480	452	630
家具制造业 Manufacture of furniture	3012				
造纸及纸制品业 Manufacture of paper and paper products	106885	27600	11149	643	1630
印刷业和记录媒介的复制 Printing, reproduction of recording media	12090	1907	1898		
文教体育用品制造业 Manufacture of articles for culture, education and sport activity	2226	381	218		

3－50 续表

单位：万元 (10,000 yuan)

行　业 Industry	技术改造经费 Expenditure on Technical Renovation	技术引进经费 Expenditure on Import of Technology	引进技术资料及关键设备的支出 Purchase of Documents and Key Equipments	消化吸收经费 Expenditure on Technology Absorption	购买国内技术经费 Expenditure on Purchase of Domestic Technology
石油加工、炼焦及核燃料加工业 Processing of petroleum ,coking,Processing of nucleus fuel	40790	3538	1347	61	1641
化学原料及化学制品制造业 Manufacture of chemical raw material and chemical products	601149	67441	50302	10729	10197
医药制造业 Manufacture of medicines	199680	25922	16516	8568	15820
化学纤维制造业 Manufacture of chemical fiber	152075	44829	42247	2102	2366
橡胶制品业 Manufacture of rubber	169319	20466	19235	1188	1548
塑料制品业 Manufacture of plastic	14794	4490	3899	164	173
非金属矿物制品业 Manufacture of non-metallic mineral products	317059	21412	9811	1196	5835
黑色金属冶炼及压延加工业 Manufacture and processing of ferrous metals	1872359	216167	95563	1627	118107
有色金属冶炼及压延加工业 Manufacture and processing of non-ferrous metals	121046	17543	14740	1505	11542
金属制品业 Manufacture of metal products	13370	6218	5980	21	136
通用设备制造业 Manufacture of general purpose machinery	259305	31166	22859	3063	6151
专用设备制造业 Manufacture of special purpose machinery	240418	34857	30698	952	7397
交通运输设备制造业 Manufacture of transport equipment	725982	186755	94673	14391	43507
电气机械及器材制造业 Manufacture of electrical machinery and equipment	91637	23507	18454	1886	2807
通信设备、计算机及其他电子设备制造业 Manufacture of communication,computer,other electronic equipment	152788	58835	26157	1285	6950
仪器仪表及文化、办公用机械制造业 Manufacture of measuring instrument,machinery for cultural and office work	20564	3270	3088	433	243
工艺品及其他制造业 Manufacture of artwork, other manufacture n. e. c	7500	180	34	29	142
电力、热力的生产和供应业 Production and supply of electric power and heat power	182314	603	472	3163	4422
燃气生产和供应业 Production and distribution of gas	15073	3628	3578		
水的生产和供应业 Production and distribution of water	13453	1538	101	30	16

3-51 各地区大中型工业企业(有限责任公司)科技机构(2003)

S&T Institutes in LMIE(Limited Liability Corporations) by Region

单位:个 (unit)

地 区 Region	企业科技机构数 Number of the S&T Institutes	#有经常性开发任务 with a current task of development	#有稳定经费来源 with a stable source of funds	#有一定测试条件 with a capacity of administer tests and experiments
全 国 Total	**2146**	**1992**	**1980**	**2029**
东部地区 Eastern Region	1322	1238	1233	1256
中部地区 Mid Region	426	390	386	405
西部地区 Western Region	398	364	361	368
北 京 Beijing	16	15	14	13
天 津 Tianjin	40	35	35	36
河 北 Hebei	152	145	147	143
山 西 Shanxi	45	44	41	43
内蒙古 Neimenggu	27	25	26	25
辽 宁 Liaoning	106	101	97	98
吉 林 Jilin	19	17	17	19
黑龙江 Heilongjiang	62	55	55	60
上 海 Shanghai	46	45	45	42
江 苏 Jiangsu	279	262	255	263
浙 江 Zhejiang	256	241	245	251
安 徽 Anhui	86	83	76	79
福 建 Fujian	23	23	22	22
江 西 Jiangxi	35	33	34	33
山 东 Shandong	303	281	284	291
河 南 Henan	84	72	76	79
湖 北 Hubei	55	49	49	55
湖 南 Hunan	40	37	38	37
广 东 Guangdong	100	89	88	96
广 西 Guangxi	26	25	24	24
海 南 Hainan	1	1	1	1
重 庆 Chongqing	62	58	60	61
四 川 Sichuan	91	84	81	88
贵 州 Guizhou	26	24	21	25
云 南 Yunnan	41	36	32	37
西 藏 Tibet				
陕 西 Shaanxi	75	67	71	61
甘 肃 Gansu	11	11	11	11
青 海 Qinghai	12	11	10	10
宁 夏 Ningxia	13	12	13	13
新 疆 Xinjiang	14	11	12	13

3-52 分行业大中型工业企业(有限责任公司)科技机构(2003)

S&T Institutes in LMIE(Limited Liability Corporations) by Industry

单位:个 (unit)

行 业 Industry	企业科技机构数 Number of the S&T Institutes	#有经常性开发任务 with a current task of development	#有稳定经费来源 with a stable source of funds	#有一定测试条件 with a capacity of administer tests and experiments
总计 **Total**	**2146**	**1992**	**1980**	**2029**
煤炭开采和洗选业 Mining and washing of coal	52	49	50	48
石油和天然气开采业 Extraction of petroleum and natural gas	22	21	20	21
黑色金属矿采选业 Mining of ferrous metal ores	2		1	2
有色金属矿采选业 Mining of non-ferrous metal ores	13	13	13	13
非金属矿采选业 Mining and processing of nonmetal ores	11	8	6	8
其他采矿业 Mining of other ores n. e. c				
农副食品加工业 Processing of food from agricultural products	42	34	37	41
食品制造业 Manufacture of foods	35	30	30	35
饮料制造业 Manufacture of beverage	66	54	60	59
烟草制品业 Manufacture of tobacco	4	4	4	4
纺织业 Manufacture of textile	126	116	117	125
纺织服装、鞋、帽制造业 Manufacture of textile wearing apparel, footware, and caps	12	9	10	12
皮革、毛皮、羽毛(绒)及其制品业 Manufacture of leather, fur, feather and its products	17	14	15	16
木材加工及木、竹、藤、棕、草制品业 Processing of timbers, manufacture of wood, bamboo, rattan, palm, straw	3	1	3	3
家具制造业 Manufacture of furniture	2	2	2	2
造纸及纸制品业 Manufacture of paper and paper products	29	28	23	28
印刷业和记录媒介的复制 Printing, reproduction of recording media	10	9	8	9
Manufacture of articles for culture, education and sport activity				
石油加工、炼焦及核燃料加工业 Processing of petroleum, coking, Processing of nucleus fuel	19	17	16	17

3 -52 续表

单位:个 (unit)

行　业 Industry	企业科技机构数 Number of the S&T Institutes	#有经常性开发任务 with a current task of development	#有稳定经费来源 with a stable source of funds	#有一定测试条件 with a capacity of administer tests and experiments
化学原料及化学制品制造业 Manufacture of chemical raw material and chemical products	245	228	229	229
医药制造业 Manufacture of medicines	139	129	133	130
化学纤维制造业 Manufacture of chemical fiber	28	26	25	27
橡胶制品业 Manufacture of rubber	31	31	30	30
塑料制品业 Manufacture of plastic	25	25	24	25
非金属矿物制品业 Manufacture of non-metallic mineral products	114	102	101	108
黑色金属冶炼及压延加工业 Manufacture and processing of ferrous metals	68	63	65	62
有色金属冶炼及压延加工业 Manufacture and processing of non-ferrous metals	39	38	37	39
金属制品业 Manufacture of metal products	37	35	33	36
通用设备制造业 Manufacture of general purpose machinery	190	184	175	181
专用设备制造业 Manufacture of special purpose machinery	162	158	150	146
交通运输设备制造业 Manufacture of transport equipment	196	184	181	184
电气机械及器材制造业 Manufacture of electrical machinery and equipment	171	159	162	166
通信设备、计算机及其他电子设备制造业 Manufacture of communication, computer, other electronic equipment	145	139	136	141
仪器仪表及文化、办公用机械制造业 Manufacture of measuring instrument, machinery for cultural and office work	46	44	43	46
工艺品及其他制造业 Manufacture of artwork, other manufacture n. e. c	9	9	9	9
电力、热力的生产和供应业 Production and supply of electric power and heat power	22	15	18	15
燃气生产和供应业 Production and distribution of gas	1	1	1	1
水的生产和供应业 Production and distribution of water	8	8	8	6

3-53 各地区大中型工业企业(有限责任公司)科技项目与专利(2003)

Projects and Patents for S&T Activities in LMIE (Limited Liability Corporations) by Region

单位:项 (unit)

地区 Region		科技活动项目数 Projects for S&T Activities	新产品开发项目数 Projects for New Product	专利申请 Patent Applications	发明专利数 Inventive Patent	拥有发明专利数 Owning Inventive Patent
全国	**Total**	**41562**	**24453**	**7766**	**2911**	**3138**
东部地区	Eastern Region	22659	13717	5803	2408	1945
中部地区	Mid Region	8721	3478	695	150	401
西部地区	Western Region	10182	7258	1268	353	792
北京	Beijing	411	185	143	84	71
天津	Tianjin	1029	739	233	125	46
河北	Hebei	2009	815	177	28	43
山西	Shanxi	1360	545	27	8	23
内蒙古	Neimenggu	397	158	47	20	23
辽宁	Liaoning	2992	1611	201	62	113
吉林	Jilin	341	173	18	16	12
黑龙江	Heilongjiang	1652	353	134	25	52
上海	Shanghai	737	569	447	50	157
江苏	Jiangsu	3805	2557	565	118	361
浙江	Zhejiang	1845	1247	770	222	263
安徽	Anhui	1236	611	205	40	119
福建	Fujian	639	110	157	32	50
江西	Jiangxi	630	319	29	10	31
山东	Shandong	6951	4612	1218	262	414
河南	Henan	2058	813	143	26	85
湖北	Hubei	923	354	31	8	38
湖南	Hunan	521	310	108	17	41
广东	Guangdong	2236	1267	1892	1425	427
广西	Guangxi	374	214	35	3	4
海南	Hainan	5	5			
重庆	Chongqing	1072	717	332	30	347
四川	Sichuan	5786	4740	643	250	239
贵州	Guizhou	427	301	37	14	30
云南	Yunnan	372	137	58	15	18
西藏	Tibet					
陕西	Shaanxi	1212	792	43	7	88
甘肃	Gansu	169	93	19	2	7
青海	Qinghai	33	4	4		5
宁夏	Ningxia	148	75	32	10	28
新疆	Xinjiang	192	27	18	2	3

3-54 分行业大中型工业企业(有限责任公司)科技项目与专利(2003)

Projects and Patents for S&T Activities in LMIE (Limited Liability Corporations) by Industry

单位:项 (unit)

行业 Industry	科技活动项目数 Projects for S&T Activities	新产品开发项目数 Projects for New Product	专利申请 Patent Applications	发明专利数 Inventive Patent	拥有发明专利数 Owning Inventive Patent
总计 Total	**41562**	**24453**	**7766**	**2911**	**3138**
煤炭开采和洗选业 Mining and washing of coal	3100	508	84	17	55
石油和天然气开采业 Extraction of petroleum and natural gas	665	194	154	26	71
黑色金属矿采选业 Mining of ferrous metal ores	4				
有色金属矿采选业 Mining of non-ferrous metal ores	78	14	4	3	1
非金属矿采选业 Mining and processing of nonmetal ores	81	42	2	2	8
其他采矿业 Mining of other ores n. e. c					
农副食品加工业 Processing of food from agricultural products	356	259	48	14	58
食品制造业 Manufacture of foods	263	167	72	8	12
饮料制造业 Manufacture of beverage	540	263	497	177	286
烟草制品业 Manufacture of tobacco	102	40	5	3	5
纺织业 Manufacture of textile	2945	2422	131	25	17
纺织服装、鞋、帽制造业 Manufacture of textile wearing apparel, footware, and caps	150	114	4		4
皮革、毛皮、羽毛(绒)及其制品业 Manufacture of leather, fur, feather and its products	55	47	1		

3－54 续表 1

单位:项 (unit)

行　业 Industry	科技活动项目数 Projects for S&T Activities	新产品开发项目数 Projects for New Product	专利申请 Patent Applications	发明专利数 Inventive Patent	拥有发明专利数 Owning Inventive Patent
木材加工及木、竹、藤、棕、草制品业 Processing of timbers, manufacture of wood, bamboo, rattan, palm, straw	39	11			1
家具制造业 Manufacture of furniture	19	8			
造纸及纸制品业 Manufacture of paper and paper products	231	85	30	13	11
印刷业和记录媒介的复制 Printing, reproduction of recording media	44	37	14	8	
文教体育用品制造业 Manufacture of articles for culture, education and sport activity	49	45	28		14
石油加工、炼焦及核燃料加工业 Processing of petroleum ,coking, Processing of nucleus fuel	216	39	13	8	17
化学原料及化学制品制造业 Manufacture of chemical raw material and chemical products	2143	1016	249	142	206
医药制造业 Manufacture of medicines	1627	990	364	239	119
化学纤维制造业 Manufacture of chemical fiber	499	199	41	17	24
橡胶制品业 Manufacture of rubber	836	520	79	56	38
塑料制品业 Manufacture of plastic	246	119	15	2	30
非金属矿物制品业 Manufacture of non-metallic mineral products	763	386	126	33	47
黑色金属冶炼及压延加工业 Manufacture and processing of ferrous metals	2464	555	226	53	181

3－54 续表2

单位:项 (unit)

行　业 Industry	科技活动项目数 Projects for S&T Activities	新产品开发项目数 Projects for New Product	专利申请 Patent Applications	发明专利数 Inventive Patent	拥有发明专利数 Owning Inventive Patent
有色金属冶炼及压延加工业 Manufacture and processing of non-ferrous metals	561	221	147	73	50
金属制品业 Manufacture of metal products	338	165	188	8	15
通用设备制造业 Manufacture of general purpose machinery	5167	3584	381	56	233
专用设备制造业 Manufacture of special purpose machinery	1842	1141	568	58	302
交通运输设备制造业 Manufacture of transport equipment	5203	3427	995	112	479
电气机械及器材制造业 Manufacture of electrical machinery and equipment	2832	1802	596	147	169
通信设备、计算机及其他电子设备制造业 Manufacture of communication, computer, other electronic equipment	6322	5112	2271	1481	491
仪器仪表及文化、办公用机械制造业 Manufacture of measuring instrument, machinery for cultural and office work	1130	851	220	121	145
工艺品及其他制造业 Manufacture of artwork, other manufacture n. e. c	69	38	191	3	37
电力、热力的生产和供应业 Production and supply of electric power and heat power	503	12	11	1	8
燃气生产和供应业 Production and distribution of gas	33	3			1
水的生产和供应业 Production and distribution of water	47	17	11	5	3

3-55 各地区大中型工业企

Major Indicators of LMIEE

单位:万元

地 区 Region	企业数(个) Number of Large & Medium-sized Enterprises	#有科技机构的企业数 having institutes for S&T	#有科技活动的企业数 having activities for S&T	工业总产值 Gross Value of Industrial Output	新产品 New Products
全 国 Total	**2178**	**971**	**1342**	**160140371**	**24211494**
东部地区 Eastern Region	1086	517	713	95243476	19259958
中部地区 Mid Region	631	261	348	38106485	2210395
西部地区 Western Region	461	193	281	26790409	2741141
北 京 Beijing	56	25	47	4578706	2280954
天 津 Tianjin	39	15	22	4968695	475778
河 北 Hebei	101	39	53	6023683	567114
山 西 Shanxi	50	15	20	1522999	43292
内蒙古 Neimenggu	48	16	27	3220242	168012
辽 宁 Liaoning	67	26	36	11631655	517272
吉 林 Jilin	64	24	32	4335632	168372
黑龙江 Heilongjiang	54	19	25	12909152	45348
上 海 Shanghai	46	16	36	6265841	1278340
江 苏 Jiangsu	188	106	136	14729875	3076654
浙 江 Zhejiang	136	85	110	11231176	2850888
安 徽 Anhui	69	47	55	3803517	372360
福 建 Fujian	53	29	41	1912473	501689
江 西 Jiangxi	20	12	13	614832	64348
山 东 Shandong	276	106	141	15827700	2040063
河 南 Henan	127	55	70	4761391	589989
湖 北 Hubei	164	50	84	6312483	421252
湖 南 Hunan	83	39	49	3846480	505435
广 东 Guangdong	118	68	89	17845605	5666940
广 西 Guangxi	39	26	28	2280260	834031
海 南 Hainan	6	2	2	228067	4266
重 庆 Chongqing	39	22	28	2184583	777450
四 川 Sichuan	154	40	84	3373032	465258
贵 州 Guizhou	20	8	13	1009367	102287
云 南 Yunnan	43	18	26	1341514	109640
西 藏 Tibet					
陕 西 Shaanxi	49	24	29	1189316	142330
甘 肃 Gansu	15	8	12	3713282	20858
青 海 Qinghai	17	9	11	1325575	52387
宁 夏 Ningxia	10	4	5	451120	18566
新 疆 Xinjiang	27	18	18	6702119	50322

业(股份有限公司)基本情况(2003)
(Share Holding Enterprises) by Region

(10,000 yuan)

产品销售收入 Total Revenue from the Sale of Products	新产品 New Products	产品销售利润 Profits from the Sale of Total Products	新产品 New Products	年末从业人员(人) Employees (year-end) (person)	工程技术人员 Technical Engineering Personnel	生产经营用设备原价 Original Value of Equipment	微电子控制 Equipment Controlled by Micro-electronics
158730439	**23716012**	**28353608**	**2540360**	**3658211**	**480629**	**128745795**	**10633738**
94863953	18853411	12767066	1835705	1782757	230010	56830621	6422590
37472183	2265876	10547722	288325	1142533	154153	48715521	2555935
26394303	2596725	5038821	416329	732921	96466	23199653	1655214
4472375	2251879	494943	150047	75804	10403	1799905	43577
4809533	485263	1110348	49352	58976	6205	3444645	83159
7603384	532420	1299189	57363	184670	18469	5552222	268359
1494778	50267	289834	6452	81547	7005	1707299	81152
3091548	162745	299840	20425	78861	10342	1738709	65991
11590653	487296	1378294	35802	134621	22910	7505263	1022572
5031545	197537	743205	29134	132578	19341	5486402	1206005
12728692	43629	6581683	6024	202693	29230	18249307	191730
6893545	1305999	1533891	252854	71262	8628	11653174	562017
14557619	2969700	1616691	276799	289259	41832	7604681	2147336
11200455	2704837	1266539	278665	199579	14943	2955956	543942
3819408	399016	637425	62734	141220	16364	2794896	381128
1924587	475658	286275	138841	64447	10426	1270564	386197
609210	125031	138348	19561	27039	4013	362528	7382
15512147	1938634	1866688	318828	515299	61391	9515091	443509
4807723	568936	833965	72551	245697	34452	4372508	165546
6039350	381344	898308	54228	217761	29240	14315419	363945
2941476	500117	424954	37641	93998	14508	1427162	159048
16088024	5698483	1894257	276444	184255	34118	5407644	919443
2364197	866493	300051	88600	64279	8623	796470	94046
211632	3242	19953	710	4585	685	121477	2482
2183497	730216	365459	184723	56549	8794	940394	189725
3290937	334451	513335	46532	171329	19449	2297798	203355
994563	98253	193616	16253	41974	3884	1006929	41923
1313007	68206	218918	9986	52162	7047	1034925	106714
1113634	141368	189001	29935	59636	6761	777114	244161
3672288	63770	339367	4601	71199	9672	3401730	123162
1229733	55526	293231	8208	31692	4220	1532635	61076
439528	17893	419316	1751	24337	2500	555073	16300
6701372	57804	1906689	5315	80903	15174	9117877	508762

3－56 分行业大中型工业企

Major Indicators of LMIE

单位:万元

行业 Industry	企业数(个) Number of Large & Medium-sized Enterprises	#有科技机构的企业数 having institutes for S&T	#有科技活动的企业数 having activities for S&T
总计 **Total**	**2178**	**971**	**1342**
煤炭开采和洗选业 Mining and washing of coal	25	9	11
石油和天然气开采业 Extraction of petroleum and natural gas	18	13	15
黑色金属矿采选业 Mining of ferrous metal ores	10		
有色金属矿采选业 Mining of non-ferrous metal ores	12	3	4
非金属矿采选业 Mining and processing of nonmetal ores	8	4	5
其他采矿业 Mining of other ores n. e. c			
农副食品加工业 Processing of food from agricultural products	66	17	27
食品制造业 Manufacture of foods	51	15	21
饮料制造业 Manufacture of beverage	71	31	46
烟草制品业 Manufacture of tobacco	4	1	1
纺织业 Manufacture of textile	165	40	69
纺织服装、鞋、帽制造业 Manufacture of textile wearing apparel, footware, and caps	30	8	12
皮革、毛皮、羽毛(绒)及其制品业 Manufacture of leather, fur, feather and its products	14	4	4
木材加工及木、竹、藤、棕、草制品业 Processing of timbers, manufacture of wood, bamboo, rattan, palm, straw	15	4	7
家具制造业 Manufacture of furniture	11	1	4
造纸及纸制品业 Manufacture of paper and paper products	55	15	21
印刷业和记录媒介的复制 Printing, reproduction of recording media	15	4	7
文教体育用品制造业 Manufacture of articles for culture, education and sport activity	5	3	3
石油加工、炼焦及核燃料加工业 Processing of petroleum , coking, Processing of nucleus fuel	43	23	28

业(股份有限公司)基本情况(2003)
(Share Holding Enterprises) by Industry

(10,000 yuan)

工业总产值 Gross Value of Industrial Output	新产品 New Products	产品销售收入 Total Revenue from the Sale of Products	新产品 New Products	产品销售利润 Profits from the Sale of Total Products	新产品 New Products	年末从业人员(人) Employees (year-end) (person)	工程技术人员 Technical Engineering Personnel	生产经营用设备原价 Original Value of Equipment	微电子控制 Equipment Controlled by Micro-electronics
160140371	**24211494**	**158730439**	**23716012**	**28353608**	**2540360**	**3658211**	**480629**	**128745795**	**10633738**
2470158		2501950	7313	636911	779	221628	17126	3092758	33403
18131787	543	18888398	654	10855803	184	245561	51613	31170250	473091
128425		113557		17410		7237	384	60874	8
362620		368698		34857		13327	1531	125281	1166
121199	2449	132068	2416	38834	1147	12043	1040	66057	478
2989238	117934	2985245	112420	226854	11489	85937	6075	998724	29501
2225689	354912	2194131	348700	319183	29238	58741	6819	774044	51602
2556483	155698	2439394	146106	313084	23500	84062	11038	1163602	225463
122990		111938		14354		1481	43	23173	397
4961528	476009	5262423	464643	493357	41351	340096	18656	2629435	327882
2050410	354368	1968971	345529	247059	24674	78282	6584	595277	141962
1187574	138918	1103599	132851	118634	20766	29657	1042	122210	1792
272720	48404	293909	47290	25917	4194	15180	1330	222160	10639
201677	8758	203569	11674	25217	954	13598	928	133543	13268
2035543	255844	1920612	305018	290739	41060	90210	8228	1760858	287646
242312	23710	220712	21262	44973	2848	8880	1434	133660	67859
184192	4645	196404	4522	27383	574	7829	380	25231	3487
30558417	366789	30399323	414416	1479499	10363	149295	31325	16054898	1374725

3-56 续表

单位:万元

行 业 Industry	企业数(个) Number of Large & Medium-sized Enterprises	#有科技机构的企业数 having institutes for S&T	#有科技活动的企业数 having activities for S&T
化学原料及化学制品制造业 Manufacture of chemical raw material and chemical products	237	121	153
医药制造业 Manufacture of medicines	189	129	155
化学纤维制造业 Manufacture of chemical fiber	23	13	17
橡胶制品业 Manufacture of rubber	24	14	18
塑料制品业 Manufacture of plastic	35	14	20
非金属矿物制品业 Manufacture of non-metallic mineral products	181	49	80
黑色金属冶炼及压延加工业 Manufacture and processing of ferrous metals	44	19	25
有色金属冶炼及压延加工业 Manufacture and processing of non-ferrous metals	69	28	42
金属制品业 Manufacture of metal products	32	10	16
通用设备制造业 Manufacture of general purpose machinery	133	78	108
专用设备制造业 Manufacture of special purpose machinery	105	67	83
交通运输设备制造业 Manufacture of transport equipment	110	56	80
电气机械及器材制造业 Manufacture of electrical machinery and equipment	114	76	96
通信设备、计算机及其他电子设备制造业 Manufacture of communication,computer,other electronic equipment	106	69	98
仪器仪表及文化、办公用机械制造业 Manufacture of measuring instrument,machinery for cultural and office work	26	14	22
工艺品及其他制造业 Manufacture of artwork, other manufacture n. e. c	11	4	6
电力、热力的生产和供应业 Production and supply of electric power and heat power	111	13	33
燃气生产和供应业 Production and distribution of gas	3	1	1
水的生产和供应业 Production and distribution of water	7	1	4

(10,000 yuan)

工业总产值 Gross Value of Industrial Output	新产品 New Products	产品销售收入 Total Revenue from the Sale of Products	新产品 New Products	产品销售利润 Profits from the Sale of Total Products	新产品 New Products	年末从业人员(人) Employees (year-end) (person)	工程技术人员 Technical Engineering Personnel	生产经营用设备原价 Original Value of Equipment	微电子控制 Equipment Controlled by Micro-electronics
13484147	1986052	13340575	2027559	1624320	264806	318063	51351	11429103	3118523
4972465	860409	4633631	782260	1238361	212238	186579	33617	2008100	258638
2384209	573010	2393506	600337	248859	79287	51045	6286	2435362	176632
1010975	155021	931374	145592	107555	13146	36787	3041	427671	16711
1246321	212214	1240916	208903	140230	27870	36691	5051	525975	46544
3809375	218703	3655217	239414	615478	39832	216142	23899	3462686	250063
12279094	1048503	12908818	1061104	2454852	255960	187848	20961	15157799	879617
4978214	432364	4669646	425526	680413	88541	112680	13758	3302544	344611
1020556	123101	943294	96306	162990	11036	37636	4229	417969	30131
3842844	1300416	3633331	1070294	587095	141350	158445	23275	1595811	218930
4873962	1421379	4668717	1309148	607225	107694	136452	17989	1173182	144306
10499533	3804783	10244347	3816476	1079715	432255	201929	25349	2778132	289052
8704963	4287529	7725087	3450285	911929	270792	176818	22246	1894503	357657
10534440	5312108	9708876	5948412	1329091	343698	148358	33539	2016812	566813
468439	124828	441577	127497	70554	28180	22446	3142	187626	23122
155181	19216	151261	19209	22579	5587	20626	682	29456	610
4880290	22879	5925282	22879	1223172	4970	138410	25459	20427995	865628
106020		121259		2992		4025	355	168993	1783
86381		88823		36132		4187	824	154044	

3-57 各地区大中型工业企业(股份有限公司)科技活动人员(2003)

Personnel for S&T Activities in LMIE(Share Holding Enterprises) by Region

单位:人 (person)

地区 Region		科技活动人员 Personnel for S&T Activities	科学家和工程师 Scientists & Engineers	科技机构人员 Personnel in S&T Institutes	科学家和工程师 Scientists & Engineers
全国	**Total**	**255553**	**168164**	**118169**	**83654**
东部地区	Eastern Region	131857	87527	61139	42151
中部地区	Mid Region	76970	48804	33199	23799
西部地区	Western Region	46726	31833	23831	17704
北京	Beijing	8989	6217	3814	2725
天津	Tianjin	3493	2307	1866	1345
河北	Hebei	7496	4893	5709	3389
山西	Shanxi	3839	2436	1472	1069
内蒙古	Neimenggu	3629	2566	2012	1409
辽宁	Liaoning	8827	7156	4137	2914
吉林	Jilin	4788	3917	1891	1569
黑龙江	Heilongjiang	17770	10872	6060	4480
上海	Shanghai	6642	4105	1587	1084
江苏	Jiangsu	29333	17657	9423	6307
浙江	Zhejiang	11134	6738	7761	4552
安徽	Anhui	10319	4852	4467	2493
福建	Fujian	6564	3956	2418	1516
江西	Jiangxi	2644	1555	1562	947
山东	Shandong	24908	15008	12656	8511
河南	Henan	14139	8646	7926	5167
湖北	Hubei	14903	10479	5409	4539
湖南	Hunan	8568	6047	4412	3535
广东	Guangdong	24351	19370	11687	9727
广西	Guangxi	4804	2991	1962	1530
海南	Hainan	120	120	81	81
重庆	Chongqing	4056	3021	2613	2013
四川	Sichuan	11963	7585	4584	3405
贵州	Guizhou	2633	1624	496	354
云南	Yunnan	1448	1039	900	658
西藏	Tibet				
陕西	Shaanxi	3040	2070	1498	991
甘肃	Gansu	6402	5467	4489	3891
青海	Qinghai	1714	990	1168	699
宁夏	Ningxia	810	428	390	245
新疆	Xinjiang	6227	4052	3719	2509

3－58　分行业大中型工业企业(股份有限公司)科技活动人员(2003)

Personnel for S&T Activities in LMIE(Share Holding Enterprises) by Industry

单位:人　　　　(person)

行　业 Industry	科技活动人员 Personnel for S&T Activities	科学家和工程师 Scientists & Engineers	科技机构人员 Personnel in S&T Institutes	科学家和工程师 Scientists & Engineers
总计 **Total**	**255553**	**168164**	**118169**	**83654**
煤炭开采和洗选业 Mining and washing of coal	5026	3468	732	424
石油和天然气开采业 Extraction of petroleum and natural gas	28853	19429	12506	9116
黑色金属矿采选业 Mining of ferrous metal ores				
有色金属矿采选业 Mining of non-ferrous metal ores	708	358	130	100
非金属矿采选业 Mining and processing of nonmetal ores	339	180	225	110
其他采矿业 Mining of other ores n. e. c				
农副食品加工业 Processing of food from agricultural products	2681	1874	1320	836
食品制造业 Manufacture of foods	1312	824	798	545
饮料制造业 Manufacture of beverage	3963	2389	2051	1241
烟草制品业 Manufacture of tobacco	35	35	35	34
纺织业 Manufacture of textile	8245	2882	3432	1536
纺织服装、鞋、帽制造业 Manufacture of textile wearing apparel, footware, and caps	1980	1417	1621	1075
皮革、毛皮、羽毛(绒)及其制品业 Manufacture of leather, fur, feather and its products	384	148	352	122
木材加工及木、竹、藤、棕、草制品业 Processing of timbers, manufacture of wood, bamboo, rattan, palm, straw	535	379	355	189
家具制造业 Manufacture of furniture	145	99	6	2
造纸及纸制品业 Manufacture of paper and paper products	3537	1768	1436	750
印刷业和记录媒介的复制 Printing, reproduction of recording media	871	656	433	233
文教体育用品制造业 Manufacture of articles for culture, education and sport activity	281	120	222	87
石油加工、炼焦及核燃料加工业 Processing of petroleum, coking, Processing of nucleus fuel	8961	6191	3840	2066

3－58 续表

单位：人 (person)

行 业 Industry	科技活动人员 Personnel for S&T Activities	科学家和工程师 Scientists & Engineers	科技机构人员 Personnel in S&T Institutes	科学家和工程师 Scientists & Engineers
化学原料及化学制品制造业 Manufacture of chemical raw material and chemical products	28675	17577	11148	7495
医药制造业 Manufacture of medicines	14218	9457	7096	5251
化学纤维制造业 Manufacture of chemical fiber	5071	2525	1591	956
橡胶制品业 Manufacture of rubber	2524	1302	1178	629
塑料制品业 Manufacture of plastic	3388	2104	1887	1143
非金属矿物制品业 Manufacture of non-metallic mineral products	10856	6046	4127	2474
黑色金属冶炼及压延加工业 Manufacture and processing of ferrous metals	13560	9433	7137	5667
有色金属冶炼及压延加工业 Manufacture and processing of non-ferrous metals	6917	4407	2654	1551
金属制品业 Manufacture of metal products	4187	3110	2167	1917
通用设备制造业 Manufacture of general purpose machinery	18207	11095	7228	5413
专用设备制造业 Manufacture of special purpose machinery	12942	8853	7193	5711
交通运输设备制造业 Manufacture of transport equipment	15726	11661	8964	6808
电气机械及器材制造业 Manufacture of electrical machinery and equipment	17804	12602	9139	6932
通信设备、计算机及其他电子设备制造业 Manufacture of communication, computer, other electronic equipment	27368	21177	15189	11896
仪器仪表及文化、办公用机械制造业 Manufacture of measuring instrument, machinery for cultural and office work	2798	1959	1061	714
工艺品及其他制造业 Manufacture of artwork, other manufacture n. e. c	490	278	278	173
电力、热力的生产和供应业 Production and supply of electric power and heat power	2676	2075	576	396
燃气生产和供应业 Production and distribution of gas	226	223	12	12
水的生产和供应业 Production and distribution of water	64	63	50	50

3-59 各地区大中型工业企业(股份有限公司)科技活动经费筹集(2003)

Sources of Funds for S&T of LMIE(Share Holding Enterprises) by Region

单位:万元 (10,000 yuan)

地区 Region	科技活动经费筹集总额 Total Funds Obtaied for S&T Activities	政府资金 Government Grant	企业资金 Enterprise Self-financed	金融机构贷款 Bank Loans	来自国外的资金 from Abroad
全国 Total	**3193246**	**75684**	**2741929**	**317602**	**5906**
东部地区 Eastern Region	1948042	41704	1723707	152776	1118
中部地区 Mid Region	750707	15949	599638	111181	4778
西部地区 Western Region	494496	18031	418584	53644	10
北京 Beijing	154452	6961	131554	13895	28
天津 Tianjin	40138	2563	35108	2400	
河北 Hebei	66400	1367	62597	2230	
山西 Shanxi	60778	1063	55045	2084	2300
内蒙古 Neimenggu	24738	1015	23233	430	
辽宁 Liaoning	117223	1656	106230	7850	
吉林 Jilin	31487	825	29312	1287	30
黑龙江 Heilongjiang	99896	553	90057	1422	
上海 Shanghai	141952	1390	136114	4225	
江苏 Jiangsu	459255	7107	395170	47814	
浙江 Zhejiang	176347	5186	152664	13121	1090
安徽 Anhui	180741	1311	117944	54827	
福建 Fujian	81473	1264	73616	6593	
江西 Jiangxi	19600	481	18139	980	
山东 Shandong	247296	5443	193434	40451	
河南 Henan	91999	2224	75298	13930	
湖北 Hubei	118057	4246	96237	12644	2448
湖南 Hunan	148151	5246	117608	24008	
广东 Guangdong	462810	8768	436525	14197	
广西 Guangxi	79996	1882	63944	13732	
海南 Hainan	696		696		
重庆 Chongqing	71193	2004	67279	1910	
四川 Sichuan	75487	3308	56240	13158	10
贵州 Guizhou	33054	1100	30836	800	
云南 Yunnan	23087	1754	12999	8293	
西藏 Tibet					
陕西 Shaanxi	32693	1782	26319	4592	
甘肃 Gansu	43942	2167	34775	7000	
青海 Qinghai	22791	1581	20792	30	
宁夏 Ningxia	11485	370	8915	2200	
新疆 Xinjiang	76030	1068	73252	1500	

3-60 分行业大中型工业企业(股份有限公司)科技活动经费筹集(2003)

Sources of Fund for S&T of LMIE(Share Holding Enterprises) by Industry

单位:万元 (10,000 yuan)

行业 Industry	科技活动经费筹集总额 Total Funds Obtaied for S&T Activities	政府资金 Government Grant	企业资金 Enterprise Self-financed	金融机构贷款 Bank Loans	来自国外的资金 from Abroad
总计 Total	**3193246**	**75684**	**2741929**	**317602**	**5906**
煤炭开采和洗选业 Mining and washing of coal	31415	60	29235		
石油和天然气开采业 Extraction of petroleum and natural gas	217119	15	212658		
黑色金属矿采选业 Mining of ferrous metal ores					
有色金属矿采选业 Mining of non-ferrous metal ores	1962	230	1732		
非金属矿采选业 Mining and processing of nonmetal ores	14303	61	6042	8200	
其他采矿业 Mining of other ores n. e. c					
农副食品加工业 Processing of food from agricultural products	19670	1601	15902	1678	
食品制造业 Manufacture of foods	18013	2439	15313	75	
饮料制造业 Manufacture of beverage	39457	90	27141	12190	
烟草制品业 Manufacture of tobacco	580	15	365	200	
纺织业 Manufacture of textile	68234	410	63476	4314	
纺织服装、鞋、帽制造业 Manufacture of textile wearing apparel, footware, and caps	51740	2534	33844	13303	
皮革、毛皮、羽毛(绒)及其制品业 Manufacture of leather, fur, feather and its products	10499	20	10479		
木材加工及木、竹、藤、棕、草制品业 Processing of timbers, manufacture of wood, bamboo, rattan, palm, straw	6273	596	4675	1000	
家具制造业 Manufacture of furniture	1261	3	1258		
造纸及纸制品业 Manufacture of paper and paper products	33753	891	25502	7200	
印刷业和记录媒介的复制 Printing, reproduction of recording media	6198	680	4518	1000	
文教体育用品制造业 Manufacture of articles for culture, education and sport activity	1499	10	1489		

3-60 续表

单位:万元 (10,000 yuan)

行业 Industry	科技活动经费筹集总额 Total Funds Obtaied for S&T Activities	政府资金 Government Grant	企业资金 Enterprise Self-financed	金融机构贷款 Bank Loans	来自国外的资金 from Abroad
石油加工、炼焦及核燃料加工业 Processing of petroleum ,coking,Processing of nucleus fuel	94083	2430	82934	2522	
化学原料及化学制品制造业 Manufacture of chemical raw material and chemica l products	402399	8104	353709	32395	140
医药制造业 Manufacture of medicines	200459	8949	160067	26126	
化学纤维制造业 Manufacture of chemical fiber	90297	1307	75465	9850	
橡胶制品业 Manufacture of rubber	23931	268	22083	1560	
塑料制品业 Manufacture of plastic	28465	1273	16360	1850	2313
非金属矿物制品业 Manufacture of non-metallic mineral products	90810	1919	76760	10870	10
黑色金属冶炼及压延加工业 Manufacture and processing of ferrous metals	316807	2662	254112	59990	
有色金属冶炼及压延加工业 Manufacture and processing of non-ferrous metals	134878	946	124684	8467	
金属制品业 Manufacture of metal products	20912	2230	16383		
通用设备制造业 Manufacture of general purpose machinery	155196	4752	116433	32229	165
专用设备制造业 Manufacture of special purpose machinery	144395	3678	111712	25962	
交通运输设备制造业 Manufacture of transport equipment	213312	5565	193042	14609	
电气机械及器材制造业 Manufacture of electrical machinery and equipment	258405	5048	238769	12550	950
通信设备、计算机及其他电子设备制造业 Manufacture of communication,computer,other electronic equipment	436629	14516	391349	28780	28
仪器仪表及文化、办公用机械制造业 Manufacture of measuring instrument,machinery for cultural and office work	18755	1873	16085	500	
工艺品及其他制造业 Manufacture of artwork, other manufacture n. e. c	3446	50	3396		
电力、热力的生产和供应业 Production and supply of electric power and heat power	37207	370	34214	183	2300
燃气生产和供应业 Production and distribution of gas	476		476		
水的生产和供应业 Production and distribution of water	409	90	269		

3－61 各地区大中型工业企业(股份有限公司)
Intramural Expenditure on S&T Activities of LMIE

单位:万元

地 区 Region	科技活动经费内部支出总额 Intramural Expenditure on S&T Activities	劳务费 Compensation for Laborers
全 国 Total	**2894283**	**657861**
东部地区 Eastern Region	1846051	420796
中部地区 Mid Region	638493	135714
西部地区 Western Region	409739	101352
北 京 Beijing	142642	26643
天 津 Tianjin	36692	11486
河 北 Hebei	70250	12601
山 西 Shanxi	59101	4602
内 蒙 古 Neimenggu	25130	5756
辽 宁 Liaoning	114619	19817
吉 林 Jilin	35367	6928
黑 龙 江 Heilongjiang	82848	32993
上 海 Shanghai	144752	25902
江 苏 Jiangsu	431465	78849
浙 江 Zhejiang	154312	33695
安 徽 Anhui	162456	23700
福 建 Fujian	75415	19094
江 西 Jiangxi	21704	4201
山 东 Shandong	234054	38530
河 南 Henan	64768	17997
湖 北 Hubei	104097	23565
湖 南 Hunan	108153	21728
广 东 Guangdong	441237	154019
广 西 Guangxi	75156	10757
海 南 Hainan	613	160
重 庆 Chongqing	52076	8644
四 川 Sichuan	71285	19904
贵 州 Guizhou	30280	5649
云 南 Yunnan	9160	3402
西 藏 Tibet		
陕 西 Shaanxi	22844	6353
甘 肃 Gansu	27648	10373
青 海 Qinghai	22309	8669
宁 夏 Ningxia	11322	1236
新 疆 Xinjiang	62530	20609

科技活动经费内部支出(2003)
(Share Holding Enterprises) by Region

(10,000 yuan)

原材料费 Raw Material Expenditure	固定资产购建费 Expenditure on the Purchase of Fixed Assets	设备购置 Purchase of Instruments	开发新产品经费 Spending for New Products	科技机构经费 Spending for S&T Institute
753524	**951368**	**815006**	**1163730**	**1391882**
482286	607103	524819	805458	895564
163242	239704	202521	190789	262931
107996	104561	87666	167483	233387
31756	17292	15519	62835	70887
4999	16161	10573	18594	21439
24873	22093	21947	15598	36708
22371	25626	23432	31214	24084
9055	6744	5872	5454	14755
33082	38685	33017	16570	58137
8301	11934	8882	15555	16695
11948	27123	22229	6540	63256
27817	37013	31873	35141	37643
123523	172514	153180	177490	178560
47992	55456	42008	92893	95924
44086	84645	82288	36904	37878
15235	33029	20270	37125	30985
5306	8266	3954	9722	10798
72252	77982	70423	80832	138113
25628	11910	10552	24889	42591
22979	28174	22151	33018	37933
22623	42028	29034	32948	29696
100596	136627	125757	268237	226555
16909	25517	22155	46805	45717
162	252	252	143	613
17891	7959	6464	37267	32622
15920	20969	14590	37045	22971
9880	4970	4857	10313	12312
2059	2417	2092	3598	5802
6801	4301	4220	12736	14847
5183	9524	9351	2481	17791
6344	2445	1795	3688	15756
6543	2068	2068	4814	8596
11412	17646	14202	3283	42218

3-62 分行业大中型工业企业(股份有限公司)
Intramural Expenditure on S&T Activities

单位:万元

行 业 Industry	科技活动经费内部支出总额 Intramural Expenditure on S&T Activities	劳务费 Compensation for Laborers
总 计 **Total**	**2894283**	**657861**
煤炭开采和洗选业 Mining and washing of coal	29544	4696
石油和天然气开采业 Extraction of petroleum and natural gas	196093	76453
黑色金属矿采选业 Mining of ferrous metal ores		
有色金属矿采选业 Mining of non-ferrous metal ores	1833	1009
非金属矿采选业 Mining and processing of nonmetal ores	1607	294
其他采矿业 Mining of other ores n. e. c		
农副食品加工业 Processing of food from agricultural products	20025	3765
食品制造业 Manufacture of foods	15697	2272
饮料制造业 Manufacture of beverage	39171	5681
烟草制品业 Manufacture of tobacco	526	37
纺织业 Manufacture of textile	65221	9628
纺织服装、鞋、帽制造业 Manufacture of textile wearing apparel, footware, and caps	53879	4283
皮革、毛皮、羽毛(绒)及其制品业 Manufacture of leather, fur, feather and its products	9672	2142
木材加工及木、竹、藤、棕、草制品业 Processing of timbers, manufacture of wood, bamboo, rattan, palm, straw	6232	754
家具制造业 Manufacture of furniture	1031	366
造纸及纸制品业 Manufacture of paper and paper products	31379	4603
印刷业和记录媒介的复制 Printing, reproduction of recording media	6612	3277

科技活动经费内部支出(2003)

of LMIE(Share Holding Enterprises) by Industry

(10,000 yuan)

原材料费 Raw Material Expenditure	固定资产购建费 Expenditure on the Purchase of Fixed Assets	设备购置 Purchase of Instruments	开发新产品经费 Spending for New Products	科技机构经费 Spending for S&T Institute
753524	**951368**	**815006**	**1163730**	**1391882**
8531	8375	8018	594	4070
34497	46306	40047	7781	131637
136	670	663		1111
248	913	495	117	796
4156	6815	4958	4598	8018
2853	8910	8383	4309	13971
8206	20577	19222	18782	27608
293	184	184	84	526
20129	28227	27181	40586	31555
3679	38812	34589	20254	33398
5264	2223	2088	9173	9112
3178	585	505	4996	3929
255	384	384	980	5
13011	11162	10070	6782	21041
1472	1580	1414	2801	2425

3－62 续表

单位:万元

行 业 Industry	科技活动经费内部支出总额 Intramural Expenditure on S&T Activities	劳务费 Compensation for Laborers
文教体育用品制造业 Manufacture of articles for culture, education and sport activity	1386	561
石油加工、炼焦及核燃料加工业 Processing of petroleum ,coking, Processing of nucleus fuel	77441	22578
化学原料及化学制品制造业 Manufacture of chemical raw material and chemical products	348075	71313
医药制造业 Manufacture of medicines	173014	29566
化学纤维制造业 Manufacture of chemical fiber	98453	8051
橡胶制品业 Manufacture of rubber	23857	4856
塑料制品业 Manufacture of plastic	30402	6511
非金属矿物制品业 Manufacture of non-metallic mineral products	78262	12223
黑色金属冶炼及压延加工业 Manufacture and processing of ferrous metals	284705	39038
有色金属冶炼及压延加工业 Manufacture and processing of non-ferrous metals	82461	12773
金属制品业 Manufacture of metal products	19599	5058
通用设备制造业 Manufacture of general purpose machinery	167628	36444
专用设备制造业 Manufacture of special purpose machinery	137339	34212
交通运输设备制造业 Manufacture of transport equipment	178479	33633
电气机械及器材制造业 Manufacture of electrical machinery and equipment	270288	50079
通信设备、计算机及其他电子设备制造业 Manufacture of communication, computer, other electronic equipment	400618	160296
仪器仪表及文化、办公用机械制造业 Manufacture of measuring instrument, machinery for cultural and office work	16583	6071
工艺品及其他制造业 Manufacture of artwork, other manufacture n. e. c	3258	763
电力、热力的生产和供应业 Production and supply of electric power and heat power	23067	4242
燃气生产和供应业 Production and distribution of gas	476	248
水的生产和供应业 Production and distribution of water	373	87

(10,000 yuan)

原材料费 Raw Material Expenditure	固定资产购建费 Expenditure on the Purchase of Fixed Assets	设备购置 Purchase of Instruments	开发新产品经费 Spending for New Products	科技机构经费 Spending for S&T Institute
288	101	101	1023	1099
14197	21225	20868	10964	52279
115129	124862	109685	110918	118060
31241	72077	52000	69990	82484
28883	50905	46274	34867	25834
8678	5322	5237	12144	22593
5154	17101	15775	14626	12289
23323	31466	28313	27029	49828
65790	102633	96140	53811	80016
25464	20607	15209	18537	25157
3641	6035	4122	4964	9711
59652	48462	37190	79536	80953
50884	40862	24497	71882	59010
35679	29137	27060	110679	109500
75926	113333	90981	112217	139062
88771	79221	71887	294155	219498
4437	3699	2870	10271	7933
780	672	672	2887	915
9549	7809	7809	1395	6176
				8
150	117	117		275

3-63 各地区大中型工业企业(股份有限公司)其他技术活动经费支出(2003)

Expenditure on Other Technical Activities in LMIE (Share Holding Enterprises) by Region

单位:万元 (10,000 yuan)

地区 Region	技术改造经费 Expenditure on Technical Renovation	技术引进经费 Expenditure on Import of Technology	引进技术资料及关键设备的支出 Purchase of Documents and Key Equipments	消化吸收经费 Expenditure on Technology Absorption	购买国内技术经费 Expenditure on Purchase of Domestic Technology
全　国 Total	**4326662**	**1032049**	**870056**	**47044**	**101043**
东部地区 Eastern Region	2113986	514357	430490	28033	61560
中部地区 Mid Region	1497770	409186	355860	9477	19879
西部地区 Western Region	714905	108506	83706	9534	19604
北　京 Beijing	45244	6556	5577	84	690
天　津 Tianjin	29211	1965	1908		159
河　北 Hebei	98441	14330	8967	944	1266
山　西 Shanxi	38105	36018	23590	296	595
内蒙古 Neimenggu	44952	21723	13635	415	6335
辽　宁 Liaoning	154353	27493	23189	555	55
吉　林 Jilin	290093	68640	40400	450	3668
黑龙江 Heilongjiang	392103	20351	19923	845	10813
上　海 Shanghai	125187	35949	29214	103	189
江　苏 Jiangsu	728897	198337	183891	7134	43183
浙　江 Zhejiang	450435	136212	108613	5077	3360
安　徽 Anhui	576178	240945	237345	937	1455
福　建 Fujian	57165	22478	14918	1281	615
江　西 Jiangxi	16943	4828	2373	346	20
山　东 Shandong	257761	29560	25927	3192	4636
河　南 Henan	53607	6938	6223	390	645
湖　北 Hubei	59602	18510	17011	3371	1813
湖　南 Hunan	71140	12956	8995	2843	872
广　东 Guangdong	167285	41478	28287	9664	7408
广　西 Guangxi	36248	16187	12907	2177	823
海　南 Hainan	8				
重　庆 Chongqing	90602	23237	23006	26	3217
四　川 Sichuan	105133	19253	14279	6678	1237
贵　州 Guizhou	101641	1			1550
云　南 Yunnan	143753	13259	13152		24
西　藏 Tibet					
陕　西 Shaanxi	24436	1887	1767	141	150
甘　肃 Gansu	17315	2100	2070	21	4577
青　海 Qinghai	4369	877	825		16
宁　夏 Ningxia	22711	1486	696		98
新　疆 Xinjiang	123746	8497	1371	76	1577

3-64 分行业大中型工业企业(股份有限公司)其他技术活动经费支出(2003)

Expenditure on Other Technical Activities in LMIE (Share Holding Enterprises) by Industry

单位:万元 (10,000 yuan)

行业 Industry	技术改造经费 Expenditure on Technical Renovation	技术引进经费 Expenditure on Import of Technology	引进技术资料及关键设备的支出 Purchase of Documents and Key Equipments	消化吸收经费 Expenditure on Technology Absorption	购买国内技术经费 Expenditure on Purchase of Domestic Technology
总计 Total	**4326662**	**1032049**	**870056**	**47044**	**101043**
煤炭开采和洗选业 Mining and washing of coal	21676	693	537		355
石油和天然气开采业 Extraction of petroleum and natural gas	288441	11738	1503		
黑色金属矿采选业 Mining of ferrous metal ores					
有色金属矿采选业 Mining of non-ferrous metal ores	119				
非金属矿采选业 Mining and processing of nonmetal ores	6582	7400	7400		104
其他采矿业 Mining of other ores n. e. c					
农副食品加工业 Processing of food from agricultural products	32614	14110	11846	426	405
食品制造业 Manufacture of foods	17884	14678	13496	583	312
饮料制造业 Manufacture of beverage	11637	2789	2637	81	315
烟草制品业 Manufacture of tobacco					
纺织业 Manufacture of textile	104162	39618	23199	927	123
纺织服装、鞋、帽制造业 Manufacture of textile wearing apparel, footware, and caps	33511	23901	22350	3932	358
皮革、毛皮、羽毛(绒)及其制品业 Manufacture of leather, fur, feather and its products	17877	6310	6310		
木材加工及木、竹、藤、棕、草制品业 Processing of timbers, manufacture of wood, bamboo, rattan, palm, straw	10142	1663	1663	10	
家具制造业 Manufacture of furniture	2150				
造纸及纸制品业 Manufacture of paper and paper products	131434	44558	36045	1164	588
印刷业和记录媒介的复制 Printing, reproduction of recording media	5564	885	885		

3－64 续表

单位:万元 (10,000 yuan)

行 业 Industry	技术改造经费 Expenditure on Technical Renovation	技术引进经费 Expenditure on Import of Technology	引进技术资料及关键设备的支出 Purchase of Documents and Key Equipments	消化吸收经费 Expenditure on Technology Absorption	购买国内技术经费 Expenditure on Purchase of Domestic Technology
文教体育用品制造业 Manufacture of articles for culture, education and sport activity	275				
石油加工、炼焦及核燃料加工业 Processing of petroleum ,coking, Processing of nucleus fuel	509743	23537	22841	855	11830
化学原料及化学制品制造业 Manufacture of chemical raw material and chemical products	669581	139038	86667	10090	7553
医药制造业 Manufacture of medicines	107268	19400	15357	4306	15422
化学纤维制造业 Manufacture of chemical fiber	145240	92419	81818	870	38829
橡胶制品业 Manufacture of rubber	22397	1277	1277		18
塑料制品业 Manufacture of plastic	31229	24741	13028	2657	1105
非金属矿物制品业 Manufacture of non-metallic mineral products	120202	49804	46690	965	7327
黑色金属冶炼及压延加工业 Manufacture and processing of ferrous metals	731615	295560	294844	20	235
有色金属冶炼及压延加工业 Manufacture and processing of non-ferrous metals	561623	31408	30049	980	5653
金属制品业 Manufacture of metal products	63764	7513	7502	200	310
通用设备制造业 Manufacture of general purpose machinery	92171	35059	22967	3004	2031
专用设备制造业 Manufacture of special purpose machinery	74346	18176	11885	3516	1163
交通运输设备制造业 Manufacture of transport equipment	124753	30920	27975	1159	234
电气机械及器材制造业 Manufacture of electrical machinery and equipment	145066	23187	18079	7927	3903
通信设备、计算机及其他电子设备制造业 Manufacture of communication, computer, other electronic equipment	159404	62557	55597	3312	2627
仪器仪表及文化、办公用机械制造业 Manufacture of measuring instrument, machinery for cultural and office work	7783	6266	2964	60	204
工艺品及其他制造业 Manufacture of artwork, other manufacture n. e. c	800	430	430		
电力、热力的生产和供应业 Production and supply of electric power and heat power	75024	2416	2216		41
燃气生产和供应业 Production and distribution of gas	343				
水的生产和供应业 Production and distribution of water	244				

3-65 各地区大中型工业企业(股份有限公司)科技机构(2003)

S&T Institutes in LMIE(Share Holding Enterprises) by Region

单位:个 (unit)

地 区 Region		企业科技机构数 Number of the S&T Institutes	#有经常性开发任务 with a current task of development	#有稳定经费来源 with a stable source of funds	#有一定测试条件 with a capacity of administer tests and experiments
全 国	**Total**	**1204**	**1133**	**1125**	**1158**
东部地区	Eastern Region	665	627	624	636
中部地区	Mid Region	317	299	297	305
西部地区	Western Region	222	207	204	217
北 京	Beijing	37	37	36	37
天 津	Tianjin	21	21	21	21
河 北	Hebei	49	45	46	44
山 西	Shanxi	23	20	20	21
内 蒙 古	Neimenggu	20	17	18	20
辽 宁	Liaoning	29	29	27	28
吉 林	Jilin	27	27	26	27
黑 龙 江	Heilongjiang	25	25	24	24
上 海	Shanghai	24	21	21	24
江 苏	Jiangsu	124	117	114	121
浙 江	Zhejiang	107	103	102	103
安 徽	Anhui	57	54	52	55
福 建	Fujian	37	36	37	36
江 西	Jiangxi	15	14	15	14
山 东	Shandong	127	122	116	121
河 南	Henan	70	64	65	69
湖 北	Hubei	54	51	51	53
湖 南	Hunan	46	44	44	42
广 东	Guangdong	108	94	102	99
广 西	Guangxi	32	31	31	32
海 南	Hainan	2	2	2	2
重 庆	Chongqing	23	22	21	23
四 川	Sichuan	43	39	40	42
贵 州	Guizhou	9	9	9	9
云 南	Yunnan	22	18	17	21
西 藏	Tibet				
陕 西	Shaanxi	30	30	26	30
甘 肃	Gansu	9	9	9	9
青 海	Qinghai	10	9	9	9
宁 夏	Ningxia	4	4	4	4
新 疆	Xinjiang	20	19	20	18

3-66 分行业大中型工业企业(股份有限公司)科技机构(2003)

S&T Institutes in LMIE(Share Holding Enterprises) by Industry

单位:个 (unit)

行 业 Industry	企业科技机构数 Number of the S&T Institutes	#有经常性开发任务 with a current task of development	#有稳定经费来源 with a stable source of funds	#有一定测试条件 with a capacity of administer tests and experiments
总 计 Total	**1204**	**1133**	**1125**	**1158**
煤炭开采和洗选业 Mining and washing of coal	9	8	9	7
石油和天然气开采业 Extraction of petroleum and natural gas	28	28	27	27
黑色金属矿采选业 Mining of ferrous metal ores				
有色金属矿采选业 Mining of non-ferrous metal ores	3	3	2	3
非金属矿采选业 Mining and processing of nonmetal ores	7	4	5	7
其他采矿业 Mining of other ores n. e. c				
农副食品加工业 Processing of food from agricultural products	26	23	22	24
食品制造业 Manufacture of foods	15	13	13	14
饮料制造业 Manufacture of beverage	37	34	31	37
烟草制品业 Manufacture of tobacco	1	1	1	1
纺织业 Manufacture of textile	41	37	38	41
纺织服装、鞋、帽制造业 Manufacture of textile wearing apparel, footware, and caps	10	9	9	9
皮革、毛皮、羽毛(绒)及其制品业 Manufacture of leather, fur, feather and its products	5	5	5	5
木材加工及木、竹、藤、棕、草制品业 Processing of timbers, manufacture of wood, bamboo, rattan, palm, straw	6	6	6	6
家具制造业 Manufacture of furniture	1	1		1
造纸及纸制品业 Manufacture of paper and paper products	15	14	14	15
印刷业和记录媒介的复制 Printing, reproduction of recording media	4	3	3	4

3－66 续表

单位:个 (unit)

行　业 Industry	企业科技机构数 Number of the S&T Institutes	#有经常性开发任务 with a current task of development	#有稳定经费来源 with a stable source of funds	#有一定测试条件 with a capacity of administer tests and experiments
文教体育用品制造业 Manufacture of articles for culture, education and sport activity	3	3	3	3
石油加工、炼焦及核燃料加工业 Processing of petroleum ,coking, Processing of nucleus fuel	30	30	30	30
化学原料及化学制品制造业 Manufacture of chemical raw material and chemical products	152	143	137	139
医药制造业 Manufacture of medicines	165	155	159	163
化学纤维制造业 Manufacture of chemical fiber	13	12	12	12
橡胶制品业 Manufacture of rubber	14	13	12	14
塑料制品业 Manufacture of plastic	19	18	18	18
非金属矿物制品业 Manufacture of non-metallic mineral products	56	52	50	55
黑色金属冶炼及压延加工业 Manufacture and processing of ferrous metals	25	21	23	23
有色金属冶炼及压延加工业 Manufacture and processing of non-ferrous metals	30	28	30	30
金属制品业 Manufacture of metal products	10	8	7	9
通用设备制造业 Manufacture of general purpose machinery	94	89	90	93
专用设备制造业 Manufacture of special purpose machinery	84	79	82	79
交通运输设备制造业 Manufacture of transport equipment	70	70	69	68
电气机械及器材制造业 Manufacture of electrical machinery and equipment	104	102	99	98
通信设备、计算机及其他电子设备制造业 Manufacture of communication, computer, other electronic equipment	90	86	84	90
仪器仪表及文化、办公用机械制造业 Manufacture of measuring instrument, machinery for cultural and office work	14	14	14	14
工艺品及其他制造业 Manufacture of artwork, other manufacture n. e. c	4	4	4	4
电力、热力的生产和供应业 Production and supply of electric power and heat power	17	15	15	13
燃气生产和供应业 Production and distribution of gas	1	1	1	1
水的生产和供应业 Production and distribution of water	1	1	1	1

3-67 各地区大中型工业企业(股份有限公司)科技项目与专利(2003)

Projects and Patents for S&T Activities in LMIE (Share Holding Enterprises) by Region

单位:项 (unit)

地区 Region		科技活动项目数 Projects for S&T Activities	新产品开发项目数 Projects for New Product	专利申请 Patent Applications	发明专利数 Inventive Patent	拥有发明专利数 Owning Inventive Patent
全国	**Total**	**22971**	**12612**	**5294**	**1312**	**3515**
东部地区	Eastern Region	12277	7598	3269	756	2432
中部地区	Mid Region	6090	2429	1146	320	797
西部地区	Western Region	4604	2585	879	236	286
北京	Beijing	1268	880	417	138	250
天津	Tianjin	290	185	45	9	6
河北	Hebei	717	379	156	31	18
山西	Shanxi	344	185	74	8	24
内蒙古	Neimenggu	512	248	66	6	33
辽宁	Liaoning	978	382	74	22	41
吉林	Jilin	415	186	68	24	20
黑龙江	Heilongjiang	1373	171	208	49	137
上海	Shanghai	291	212	459	65	705
江苏	Jiangsu	2142	1180	474	144	238
浙江	Zhejiang	682	492	244	73	98
安徽	Anhui	740	481	60	24	54
福建	Fujian	489	263	96	12	11
江西	Jiangxi	323	260	46	13	10
山东	Shandong	2233	1492	366	123	237
河南	Henan	1238	393	191	48	188
湖北	Hubei	1151	546	174	58	201
湖南	Hunan	506	207	325	96	163
广东	Guangdong	3179	2125	932	133	801
广西	Guangxi	823	637	120	31	16
海南	Hainan	8	8	6	6	27
重庆	Chongqing	373	223	164	27	27
四川	Sichuan	990	633	110	24	79
贵州	Guizhou	141	87	42	11	13
云南	Yunnan	186	53	113	23	49
西藏	Tibet					
陕西	Shaanxi	554	430	107	36	18
甘肃	Gansu	291	120	33	29	15
青海	Qinghai	186	54	7	1	2
宁夏	Ningxia	94	35	9	2	15
新疆	Xinjiang	454	65	108	46	19

3－68 分行业大中型工业企业(股份有限公司)科技项目与专利(2003)
Projects and Patents for S&T Activities in LMIE (Share Holding Enterprises) by Industry

单位:项　　(unit)

行业 Industry	科技活动项目数 Projects for S&T Activities	新产品开发项目数 Projects for New Product	专利申请 Patent Applications	发明专利数 Inventive Patent	拥有发明专利数 Owning Inventive Patent
总　计 **Total**	**22971**	**12612**	**5294**	**1312**	**3515**
煤炭开采和洗选业 Mining and washing of coal	263	11	30	13	19
石油和天然气开采业 Extraction of petroleum and natural gas	2394	134	276	52	258
黑色金属矿采选业 Mining of ferrous metal ores					
有色金属矿采选业 Mining of non-ferrous metal ores	30				
非金属矿采选业 Mining and processing of nonmetal ores	45	13			7
其他采矿业 Mining of other ores n. e. c					
农副食品加工业 Processing of food from agricultural products	306	147	25	21	28
食品制造业 Manufacture of foods	404	253	144	31	140
饮料制造业 Manufacture of beverage	247	116	88	20	51
烟草制品业 Manufacture of tobacco	5	2	1		4
纺织业 Manufacture of textile	1237	1058	123	8	35
纺织服装、鞋、帽制造业 Manufacture of textile wearing apparel, footware, and caps	55	40	22	6	14
皮革、毛皮、羽毛(绒)及其制品业 Manufacture of leather, fur, feather and its products	7	6	1		

3－68 续表 1

单位:项 (unit)

行 业 Industry	科技活动项目数 Projects for S&T Activities	新产品开发项目数 Projects for New Product	专利申请 Patent Applications	发明专利数 Inventive Patent	拥有发明专利数 Owning Inventive Patent
木材加工及木、竹、藤、棕、草制品业 Processing of timbers, manufacture of wood, bamboo, rattan, palm, straw	53	41	3		1
家具制造业 Manufacture of furniture	17	13	6		
造纸及纸制品业 Manufacture of paper and paper products	129	46	4	4	2
印刷业和记录媒介的复制 Printing, reproduction of recording media	33	15	42	13	14
文教体育用品制造业 Manufacture of articles for culture, education and sport activity	95	95			
石油加工、炼焦及核燃料加工业 Processing of petroleum ,coking, Processing of nucleus fuel	654	107	94	80	117
化学原料及化学制品制造业 Manufacture of chemical raw material and chemical products	2155	1218	284	138	293
医药制造业 Manufacture of medicines	1560	965	590	292	182
化学纤维制造业 Manufacture of chemical fiber	280	89	36	23	10
橡胶制品业 Manufacture of rubber	200	163	13	7	8
塑料制品业 Manufacture of plastic	178	76	47	15	15
非金属矿物制品业 Manufacture of non-metallic mineral products	1176	672	250	43	74

3－68 续表2

单位:项 (unit)

行业 Industry	科技活动项目数 Projects for S&T Activities	新产品开发项目数 Projects for New Product	专利申请 Patent Applications	发明专利数 Inventive Patent	拥有发明专利数 Owning Inventive Patent
黑色金属冶炼及压延加工业 Manufacture and processing of ferrous metals	1226	678	218	67	684
有色金属冶炼及压延加工业 Manufacture and processing of non-ferrous metals	440	166	73	39	48
金属制品业 Manufacture of metal products	136	91	69	20	76
通用设备制造业 Manufacture of general purpose machinery	1928	1315	257	41	105
专用设备制造业 Manufacture of special purpose machinery	1123	694	458	47	184
交通运输设备制造业 Manufacture of transport equipment	1628	1010	391	39	70
电气机械及器材制造业 Manufacture of electrical machinery and equipment	2280	1544	909	77	277
通信设备、计算机及其他电子设备制造业 Manufacture of communication, computer, other electronic equipment	2078	1601	739	195	702
仪器仪表及文化、办公用机械制造业 Manufacture of measuring instrument, machinery for cultural and office work	346	177	92	15	95
工艺品及其他制造业 Manufacture of artwork, other manufacture n. e. c	48	36	7	5	1
电力、热力的生产和供应业 Production and supply of electric power and heat power	212	20	2	1	1
燃气生产和供应业 Production and distribution of gas	2				
水的生产和供应业 Production and distribution of water	1				

3-69 各地区大中型工业企业

Major Indicators of LMIE

单位:万元

地区 Region	企业数(个) Number of Large & Medium-sized Enterprises	#有科技机构的企业数 having institutes for S&T	#有科技活动的企业数 having activities for S&T	工业总产值 Gross Value of Industrial Output	新产品 New Products
全　国 Total	**6070**	**907**	**1887**	**295378490**	**57980807**
东部地区 Eastern Region	5455	789	1671	265478966	53110753
中部地区 Mid Region	368	69	119	21464883	3052122
西部地区 Western Region	247	49	97	8434641	1817932
北　京 Beijing	139	13	42	11045353	3025840
天　津 Tianjin	196	10	36	14115639	6422287
河　北 Hebei	138	20	37	5166832	291028
山　西 Shanxi	32	5	9	1162365	55843
内蒙古 Neimenggu	25	3	3	1330269	446155
辽　宁 Liaoning	208	12	35	10394806	1417119
吉　林 Jilin	42	3	6	6983872	26623
黑龙江 Heilongjiang	34	6	11	1335315	45074
上　海 Shanghai	678	87	292	47856787	17966511
江　苏 Jiangsu	854	149	286	42652570	4475831
浙　江 Zhejiang	476	111	224	13226455	1272601
安　徽 Anhui	53	13	23	3196434	563080
福　建 Fujian	517	82	176	21235292	7059659
江　西 Jiangxi	25	5	9	1154661	321120
山　东 Shandong	459	42	67	13605451	717777
河　南 Henan	69	13	18	2634063	683686
湖　北 Hubei	70	12	28	3570636	1219626
湖　南 Hunan	43	12	15	1427536	137073
广　东 Guangdong	1781	263	476	85953172	10462099
广　西 Guangxi	32	3	9	858861	10857
海　南 Hainan	9			226608	
重　庆 Chongqing	43	10	27	2340014	944961
四　川 Sichuan	74	11	27	1715860	97568
贵　州 Guizhou	12	3	3	200551	71463
云　南 Yunnan	17	4	7	302925	11947
西　藏 Tibet					
陕　西 Shaanxi	23	8	11	1128292	153698
甘　肃 Gansu	5	1	1	117908	157
青　海 Qinghai	2	1	1	52534	
宁　夏 Ningxia	7	3	6	262623	81090
新　疆 Xinjiang	7	2	2	124805	37

(三资)基本情况(2003)
(Joint Ventures) by Region

(10,000 yuan)

产品销售收入 Total Revenue from the Sale of Products	新产品 New Products	产品销售利润 Profits from the Sale of Total Products	新产品 New Products	年末从业人员(人) Employees (year-end) (person)	工程技术人员 Technical Engineering Personnel	生产经营用设备原价 Original Value of Equipment	微电子控制 Equipment Controlled by Micro-electronics
296205853	**55096989**	**31373971**	**6021403**	**6427799**	**430137**	**107117368**	**14631488**
267603263	50653396	27198860	5485752	5826756	371341	91037484	12981615
20382370	2665814	2787338	295680	406336	37579	11487855	1163384
8220220	1777779	1387773	239972	194707	21217	4592029	486489
11181711	1500202	1242494	97779	129480	9182	2619271	656846
14371874	6435880	1022094	196396	196037	6090	1762675	130251
5005363	280509	786279	27719	124476	7878	3848193	1095418
1114338	48974	188230	7429	32286	2844	1116439	22042
1337387	442319	147147	53015	26163	2540	268051	39735
10174001	1283757	1170604	66575	209285	14082	6026737	519160
6523985	7595	764233	1924	43287	2883	1705933	18641
1261572	41259	261756	9609	46744	4808	897205	20742
50881937	17669719	6235593	2635338	603190	46293	18780153	3244979
42055224	4188712	3644603	330969	747903	70774	16776841	2219627
13418550	1217991	1755660	300737	393094	13924	3945444	814312
2996387	566911	410880	56894	57482	5501	1853374	605269
20441945	7197755	2069178	525747	629804	37040	6933420	999386
1108141	295456	174351	31129	40877	3134	445737	103640
13468786	614725	1476620	59681	457240	39605	5896861	296976
2517825	639118	368350	100460	68151	7691	2181380	158152
3490697	941542	460925	65184	82637	7440	2026290	171391
1369425	124959	158614	23051	34872	3278	1261498	63506
86409291	10264146	7771715	1244811	2326334	126193	24368187	3004661
841631	11583	84263	1067	19734	1845	404146	24615
194582		24021		9913	280	79703	
2257386	946797	339917	132648	41873	3907	1912454	79550
1847804	91732	268924	5632	54321	5132	970091	102527
183600	67662	26367	6921	10511	1229	108696	6709
349887	11837	76364	1323	8658	1349	372438	206354
915688	136959	188928	34074	17265	3165	292139	15183
77514	141	7614	48	2780	222	43502	853
67165		11831		1048	54		
237954	68696	220645	5242	8036	995	128177	9185
104203	53	15773	3	4318	779	92337	1779

3-70 分行业大中型工业企业
Major Indicators of LMIE

单位:万元

行 业 Industry	企业数(个) Number of Large & Medium-sized Enterprises	#有科技机构的企业数 having institutes for S&T	#有科技活动的企业数 having activities for S&T
总 计 **Total**	**6070**	**907**	**1887**
煤炭开采和洗选业 Mining and washing of coal			
石油和天然气开采业 Extraction of petroleum and natural gas			
黑色金属矿采选业 Mining of ferrous metal ores	1	1	1
有色金属矿采选业 Mining of non-ferrous metal ores	1		1
非金属矿采选业 Mining and processing of nonmetal ores	3		
其他采矿业 Mining of other ores n. e. c			
农副食品加工业 Processing of food from agricultural products	187	12	24
食品制造业 Manufacture of foods	178	20	45
饮料制造业 Manufacture of beverage	149	21	40
烟草制品业 Manufacture of tobacco	4		1
纺织业 Manufacture of textile	472	38	92
纺织服装、鞋、帽制造业 Manufacture of textile wearing apparel, footware, and caps	383	17	48
皮革、毛皮、羽毛(绒)及其制品业 Manufacture of leather, fur, feather and its products	262	29	46
木材加工及木、竹、藤、棕、草制品业 Processing of timbers, manufacture of wood, bamboo, rattan, palm, straw	56	4	11
家具制造业 Manufacture of furniture	101	1	3
造纸及纸制品业 Manufacture of paper and paper products	127	16	32
印刷业和记录媒介的复制 Printing, reproduction of recording media	77	8	21

(三资)基本情况(2003)
(Joint Ventures) by Industry

(10,000 yuan)

工业总产值 Gross Value of Industrial Output	新产品 New Products	产品销售收入 Total Revenue from the Sale of Products	新产品 New Products	产品销售利润 Profits from the Sale of Total Products	新产品 New Products	年末从业人员(人) Employees (year-end) (person)	工程技术人员 Technical Engineering Personnel	生产经营用设备原价 Original Value of Equipment	微电子控制 Equipment Controlled by Micro-electronics
295378490	**57980807**	**296205853**	**55096989**	**31373971**	**6021403**	**6427799**	**430137**	**107117368**	**14631488**
6002		8378		2001		550	26		
4930		4923		766		556	50	4035	
14720		16923		1462		2063	71	12333	325
8304928	216603	8252159	216615	423486	7329	171451	8725	2183911	109206
5665330	338236	5647604	291960	872478	42417	152919	6980	1907277	99738
4929298	214807	4781842	194977	663465	32448	115529	12206	3259486	368556
68245		74555		19117		2628	120	79030	4304
9024267	825491	8729338	803869	725283	55475	401424	19169	4802592	321772
5792320	158229	5660563	166884	564128	23022	449175	14147	1494259	54580
6219179	187368	6779366	183198	393393	15017	504133	11073	1108070	48758
911795	10433	887488	9945	51685	761	42923	2442	552351	36214
1777041	59932	1750390	53355	183105	2707	104389	2609	435453	23140
5145414	806321	5232514	1103071	671468	126436	109586	12310	5273954	700888
1631426	98362	1549348	83173	215698	8275	113772	4194	882845	233878

3－70 续表

单位:万元

行 业 Industry	企业数(个) Number of Large & Medium-sized Enterprises	#有科技机构的企业数 having institutes for S&T	#有科技活动的企业数 having activities for S&T
文教体育用品制造业 Manufacture of articles for culture, education and sport activity	174	15	32
石油加工、炼焦及核燃料加工业 Processing of petroleum ,coking, Processing of nucleus fuel	12	1	3
化学原料及化学制品制造业 Manufacture of chemical raw material and chemical products	185	53	89
医药制造业 Manufacture of medicines	137	60	92
化学纤维制造业 Manufacture of chemical fiber	36	8	12
橡胶制品业 Manufacture of rubber	97	19	29
塑料制品业 Manufacture of plastic	327	30	60
非金属矿物制品业 Manufacture of non-metallic mineral products	243	29	62
黑色金属冶炼及压延加工业 Manufacture and processing of ferrous metals	74	9	16
有色金属冶炼及压延加工业 Manufacture and processing of non-ferrous metals	59	15	21
金属制品业 Manufacture of metal products	240	21	61
通用设备制造业 Manufacture of general purpose machinery	243	59	130
专用设备制造业 Manufacture of special purpose machinery	129	31	60
交通运输设备制造业 Manufacture of transport equipment	312	88	162
电气机械及器材制造业 Manufacture of electrical machinery and equipment	517	105	218
通信设备、计算机及其他电子设备制造业 Manufacture of communication, computer, other electronic equipment	907	158	360
仪器仪表及文化、办公用机械制造业 Manufacture of measuring instrument, machinery for cultural and office work	171	29	63
工艺品及其他制造业 Manufacture of artwork, other manufacture n. e. c	106	8	22
电力、热力的生产和供应业 Production and supply of electric power and heat power	95	2	30
燃气生产和供应业 Production and distribution of gas	2		
水的生产和供应业 Production and distribution of water	3		

(10,000 yuan)

工业总产值 Gross Value of Industrial Output	新产品 New Products	产品销售收入 Total Revenue from the Sale of Products	新产品 New Products	产品销售利润 Profits from the Sale of Total Products	新产品 New Products	年末从业人员(人) Employees (year-end) (person)	工程技术人员 Technical Engineering Personnel	生产经营用设备原价 Original Value of Equipment	微电子控制 Equipment Controlled by Micro-electronics
2720594	45023	2600754	46832	246766	6250	267107	7248	637703	28212
5028465	514549	5178063	484774	465896	43689	29930	4760	3488600	56951
9877856	638445	9557740	686385	1696460	114615	120768	13972	4067124	208230
3802305	486491	3638147	437878	800834	66456	85225	12505	1239513	104992
2039233	399868	1976183	373752	189475	197322	25589	3058	1696141	385358
3830039	610127	3767763	626030	561273	49558	122860	6941	2489694	454489
5791761	300713	5659351	289644	616358	33483	267180	11520	2513533	260300
4498320	239967	4414802	279108	667661	39744	187869	14964	4021752	268341
6114994	330720	6637582	345845	753061	53910	82126	5751	2806587	427103
2356594	191331	2257770	185516	199665	10300	38273	4226	1918638	942844
5765142	179579	5813225	145899	559419	12629	187143	10082	1619397	109652
8149538	1834560	8089017	1819570	1294787	208258	180291	18322	3026220	332452
4503525	581613	4660089	548063	609893	90976	112242	11103	1168509	136716
38125766	18446731	37259888	17688818	6249484	2958718	366686	37211	10610571	1749930
17526660	3287935	17472281	3170961	1809155	305708	514704	32850	5212436	694254
107262353	26217168	108967767	24220685	6372391	1415989	1267005	108826	17770905	4454600
8181006	594576	8098206	579094	689052	95578	189474	10550	1392713	191721
1550134	165630	1518042	61088	162419	4335	123822	4175	375823	23121
8674658		9178294		2645298		84774	17713	18983038	1800515
38135		40639		-2428		1253	25	10452	
46518		44862		-482		2380	213	72424	350

3-71 各地区大中型工业企业(三资)科技活动人员(2003)

Personnel for S&T Activities in LMIE(Joint Ventures) by Region

单位:人 (person)

地区 Region	科技活动人员 Personnel for S&T Activities	科学家和工程师 Scientists & Engineers	科技机构人员 Personnel in S&T Institutes	科学家和工程师 Scientists & Engineers
全 国 Total	**172139**	**111280**	**65792**	**44432**
东部地区 Eastern Region	146632	96110	57898	39248
中部地区 Mid Region	16924	9993	5477	3388
西部地区 Western Region	8583	5177	2417	1796
北 京 Beijing	6051	4550	1528	1245
天 津 Tianjin	5272	2649	2714	862
河 北 Hebei	2043	1360	1028	884
山 西 Shanxi	874	422	664	301
内蒙古 Neimenggu	913	446	414	393
辽 宁 Liaoning	3778	2982	1456	943
吉 林 Jilin	220	184	67	61
黑龙江 Heilongjiang	1253	596	355	252
上 海 Shanghai	32514	22876	9627	7454
江 苏 Jiangsu	26829	16260	8999	5904
浙 江 Zhejiang	10553	6423	4786	2959
安 徽 Anhui	2217	1593	874	592
福 建 Fujian	12653	8641	5524	3513
江 西 Jiangxi	1876	944	662	484
山 东 Shandong	7082	4489	4438	2709
河 南 Henan	4798	2242	1560	780
湖 北 Hubei	3833	2677	855	655
湖 南 Hunan	1853	1335	440	263
广 东 Guangdong	39857	25880	17798	12775
广 西 Guangxi	985	431	41	34
海 南 Hainan				
重 庆 Chongqing	2905	1592	646	510
四 川 Sichuan	1169	831	434	254
贵 州 Guizhou	197	126	65	55
云 南 Yunnan	139	132	101	99
西 藏 Tibet				
陕 西 Shaanxi	1524	1188	396	285
甘 肃 Gansu	8	8	8	8
青 海 Qinghai	43	43	18	9
宁 夏 Ningxia	615	326	230	96
新 疆 Xinjiang	85	54	64	53

3-72 分行业大中型工业企业(三资)科技活动人员(2003)

Personnel for S&T Activities in LMIE(Joint Ventures) by Industry

单位:人 (person)

行 业 Industry	科技活动人员 Personnel for S&T Activities	科学家和工程师 Scientists & Engineers	科技机构人员 Personnel in S&T Institutes	科学家和工程师 Scientists & Engineers
总 计 **Total**	**172139**	**111280**	**65792**	**44432**
煤炭开采和洗选业 Mining and washing of coal				
石油和天然气开采业 Extraction of petroleum and natural gas				
黑色金属矿采选业 Mining of ferrous metal ores	43	43	18	9
有色金属矿采选业 Mining of non-ferrous metal ores	8	4		
非金属矿采选业 Mining and processing of nonmetal ores				
其他采矿业 Mining of other ores n. e. c				
农副食品加工业 Processing of food from agricultural products	1123	495	665	335
食品制造业 Manufacture of foods	1811	1193	766	604
饮料制造业 Manufacture of beverage	1716	1223	656	501
烟草制品业 Manufacture of tobacco	10	9		
纺织业 Manufacture of textile	5439	2837	2902	1426
纺织服装、鞋、帽制造业 Manufacture of textile wearing apparel, footware, and caps	2004	681	715	398
皮革、毛皮、羽毛(绒)及其制品业 Manufacture of leather, fur, feather and its products	2301	1196	1383	538
木材加工及木、竹、藤、棕、草制品业 Processing of timbers, manufacture of wood, bamboo, rattan, palm, straw	313	213	126	58
家具制造业 Manufacture of furniture	23	15	12	12
造纸及纸制品业 Manufacture of paper and paper products	3149	1543	1465	876
印刷业和记录媒介的复制 Printing, reproduction of recording media	1075	757	690	509

3－72 续表

单位：人 (person)

行 业 Industry	科技活动人员 Personnel for S&T Activities	科学家和工程师 Scientists & Engineers	科技机构人员 Personnel in S&T Institutes	科学家和工程师 Scientists & Engineers
文教体育用品制造业 Manufacture of articles for culture, education and sport activity	1327	809	568	302
石油加工、炼焦及核燃料加工业 Processing of petroleum, coking, Processing of nucleus fuel	2145	1118	779	328
化学原料及化学制品制造业 Manufacture of chemical raw material and chemical products	5823	3531	2721	1827
医药制造业 Manufacture of medicines	5526	4112	1916	1510
化学纤维制造业 Manufacture of chemical fiber	881	652	317	299
橡胶制品业 Manufacture of rubber	2515	1496	1596	1118
塑料制品业 Manufacture of plastic	2906	1682	1039	792
非金属矿物制品业 Manufacture of non-metallic mineral products	4057	2146	1391	1006
黑色金属冶炼及压延加工业 Manufacture and processing of ferrous metals	3573	1909	577	362
有色金属冶炼及压延加工业 Manufacture and processing of non-ferrous metals	1650	1139	953	714
金属制品业 Manufacture of metal products	2994	1719	1357	649
通用设备制造业 Manufacture of general purpose machinery	10955	7141	4180	2729
专用设备制造业 Manufacture of special purpose machinery	5241	3044	2019	1131
交通运输设备制造业 Manufacture of transport equipment	18529	12131	7951	5638
电气机械及器材制造业 Manufacture of electrical machinery and equipment	16782	10676	7090	5332
通信设备、计算机及其他电子设备制造业 Manufacture of communication, computer, other electronic equipment	59902	42688	19584	14063
仪器仪表及文化、办公用机械制造业 Manufacture of measuring instrument, machinery for cultural and office work	4217	2568	1993	1075
工艺品及其他制造业 Manufacture of artwork, other manufacture n. e. c	908	494	331	259
电力、热力的生产和供应业 Production and supply of electric power and heat power	3193	2016	32	32
燃气生产和供应业 Production and distribution of gas				
水的生产和供应业 Production and distribution of water				

3-73 各地区大中型工业企业(三资)科技活动经费筹集(2003)

Sources of Funds for S&T of LMIE(Joint Ventures) by Region

单位:万元 (10,000 yuan)

地区 Region	科技活动经费筹集总额 Total Funds Obtaied for S&T Activities	政府资金 Government Grant	企业资金 Enterprise Self-financed	金融机构贷款 Bank Loans	来自国外的资金 from Abroad
全国 Total	**3763753**	**30014**	**3376722**	**214095**	**41371**
东部地区 Eastern Region	3453620	27508	3096083	192247	36786
中部地区 Mid Region	203693	758	192052	8440	2185
西部地区 Western Region	106440	1748	88588	13408	2400
北京 Beijing	219273	2206	215441	1300	
天津 Tianjin	175875	50	175825		
河北 Hebei	21914	90	13607	8200	
山西 Shanxi	11743	50	11693		
内蒙古 Neimenggu	14323	390	13933		
辽宁 Liaoning	31182	478	26654	4000	
吉林 Jilin	2489		2189	300	
黑龙江 Heilongjiang	12059	60	11979	20	
上海 Shanghai	1008415	5308	997476	4267	
江苏 Jiangsu	572168	2547	410889	65246	4087
浙江 Zhejiang	159125	2023	144272	11224	796
安徽 Anhui	46519	87	41731	4464	
福建 Fujian	309323	5745	254541	47192	1826
江西 Jiangxi	25589	6	23998	1400	185
山东 Shandong	88241	723	84298	3190	30
河南 Henan	36617	255	35156	1200	
湖北 Hubei	61184	300	58883	0	2000
湖南 Hunan	7494		6423	1056	
广东 Guangdong	868103	8338	773078	47628	30047
广西 Guangxi	2085	45	1648	393	
海南 Hainan					
重庆 Chongqing	41801	75	33820	7906	
四川 Sichuan	24400	180	16651	5110	2400
贵州 Guizhou	736	30	706		
云南 Yunnan	1270		1033		
西藏 Tibet					
陕西 Shaanxi	17015	501	16514		
甘肃 Gansu	27		27		
青海 Qinghai	30		30		
宁夏 Ningxia	4507	527	3981		
新疆 Xinjiang	246		246		

3-74 分行业大中型工业企业(三资)科技活动经费筹集(2003)
Sources of Fund for S&T of LMIE(Joint Ventures) by Industry

单位:万元 (10,000 yuan)

行业 Industry	科技活动经费筹集总额 Total Funds Obtaied for S&T Activities	政府资金 Government Grant	企业资金 Enterprise Self-financed	金融机构贷款 Bank Loans	来自国外的资金 from Abroad
总 计 Total	**3763753**	**30014**	**3376722**	**214095**	**41371**
煤炭开采和洗选业 Mining and washing of coal					
石油和天然气开采业 Extraction of petroleum and natural gas					
黑色金属矿采选业 Mining of ferrous metal ores	30		30		
有色金属矿采选业 Mining of non-ferrous metal ores	53		53		
非金属矿采选业 Mining and processing of nonmetal ores					
其他采矿业 Mining of other ores n. e. c					
农副食品加工业 Processing of food from agricultural products	23824	58	22525	1216	
食品制造业 Manufacture of foods	26602	681	24040	1555	
饮料制造业 Manufacture of beverage	31870	49	27668	3370	279
烟草制品业 Manufacture of tobacco	320		320		
纺织业 Manufacture of textile	39369	360	35900	3022	
纺织服装、鞋、帽制造业 Manufacture of textile wearing apparel, footware, and caps	21802	840	16592	3970	400
皮革、毛皮、羽毛(绒)及其制品业 Manufacture of leather, fur, feather and its products	17267	156	13815	3000	246
木材加工及木、竹、藤、棕、草制品业 Processing of timbers, manufacture of wood, bamboo, rattan, palm, straw	9810	35	6775	1000	2000
家具制造业 Manufacture of furniture	332		332		
造纸及纸制品业 Manufacture of paper and paper products	79395	65	75750	957	
印刷业和记录媒介的复制 Printing, reproduction of recording media	13915	65	10912	2700	

3－74 续表

单位:万元 (10,000 yuan)

行 业 Industry	科技活动经费筹集总额 Total Funds Obtaied for S&T Activities	政府资金 Government Grant	企业资金 Enterprise Self-financed	金融机构贷款 Bank Loans	来自国外的资金 from Abroad
文教体育用品制造业 Manufacture of articles for culture, education and sport activity	9903	125	8901	878	
石油加工、炼焦及核燃料加工业 Processing of petroleum ,coking, Processing of nucleus fuel	18454	30	18424		
化学原料及化学制品制造业 Manufacture of chemical raw material and chemical products	120278	1886	86251	28893	2646
医药制造业 Manufacture of medicines	143820	1721	120706	9221	300
化学纤维制造业 Manufacture of chemical fiber	34172	5	33871	50	
橡胶制品业 Manufacture of rubber	45979	305	37674	8000	
塑料制品业 Manufacture of plastic	69235	1279	61355	5912	391
非金属矿物制品业 Manufacture of non-metallic mineral products	60450	915	46509	11422	1604
黑色金属冶炼及压延加工业 Manufacture and processing of ferrous metals	62292	1006	45136	16000	
有色金属冶炼及压延加工业 Manufacture and processing of non-ferrous metals	28754	1040	23428	4271	
金属制品业 Manufacture of metal products	46276	776	40123	2661	2617
通用设备制造业 Manufacture of general purpose machinery	154088	2269	142814	7701	600
专用设备制造业 Manufacture of special purpose machinery	80429	1082	70225	5280	
交通运输设备制造业 Manufacture of transport equipment	519013	3159	505320	9051	1433
电气机械及器材制造业 Manufacture of electrical machinery and equipment	302506	3537	282095	12207	4060
通信设备、计算机及其他电子设备制造业 Manufacture of communication, computer, other electronic equipment	1701733	7790	1521505	68711	24516
仪器仪表及文化、办公用机械制造业 Manufacture of measuring instrument, machinery for cultural and office work	69301	664	68207	430	
工艺品及其他制造业 Manufacture of artwork, other manufacture n. e. c	12539	55	10222	1983	280
电力、热力的生产和供应业 Production and supply of electric power and heat power	19944	60	19248	635	
燃气生产和供应业 Production and distribution of gas					
水的生产和供应业 Production and distribution of water					

3-75 各地区大中型工业企业(三资)
Intramural Expenditure on S&T Activities of LMIE

单位:万元

地 区 Region	科技活动经费内部支出总额 Intramural Expenditure on S&T Activities	劳务费 Compensation for Laborers	原材料费 Raw Material Expenditure
全 国 Total	**3300237**	**680796**	**778182**
东部地区 Eastern Region	3029677	631099	722289
中部地区 Mid Region	193242	32079	28654
西部地区 Western Region	77319	17619	27238
北 京 Beijing	215124	59781	86120
天 津 Tianjin	119801	43684	14384
河 北 Hebei	23659	3645	10568
山 西 Shanxi	15501	1409	3694
内蒙古 Neimenggu	14918	1837	9020
辽 宁 Liaoning	34299	11901	9262
吉 林 Jilin	1609	298	416
黑龙江 Heilongjiang	11191	1842	1390
上 海 Shanghai	936022	178267	117956
江 苏 Jiangsu	451590	86358	110611
浙 江 Zhejiang	144254	36847	44870
安 徽 Anhui	38850	4456	7184
福 建 Fujian	238001	52928	86487
江 西 Jiangxi	20658	2488	2476
山 东 Shandong	92320	13489	31798
河 南 Henan	33660	6601	4087
湖 北 Hubei	64865	12041	7537
湖 南 Hunan	6909	2944	1871
广 东 Guangdong	774607	144199	210234
广 西 Guangxi	1837	726	458
海 南 Hainan			
重 庆 Chongqing	22774	5917	7734
四 川 Sichuan	15776	3162	5399
贵 州 Guizhou	702	232	207
云 南 Yunnan	1340	305	399
西 藏 Tibet			
陕 西 Shaanxi	15201	4521	1423
甘 肃 Gansu	24	16	
青 海 Qinghai	83	77	4
宁 夏 Ningxia	4512	761	2550
新 疆 Xinjiang	153	64	45

科技活动经费内部支出(2003)
(Joint Ventures) by Region

(10,000 yuan)

固定资产购建费 Expenditure on the Purchase of Fixed Assets	设备购置 Purchase of Instruments	开发新产品经费 Spending for New Products	科技机构经费 Spending for S&T Institute
1058330	**980828**	**1692577**	**1542427**
930992	867140	1546598	1427511
108612	96743	112054	87888
18725	16945	33926	27028
27273	23225	54641	142297
18415	16311	42038	84116
4982	4522	8447	19365
8999	5723	6515	2869
3887	3887	5945	8470
9460	9214	23754	18475
715	715	1266	415
6264	6197	5648	1674
396983	387880	589234	385409
91569	77895	142299	178723
37385	33704	104371	62774
18503	14825	29535	23724
67654	60369	156359	88036
10364	10195	14965	18243
32761	29958	51478	64054
19641	18401	12600	25238
42683	39323	40245	11372
1443	1364	1279	4353
244511	224061	373978	384262
528	388	532	586
5767	5603	10624	7393
4243	3195	8537	4666
14	14	381	246
333	300	456	521
3128	2788	4406	2652
		3	24
		8	45
786	731	2998	2314
40	40	35	111

3-76 分行业大中型工业企业(三资)

Intramural Expenditure on S&T Activities in Large and

单位:万元

行业 Industry	科技活动经费内部支出总额 Intramural Expenditure on S&T Activities	劳务费 Compensation for Laborers
总计 **Total**	**3300237**	**680796**
煤炭开采和洗选业 Mining and washing of coal		
石油和天然气开采业 Extraction of petroleum and natural gas		
黑色金属矿采选业 Mining of ferrous metal ores	83	77
有色金属矿采选业 Mining of non-ferrous metal ores	14	10
非金属矿采选业 Mining and processing of nonmetal ores		
其他采矿业 Mining of other ores n. e. c		
农副食品加工业 Processing of food from agricultural products	30289	2249
食品制造业 Manufacture of foods	24455	6338
饮料制造业 Manufacture of beverage	28327	4628
烟草制品业 Manufacture of tobacco	320	82
纺织业 Manufacture of textile	40203	7724
纺织服装、鞋、帽制造业 Manufacture of textile wearing apparel, footware, and caps	23109	9510
皮革、毛皮、羽毛(绒)及其制品业 Manufacture of leather, fur, feather and its products	16850	4331
木材加工及木、竹、藤、棕、草制品业 Processing of timbers, manufacture of wood, bamboo, rattan, palm, straw	8894	1041
家具制造业 Manufacture of furniture	332	98
造纸及纸制品业 Manufacture of paper and paper products	78189	6967
印刷业和记录媒介的复制 Printing, reproduction of recording media	11286	2554
文教体育用品制造业 Manufacture of articles for culture, education and sport activity	9256	2816

科技活动经费内部支出(2003)
(Joint Ventures) by Industry

(10,000 yuan)

原材料费 Raw Material Expenditure	固定资产购建费 Expenditure on the Purchase of Fixed Assets	设备购置 Purchase of Instruments	开发新产品经费 Spending for New Products	科技机构经费 Spending for S&T Institute
778182	**1058330**	**980828**	**1692577**	**1542427**
4			8	45
3227	19793	18764	16781	17401
7807	6592	5461	13393	12151
4626	12768	10348	16362	11168
	238	238		
17816	12246	9792	18860	19129
5206	7666	5238	13169	13425
4855	5133	3560	10186	10398
1362	5874	5802	7999	2463
161	7	7	332	49
25902	15192	14801	29929	56207
1715	6239	6153	3071	8129
2556	1102	1075	5314	4977

3-76 续表

单位:万元

行 业 Industry	科技活动经费内部支出总额 Intramural Expenditure on S&T Activities	劳务费 Compensation for Laborers
石油加工、炼焦及核燃料加工业 Processing of petroleum ,coking,Processing of nucleus fuel	20311	5778
化学原料及化学制品制造业 Manufacture of chemical raw material and chemical products	116259	19683
医药制造业 Manufacture of medicines	99945	24546
化学纤维制造业 Manufacture of chemical fiber	18421	4468
橡胶制品业 Manufacture of rubber	33830	5323
塑料制品业 Manufacture of plastic	28751	6444
非金属矿物制品业 Manufacture of non-metallic mineral products	58117	12520
黑色金属冶炼及压延加工业 Manufacture and processing of ferrous metals	57590	7844
有色金属冶炼及压延加工业 Manufacture and processing of non-ferrous metals	26868	4265
金属制品业 Manufacture of metal products	40893	9220
通用设备制造业 Manufacture of general purpose machinery	144931	39356
专用设备制造业 Manufacture of special purpose machinery	67324	15591
交通运输设备制造业 Manufacture of transport equipment	475305	74630
电气机械及器材制造业 Manufacture of electrical machinery and equipment	254481	52427
通信设备、计算机及其他电子设备制造业 Manufacture of communication,computer,other electronic equipment	1523015	328928
仪器仪表及文化、办公用机械制造业 Manufacture of measuring instrument,machinery for cultural and office work	41384	13913
工艺品及其他制造业 Manufacture of artwork, other manufacture n. e. c	6885	1649
电力、热力的生产和供应业 Production and supply of electric power and heat power	14320	5787
燃气生产和供应业 Production and distribution of gas		
水的生产和供应业 Production and distribution of water		

(10,000 yuan)

原材料费 Raw Material Expenditure	固定资产购建费 Expenditure on the Purchase of Fixed Assets	设备购置 Purchase of Instruments	开发新产品经费 Spending for New Products	科技机构经费 Spending for S&T Institute
2722	7746	5646	3371	5326
41413	40358	33251	38199	42819
21053	26459	20614	47265	34517
4441	7530	7023	8418	13756
11743	8358	8214	24737	28966
9085	10525	10272	17288	11020
19057	19171	17084	24745	28264
27596	18724	17491	8092	27132
9641	2818	1767	7300	8415
12840	14454	11702	15699	19116
37110	38740	32572	76439	68387
23033	19046	17157	41928	31342
86979	154383	145963	291789	297016
54855	96075	86555	137641	130395
327224	481965	470396	786726	623717
7820	13778	8779	24091	14798
2206	2210	1964	3400	1782
4130	3141	3141	46	117

3-77 各地区大中型工业企业(三资)其他技术活动经费支出(2003)

Expenditure on Other Technical Activities in LMIE (Joint Ventures) by Region

单位:万元 (10,000 yuan)

地区 Region	技术改造经费 Expenditure on Technical Renovation	技术引进经费 Expenditure on Import of Technology	引进技术资料及关键设备的支出 Purchase of Documents and Key Equipments	消化吸收经费 Expenditure on Technology Absorption	购买国内技术经费 Expenditure on Purchase of Domestic Technology
全国 Total	**1435597**	**1129317**	**937736**	**106072**	**43672**
东部地区 Eastern Region	1182268	979557	800419	79074	33738
中部地区 Mid Region	182398	140345	129599	26451	8460
西部地区 Western Region	70930	9415	7718	547	1473
北京 Beijing	27888	11280	9594	60	107
天津 Tianjin	45540	109979	101331	1172	985
河北 Hebei	25893	120	120		
山西 Shanxi	5352	308	296	6	288
内蒙古 Neimenggu	5037				7
辽宁 Liaoning	11997	21051	20966	203	
吉林 Jilin	773				
黑龙江 Heilongjiang	4184	1400			1260
上海 Shanghai	145929	387659	357770	60489	16355
江苏 Jiangsu	164491	133735	95447	4124	5243
浙江 Zhejiang	325021	52955	46596	1266	2217
安徽 Anhui	66594	8855	8112	290	3756
福建 Fujian	72038	73730	64805	5050	2036
江西 Jiangxi	35265	2690	2637	21027	
山东 Shandong	63764	24615	18405	2020	3392
河南 Henan	16799	25184	24990	200	2500
湖北 Hubei	44842	83515	75285	4818	656
湖南 Hunan	8590	18394	18278	111	1
广东 Guangdong	299706	164432	85385	4691	3404
广西 Guangxi	13043	632	561	50	
海南 Hainan					
重庆 Chongqing	11263	5330	4165	128	186
四川 Sichuan	23254	2125	1803	328	1251
贵州 Guizhou	1510	908	908		
云南 Yunnan	79	94	94	33	13
西藏 Tibet					
陕西 Shaanxi	4529	5	3		
甘肃 Gansu					
青海 Qinghai					
宁夏 Ningxia	6384	245	139	8	16
新疆 Xinjiang	5831	75	45		

3-78 分行业大中型工业企业(三资)其他技术活动经费支出(2003)

Expenditure on Other Technical Activities in LMIE(Joint Ventures) by Industry

单位:万元 (10,000 yuan)

行业 Industry	技术改造经费 Expenditure on Technical Renovation	技术引进经费 Expenditure on Import of Technology	引进技术资料及关键设备的支出 Purchase of Documents and Key Equipments	消化吸收经费 Expenditure on Technology Absorption	购买国内技术经费 Expenditure on Purchase of Domestic Technology
总计 Total	**1435597**	**1129317**	**937736**	**106072**	**43672**
煤炭开采和洗选业 Mining and washing of coal					
石油和天然气开采业 Extraction of petroleum and natural gas					
黑色金属矿采选业 Mining of ferrous metal ores					
有色金属矿采选业 Mining of non-ferrous metal ores	4				
非金属矿采选业 Mining and processing of nonmetal ores					
其他采矿业 Mining of other ores n. e. c					
农副食品加工业 Processing of food from agricultural products	15873	1208	1000		15
食品制造业 Manufacture of foods	23056	9347	8061	50	25
饮料制造业 Manufacture of beverage	16712	15116	15037	80	320
烟草制品业 Manufacture of tobacco					
纺织业 Manufacture of textile	114386	16252	10743	541	1023
纺织服装、鞋、帽制造业 Manufacture of textile wearing apparel, footware, and caps	26770	5979	4681	1046	1090
皮革、毛皮、羽毛(绒)及其制品业 Manufacture of leather, fur, feather and its products	3633	2196	1548	53	236
木材加工及木、竹、藤、棕、草制品业 Processing of timbers, manufacture of wood, bamboo, rattan, palm, straw	654	600	500	80	50
家具制造业 Manufacture of furniture		2500			9
造纸及纸制品业 Manufacture of paper and paper products	58476	13045	11576	280	118
印刷业和记录媒介的复制 Printing, reproduction of recording media	7337	8379	8170	8	11
文教体育用品制造业 Manufacture of articles for culture, education and sport activity	1747	62	44	209	46

3 -78 续表

单位:万元 (10,000 yuan)

行 业 Industry	技术改造经费 Expenditure on Technical Renovation	技术引进经费 Expenditure on Import of Technology	引进技术资料及关键设备的支出 Purchase of Documents and Key Equipments	消化吸收经费 Expenditure on Technology Absorption	购买国内技术经费 Expenditure on Purchase of Domestic Technology
石油加工、炼焦及核燃料加工业 Processing of petroleum ,coking,Processing of nucleus fuel	19186	538	538		70
化学原料及化学制品制造业 Manufacture of chemical raw material and chemical products	83445	21740	14475	37313	18586
医药制造业 Manufacture of medicines	37388	11750	9047	443	3504
化学纤维制造业 Manufacture of chemical fiber	38675	29732	26874	34	145
橡胶制品业 Manufacture of rubber	120695	5195	1274		10
塑料制品业 Manufacture of plastic	7883	2418	1390	84	9
非金属矿物制品业 Manufacture of non-metallic mineral products	45304	9601	7632	763	1385
黑色金属冶炼及压延加工业 Manufacture and processing of ferrous metals	57297	2822	2579	195	217
有色金属冶炼及压延加工业 Manufacture and processing of non-ferrous metals	21854	3112	2996	3140	41
金属制品业 Manufacture of metal products	18705	5314	5003	228	140
通用设备制造业 Manufacture of general purpose machinery	53455	19740	15679	4712	1091
专用设备制造业 Manufacture of special purpose machinery	26484	14148	8395	1046	33
交通运输设备制造业 Manufacture of transport equipment	270774	251551	221178	9928	4677
电气机械及器材制造业 Manufacture of electrical machinery and equipment	97294	93889	77392	24751	2802
通信设备、计算机及其他电子设备制造业 Manufacture of communication, computer, other electronic equipment	179465	551949	470045	20903	5015
仪器仪表及文化、办公用机械制造业 Manufacture of measuring instrument, machinery for cultural and office work	24049	29208	10061	107	419
工艺品及其他制造业 Manufacture of artwork, other manufacture n. e. c	15912	988	879	79	
电力、热力的生产和供应业 Production and supply of electric power and heat power	49086	940	940		2585
燃气生产和供应业 Production and distribution of gas					
水的生产和供应业 Production and distribution of water					

3-79 各地区大中型工业企业(三资)科技机构(2003)
S&T Institutes in LMIE(Joint Ventures) by Region

单位:个 (unit)

地区 Region	企业科技机构数 Number of the S&T Institutes	#有经常性开发任务 with a current task of development	#有稳定经费来源 with a stable source of funds	#有一定测试条件 with a capacity of administer tests and experiments
全国 Total	**1006**	**928**	**948**	**973**
东部地区 Eastern Region	870	802	821	845
中部地区 Mid Region	82	75	74	76
西部地区 Western Region	54	51	53	52
北京 Beijing	15	14	15	15
天津 Tianjin	10	10	10	10
河北 Hebei	20	20	20	20
山西 Shanxi	5	5	4	5
内蒙古 Neimenggu	7	7	7	6
辽宁 Liaoning	13	13	13	13
吉林 Jilin	3	3	3	2
黑龙江 Heilongjiang	6	6	6	6
上海 Shanghai	102	92	94	99
江苏 Jiangsu	169	161	158	165
浙江 Zhejiang	115	108	108	113
安徽 Anhui	16	15	14	15
福建 Fujian	85	80	81	81
江西 Jiangxi	10	10	10	10
山东 Shandong	50	47	48	49
河南 Henan	14	13	12	12
湖北 Hubei	16	13	15	15
湖南 Hunan	12	10	10	11
广东 Guangdong	291	257	274	280
广西 Guangxi	3	2	2	2
海南 Hainan				
重庆 Chongqing	10	9	10	10
四川 Sichuan	11	10	11	11
贵州 Guizhou	3	3	3	3
云南 Yunnan	4	4	4	4
西藏 Tibet				
陕西 Shaanxi	8	8	8	8
甘肃 Gansu	1	1	1	1
青海 Qinghai	2	2	2	2
宁夏 Ningxia	3	3	3	3
新疆 Xinjiang	2	2	2	2

3-80 分行业大中型工业企业(三资)科技机构(2003)
S&T Institutes in LMIE(Joint Ventures) by Industry

单位:个 (unit)

行业 Industry	企业科技机构数 Number of the S&T Institutes	#有经常性开发任务 with a current task of development	#有稳定经费来源 with a stable source of funds	#有一定测试条件 with a capacity of administer tests and experiments
总计 **Total**	**1006**	**928**	**948**	**973**
煤炭开采和洗选业 Mining and washing of coal				
石油和天然气开采业 Extraction of petroleum and natural gas				
黑色金属矿采选业 Mining of ferrous metal ores	2	2	2	2
有色金属矿采选业 Mining of non-ferrous metal ores				
非金属矿采选业 Mining and processing of nonmetal ores				
其他采矿业 Mining of other ores n. e. c				
农副食品加工业 Processing of food from agricultural products	17	15	17	17
食品制造业 Manufacture of foods	20	20	19	20
饮料制造业 Manufacture of beverage	23	21	21	22
烟草制品业 Manufacture of tobacco				
纺织业 Manufacture of textile	47	45	46	47
纺织服装、鞋、帽制造业 Manufacture of textile wearing apparel, footware, and caps	18	15	16	14
皮革、毛皮、羽毛(绒)及其制品业 Manufacture of leather, fur, feather and its products	31	26	26	30
木材加工及木、竹、藤、棕、草制品业 Processing of timbers, manufacture of wood, bamboo, rattan, palm, straw	4	4	4	4
家具制造业 Manufacture of furniture	1	1	1	1
造纸及纸制品业 Manufacture of paper and paper products	18	17	15	18
印刷业和记录媒介的复制 Printing, reproduction of recording media	8	6	8	8
文教体育用品制造业 Manufacture of articles for culture, education and sport activity	16	13	16	14

3-80 续表

单位:个 (unit)

行　业 Industry	企业科技机构数 Number of the S&T Institutes	#有经常性开发任务 with a current task of development	#有稳定经费来源 with a stable source of funds	#有一定测试条件 with a capacity of administer tests and experiments
石油加工、炼焦及核燃料加工业 Processing of petroleum ,coking,Processing of nucleus fuel	6	6	6	6
化学原料及化学制品制造业 Manufacture of chemical raw material and chemical products	54	51	53	54
医药制造业 Manufacture of medicines	67	67	67	66
化学纤维制造业 Manufacture of chemical fiber	8	7	8	8
橡胶制品业 Manufacture of rubber	20	18	19	20
塑料制品业 Manufacture of plastic	31	26	28	29
非金属矿物制品业 Manufacture of non-metallic mineral products	31	29	29	30
黑色金属冶炼及压延加工业 Manufacture and processing of ferrous metals	10	10	9	10
有色金属冶炼及压延加工业 Manufacture and processing of non-ferrous metals	15	14	15	15
金属制品业 Manufacture of metal products	24	22	22	23
通用设备制造业 Manufacture of general purpose machinery	63	56	54	63
专用设备制造业 Manufacture of special purpose machinery	34	34	33	34
交通运输设备制造业 Manufacture of transport equipment	99	94	93	90
电气机械及器材制造业 Manufacture of electrical machinery and equipment	116	105	110	112
通信设备、计算机及其他电子设备制造业 Manufacture of communication,computer,other electronic equipment	182	166	175	177
仪器仪表及文化、办公用机械制造业 Manufacture of measuring instrument,machinery for cultural and office work	30	29	29	30
工艺品及其他制造业 Manufacture of artwork, other manufacture n. e. c	9	8	5	8
电力、热力的生产和供应业 Production and supply of electric power and heat power	2	1	2	1
燃气生产和供应业 Production and distribution of gas				
水的生产和供应业 Production and distribution of water				

3-81 各地区大中型工业企业(三资)科技项目与专利(2003)

Projects and Patents for S&T Activities in LMIE(Joint Ventures) by Region

单位:项 (unit)

地区 Region		科技活动项目数 Projects for S&T Activities	新产品开发项目数 Projects for New Product	专利申请 Patent Applications	发明专利数 Inventive Patent	拥有发明专利数 Owning Inventive Patent
全国	**Total**	**15732**	**10736**	**9144**	**3684**	**3416**
东部地区	Eastern Region	12874	8757	8507	3521	3279
中部地区	Mid Region	1616	1103	321	42	43
西部地区	Western Region	1242	876	316	121	94
北京	Beijing	418	181	606	337	26
天津	Tianjin	277	158	2089	1735	345
河北	Hebei	435	313	31	3	2
山西	Shanxi	85	44	7	2	5
内蒙古	Neimenggu	418	406	106	9	6
辽宁	Liaoning	315	241	13	5	5
吉林	Jilin	42	29	22	1	8
黑龙江	Heilongjiang	30	15	8	3	2
上海	Shanghai	1535	1147	1507	587	577
江苏	Jiangsu	1840	1214	767	239	557
浙江	Zhejiang	782	586	845	107	105
安徽	Anhui	692	608	32		11
福建	Fujian	1067	627	460	68	234
江西	Jiangxi	325	175	11	3	3
山东	Shandong	598	416	289	18	29
河南	Henan	131	58	220	28	4
湖北	Hubei	247	130	7	2	
湖南	Hunan	64	44	14	3	10
广东	Guangdong	5607	3874	1900	422	1399
广西	Guangxi	168	145	50	37	20
海南	Hainan					
重庆	Chongqing	203	102	50	5	10
四川	Sichuan	183	111	47	25	18
贵州	Guizhou	55	8	2		2
云南	Yunnan	74	50	35	23	27
西藏	Tibet					
陕西	Shaanxi	89	27	19	15	6
甘肃	Gansu	3	3	2	2	
青海	Qinghai	2	1			
宁夏	Ningxia	21	19	3	3	5
新疆	Xinjiang	26	4	2	2	

3-82 分行业大中型工业企业(三资)科技项目与专利(2003)

Projects and Patents for S&T Activities in LMIE(Joint Ventures) by Industry

单位:项 (unit)

行业 Industry	科技活动项目数 Projects for S&T Activities	新产品开发项目数 Projects for New Product	专利申请 Patent Applications	发明专利数 Inventive Patent	拥有发明专利数 Owning Inventive Patent
总计 Total	**15732**	**10736**	**9144**	**3684**	**3416**
煤炭开采和洗选业 Mining and washing of coal					
石油和天然气开采业 Extraction of petroleum and natural gas					
黑色金属矿采选业 Mining of ferrous metal ores	2	1			
有色金属矿采选业 Mining of non-ferrous metal ores	1				
非金属矿采选业 Mining and processing of nonmetal ores					
其他采矿业 Mining of other ores n. e. c					
农副食品加工业 Processing of food from agricultural products	136	99	11	3	
食品制造业 Manufacture of foods	694	577	210	4	20
饮料制造业 Manufacture of beverage	144	86	25	12	36
烟草制品业 Manufacture of tobacco	1				
纺织业 Manufacture of textile	285	179	146	19	7
纺织服装、鞋、帽制造业 Manufacture of textile wearing apparel, footware, and caps	243	192	7	3	5

3－82 续表 1

单位:项 (unit)

行 业 Industry	科技活动项目数 Projects for S&T Activities	新产品开发项目数 Projects for New Product	专利申请 Patent Applications	发明专利数 Inventive Patent	拥有发明专利数 Owning Inventive Patent
皮革、毛皮、羽毛(绒)及其制品业 Manufacture of leather, fur, feather and its products	105	63	57	8	10
木材加工及木、竹、藤、棕、草制品业 Processing of timbers, manufacture of wood, bamboo, rattan, palm, straw	51	19	7	5	1
家具制造业 Manufacture of furniture	2	2	134	58	73
造纸及纸制品业 Manufacture of paper and paper products	172	64	27	3	1
印刷业和记录媒介的复制 Printing, reproduction of recording media	145	117	10	2	4
文教体育用品制造业 Manufacture of articles for culture, education and sport activity	261	198	551	24	54
石油加工、炼焦及核燃料加工业 Processing of petroleum ,coking, Processing of nucleus fuel	211	88	54	43	39
化学原料及化学制品制造业 Manufacture of chemical raw material and chemical products	689	386	449	38	117
医药制造业 Manufacture of medicines	683	361	208	115	91
化学纤维制造业 Manufacture of chemical fiber	59	20	19	3	1
橡胶制品业 Manufacture of rubber	601	547	40	6	14
塑料制品业 Manufacture of plastic	220	153	84	30	71
非金属矿物制品业 Manufacture of non-metallic mineral products	817	716	136	33	50

3－82 续表 2

单位:项 (unit)

行 业 Industry	科技活动项目数 Projects for S&T Activities	新产品开发项目数 Projects for New Product	专利申请 Patent Applications	发明专利数 Inventive Patent	拥有发明专利数 Owning Inventive Patent
黑色金属冶炼及压延加工业 Manufacture and processing of ferrous metals	131	28	15	4	7
有色金属冶炼及压延加工业 Manufacture and processing of non-ferrous metals	101	47	39	11	28
金属制品业 Manufacture of metal products	472	330	133	38	83
通用设备制造业 Manufacture of general purpose machinery	1067	796	339	132	199
专用设备制造业 Manufacture of special purpose machinery	431	290	192	20	106
交通运输设备制造业 Manufacture of transport equipment	2200	1653	357	26	241
电气机械及器材制造业 Manufacture of electrical machinery and equipment	1885	1261	2743	1898	904
通信设备、计算机及其他电子设备制造业 Manufacture of communication, computer, other electronic equipment	3298	2163	2862	1059	1133
仪器仪表及文化、办公用机械制造业 Manufacture of measuring instrument, machinery for cultural and office work	380	267	204	38	90
工艺品及其他制造业 Manufacture of artwork, other manufacture n. e. c	58	29	85	49	31
电力、热力的生产和供应业 Production and supply of electric power and heat power	187	4			
燃气生产和供应业 Production and distribution of gas					
水的生产和供应业 Production and distribution of water					

3－83 分登记注册类型大中型工业企业R&D活动情况(2003)

R&D major indicators in Large and Medium-sized Industrial Enterprises by Registration

	R&D人员全时当量 Full-time Equivalent of R&D Personnel 人年 (man. year)	科学家和工程师 Scientists & Engineers	R&D经费 R&D Expenditure 万元 (10000yuan)	试验发展 Experimental Development	R&D项目 Projects for R&D 项 (unit)	R&D项目经费 Expenditure on R&D items 万元 (10000yuan)
总计 Total	**478066**	**346273**	**7207749**	**6687765**	**64095**	**6283561**
内资企业 Domestic Funded	**410042**	**296410**	**5541365**	**5150827**	**55924**	**4852457**
国有企业 State-owned Enterprises	104684	75897	1134303	1047394	16252	965301
其中:大型企业 of which: Large Scale	57029	43702	778799	717753	8653	643788
集体企业 Collective-owned Enterprises	16249	11477	329838	323615	2044	314899
股份合作企业 Cooperative Enterprises	5955	4321	87175	85519	691	78561
联营企业 Joint Ownership Enterprises	2478	1895	45570	45094	272	43404
国有联营企业 State Joint Ownership Enterprises	1889	1437	36800	36325	137	35753
集体联营企业 Collective Joint Ownership Enterprises	65	40	993	993	10	986
国有与集体联营企业 Joint State-collective Enterprises	401	324	5447	5447	100	4397
其他联营企业 Other Joint Ownership Enterprises	123	95	2329	2329	25	2268
有限责任公司 Limited Liability Corporations	168824	118041	2286756	2154625	21950	2019048
国有独资公司 State Sole Funded Corporations	76869	56867	1041967	985526	11823	922799
其他有限责任公司 Other Limited Liability Corporations	91955	61174	1244789	1169100	10127	1096249
股份有限公司 Share-holding Corporations Ltd.	91955	71948	1425716	1282297	12439	1216480
私营企业 Private Enterprises	19688	12684	223675	203952	2269	206512

3-83 续表

	R&D人员全时当量 Full-time Equivalent of R&D Personnel 人年 (man. year)	科学家和工程师 Scientists & Engineers	R&D经费 R&D Expenditure 万元 (10000yuan)	试验发展 Experimental Development	R&D项目 Projects for R&D 项 (unit)	R&D项目经费 Expenditure on R&D items 万元 (10000yuan)
私营独资企业 Private-funded Enterprises	1280	812	15802	14569	156	15209
私营合伙企业 Private Partnership Enterprises	283	243	3297	3062	94	3212
私营有限责任公司 Private Limited Liability Corporations	14980	9295	170878	160655	1724	156107
私营股份有限公司 Private Share-holding Corporations Ltd.	3145	2334	33697	25665	295	31984
其他企业 Others Enterprises	210	147	8333	8333	7	8253
港澳台商投资企业 Enterprises with Funds from Hong Kong, Macau and Taiwan	**26625**	**19485**	**586807**	**529406**	**4408**	**495880**
其中:大型企业 of which: Large Scale	8284	6454	299136	248846	1788	241863
与港澳台商合资经营企业 Joint-venture Enterprises (with Funds from Hong Kong, Macau and Taiwan)	13838	9799	285463	281253	2003	255876
与港澳台商合作经营企业 Cooperative Enterprises (with Funds from Hong Kong, Macau and Taiwan)	1129	776	13717	13245	125	13277
港澳台商独资经营企业 Enterprises with Sole Funds from Hong Kong, Macau and Taiwan	8931	7021	221912	171272	1889	187141
港澳台商投资股份有限公司 Share-holding Corporations Ltd. with Funds from Hong Kong, Macau and Taiwan	2727	1889	65716	63635	391	39586
外商投资企业 Foreign Funded Enterprises	**41399**	**30378**	**1079578**	**1007532**	**3763**	**935224**
其中:大型企业 of which: Large Scale	16529	12155	509602	505494	1169	462447
中外合资经营企业 Joint-venture Enterprises	22161	16146	628386	605436	2444	542107
中外合作经营 Cooperation Enterprises	1615	1068	22438	21032	113	20806
外资企业 Enterprises with Sole Foreign Funds	12765	9061	280565	240914	794	244831
外商投资股份有限公司 Share-holding Corporations Ltd. with Foreign Funds	4857	4103	148188	140150	412	127480

3-84 各地区大中型工业企业 R&D 活动情况(2003)
R&D major indicators in Large and Medium-sized Industrial Enterprises by Region

	R&D 人员全时当量 Full-time Equivalent of R&D Personnel 人年 (man. year)	科学家和工程师 Scientists & Engineers	R&D 经费 R&D Expenditure 万元 (10000yuan)	试验发展 Experimental Development	R&D 项目 Projects for R&D 项 (unit)	R&D 项目经费 Expenditure on R&D items 万元 (10000yuan)
全　国　Total	**478066**	**346273**	**7207749**	**6687765**	**64095**	**6283561**
东部地区 Eastern Region	282149	212039	5324554	4956618	37089	4656551
中部地区 Mid Region	107067	76906	1086747	1022084	14474	937151
西部地区 Western Region	88850	57328	796448	709062	12532	689859
北　京 Beijing	11897	9972	359535	200820	1712	282035
天　津 Tianjin	8683	5906	154932	148950	1322	133655
河　北 Hebei	17128	13177	190511	185219	2383	169327
山　西 Shanxi	9626	7356	94824	87907	780	90315
内蒙古 Neimenggu	4829	3612	36000	33754	331	27860
辽　宁 Liaoning	29936	23027	531728	504965	3627	509533
吉　林 Jilin	4248	3567	69053	50419	991	48044
黑龙江 Heilongjiang	20807	15232	181823	181823	3492	157818
上　海 Shanghai	23666	18268	597465	568025	1824	380264
江　苏 Jiangsu	55124	38534	806435	799458	5910	738484
浙　江 Zhejiang	22962	15896	372658	356959	2941	348007
安　徽 Anhui	10405	7054	127298	125911	1402	107618
福　建 Fujian	10698	7236	227914	217824	1498	222602
江　西 Jiangxi	9430	5515	114934	110857	1303	107117
山　东 Shandong	45850	34436	841779	761521	7224	780489
河　南 Henan	22402	16351	192410	188292	2882	172513
湖　北 Hubei	18013	12504	187448	173357	1936	158345
湖　南 Hunan	12135	9327	118957	103518	1688	95381
广　东 Guangdong	55705	45151	1236315	1209162	8596	1088799
广　西 Guangxi	5451	3505	65673	52871	697	56069
海　南 Hainan	500	436	5282	3716	52	3357
重　庆 Chongqing	6796	5526	100309	98702	1160	92632
四　川 Sichuan	24825	17052	195145	151646	5767	175656
贵　州 Guizhou	4358	2951	51762	50820	780	48922
云　南 Yunnan	3761	2284	39106	39106	508	34232
西　藏 Tibet						
陕　西 Shaanxi	24852	12064	216604	202129	1925	175753
甘　肃 Gansu	10148	7260	44069	38523	803	32510
青　海 Qinghai	1136	926	15053	11366	181	14070
宁　夏 Ningxia	1039	757	14245	14227	246	13942
新　疆 Xinjiang	1655	1393	18483	15920	134	18212

3-85 分行业大中型工业企业R&D活动情况(2003)
R&D major indicators in Large and Medium-sized Industrial Enterprises by Industry

	R&D人员全时当量 Full-time Equivalent of R&D Personnel 人年 (man. year)	科学家和工程师 Scientists & Engineers	R&D经费 R&D Expenditure 万元 (10000yuan)	试验发展 Experimental Development	R&D项目 Projects for R&D 项 (unit)	R&D项目经费 Expenditure on R&D items 万元 (10000yuan)
总计 Total	**478066**	**346273**	**7207749**	**6687765**	**64095**	**6283561**
煤炭开采和洗选业 Mining and washing of coal	16289	13234	141183	118668	1854	127448
石油和天然气开采业 Extraction of petroleum and natural gas	18642	16015	137717	113016	3292	129646
黑色金属矿采选业 Mining of ferrous metal ores	378	367	1989	1452	64	1897
有色金属矿采选业 Mining of non-ferrous metal ores	1909	1414	13756	12295	216	13569
非金属矿采选业 Mining and processing of nonmetal ores	799	605	8765	7658	113	8248
其他采矿业 Mining of other ores n. e. c						
农副食品加工业 Processing of food from agricultural products	5195	2803	45541	38667	564	41043
食品制造业 Manufacture of foods	3296	2321	57331	50600	658	50106
饮料制造业 Manufacture of beverage	6869	4267	82703	74728	610	71221
烟草制品业 Manufacture of tobacco	1991	1500	46012	35204	576	36302
纺织业 Manufacture of textile	13679	8353	155470	150554	3847	143438
纺织服装、鞋、帽制造业 Manufacture of textile wearing apparel, footware, and caps	3003	1719	55723	54171	180	29756
皮革、毛皮、羽毛(绒)及其制品业 Manufacture of leather, fur, feather and its products	1919	748	16619	16616	157	16277
木材加工及木、竹、藤、棕、草制品业 Processing of timbers, manufacture of wood, bamboo, rattan, palm, straw	655	406	16931	15869	137	16819
家具制造业 Manufacture of furniture	372	241	2585	2505	28	2253
造纸及纸制品业 Manufacture of paper and paper products	2767	1776	73740	71834	374	71326
印刷业和记录媒介的复制 Printing, reproduction of recording media	1615	1283	21124	20156	194	19839
文教体育用品制造业 Manufacture of articles for culture, education and sport activity	1075	656	12333	12192	206	9554

	R&D 人员全时当量 Full-time Equivalent of R&D Personnel 人年 (man. year)	科学家和工程师 Scientists & Engineers	R&D 经费 R&D Expenditure 万元 (10000yuan)	试验发展 Experimental Development	R&D 项目 Projects for R&D 项 (unit)	R&D 项目经费 Expenditure on R&D items 万元 (10000yuan)
石油加工、炼焦及核燃料加工业 Processing of petroleum ,coking,Processing of nucleus fuel	7468	5703	63261	56915	1043	55530
化学原料及化学制品制造业 Manufacture of chemical raw material and chemical products	35041	23771	466728	450847	4098	392755
医药制造业 Manufacture of medicines	17518	13215	276665	254497	2975	223663
化学纤维制造业 Manufacture of chemical fiber	3251	2260	57872	51681	364	54185
橡胶制品业 Manufacture of rubber	3762	2730	72799	72621	802	69233
塑料制品业 Manufacture of plastic	3439	2380	61030	59527	462	57193
非金属矿物制品业 Manufacture of non-metallic mineral products	16202	9504	156269	128254	1755	138928
黑色金属冶炼及压延加工业 Manufacture and processing of ferrous metals	23771	19285	647622	633649	3064	520568
有色金属冶炼及压延加工业 Manufacture and processing of non-ferrous metals	13557	9600	135917	130124	1315	121659
金属制品业 Manufacture of metal products	5978	3989	70787	62151	651	62683
通用设备制造业 Manufacture of general purpose machinery	37920	26884	428689	420094	5029	381750
专用设备制造业 Manufacture of special purpose machinery	32021	24473	317356	302547	3023	272736
交通运输设备制造业 Manufacture of transport equipment	68391	41939	956528	900559	7650	794975
电气机械及器材制造业 Manufacture of electrical machinery and equipment	35005	27500	744867	705185	6184	662459
通信设备、计算机及其他电子设备制造业 Manufacture of communication, computer, other electronic equipment	73331	59282	1635397	1468257	8666	1486448
仪器仪表及文化、办公用机械制造业 Manufacture of measuring instrument, machinery for cultural and office work	8938	6655	85894	78655	1384	71140
工艺品及其他制造业 Manufacture of artwork, other manufacture n. e. c	2150	1152	20123	19439	310	17122
电力、热力的生产和供应业 Production and supply of electric power and heat power	8770	7527	110536	87845	2009	103061
燃气生产和供应业 Production and distribution of gas	416	248	2581	1957	89	1748
水的生产和供应业 Production and distribution of water	682	467	7307	6774	152	6983

3-86 各地区大中型工业企业(国有)R&D活动情况(2003)
R&D major indicators of LMIE(State-owned Enterprises) by Region

	R&D人员全时当量 Full-time Equivalent of R&D Personnel 人年 (man. year)	科学家和工程师 Scientists & Engineers	R&D经费 R&D Expenditure 万元 (10000yuan)	试验发展 Experimental Development	R&D项目 Projects for R&D 项 (unit)	R&D项目经费 Expenditure on R&D items 万元 (10000yuan)
全国 Total	**104684**	**75897**	**1134303**	**1047394**	**16252**	**965301**
东部地区 Eastern Region	40051	29779	575039	545549	6691	515154
中部地区 Mid Region	38048	27229	336891	298502	5583	249697
西部地区 Western Region	26585	18889	222372	203344	3978	200451
北京 Beijing	2444	2167	25596	16394	356	20946
天津 Tianjin	1723	1176	18113	17376	285	8933
河北 Hebei	2925	2319	18359	16969	508	16002
山西 Shanxi	4440	3257	15695	12427	381	15289
内蒙古 Neimenggu	625	411	2416	2416	31	2350
辽宁 Liaoning	7390	5597	204570	201098	1240	201135
吉林 Jilin	1668	1523	35092	20974	548	16131
黑龙江 Heilongjiang	3946	3094	30413	30413	986	27972
上海 Shanghai	3945	3144	49444	38720	381	32337
江苏 Jiangsu	9530	7275	115865	115325	1851	105015
浙江 Zhejiang	1021	601	12835	11787	133	11450
安徽 Anhui	2325	1792	35998	35136	335	19911
福建 Fujian	762	608	8598	7895	322	8362
江西 Jiangxi	2453	1622	18747	18747	471	18062
山东 Shandong	5557	3701	61876	60258	1045	56200
河南 Henan	8344	5517	64808	64155	896	53701
湖北 Hubei	8911	5825	65290	55197	1070	42900
湖南 Hunan	5962	4599	70849	61453	896	55730
广东 Guangdong	4378	2863	56798	56743	539	52204
广西 Guangxi	1151	865	12944	11759	244	12113
海南 Hainan	378	327	2984	2984	31	2569
重庆 Chongqing	1341	978	10580	9744	328	9731
四川 Sichuan	6668	5318	48801	36797	1335	44913
贵州 Guizhou	1746	1047	21063	20943	357	20444
云南 Yunnan	1289	697	16329	16329	175	16027
西藏 Tibet						
陕西 Shaanxi	6428	4152	84099	81584	974	76066
甘肃 Gansu	7093	5266	21688	19451	439	15074
青海 Qinghai	113	62	1243	1112	24	523
宁夏 Ningxia	106	70	2931	2931	64	2931
新疆 Xinjiang	26	24	279	279	7	279

3-87 分行业大中型工业企业(国有)R&D 活动情况(2003)

R&D major indicators of LMIE(State-owned Enterprises) by Industry

	R&D 人员全时当量 Full-time Equivalent of R&D Personnel 人年 (man. year)	科学家和工程师 Scientists & Engineers	R&D 经费 R&D Expenditure 万元 (10000yuan)	试验发展 Experimental Development	R&D 项目 Projects for R&D 项 (unit)	R&D 项目经费 Expenditure on R&D items 万元 (10000yuan)
总 计 Total	**104684**	**75897**	**1134303**	**1047394**	**16252**	**965301**
煤炭开采和洗选业 Mining and washing of coal	5022	3685	20568	17238	511	18534
石油和天然气开采业 Extraction of petroleum and natural gas	2936	2541	33985	32721	715	32937
黑色金属矿采选业 Mining of ferrous metal ores	320	309	1457	1004	59	1457
有色金属矿采选业 Mining of non-ferrous metal ores	881	597	4820	4570	124	4663
非金属矿采选业 Mining and processing of nonmetal ores	60	43	526	526	9	291
其他采矿业 Mining of other ores n. e. c						
农副食品加工业 Processing of food from agricultural products	91	55	6885	5686	31	5904
食品制造业 Manufacture of foods	944	598	14743	14743	76	12765
饮料制造业 Manufacture of beverage	1814	1338	26560	26490	141	26187
烟草制品业 Manufacture of tobacco	1886	1414	43496	32687	522	34009
纺织业 Manufacture of textile	2168	1190	18649	18193	1208	16939
纺织服装、鞋、帽制造业 Manufacture of textile wearing apparel, footware, and caps	87	49	149	62	5	149
皮革、毛皮、羽毛(绒)及其制品业 Manufacture of leather, fur, feather and its products	92	59	524	521	65	524
木材加工及木、竹、藤、棕、草制品业 Processing of timbers, manufacture of wood, bamboo, rattan, palm, straw	130	112	2703	2673	53	2685
家具制造业 Manufacture of furniture						
造纸及纸制品业 Manufacture of paper and paper products	262	198	3948	3779	33	3272
印刷业和记录媒介的复制 Printing, reproduction of recording media	375	309	4239	3522	127	3639

3－87 续表

	R&D 人员全时当量 Full-time Equivalent of R&D Personnel 人年 (man. year)	科学家和工程师 Scientists & Engineers	R&D 经费 R&D Expenditure 万元 (10000yuan)	试验发展 Experimental Development	R&D 项目 Projects for R&D 项(unit)	R&D 项目经费 Expenditure on R&D items 万元 (10000yuan)
文教体育用品制造业 Manufacture of articles for culture, education and sport activity	2	0	14	14	3	3
石油加工、炼焦及核燃料加工业 Processing of petroleum ,coking, Processing of nucleus fuel	2317	1923	13618	12931	367	12314
化学原料及化学制品制造业 Manufacture of chemical raw material and chemical products	8921	5757	97158	94894	933	77317
医药制造业 Manufacture of medicines	1862	1337	14418	13544	396	12405
化学纤维制造业 Manufacture of chemical fiber	110	86	1470	1470	11	1470
橡胶制品业 Manufacture of rubber	632	414	2748	2748	162	2659
塑料制品业 Manufacture of plastic	245	198	7394	7394	61	7376
非金属矿物制品业 Manufacture of non-metallic mineral products	2877	1399	17518	16129	246	16119
黑色金属冶炼及压延加工业 Manufacture and processing of ferrous metals	5508	4378	189411	183573	1259	181475
有色金属冶炼及压延加工业 Manufacture and processing of non-ferrous metals	6356	4745	29629	28258	605	23063
金属制品业 Manufacture of metal products	527	434	15874	15287	99	15013
通用设备制造业 Manufacture of general purpose machinery	7133	5022	52140	50886	1130	48259
专用设备制造业 Manufacture of special purpose machinery	9585	7117	64168	57520	893	50638
交通运输设备制造业 Manufacture of transport equipment	21829	14696	213886	188937	2730	164831
电气机械及器材制造业 Manufacture of electrical machinery and equipment	5923	4894	77148	74503	872	46951
通信设备、计算机及其他电子设备制造业 Manufacture of communication, computer, other electronic equipment	4143	3112	61068	60449	490	56083
仪器仪表及文化、办公用机械制造业 Manufacture of measuring instrument, machinery for cultural and office work	2297	1617	11555	11110	376	10677
工艺品及其他制造业 Manufacture of artwork, other manufacture n. e. c	435	277	3513	3396	164	3457
电力、热力的生产和供应业 Production and supply of electric power and heat power	6231	5608	74259	56616	1595	67803
燃气生产和供应业 Production and distribution of gas	257	116	1574	1080	80	1211
水的生产和供应业 Production and distribution of water	424	267	2492	2241	101	2226

3-88 各地区大中型工业企业(有限责任公司)R&D活动情况(2003)

R&D major indicators of LMIE(State-owned Enterprises) by Region

	R&D人员全时当量 Full-time Equivalent of R&D Personnel 人年 (man. year)	科学家和工程师 Scientists & Engineers	R&D经费 R&D Expenditure 万元 (10000yuan)	试验发展 Experimental Development	R&D项目 Projects for R&D 项 (unit)	R&D项目经费 Expenditure on R&D items 万元 (10000yuan)
全 国 Total	**168824**	**118041**	**2286756**	**2154625**	**21950**	**2019048**
东部地区 Eastern Region	89665	69371	1575224	1489993	11626	1406280
中部地区 Mid Region	35378	24011	367908	354837	4357	329514
西部地区 Western Region	43782	24659	343623	309796	5967	283254
北 京 Beijing	2199	1567	45876	40388	211	43036
天 津 Tianjin	2674	2070	38184	35828	558	32271
河 北 Hebei	10108	7619	117087	114832	862	110609
山 西 Shanxi	3551	2893	42361	38963	232	39288
内蒙古 Neimenggu	3459	2641	18522	18152	129	11127
辽 宁 Liaoning	12451	10402	244295	233811	1222	228778
吉 林 Jilin	835	596	9719	7714	110	8390
黑龙江 Heilongjiang	9446	5831	97707	97707	1300	79497
上 海 Shanghai	3701	2576	64391	62547	354	32256
江 苏 Jiangsu	15806	10760	212048	211730	1719	202248
浙 江 Zhejiang	6910	4731	101564	95608	929	91070
安 徽 Anhui	4570	2790	46418	46418	465	45924
福 建 Fujian	1090	618	19724	19632	139	19022
江 西 Jiangxi	4359	2412	59291	55233	415	53233
山 东 Shandong	19533	15686	324438	269225	3941	295736
河 南 Henan	7014	5468	69276	67196	1073	64789
湖 北 Hubei	3195	2214	26784	26277	372	25018
湖 南 Hunan	2409	1808	16353	15329	390	13375
广 东 Guangdong	15187	13337	407419	406291	1689	351059
广 西 Guangxi	1774	945	10249	6044	153	10025
海 南 Hainan	6	6	198	100	2	196
重 庆 Chongqing	2984	2453	45033	44698	526	38852
四 川 Sichuan	12869	8077	111649	91071	3822	101184
贵 州 Guizhou	1713	1162	11883	11280	251	11509
云 南 Yunnan	1888	1169	15727	15727	233	12361
西 藏 Tibet						
陕 西 Shaanxi	16868	6833	116891	110325	565	84724
甘 肃 Gansu	1658	868	6470	6470	162	6400
青 海 Qinghai	183	171	2878	1726	22	2764
宁 夏 Ningxia	358	312	4082	4064	97	4079
新 疆 Xinjiang	28	27	239	239	7	230

3-89 分行业大中型工业企业(有限责任公司)R&D 活动情况(2003)

R&D major indicators of LMIE(State-owned Enterprises) by Industry

	R&D 人员全时当量 Full-time Equivalent of R&D Personnel 人年 (man. year)	科学家和工程师 Scientists & Engineers	R&D 经费 R&D Expenditure 万元 (10000yuan)	试验发展 Experimental Development	R&D 项目 Projects for R&D 项 (unit)	R&D 项目经费 Expenditure on R&D items 万元 (10000yuan)
总 计 Total	**168824**	**118041**	**2286756**	**2154625**	**21950**	**2019048**
煤炭开采和洗选业 Mining and washing of coal	10477	8843	107910	97506	1247	102516
石油和天然气开采业 Extraction of petroleum and natural gas	3935	3553	17184	7062	526	15308
黑色金属矿采选业 Mining of ferrous metal ores	48	47	518	448	4	426
有色金属矿采选业 Mining of non-ferrous metal ores	596	496	5234	4798	57	5214
非金属矿采选业 Mining and processing of nonmetal ores	664	512	6991	5993	67	6755
其他采矿业 Mining of other ores n. e. c						
农副食品加工业 Processing of food from agricultural products	2523	1309	19895	17989	241	18920
食品制造业 Manufacture of foods	836	536	11184	10896	153	10498
饮料制造业 Manufacture of beverage	3177	1658	30921	27438	242	23177
烟草制品业 Manufacture of tobacco	90	74	2301	2301	50	2077
纺织业 Manufacture of textile	4316	2682	54122	53790	1723	49522
纺织服装、鞋、帽制造业 Manufacture of textile wearing apparel, footware, and caps	486	329	4297	3528	34	1654
皮革、毛皮、羽毛(绒)及其制品业 Manufacture of leather, fur, feather and its products	777	255	3783	3783	14	3573
木材加工及木、竹、藤、棕、草制品业 Processing of timbers, manufacture of wood, bamboo, rattan, palm, straw	127	79	1752	1654	28	1746
家具制造业 Manufacture of furniture	47	17	225	225	2	225
造纸及纸制品业 Manufacture of paper and paper products	950	629	8523	7795	153	7792
印刷业和记录媒介的复制 Printing, reproduction of recording media	101	74	3330	3330	8	3313
文教体育用品制造业 Manufacture of articles for culture, education and sport activity	286	172	3864	3864	45	1748

3 - 89 续表

	R&D 人员全时当量 Full-time Equivalent of R&D Personnel 人年 (man. year)	科学家和工程师 Scientists & Engineers	R&D 经费 R&D Expenditure 万元 (10000yuan)	试验发展 Experimental Development	R&D 项目 Projects for R&D 项 (unit)	R&D 项目经费 Expenditure on R&D items 万元 (10000yuan)
石油加工、炼焦及核燃料加工业 Processing of petroleum ,coking,Processing of nucleus fuel	746	567	4198	4163	112	3465
化学原料及化学制品制造业 Manufacture of chemical raw material and chemical products	10425	6207	140393	132675	1107	118247
医药制造业 Manufacture of medicines	6245	4428	93065	88047	1057	78364
化学纤维制造业 Manufacture of chemical fiber	1653	1140	23471	17902	228	21950
橡胶制品业 Manufacture of rubber	1109	863	29724	29551	275	28716
塑料制品业 Manufacture of plastic	852	440	12426	12349	126	11685
非金属矿物制品业 Manufacture of non-metallic mineral products	4552	2677	53912	43911	394	51118
黑色金属冶炼及压延加工业 Manufacture and processing of ferrous metals	13477	11236	336157	329966	1080	268165
有色金属冶炼及压延加工业 Manufacture and processing of non-ferrous metals	3213	2107	25731	24281	301	22513
金属制品业 Manufacture of metal products	1684	944	10416	10109	185	9578
通用设备制造业 Manufacture of general purpose machinery	15132	10863	157436	153274	1970	149044
专用设备制造业 Manufacture of special purpose machinery	12837	10480	124419	119231	1046	105715
交通运输设备制造业 Manufacture of transport equipment	31067	16045	292298	269757	2671	229260
电气机械及器材制造业 Manufacture of electrical machinery and equipment	8276	6269	98422	90523	1327	91644
通信设备、计算机及其他电子设备制造业 Manufacture of communication,computer,other electronic equipment	22655	18375	543594	522921	4686	523748
仪器仪表及文化、办公用机械制造业 Manufacture of measuring instrument,machinery for cultural and office work	2734	2248	31214	30574	508	25766
工艺品及其他制造业 Manufacture of artwork, other manufacture n. e. c	819	453	5538	5533	33	4067
电力、热力的生产和供应业 Production and supply of electric power and heat power	1590	1192	17456	12743	208	16969
燃气生产和供应业 Production and distribution of gas	115	88	531	401	7	309
水的生产和供应业 Production and distribution of water	205	154	4323	4316	35	4264

3－90 各地区大中型工业企业(股份有限公司)R&D活动情况(2003)

R&D major indicators of LMIE(State-owned Enterprises) by Region

	R&D人员全时当量 Full-time Equivalent of R&D Personnel 人年 (man. year)	科学家和工程师 Scientists & Engineers	R&D经费 R&D Expenditure 万元 (10000yuan)	试验发展 Experimental Development	R&D项目 Projects for R&D 项 (unit)	R&D项目经费 Expenditure on R&D items 万元 (10000yuan)
全　国　Total	**91955**	**71948**	**1425716**	**1282297**	**12439**	**1216480**
东部地区　Eastern Region	52395	41644	1005579	897802	7140	831005
中部地区　Mid Region	25485	19799	238063	230074	3434	222500
西部地区　Western Region	14075	10504	182074	154420	1865	162974
北　京　Beijing	3691	3034	112592	67031	839	93157
天　津　Tianjin	1567	997	19475	18045	195	18020
河　北　Hebei	2390	2059	27589	26000	537	25397
山　西　Shanxi	1069	925	33162	33112	90	32313
内蒙古　Neimenggu	581	450	7654	5777	144	7041
辽　宁　Liaoning	4099	3498	43818	38053	653	42689
吉　林　Jilin	1664	1384	20828	19843	310	20110
黑龙江　Heilongjiang	6898	6008	46058	46058	1158	44841
上　海　Shanghai	1828	1483	84148	83424	185	29909
江　苏　Jiangsu	10870	8065	161968	159926	912	126272
浙　江　Zhejiang	4018	2871	80276	79770	435	75586
安　徽　Anhui	2051	1511	22224	22099	226	20108
福　建　Fujian	3000	2100	48435	40033	284	46998
江　西　Jiangxi	1473	631	13940	13920	225	13466
山　东　Shandong	8149	5821	116738	94976	824	102680
河　南　Henan	5138	3870	32529	31872	713	30913
湖　北　Hubei	4510	3350	46951	44092	389	43070
湖　南　Hunan	2683	2120	22372	19079	323	17680
广　东　Guangdong	12705	11646	310160	290170	2268	269925
广　西　Guangxi	1895	1347	38202	31198	223	31338
海　南　Hainan	76	71	380	374	8	370
重　庆　Chongqing	1242	1091	28527	28513	133	28439
四　川　Sichuan	4031	2673	22158	17058	347	19176
贵　州　Guizhou	747	614	17823	17604	113	15977
云　南　Yunnan	464	325	5636	5636	62	4563
西　藏　Tibet						
陕　西　Shaanxi	1101	728	14020	8842	333	13926
甘　肃　Gansu	1335	1084	15797	12487	193	10938
青　海　Qinghai	810	668	10897	8507	134	10769
宁　夏　Ningxia	267	183	3395	3395	63	3104
新　疆　Xinjiang	1601	1342	17966	15403	120	17704

3-91 分行业大中型工业企业(股份有限公司)R&D 活动情况(2003)
R&D major indicators of LMIE(State-owned Enterprises) by Industry

	R&D 人员全时当量 Full-time Equivalent of R&D Personnel 人年 (man. year)	科学家和工程师 Scientists & Engineers	R&D 经费 R&D Expenditure 万元 (10000yuan)	试验发展 Experimental Development	R&D 项目 Projects for R&D 项 (unit)	R&D 项目经费 Expenditure on R&D items 万元 (10000yuan)
总 计 Total	**91955**	**71948**	**1425716**	**1282297**	**12439**	**1216480**
煤炭开采和洗选业 Mining and washing of coal	773	692	12592	3844	94	6319
石油和天然气开采业 Extraction of petroleum and natural gas	11770	9922	86548	73234	2051	81401
黑色金属矿采选业 Mining of ferrous metal ores						
有色金属矿采选业 Mining of non-ferrous metal ores	349	257	1295	766	28	1285
非金属矿采选业 Mining and processing of nonmetal ores	54	30	678	569	34	632
其他采矿业 Mining of other ores n. e. c						
农副食品加工业 Processing of food from agricultural products	1039	844	8936	5888	125	7063
食品制造业 Manufacture of foods	382	300	6199	6199	217	5998
饮料制造业 Manufacture of beverage	1096	700	10440	6865	121	9685
烟草制品业 Manufacture of tobacco	9	9	206	206	1	206
纺织业 Manufacture of textile	1902	1123	35366	33060	504	31605
纺织服装、鞋、帽制造业 Manufacture of textile wearing apparel, footware, and caps	1198	694	33370	33370	35	11093
皮革、毛皮、羽毛(绒)及其制品业 Manufacture of leather, fur, feather and its products	67	22	3069	3069	1	3050
木材加工及木、竹、藤、棕、草制品业 Processing of timbers, manufacture of wood, bamboo, rattan, palm, straw	148	91	1425	1422	10	1420
家具制造业 Manufacture of furniture	47	35	153	138	1	15
造纸及纸制品业 Manufacture of paper and paper products	690	494	15266	15262	69	15125
印刷业和记录媒介的复制 Printing, reproduction of recording media	298	177	1793	1793	14	1736
文教体育用品制造业 Manufacture of articles for culture, education and sport activity	56	45	441	441	2	384

3－91 续表

	R&D 人员全时当量 Full-time Equivalent of R&D Personnel 人年 (man. year)	科学家和工程师 Scientists & Engineers	R&D 经费 R&D Expenditure 万元 (10000yuan)	试验发展 Experimental Development	R&D 项目 Projects for R&D 项 (unit)	R&D 项目经费 Expenditure on R&D items 万元 (10000yuan)
石油加工、炼焦及核燃料加工业 Processing of petroleum ,coking,Processing of nucleus fuel	3875	2834	37171	33581	442	35805
化学原料及化学制品制造业 Manufacture of chemical raw material and chemical products	9647	7718	124737	122682	1296	114451
医药制造业 Manufacture of medicines	5818	4536	93977	84396	883	75754
化学纤维制造业 Manufacture of chemical fiber	937	587	21659	21659	74	19963
橡胶制品业 Manufacture of rubber	573	437	14729	14729	82	14693
塑料制品业 Manufacture of plastic	761	603	16392	15429	83	15857
非金属矿物制品业 Manufacture of non-metallic mineral products	3327	2474	38452	23084	331	36382
黑色金属冶炼及压延加工业 Manufacture and processing of ferrous metals	2302	1845	78805	77763	501	30569
有色金属冶炼及压延加工业 Manufacture and processing of non-ferrous metals	2367	1561	49637	47532	268	46918
金属制品业 Manufacture of metal products	1181	938	10089	3450	53	6906
通用设备制造业 Manufacture of general purpose machinery	6244	4422	86627	85290	732	80273
专用设备制造业 Manufacture of special purpose machinery	4507	3452	55679	53357	406	47660
交通运输设备制造业 Manufacture of transport equipment	4690	3605	102902	95762	660	95496
电气机械及器材制造业 Manufacture of electrical machinery and equipment	6366	4962	134751	114641	1517	106752
通信设备、计算机及其他电子设备制造业 Manufacture of communication,computer,other electronic equipment	17635	14904	313905	276939	1441	284511
仪器仪表及文化、办公用机械制造业 Manufacture of measuring instrument,machinery for cultural and office work	1060	965	13066	11153	192	12903
工艺品及其他制造业 Manufacture of artwork, other manufacture n. e. c	163	88	2613	2585	35	2602
电力、热力的生产和供应业 Production and supply of electric power and heat power	555	514	11997	11663	133	11466
燃气生产和供应业 Production and distribution of gas	44	44	476	476	2	228
水的生产和供应业 Production and distribution of water	25	25	275		1	275

3-92 各地区大中型工业企业(三资)R&D活动情况(2003)

R&D major indicators of LMIE(State-owned Enterprises) by Region

	R&D 人员全时当量 Full-time Equivalent of R&D Personnel 人年 (man. year)	科学家和工程师 Scientists & Engineers	R&D 经费 R&D Expenditure 万元 (10000yuan)	试验发展 Experimental Development	R&D 项目 Projects for R&D 项 (unit)	R&D 项目经费 Expenditure on R&D items 万元 (10000yuan)
全　国 Total	**68024**	**49863**	**1666384**	**1536938**	**8171**	**1431104**
东部地区 Eastern Region	61422	45164	1539446	1414270	7116	1310548
中部地区 Mid Region	4127	3006	100143	98617	654	94840
西部地区 Western Region	2475	1692	26796	24051	401	25715
北　京 Beijing	3264	2929	168827	74812	247	118659
天　津 Tianjin	2666	1627	78967	77507	172	74269
河　北 Hebei	836	652	19883	19835	376	10434
山　西 Shanxi	402	190	2456	2456	62	2380
内蒙古 Neimenggu	114	76	7333	7333	16	7266
辽　宁 Liaoning	2081	1710	24617	17605	99	22817
吉　林 Jilin	45	36	380	364	9	378
黑龙江 Heilongjiang	368	209	6006	6006	27	3920
上　海 Shanghai	13440	10553	392826	377923	860	281964
江　苏 Jiangsu	9347	6425	188308	188213	622	185758
浙　江 Zhejiang	3717	2533	83308	80583	348	82582
安　徽 Anhui	581	414	13172	13172	274	12471
福　建 Fujian	4963	3332	135961	135127	685	133168
江　西 Jiangxi	507	394	17865	17865	142	17485
山　东 Shandong	2043	1544	55063	54669	189	50788
河　南 Henan	869	699	19166	18438	45	18481
湖　北 Hubei	720	610	37092	37022	60	36383
湖　南 Hunan	636	455	4006	3294	35	3343
广　东 Guangdong	19066	13859	391687	387997	3518	350109
广　西 Guangxi	502	233	494	323	36	473
海　南 Hainan						
重　庆 Chongqing	673	503	7809	7654	86	7805
四　川 Sichuan	401	327	5051	2787	120	4533
贵　州 Guizhou	122	109	593	593	51	593
云　南 Yunnan	82	73	655	655	31	637
西　藏 Tibet						
陕　西 Shaanxi	310	211	1338	1197	46	891
甘　肃 Gansu	6	6	7	7	3	7
青　海 Qinghai	10	10	14		1	14
宁　夏 Ningxia	255	142	3502	3502	11	3497
新　疆 Xinjiang						

3-93 分行业大中型工业企业(三资企业)R&D 活动情况(2003)
R&D major indicators of LMIE(State-owned Enterprises) by Industry

	R&D 人员全时当量 Full-time Equivalent of R&D Personnel 人年 (man. year)	科学家和工程师 Scientists & Engineers	R&D 经费 R&D Expenditure 万元 (10000yuan)	试验发展 Experimental Development	R&D 项目 Projects for R&D 项 (unit)	R&D 项目经费 Expenditure on R&D items 万元 (10000yuan)
总 计 Total	**68024**	**49863**	**1666384**	**1536938**	**8171**	**1431104**
煤炭开采和洗选业 Mining and washing of coal						
石油和天然气开采业 Extraction of petroleum and natural gas						
黑色金属矿采选业 Mining of ferrous metal ores	10	10	14		1	14
有色金属矿采选业 Mining of non-ferrous metal ores	1	1	10	10	1	10
非金属矿采选业 Mining and processing of nonmetal ores						
其他采矿业 Mining of other ores n. e. c						
农副食品加工业 Processing of food from agricultural products	208	131	4124	4036	77	3822
食品制造业 Manufacture of foods	422	305	16088	10531	111	13143
饮料制造业 Manufacture of beverage	525	400	11720	11587	44	9298
烟草制品业 Manufacture of tobacco						
纺织业 Manufacture of textile	1820	1329	18101	16838	133	17779
纺织服装、鞋、帽制造业 Manufacture of textile wearing apparel, footware, and caps	601	279	13347	13292	67	12911
皮革、毛皮、羽毛(绒)及其制品业 Manufacture of leather, fur, feather and its products	882	366	8535	8535	64	8452
木材加工及木、竹、藤、棕、草制品业 Processing of timbers, manufacture of wood, bamboo, rattan, palm, straw	108	56	8310	8230	37	8292
家具制造业 Manufacture of furniture	12	12	49	49	1	49
造纸及纸制品业 Manufacture of paper and paper products	649	330	39245	39245	88	38789
印刷业和记录媒介的复制 Printing, reproduction of recording media	425	341	8149	8019	20	7646
文教体育用品制造业 Manufacture of articles for culture, education and sport activity	648	377	5869	5774	131	5535

3-93 续表

	R&D 人员全时当量 Full-time Equivalent of R&D Personnel 人年 (man. year)	科学家和工程师 Scientists & Engineers	R&D 经费 R&D Expenditure 万元 (10000yuan)	试验发展 Experimental Development	R&D 项目 Projects for R&D 项 (unit)	R&D 项目经费 Expenditure on R&D items 万元 (10000yuan)
石油加工、炼焦及核燃料加工业 Processing of petroleum ,coking,Processing of nucleus fuel	444	323	6998	5424	115	2755
化学原料及化学制品制造业 Manufacture of chemical raw material and chemical products	1914	1394	62177	59101	307	45486
医药制造业 Manufacture of medicines	2001	1688	52327	51138	409	38539
化学纤维制造业 Manufacture of chemical fiber	146	139	3662	3627	32	3247
橡胶制品业 Manufacture of rubber	1266	897	24502	24497	254	22179
塑料制品业 Manufacture of plastic	890	615	10764	10373	108	9870
非金属矿物制品业 Manufacture of non-metallic mineral products	1502	1062	31492	31298	580	21822
黑色金属冶炼及压延加工业 Manufacture and processing of ferrous metals	816	544	14589	14329	87	12279
有色金属冶炼及压延加工业 Manufacture and processing of non-ferrous metals	607	438	17481	17114	69	16031
金属制品业 Manufacture of metal products	1364	818	23555	23519	177	20937
通用设备制造业 Manufacture of general purpose machinery	4844	3447	89420	88713	551	64662
专用设备制造业 Manufacture of special purpose machinery	2489	1627	42887	42590	350	40625
交通运输设备制造业 Manufacture of transport equipment	8343	5673	310991	310105	1083	271709
电气机械及器材制造业 Manufacture of electrical machinery and equipment	6317	4800	122244	118185	1213	115010
通信设备、计算机及其他电子设备制造业 Manufacture of communication, computer, other electronic equipment	26379	20963	688601	580310	1735	597068
仪器仪表及文化、办公用机械制造业 Manufacture of measuring instrument, machinery for cultural and office work	1821	1154	21387	20722	236	13722
工艺品及其他制造业 Manufacture of artwork, other manufacture n. e. c	205	143	3416	3416	33	3093
电力、热力的生产和供应业 Production and supply of electric power and heat power	362	201	6333	6333	57	6333
燃气生产和供应业 Production and distribution of gas						
水的生产和供应业 Production and distribution of water						

四、高等学校

Institutions of Higher Education

4－1 高等学校基本

Major Indicators of Institutions of

	单位	1993	1994	1995
学校数 **Number of Institutions of Higher Education**	**个** **unit**	**1065**	**1080**	**1054**
从业人员 **Employees**	**万人** **10,000 person**	**102**	**104**	**104**
科技活动人员 **S&T Personnel**	**人** **person**	**313724**	**319092**	**324279**
#科学家与工程师 Scientists and Engineers	人 person	295504	301323	307985
研究与试验发展机构 **R&D Institutes**	**个** **unit**	**3115**	**3309**	**3431**
研究与试验发展人员全时当量 **Full-time Equivalent of R&D Personnel**	**万人年** **10,000man. year**	**13.9**	**17.2**	**14.4**
#科学家和工程师 Scientists and Engineers	万人年 10,000man. year	12.8	15.8	13.2
#基础研究 Basic Research	万人年 10,000man. year	3.7	4.7	3.9
应用研究 Applied Research	万人年 10,000man. year	7.4	9.1	7.8
试验发展 Experimental Development	万人年 10,000man. year	2.9	3.4	2.7
科技经费筹集额 **Sources of Fund for S&T**	**万元** **10,000 yuan**	**329969**	**414628**	**494756**
#政府资金 Government Funds	万元 10,000 yuan	165706	191891	220525
企业资金 Enterprise Funds	万元 10,000 yuan			
金融机构贷款 Bank Loans	万元 10,000 yuan	9996	9482	11748
科技经费内部支出额 **Intramural Expenditure for S&T**	**万元** **10,000 yuan**	**301334**	**376015**	**443889**
#劳务费 Labor Expenses	万元 10,000 yuan	30942	45249	55082
业务费 Operating Expenses	万元 10,000 yuan	174510	216120	255264
固定资产购建费 Expenditure on the Purchase of Fixed Assets	万元 10,000 yuan	57302	71302	78290
#研究与试验发展经费支出 R&D Expenditure	亿元 100,000,000 yuan	27.8	38.7	42.3
基础研究 Basic Research	亿元 100,000,000 yuan	3.4	5.1	6.5
应用研究 Applied Research	亿元 100,000,000 yuan	14.9	21.4	23.3
试验发展 Experimantal Development	亿元 100,000,000 yuan	9.5	12.1	12.5

情况(1993－2003)
Higher Education

1996	1997	1998	1999	2000	2001	2002	2003
1032	**1020**	**1022**	**1071**	**1041**	**1225**	**1396**	**1552**
104	**103**	**103**	**107**	**111**	**121**	**130**	**145**
332008	**326202**	**345159**	**341910**	**352231**	**366410**	**383004**	**410995**
316354	311622	311417	328991	315110	358844	376136	403785
3398	**3306**	**3241**	**3124**	**3735**	**3481**	**3702**	**3145**
14.8	**16.6**	**16.9**	**17.6**	**15.9**	**17.1**	**18.1**	**18.9**
13.2	15.7	16.1	16.8	14.7	16.8	17.8	18.6
4.1	4.3	4.6	4.7	5.1	5.1	5.6	5.8
8.0	9.2	9.3	9.8	8.7	9.2	9.5	10.0
2.7	3.0	3.0	3.1	2.1	2.8	3.1	3.1
565380	**730763**	**849566**	**1029460**	**1667784**	**2000002**	**2476965**	**3077922**
258241	364700	411494	492174	974653	1098293	1372924	1647568
		367733	532425	554523	724562	895801	1125898
8302	7126	0	4509	13797	9721	13015	14586
511824	**629892**	**731542**	**850978**	**1371450**	**1659188**	**2041666**	**2538792**
66018	80622	70565	89185	285406	298112	382150	491491
290012	362203	450954	492875	811771			
95645	125786	131629	170262	274273	512638	383353	450616
47.8	57.7	57.3	63.5	76.7	102.4	130.5	162.3
7.5	9.7	9.5	11.4	17.8	19.0	27.8	32.9
26.7	31.6	31.4	37.7	40.0	56.6	67.1	89.7
13.7	16.4	16.3	14.4	18.9	26.8	35.6	39.7

4－2 各地区高等学校研究与试验发展机构(2003)

R&D Institutes in Institutions of Higher Education by Region

单位:个 (unit)

地 区 Region	学校数 Number of Institutions of Higher Education	高等院校属研究与试验发展机构 R&D Institutes in Institutions of Higher Education	理工农医 Natural Sciences & Technology	人文社会 Social Sciences & Humanities
全 国 Total	**1552**	**3145**	**1919**	**1226**
东部地区 Eastern Region	689	1924	1158	766
中部地区 Mid Region	485	704	445	259
西部地区 Western Region	378	517	316	201
北 京 Beijing	73	236	188	48
天 津 Tianjin	37	62	49	13
河 北 Hebei	83	44	34	10
山 西 Shanxi	45	57	34	23
内蒙古 Neimenggu	27	9	9	
		0		
辽 宁 Liaoning	70	129	98	31
吉 林 Jilin	40	95	75	20
黑龙江 Heilongjiang	54	94	86	8
		0		
上 海 Shanghai	56	233	147	86
江 苏 Jiangsu	94	345	176	169
浙 江 Zhejiang	64	362	141	221
安 徽 Anhui	73	66	34	32
福 建 Fujian	39	161	80	81
江 西 Jiangxi	54	55	34	21
山 东 Shandong	85	137	93	44
		0		
河 南 Henan	71	38	27	11
湖 北 Hubei	75	114	70	44
湖 南 Hunan	73	185	85	100
广 东 Guangdong	77	204	149	55
广 西 Guangxi	45	48	30	18
海 南 Hainan	11	11	3	8
		0		
重 庆 Chongqing	34	92	48	44
四 川 Sichuan	62	147	100	47
贵 州 Guizhou	34	26	11	15
云 南 Yunnan	34	32	20	12
西 藏 Tibet	4	0		
		0		
陕 西 Shaanxi	57	78	49	29
甘 肃 Gansu	31	57	25	32
青 海 Qinghai	12	11	11	
宁 夏 Ningxia	12	12	9	3
新 疆 Xinjiang	26	5	4	1

4-3 各地区高等学校科技活动人员(2003)

S&T Personnel in Institutions of Higher Education by Region

单位:人 (person)

地区 Region	科技活动人员 S&T Personnel Total	科学家和工程师 Scientists & Engineers	理工农医 Natural Sciences and Technologies Sub-total	科学家和工程师 Scientists & Engineers	人文社会 Social Sciences and Humanities Sub-total	科学家和工程师 Scientists & Engineers
全国 Total	**410995**	**403785**	**315615**	**309142**	**95380**	**94643**
东部地区 Eastern Region	217591	213744	165102	161674	52489	52070
中部地区 Mid Region	108332	106848	82768	81495	25564	25353
西部地区 Western Region	85072	83193	67745	65973	17327	17220
北京 Beijing	38319	37383	29261	28440	9058	8943
天津 Tianjin	11214	11118	8465	8386	2749	2732
河北 Hebei	13376	13244	9985	9856	3391	3388
山西 Shanxi	8271	8078	5580	5485	2691	2593
内蒙古 Neimenggu	4234	4204	3587	3558	647	646
辽宁 Liaoning	24724	24475	18490	18265	6234	6210
吉林 Jilin	13294	13119	10360	10209	2934	2910
黑龙江 Heilongjiang	14531	14459	11927	11883	2604	2576
上海 Shanghai	22992	22806	19360	19204	3632	3602
江苏 Jiangsu	32494	31782	25813	25156	6681	6626
浙江 Zhejiang	21528	21058	14108	13695	7420	7363
安徽 Anhui	14515	14318	11317	11131	3198	3187
福建 Fujian	8280	8213	5960	5910	2320	2303
江西 Jiangxi	7968	7841	6019	5905	1949	1936
山东 Shandong	19700	19336	14932	14604	4768	4732
河南 Henan	10378	10320	7902	7852	2476	2468
湖北 Hubei	22924	22710	17917	17716	5007	4994
湖南 Hunan	16451	16003	11746	11314	4705	4689
广东 Guangdong	23938	23332	17925	17384	6013	5948
广西 Guangxi	8588	8381	6062	5873	2526	2508
海南 Hainan	1026	997	803	774	223	223
重庆 Chongqing	11691	11275	9123	8721	2568	2554
四川 Sichuan	19216	18779	15582	15171	3634	3608
贵州 Guizhou	3530	3513	2788	2773	742	740
云南 Yunnan	8132	8022	6128	6032	2004	1990
西藏 Tibet	457	457	364	364	93	93
陕西 Shaanxi	17005	16422	14719	14149	2286	2273
甘肃 Gansu	6396	6342	4851	4810	1545	1532
青海 Qinghai	886	867	739	720	147	147
宁夏 Ningxia	1362	1360	1088	1088	274	272
新疆 Xinjiang	3575	3571	2714	2714	861	857

4-4 各地区高等学校研究与

Full-time Equivalent (FTE) of R&D Personnel in Institutions

单位:人年

地 区 Region	研究与试验发展人员全时当量 FTE of R&D Personnel Total	科学家和工程师 Scientists & Engineers
全 国 Total	**189257**	**185987**
东部地区 Eastern Region	102236	100510
中部地区 Mid Region	47824	47177
西部地区 Western Region	39197	38300
北 京 Beijing	20263	19763
天 津 Tianjin	5345	5309
河 北 Hebei	5989	5927
山 西 Shanxi	3792	3726
内蒙古 Neimenggu	1945	1930
辽 宁 Liaoning	11854	11751
吉 林 Jilin	5702	5624
黑龙江 Heilongjiang	7040	7001
上 海 Shanghai	11213	11115
江 苏 Jiangsu	15049	14758
浙 江 Zhejiang	8070	7955
安 徽 Anhui	6085	5999
福 建 Fujian	3965	3927
江 西 Jiangxi	3162	3108
山 东 Shandong	9704	9526
河 南 Henan	3185	3169
湖 北 Hubei	11769	11653
湖 南 Hunan	7090	6898
广 东 Guangdong	10444	10151
广 西 Guangxi	3614	3552
海 南 Hainan	341	328
重 庆 Chongqing	5042	4850
四 川 Sichuan	10464	10197
贵 州 Guizhou	1377	1371
云 南 Yunnan	3955	3882
西 藏 Tibet	346	346
陕 西 Shaanxi	7410	7163
甘 肃 Gansu	2531	2515
青 海 Qinghai	416	401
宁 夏 Ningxia	483	482
新 疆 Xinjiang	1614	1612

试验发展人员全时当量(2003)
of Higher Education by Region

(man. year)

理工农医 Natural Sciences and Technologies Sub－total	科学家和工程师 Scientists & Engineers	人文社会 Social Sciences and Humanities Sub－total	科学家和工程师 Scientists & Engineers
148953	**145917**	**40304**	**40070**
80205	78606	22031	21904
37240	36647	10584	10530
31508	30664	7689	7636
16061	15598	4202	4165
4252	4221	1093	1088
4566	4504	1423	1423
2689	2642	1103	1084
1654	1639	291	291
9079	8992	2775	2759
4469	4399	1233	1225
5644	5619	1396	1382
9540	9452	1673	1663
12386	12113	2663	2645
5607	5501	2463	2454
4775	4692	1310	1307
3013	2980	952	947
2406	2356	756	752
7573	7401	2131	2125
2369	2354	816	815
9705	9590	2064	2063
5183	4995	1907	1903
7864	7593	2580	2558
2519	2463	1095	1089
264	251	77	77
3911	3728	1131	1122
8765	8514	1699	1683
1061	1055	316	316
2856	2793	1099	1089
290	290	56	56
6490	6250	920	913
1978	1963	553	552
366	351	50	50
378	378	105	104
1240	1240	374	372

单位:万年

地 区 Region		科技活动经费筹集总额 Total Funds obtained for S&T	政府资金 Government Grant	企业资金 Enterprise Fund	理工农医 Natural Sciences and Technologies Sub-total
全 国	**Total**	**3077922**	**1647568**	**1125898**	**2883613**
东部地区	Eastern Region	1893856	967358	729471	1763581
中部地区	Mid Region	703144	419366	214390	666642
西部地区	Western Region	480937	260864	182046	453406
北 京	Beijing	508181	272864	170492	470525
天 津	Tianjin	77607	39324	34396	72211
河 北	Hebei	58370	28949	26010	54774
山 西	Shanxi	33136	18578	8426	28001
内蒙古	Neimenggu	9276	5930	2827	8682
辽 宁	Liaoning	164937	68191	64962	158275
吉 林	Jilin	54375	27572	21143	51389
黑龙江	Heilongjiang	151058	113653	32540	148522
上 海	Shanghai	330520	165167	136721	313913
江 苏	Jiangsu	310925	150990	136432	297758
浙 江	Zhejiang	178135	67265	95958	161440
安 徽	Anhui	128792	86728	23324	123808
福 建	Fujian	28995	18584	8307	25158
江 西	Jiangxi	22252	13404	6950	19515
山 东	Shandong	85398	54629	19498	77976
河 南	Henan	27230	16941	7690	25950
湖 北	Hubei	172428	88651	73132	163141
湖 南	Hunan	113873	53839	41185	106316
广 东	Guangdong	147751	98734	36628	129002
广 西	Guangxi	29003	19951	7910	26710
海 南	Hainan	3037	2663	68	2549
重 庆	Chongqing	55164	25841	20346	50163
四 川	Sichuan	123914	50968	62492	115921
贵 州	Guizhou	7306	5875	399	6464
云 南	Yunnan	22635	17436	3974	19087
西 藏	Tibet	291	284	3	223
陕 西	Shaanxi	196966	113439	73313	193519
甘 肃	Gansu	26288	12820	10384	24025
青 海	Qinghai	2641	2528	50	2410
宁 夏	Ningxia	2442	1426	9	2254
新 疆	Xinjiang	5011	4367	340	3948

科技活动经费筹集(2003)
Higher Education by Region

(10,000 yuan)

政府资金 Government Grant	企业资金 Enterprise Fund	人文社会 Social Sciences and Humanities Sub-total	政府资金 Government Grant	企业资金 Enterprise Fund
1521239	**1085707**	**194309**	**126329**	**40191**
886251	698051	130275	81107	31420
392174	209923	36502	27192	4467
242834	177742	27531	18030	4304
252169	161209	37656	20695	9283
36029	33135	5396	3295	1261
26342	25343	3596	2607	667
15117	7942	5135	3461	484
5446	2767	594	484	60
63056	64614	6662	5135	348
25337	20888	2986	2235	255
111668	32225	2536	1985	315
154750	132461	16607	10417	4260
142721	133129	13167	8269	3303
57517	90549	16695	9748	5409
82629	22934	4984	4099	390
15745	7551	3837	2839	756
11003	6768	2737	2401	182
48024	19240	7422	6605	258
15779	7641	1280	1162	49
82931	70935	9287	5720	2197
47710	40590	7557	6129	595
87648	30752	18749	11086	5876
17992	7822	2293	1959	88
2250	68	488	413	0
23520	18370	5001	2321	1976
46480	61819	7993	4488	673
5102	399	842	773	0
14866	3474	3548	2570	500
216	3	68	68	0
110824	72873	3447	2615	440
11426	9838	2263	1394	546
2297	50	231	231	0
1266	9	188	160	0
3399	318	1063	968	22

单位:万年

地　区 Region	科技活动经费内部支出 Intramural Expenses on S&T Total	劳务费 Compensation for Labourers	固定资产购建费 Expenditure on the Purchase of Fixed Assets	理工农医 Natural Sciences and Technologies Sub-total
全　国　Total	**2538792**	**491491**	**450616**	**2370811**
东部地区　Eastern Region	1534553	322171	244394	1425315
中部地区　Mid Region	598494	84324	128436	564332
西部地区　Western Region	405759	85006	77796	381178
北　京　Beijing	379885	80793	49142	349376
天　津　Tianjin	66500	14988	8337	61428
河　北　Hebei	52202	9457	15080	48886
山　西　Shanxi	29960	8541	8178	25490
内蒙古　Neimenggu	7533	2099	1497	7094
辽　宁　Liaoning	137122	34541	19289	130621
吉　林　Jilin	38007	8244	6827	35672
黑龙江　Heilongjiang	128863	8595	7060	126689
上　海　Shanghai	279603	60491	31800	267141
江　苏　Jiangsu	261515	38352	47360	249752
浙　江　Zhejiang	135900	27744	21003	122340
安　徽　Anhui	112666	18379	43713	108221
福　建　Fujian	25760	6191	5373	22548
江　西　Jiangxi	20258	5044	7065	17840
山　东　Shandong	68046	12879	14851	61308
河　南　Henan	24793	5541	7454	23524
湖　北　Hubei	139128	15830	29695	129414
湖　南　Hunan	104819	14149	18445	97482
广　东　Guangdong	124645	35607	31002	108902
广　西　Guangxi	23920	8247	6153	21754
海　南　Hainan	3376	1128	1157	3013
重　庆　Chongqing	41722	8609	4295	37533
四　川　Sichuan	112340	21745	22871	105905
贵　州　Guizhou	6221	2315	1300	5484
云　南　Yunnan	19025	7971	2197	15512
西　藏　Tibet	286	81	6	218
陕　西　Shaanxi	162903	26035	34215	159713
甘　肃　Gansu	23569	4260	4313	21065
青　海　Qinghai	2422	1282	250	2323
宁　夏　Ningxia	1419	761	26	1212
新　疆　Xinjiang	4399	1602	674	3365

活动经费内部支出(2003)
Higher Education by Region

(10,000 yuan)

劳务费 Compensation for Labourers	固定资产购建费 Expenditure on the Purchase of Fixed Assets	人文社会 Social Sciences and Humanities Sub-total	劳务费 Compensation for Labourers	固定资产购建费 Expenditure on the Purchase of Fixed Assets
432310	**414287**	**167981**	**59181**	**36329**
283969	221797	109238	38202	22597
73092	119179	34162	11232	9257
75258	73321	24581	9748	4475
72913	41869	30509	7880	7273
12678	7496	5072	2310	841
7628	14624	3316	1829	456
6767	6788	4470	1774	1390
1769	1451	439	330	46
30812	18119	6501	3729	1170
7212	6291	2335	1032	536
7830	6808	2174	765	252
55281	30344	12462	5210	1456
33882	44966	11763	4470	2394
23848	17043	13560	3896	3960
16773	42231	4445	1606	1482
5016	4997	3212	1175	376
4088	6133	2418	956	932
9974	13206	6738	2905	1645
4782	7278	1269	759	176
14440	27053	9714	1390	2642
11200	16597	7337	2949	1848
31017	28009	15743	4590	2993
7110	5749	2166	1137	404
920	1124	363	208	33
7277	3704	4189	1332	591
19672	21389	6435	2073	1482
1856	1240	737	459	60
5958	1689	3513	2013	508
65	0	68	16	6
24910	33523	3190	1125	692
3464	3993	2504	796	320
1238	208	99	44	42
610	4	207	151	22
1329	371	1034	273	303

4-7 各地区高等学校研究与

Intramural Expenditure for R&D in Institutions of

单位:万年

地区 Region	研究与试验发展经费支出 Intramural Expenditure for R&D Total	基础研究 Basic Research	应用研究 Applied Research	试验发展 Experimental Development	理工农医 Natural Sciences and Technologies Sub-total
全 国 Total	**1623109**	**329136**	**896885**	**397088**	**1455128**
东部地区 Eastern Region	959165	197851	536892	224415	849927
中部地区 Mid Region	393204	93256	217631	82323	359042
西部地区 Western Region	270756	42114	137037	91609	246175
北 京 Beijing	254186	63317	143238	47631	223677
天 津 Tianjin	61091	8866	29013	23213	56019
河 北 Hebei	35464	9027	16914	9522	32148
山 西 Shanxi	13917	5239	5308	3372	9447
内蒙古 Neimenggu	5132	1663	1512	1955	4693
辽 宁 Liaoning	76545	9393	49511	17640	70044
吉 林 Jilin	29573	7895	18983	2694	27238
黑龙江 Heilongjiang	79224	6876	61509	10841	77050
上 海 Shanghai	171991	26777	116524	28689	159529
江 苏 Jiangsu	151918	29964	83924	38028	140155
浙 江 Zhejiang	78595	14365	31717	32512	65035
安 徽 Anhui	77176	33939	28354	14883	72731
福 建 Fujian	17767	3002	9939	4824	14555
江 西 Jiangxi	10872	2099	4361	4414	8454
山 东 Shandong	41487	13071	22305	6112	34749
河 南 Henan	16601	3153	7432	6016	15332
湖 北 Hubei	77726	15724	48381	13619	68012
湖 南 Hunan	88115	18329	43303	26485	80778
广 东 Guangdong	68437	19315	33161	15959	52694
广 西 Guangxi	16698	3555	6673	6472	14532
海 南 Hainan	1685	753	645	286	1322
重 庆 Chongqing	29206	6018	15884	7302	25017
四 川 Sichuan	95396	14271	49913	31212	88961
贵 州 Guizhou	4815	1516	2057	1241	4078
云 南 Yunnan	13613	2902	6873	3842	10100
西 藏 Tibet	229	24	168	38	161
陕 西 Shaanxi	86650	8830	42156	35667	83460
甘 肃 Gansu	13027	1812	9158	2058	10523
青 海 Qinghai	1905	194	608	1103	1806
宁 夏 Ningxia	1199	363	643	192	992
新 疆 Xinjiang	2886	965	1394	526	1852

注:由于全国总计中基础研究、应用研究和试验发展数据的测算方法与各地区三分类数据的测算方法不一致,所以全国总计中的三分类数不等

试验发展经费支出(2003)
Higher Education by Region

(10,000 yuan)

			人文社会			
基础研究 Basic Research	应用研究 Applied Research	试验发展 Experimental Development	Social Sciences and Humanities Sub-total	基础研究 Basic Research	应用研究 Applied Research	试验发展 Experimental Development
281429	**858081**	**315617**	**167981**	**47707**	**38804**	**81471**
166828	511658	171435	109238	31024	25234	52981
83554	209739	65755	34162	9702	7891	16568
35132	131358	79687	24581	6981	5678	11922
54652	136191	32834	30509	8665	7048	14797
7426	27841	20753	5072	1440	1172	2460
8086	16148	7913	3316	942	766	1608
3969	4275	1204	4470	1269	1033	2168
1538	1410	1742	439	125	102	213
7547	48009	14487	6501	1846	1502	3153
7232	18444	1561	2335	663	539	1133
6259	61006	9787	2174	617	502	1054
23238	113646	22646	12462	3539	2879	6044
26623	81207	32323	11763	3341	2717	5705
10514	28585	25936	13560	3851	3132	6576
32677	27327	12727	4445	1262	1027	2156
2089	9197	3266	3212	912	742	1558
1413	3802	3241	2418	687	559	1173
11158	20748	2844	6738	1914	1557	3268
2793	7139	5401	1269	360	293	615
12966	46138	8908	9714	2759	2244	4711
16245	41608	22926	7337	2084	1695	3559
14844	29524	8323	15743	4471	3637	7635
2940	6172	5421	2166	615	500	1051
650	561	110	363	103	84	176
4829	14917	5271	4189	1190	968	2032
12444	48426	28091	6435	1828	1486	3121
1307	1887	884	737	209	170	357
1904	6061	2138	3513	998	811	1704
5	152	5	68	19	16	33
7924	41419	34120	3190	906	737	1547
1101	8580	844	2504	711	578	1214
166	585	1055	99	28	23	48
304	595	92	207	59	48	100
671	1155	25	1034	294	239	501

于各地区之和。

4-8 各地区高等学校研究与
R&D Topics Taken by Institutions of

地 区 Region		合计 Total		
		课题数(个) Number of Topics	投入人员(人年) Input of Personnel (man. year)	经费支出(万元) Expenditure (10,000 yuan)
全 国	**Total**	**200120**	**178637**	**1262116**
东部地区	Eastern Region	115036	96487	756996
中部地区	Mid Region	46195	45473	287672
西部地区	Western Region	38889	36677	217448
北 京	Beijing	20798	19116	237532
天 津	Tianjin	6394	5282	48721
河 北	Hebei	5413	5856	19423
山 西	Shanxi	2933	3391	9173
内 蒙 古	Neimenggu	1793	1871	3288
辽 宁	Liaoning	7368	10656	58152
吉 林	Jilin	3852	5385	21513
黑 龙 江	Heilongjiang	5856	6977	67251
上 海	Shanghai	16044	10789	154084
江 苏	Jiangsu	16245	13764	111076
浙 江	Zhejiang	16137	6935	54593
安 徽	Anhui	5454	5704	24678
福 建	Fujian	6048	3843	13780
江 西	Jiangxi	4053	2922	6140
山 东	Shandong	7802	9371	24525
河 南	Henan	3329	3061	8794
湖 北	Hubei	12992	11552	92196
湖 南	Hunan	7726	6482	57928
广 东	Guangdong	12141	10524	34431
广 西	Guangxi	3196	3522	13805
海 南	Hainan	646	352	680
重 庆	Chongqing	4808	4200	24436
四 川	Sichuan	10373	9915	80175
贵 州	Guizhou	1507	1246	1992
云 南	Yunnan	2924	3786	8091
西 藏	Tibet	48	323	179
陕 西	Shaanxi	9640	7187	70096
甘 肃	Gansu	2766	2413	11889
青 海	Qinghai	136	396	656
宁 夏	Ningxia	755	339	717
新 疆	Xinjiang	943	1479	2124

试验发展课题(2003)

Higher Education by Region

理工农医 Natural Sciences & Technology			人文社会 Social Sciences & Humanities		
课题数(个) Number of Topics	投入人员(人年) Input of Personnel (man. year)	经费支出(万元) Expenditure (10,000 yuan)	课题数(个) Number of Topics	投入人员(人年) Input of Personnel (man. year)	经费支出(万元) Expenditure (10,000 yuan)
136162	**138333**	**1186197**	**63958**	**40304**	**75919**
75923	74456	702803	39113	22031	54193
32849	34889	275603	13346	10584	12069
27390	28988	207791	11499	7689	9657
13743	14914	218289	7055	4202	19243
4158	4189	45916	2236	1093	2806
3528	4433	18347	1885	1423	1076
2121	2288	8042	812	1103	1131
1297	1580	3170	496	291	118
4957	7881	56130	2411	2775	2022
2491	4152	20429	1361	1233	1084
4707	5581	66373	1149	1396	878
10360	9116	147427	5684	1673	6656
11637	11101	105602	4608	2663	5474
9941	4472	47912	6196	2463	6680
4268	4394	23833	1186	1310	845
3844	2891	12102	2204	952	1678
2076	2166	5795	1977	756	345
5103	7240	23079	2699	2131	1446
2324	2245	8464	1005	816	330
9821	9488	87078	3171	2064	5118
5041	4575	55589	2685	1907	2338
8253	7944	27403	3888	2580	7028
2138	2427	13297	1058	1095	508
399	275	596	247	77	84
2784	3069	21836	2024	1131	2601
7552	8216	77800	2821	1699	2375
1041	930	1826	466	316	166
1847	2687	7264	1077	1099	828
22	267	170	26	56	9
7730	6267	68932	1910	920	1164
1798	1860	10245	968	553	1644
96	346	638	40	50	19
515	234	668	240	105	50
570	1105	1947	373	374	177

4-9 高等学校研究与试验发展(R&D)课题学科分组情况(2003)
R&D Topics Taken by Institutions of Higher Education by Discipline

	R&D 课题数(项) Projects of R&D	R&D 课题参加人员全时当量(人年) Participants	#科学家和工程师 Scientists & Engineers	R&D 项目(课题)经费内部支出(万元) Expenditure
全 国 Total	**200120**	**178637**	**162384**	**1262116**
数学 Mathematics	3481	2991	2769	9487
信息科学与系统科学 Information & System Science	1872	2066	1801	13639
力学 Mechanics	1268	1210	1100	12974
物理学 Physics	4238	4136	3754	29864
化学 Chemistry	6422	6292	5792	43555
天文学 Astronomy	92	72	71	943
地球科学 Earth Science	4258	4199	3764	39590
生物学 Biology	6764	6792	6279	60664
农学 Agriculture	7005	6924	5942	40670
林学 Forestry	2127	2105	1882	11723
畜牧、兽医科学 Livestock, Veterinary Medicine	2244	2043	1777	13969
水产学 Aquatic	985	688	651	3341
基础医学 Basic Medicine	6040	7202	6065	24150
临床医学 Clinic Medicine	16066	21180	18026	40168
预防医学与卫生学 Protective Medicine	1028	1313	994	3919
军事医学与特种医学 Military Medicine & Special Medicine	20	26	16	135
药学 Pharmacy	1578	2169	1608	11569
中医学与中药学 Traditional Chinese Medicine	5003	5997	5215	9219
工程与技术科学基础学科 Engineering & Basic Technology Science	1185	801	756	10653
测绘科学技术 Surveying & Mapping	558	674	616	10037
材料科学 Material Science	7341	7760	6997	102850
矿山工程技术 Mining	2781	2378	2294	20148
冶金工程技术 Metallurgy	860	806	707	19266
机械工程 Mechanical Engineering	6926	7452	6713	80355
动力与电气工程 Power & Electrical Engineering	4338	3907	3384	61409
能源科学技术 Energy Technology	899	727	684	8382
核科学技术 Nuclear Technology	113	119	106	2253
电子、通信与自动控制技术 Electronics, Communication & Automation	10332	9788	8978	155981

4－9 续表

	R&D 课题数（项）Projects of R&D	R&D 课题参加人员全时当量（人年）Participants	#科学家和工程师 Scientists & Engineers	R&D 项目（课题）经费内部支出（万元）Expenditure
计算机科学技术 Computer Technology	6462	5954	5210	91204
化学工程 Chemical Engineering	3966	3645	3451	41159
纺织科学技术 Textile Technology	632	492	477	3336
食品科学技术 Food Technology	1237	1157	1054	6207
土木建筑工程 Civil Construction	4344	3653	3277	42617
水利工程 Water Conservancy	1672	1578	1434	19803
交通运输工程 Transportaiton Engineering	2616	2167	1972	42532
航空、航天科学技术 Aviation and Aerospace	1465	1242	1129	51851
环境科学技术 Environment	2759	2340	2076	22368
安全科学技术 Security	259	185	172	2067
管理学 Management	12986	8564	8051	36036
马克思主义 Marxism	2034	1608	1604	1085
哲学 Phylosophy	1994	1196	1189	1754
宗教学 Religion	225	134	133	244
语言学 Linguistics	4397	3639	3621	2709
文学 Literature	4580	3247	3231	3415
艺术学 Arts	2837	2334	2315	3391
历史学 Histry	2765	1660	1656	2568
考古学 Archaeology	264	92	90	909
经济学 Economics	12579	7139	7057	18099
政治学 Politics	1941	1103	1089	1582
法学 Law	4065	2445	2431	3259
军事 Strategics	2661	1272	1221	3231
社会学 Sociology	649	542	503	1125
民族学 Ethnography	1043	536	534	1098
新闻学与传播学 Journalism	1341	1365	1331	1463
图书馆、情报与文献学 Library and Information Literature	7560	3918	3892	8543
教育学 Education	1209	810	685	4298
体育科学 Physical Science	1240	690	662	1561
统计学 Statistics	2514	2115	2095	1690

4－10　分地区高等学校科技服务课题(2003)

S&T Service Topics Taken by Institutions of Higher Education by Region

地　区 Region	课题数(个) Number of Topics	投入人员(人) Input of Personnel (person)	经费支出(万元) Expenditure (10,000 yuan)
全　国　Total	**29038**	**25467**	**466740**
东部地区　Eastern Region	19625	15135	311566
中部地区　Mid Region	4595	5370	92534
西部地区　Western Region	4818	4962	62641
北　京　Beijing	1811	1820	59668
天　津　Tianjin	458	589	6017
河　北　Hebei	798	785	13268
山　西　Shanxi	437	391	3392
内蒙古　Neimenggu	98	149	1847
辽　宁　Liaoning	1627	1737	30097
吉　林　Jilin	363	834	5584
黑龙江　Heilongjiang	1088	1235	35811
上　海　Shanghai	3766	2395	81159
江　苏　Jiangsu	3971	2931	51586
浙　江　Zhejiang	3410	1334	42214
安　徽　Anhui	340	409	9792
福　建　Fujian	875	621	3155
江　西　Jiangxi	268	242	1915
山　东　Shandong	685	1158	5067
河　南　Henan	466	307	5126
湖　北　Hubei	868	1126	19524
湖　南　Hunan	765	826	11389
广　东　Guangdong	2198	1739	19224
广　西　Guangxi	493	518	1885
海　南　Hainan	26	26	112
重　庆　Chongqing	854	956	7633
四　川　Sichuan	687	693	11270
贵　州　Guizhou	134	137	207
云　南　Yunnan	334	525	1856
西　藏　Tibet			0
陕　西　Shaanxi	2047	1779	32827
甘　肃　Gansu	96	99	4757
青　海　Qinghai	28	63	185
宁　夏　Ningxia	21	8	15
新　疆　Xinjiang	26	35	158

五、国家科技发展计划

National Program for Science and Technology Development

5-1 国家主要科技计划中央财政拨款(1997-2003)

Appropriation for S&T by Central Government in the Main Programmes of S&T

单位:万元　　(10,000 yuan)

	1997	1998	1999	2000	2001	2002	2003
国家科技攻关计划 Key Technologies R&D Program	53718	103700	116600	103209	106340	106340	124640
基础研究计划 Basic Research Program							
国家自然科学基金 National Natural Science Fund	77726	88862	108358	128431	159835	196839	204600
国家重点基础研究发展计划(973计划) National Basic Research Program of China		30000	40000	50000	60000	70000	80000
基础研究重大项目前期研究专项① National Key Program of Basic Research	7100	7100	7600	7600	7600	7600	5000
研究开发条件建设计划 Conditional Construction Program on Research and Development							
国家重点实验室建设项目计划 State Key Laboratory Construction Program	6500	12500	10500	12500	13000	13000	13000
国家工程技术研究中心计划 National Engineering Research Centres	4000	4000	4000	4000	5000	5000	5000
科技基础性工作 Scientific and Technical Basic Work			13000	15000	20000	20000	20000
社会公益研究专项 Special Research Project on Social Public Welfare				13000	15000	15000	15500
科技产业化环境建设计划 Environmental Construction Program on Science and Technology Industrialization							
星火计划 Spark Program	3900	3900	4000	4000	10000	10000	10000
火炬计划 Torch Program	5100	5100	5100	5000	5000	5000	5000
科技成果重点推广计划 Science and Technology Achievements Spreading Program	1900	2000	2000	2000	2000	2000	2000
国家重点新产品计划(专项资助) National New Products Program	13500	13500	14000	14000	14000	14000	14000
科技型中小企业技术创新基金 Innovation Fund for Small Technology-based Firms			100000	80000	50000	50000	50000
农业科技成果转化资金 Agricultural Science and Technology Transfer Fund					40000	20000	20000
科技兴贸行动计划 Action Plan for Promoting Trade by Science and Technology				2000	2000	2000	2000
科研院所技术开发专项 Special Technnology Development Project for Research Institutes			14720	16866	16000	21392	19301

注:①1997-2000年为攀登计划。

5-2 国家科技攻关计划中央财政拨款(1997-2003)

Appropriation for S&T by Central Government in Key Technologies R&D Program

单位:万元 (10,000 yuan)

	1997	1998	1999	2000	2001	2002	2003
合计 Total	**53718**	**103700**	**116600**	**103209**	**106340**	**106340**	**124640**
农业、生物技术① Agricultrue, Biological Technology	11700	11700	23100	15169	36600	36450	45440
工业高新技术 Hi-tech Industry	24203	70000	66200	44851	37400	36900	37900
社会发展 Social Development	15015	22000	19100	24821			
其他 Others	2800		8200	18368	32340	32990	41300

注:①2001-2003年数据包括农业、生物技术领域和社会发展领域。

5-3 国家重点基础研究发展计划中央财政拨款(1998-2003)

Appropriation for S&T by Central Government in National Basic Research Program of China

单位:万元 (10,000 yuan)

	1998	1999	2000	2001	2002	2003
合计 Total	**30000**	**40000**	**50000**	**60000**	**70000**	**80000**
农业 Agriculture Science	3572	5407	3434	9970	8553	9442
能源 Energy Science	1695	6312	5381	7707	6811	9001
信息 Information Science	4908	5472	5965	7917	8080	10463
资源环境 Environment Science	7245	8609	7572	13758	10825	14988
人口与健康 Human and Health Science	6174	6644	7380	8921	11441	12771
材料 Materials Science	6006	6778	6955	8838	9890	11095
综合交叉与重要科学前沿 Synthesis and Forefront of Major Science			12477	1819	12987	11717
其它 Others	400	778	836	1070	1413	523

5－4 基础研究重大项目前期研究专项中央财政拨款(1997－2003)

Appropriation for S&T by Central Government in National Key Program of Basic Research

单位:万元 (10,000 yuan)

	1997	1998	1999	2000	2001	2002	2003
合计 Total	**7100**	**7100**	**7600**	**7600**	**7600**	**7600**	**5000**
数学 Mathematics	300	300	300	40	370	290	75
物理学 Physics	1550	1480	1600	1998	1835	1302	190
化学 Chemistry	1350	610	1250	1026	381	415	635
天文学 Astronomy	300	300	300	370	90	50	0
地学 Earth Sciences	950	1125	1150	1025	1609	2345	1275
生物学 Biological Sciences	1610	1760	1590	1941	2650	2620	1550
前沿与交叉 Synthesis and Forefront of Majore Science	580	940	950	960	460	485	775
其他 Others	460	585	460	240	205	93	500

注:1997－2000 年为攀登计划。

5－5 国家自然科学基金资助项目经费(1997－2003)

Porjects Funds Approved by the National Natural Science Foundation

单位:万元 (10,000 yuan)

	1997	1998	1999	2000	2001	2002	2003
合计 Total	**78770**	**102558**	**100580**	**111879**	**139975**	**218431**	**223637**
面上项目 General Programs	39503	43668	47163	63348	79762	115631	132203
重点项目 Leading Programs	12884	15858	8258	6826	18044	31230	36573
重大项目 Major Program	5910	14380	11455	765	500	1800	8600
重大研究计划 Major Research Plan					7065	17057	5973
国家杰出青年科学基金 Porjects of State Sciences Foundation for Disting uished Young Scientists	6360	7450	10290	17015	13145	15670	15570
海外和香港、澳门青年学者合作研究基金 Programs of Joint Funds			2160	2400	2440	3160	3120
创新研究群体科学基金 Programs of Innovation Joint Research Funds				5280	6960	7080	7320
国家基础科学人才培养基金 Projects of States Foundation for Basic Science Scientists	5180	8185	8400	3804		11600	
委主任基金、科学部主任基金 President and Directors′Funds	1591	1841	1656	2732	2724	4519	5424
专项基金 Special Funded Projects	3788	6204	4186	4472	2950	2581	2245
国际合作与交流 International Cooperation and Exchange	2354	2922	3833	5236	6385	8104	6609
其　他 Others	1200	2050	3179				

5-6 分部门国家自然科学基金资助项目经费(2003)

Projects Funds Approved by the National Natural Science Foundation by Sectors

单位:万元 (10,000 yuan)

	合计 Total	高等学校 High Education	教育部所属院校 Subordinated Directly to Ministry of Education	科研机构 Research Institution	中国科学院 China Academy of Sciences	其他 Others
合计 Total	**223637**	**151680**	**98374**	**69042**	**52021**	**2915**
面上项目 General Programs	132203	100585	61632	29937	19480	1681
重点项目 Leading Programs	36573	20648	14115	15685	13300	240
重大项目 Major Program	8600	2200	1600	6400	4500	
重大研究计划 Major Research Plan	5973	3941	2652	1994	1905	38
国家杰出青年科学基金 Porjects of State Sciences Foundation for Distinguished Young Scientists	15570	9890	7490	5680	5380	
海外和香港、澳门青年学者合作研究基金 Programs of Joint Funds	3120	2080	1480	1000	960	40
创新研究群体科学基金 Programs of Innovation Joint Research Funds	7320	3720	3360	3600	2880	
国家基础科学人才培养基金 Projects of States Foundation for Basic Science Scientists						
委主任基金、学部主任基金 President and Directors´Funds	5424	3309	1885	1875	1098	240
专项基金 Special Funded Projects	2245	1625	1400	513	488	108
国际合作与交流 International Cooperation and Exchange	6609	3682	2761	2359	2031	569

5－7　国家重点实验室运行情况(2003)

National Leading Laboratories By Sectors

	实验室数(个) Number of Laboratories (unit)	实验室人员 固定人员(人) Full-time Personnel (person)	实验室人员 客座人员(人) Guest Researchers (person)	研究经费 筹集(万元) R&D Founds (10,000 yuan)	研究经费 支出(万元) R&D Expenditure (10,000 yuan)
总计 Total	**162**	**5889**	**2515**	**264794**	**219163**
国防科工委 Commission of Science, Technology	4	156	55	8872	7805
国家计生委 State Family Planning Commission	1	28	20	1368	1413
教育部 Ministry of Education	92	3496	1343	151516	115739
农业部 Ministry of Agriculture	4	123	51	5361	5568
卫生部 Ministry of Health	6	229	29	3316	2703
中国科学院 China Academy of Science	53	1764	961	90875	83255
中国地震局 China Seismological Bureau	1	33	12	870	750
总后卫生部 Health Department of The General Logistics Department, PLA	1	60	44	2616	1930

5－7 续表

	科研项目 项数(项) R&D Projects (item)	科研项目 经费(万元) Funds (10,000 yuan)	获奖成果(项) Achievements Awarded (item)	发表论文(篇) Paper Published (piece)	毕业研究生(人) Graduated Masters & Doctors (person)
总计 Total	**12509**	**243249.6**	**446**	**23484**	**7582**
国防科工委 Commission of Science, Technology	570	8216.1	12	667	685
国家计生委 State Family Planning Commission	54	1201.3	0	85	19
教育部 Ministry of Education	8001	141214.9	290	15398	5562
农业部 Ministry of Agriculture	353	5629.7	10	475	104
卫生部 Ministry of Health	160	4560.6	15	396	116
中国科学院 China Academy of Science	3257	79400.6	116	5915	1057
中国地震局 China Seismological Bureau	45	790.0	1	65	9
总后卫生部 Health Department of The General Logistics Department, PLA	69	2236.4	2	483	30

5-8 国家主体性计划项目实施情况(2003)
Projects of National Main Research Program

	单位 Unit	合计 Total	基础研究计划① Basic Research Program	"863"计划 "863" Program	国家科技攻关计划 Key Technologies R&D Program
实施项目数 Projects in practice	项 item	6094	349	4071	1674
项目组人员 Personnel in Project Group	人次 person. times	182025	23979	87764	70282
高级职称 Seniro Titel	人次 person. times	74616	10470	35596	28550
中级职称 Middle Titel	人次 person. times	49481	3975	23827	21679
项目人员当年投入工作量 Personnel Input	人年 man-year	89521	13301	44962	31258
当年落实项目资金 Funds Arranged	万元 10,000 yuan	2518257	107179	950368	1460710
#政府资金 Government Funds	万元 10,000 yuan	897488	96636	453796	347056
#科研机构承担的项目 Performed by R&D institutes	万元 10,000 yuan	480127	54857	194059	231211
高等学校承担的项目 Performed by higher education	万元 10,000 yuan	292497	50745	143396	98356
企业承担的项目 Performed by enterprises	万元 10,000 yuan	1045733	0	539929	505805
培养博士、硕士 Cultivated of Master and Doctor	人 person	23798	6594	11159	6045
发表科技论文 Science Papers	篇 piece	61385	20692	26832	13861
向国外发表 Published abroad	篇 piece	16558	8334	6688	1536
出版科技著作 Science Works	万字 10,000 word	29493	7457	11764	10272
专利申请数 Patents Received	项 item	9182	958	6300	1924
#发明 Invention	项 item	7250	850	5039	1361
#向国外申请专利 Received by Foreign Countries	项 item	392	22	305	65
专利授权数 Patents Granted	项 item	2251	417	1249	585
#发明 Invention	项 item	1430	347	745	338
#国外授权专利 Granted by Foreign Countries	项 item	66	8	44	14

注:①基础研究计划统计范围包括国家重点基础研究发展计划和基础研究重大项目前期研究专项。

5－9　分社会经济目标国家主体性计划项目投入(2003)
Input of Projects of National Mandatory Program by Socio-economic Objective

	当年落实资金(万元) Funds Arranged (10,000 yuan)	基础研究计划 Basic Research Program	"863"计划 "863" Program	国家科技攻关计划 Key Technologies R&D Program
合计 Total	**2518257**	**107179**	**950368**	**1460710**
农业、林业和渔业的发展 Development of agriculture, forestry and fishing	287577	16682	78502	192393
促进工业的发展 Promotion of industrial development and technology	1129882	16076	348793	765013
能源的生产和合理利用 Production and rational use of energy	260108	15024	145470	99614
基础设施的发展 Development of the infrastructure	274957	1284	78471	195202
环境治理与保护 Control and care of the environment	102566	6980	45027	50559
卫生 Health	166323	14205	101920	50198
社会发展和社会服务 Social development and services	173335	6362	88066	78906
地球和大气层的探索与利用 Exploration and exploitation of the Earth and atmosphere	37163	8331	23300	5532
知识的发展 General advancement of knowledge	46680	22084	13468	11128
民用空间 Civil space	21065	30	9505	11530
国防 Defence	18603	120	17847	636

注:统计范围同前表。

5－9 续表

	当年投入工作量(人年) Personnel Input in 2002(FTE)	基础研究计划 Basic Research Program	"863"计划 "863" Program	国家科技攻关计划 Key Technologies R&D Program
合计 Total	**89521**	**13301**	**44962**	**31258**
农业、林业和渔业的发展 Development of agriculture, forestry and fishing	18126	1862	7364	8900
促进工业的发展 Promotion of industrial development and technology	23274	1918	13544	7812
能源的生产和合理利用 Production and rational use of energy	7159	1429	3657	2074
基础设施的发展 Development of the infrastructure	4611	133	2865	1613
环境治理与保护 Control and care of the environment	4179	706	2388	1085
卫生 Health	11929	1976	5582	4370
社会发展和社会服务 Social development and services	10110	843	5234	4033
地球和大气层的探索与利用 Exploration and exploitation of the Earth and atmosphere	2353	805	919	628
知识的发展 General advancement of knowledge	5957	3625	1710	622
民用空间 Civil space	483	2	414	67
国防 Defence	1340	2	1284	54

注:统计范围同前表。

5-10 分技术领域国家级火炬计划项目(2003)
National Torch Program by Technological Fields

	项目数(项) Number of Projects(item)	当年落实资金(万元) Funds Arranged (10,000 yuan)	政府资金 Goverement Funds	企业资金 Enterprises Funds
总计 Total	**4381**	**5368606**	**82756**	**3292698**
电子与信息技术 Electronic information technology	919	1128339	15764	727388
生物、医药技术 Biological, Medical Technology	628	771761	19965	504825
新材料 New Materials	1122	1652931	21931	946641
光机电一体化技术 Integrated Light, Electronics and Machinery	1051	1149860	10161	688949
新能源、高效节能 New Energy and Efficient Energe-saving	305	359716	10641	243021
环境保护 Environment Protection	184	164742	2877	98198
其他高技术领域 Other High-tech Fields	172	141257	1417	83676

5-11 国家产业化计划项目实施情况(2003)

Projects of National Industrialization Program

	单位 Unit	合计 Total	火炬计划 Torch Program	星火计划 Spark Program	科技成果重点推广计划 S&T Achievements Spreading Program
实施项目数 Projects in practice	项 item	8108	4381	2757	970
当年落实项目资金 Funds Arranged	万元 10,000 yuan	8011794	5368606	2110058	533130
#政府资金 Government Funds	万元 10,000 yuan	230212	82756	109623	37833
企业资金 Enterprise Funds	万元 10,000 yuan	4862476	3292698	1222391	347387
贷款 Bank Loans	万元 10,000 yuan	2415844	1632141	664810	118893
国外资金 Oversea Funds	万元 10,000 yuan	133165	88589	37192	7385
#科研机构承担项目 Performed by R&D institutes	万元 10,000 yuan	163068	57338	28641	77089
高等学校承担项目 Performed by higher education	万元 10,000 yuan	60033	8142	9021	42871
企业承担项目 Performed by enterprises	万元 10,000 yuan	7553747	5280359	1888209	385180
新增产值 Added Value of Output	万元 10,000 yuan	24119272	19083727	4027301	1008243
净利润额 After-tax Profit	万元 10,000 yuan	3183351	2326287	702585	154479
上缴税金 Tax	万元 10,000 yuan	1967946	1556095	329858	81994
出口创汇 Export	万美元 USD 10,000	515759	348753	149108	17898
专利申请数 Patents Received	项 item	4135	3323	812	
#发明 Invention	项 item	1534	1083	451	
#向国外申请专利 Received by Foreign Countries	项 item	87	80	7	
专利授权数 Patents Granted	项 item	2418	1990	428	
#发明 Invention	项 item	817	594	223	
#国外授权专利 Granted by Foreign Countries	项 item	38	33	5	

5－12 各地区国家产业化
Projects of National Guidance

地 区 Region	项目数合计(项) Total (item)	火炬计划 Torch Program	星火计划 Spark Program
全 国 Total	**8108**	**4381**	**2757**
东部地区 Eastern Region	4843	2720	1588
中部地区 Middle Region	1862	981	638
西部地区 Western Region	1403	680	631
北 京 Beijing	266	148	54
天 津 Tianjin	79	19	32
河 北 Hebei	204	79	84
山 西 Shanxi	204	82	71
内蒙古 Inner Mongolia	122	44	41
辽 宁 Liaoning	368	186	141
吉 林 Jilin	245	128	94
黑龙江 Heilongjiang	246	126	76
上 海 Shanghai	124	58	34
江 苏 Jiangsu	1211	759	395
浙 江 Zhejiang	924	579	316
安 徽 Anhui	236	140	86
福 建 Fujian	192	123	57
江 西 Jiangxi	144	84	46
山 东 Shandong	729	338	296
河 南 Henan	251	107	101
湖 北 Hubei	362	221	102
湖 南 Hunan	174	93	62
广 东 Guangdong	688	377	179
广 西 Guangxi	106	52	43
海 南 Hainan	58	54	0
重 庆 Chongqing	106	68	32
四 川 Sichuan	345	188	118
贵 州 Guizhou	55	24	20
云 南 Yunnan	66	27	32
西 藏 Tibet	8	8	0
陕 西 Shaanxi	288	134	115
甘 肃 Gansu	110	77	24
青 海 Qinghai	32	8	19
宁 夏 Ningxia	68	29	25
新 疆 Xinjiang	97	21	62

计划项目(2003)

Program by Region

科技成果重点推广计划 S&T Achievements Spreading Program	当年落实资金(万元) Funds Arranged (10,000 yuan)	火炬计划 Torch Program	星火计划 Spark Program	科技成果重点推广计划 S&T Achievements Spreading Program
970	**8011794**	**5368606**	**2110058**	**533130**
535	5084064	3499724	1263866	320474
243	1712256	1124103	459769	128384
192	1215474	744779	386424	84272
64	181040	110894	33935	36210
28	59271	36113	12024	11135
41	179013	82993	61393	34627
51	202580	75578	92738	34264
37	135741	103934	23138	8670
41	411313	247907	150607	12799
23	174177	118982	44578	10617
44	168988	106290	48806	13892
32	153595	134763	11189	7644
57	1111040	762754	318442	29844
29	979939	686219	274289	19431
10	273715	215240	55082	3394
12	191479	137557	45726	8196
14	96236	69644	19805	6787
95	897484	600545	239869	57070
43	176575	87726	68744	20105
39	399664	292110	72859	34695
19	220321	158533	57157	4630
132	877618	660128	116391	101100
11	156778	112611	41330	2837
4	42272	39854	0	2418
6	68258	33960	29122	5176
39	226462	124357	91320	10785
11	34146	17349	6926	9870
7	39972	22906	16577	490
0	43410	43410	0	0
39	241097	157104	75596	8397
9	51764	37295	12270	2200
5	19482	890	17457	1135
14	31277	17442	7698	6138
14	167088	73522	64990	28576

5-13 各地区国家高新技术

Major Indicators of High-Technology

单位:万元

	企业数(个) Number of Enterprises	从业人员(人) Employees (person)	全年收入 Revenue
合　计 Total	**32857**	**3953621**	**209387307**
东部地区 Eastern Region	22877	2234169	146624857
中部地区 Mid Region	4767	958099	37032313
西部地区 Western Region	5213	761353	25730137
北　京 Beijing	12030	488561	28864155
天　津 Tianjin	1530	125282	5636396
石家庄 Shijiazhuang	491	56645	2379593
保　定 Baoding	140	31167	1059828
太　原 Taiyuan	532	86639	2668095
包　头 Baotou	266	58803	1636793
沈　阳 Shenyang	1552	57657	5004202
大　连 Dalian	1085	107601	3399898
鞍　山 Anshan	284	62122	1541878
长　春 Changchun	676	113812	6253800
吉　林 Jilin	567	89371	4200239
哈尔滨 Haerbin	247	91567	3259021
大　庆 Daqing	218	43256	2024477
上　海 Shanghai	550	115009	16109807
南　京 Nanjing	213	76014	8814597
常　州 Changzhou	336	57125	1903135
无　锡 Wuxi	460	103413	8729673
苏　州 Suzhou	410	107254	7509190
杭　州 Hangzhou	423	48275	4782616
合　肥 Hefei	198	45433	2113987
福　州 Fuzhou	158	34343	1833140
厦　门 Xiamen	88	27394	3528015
南　昌 Nanchang	172	59018	1282649

产业开发区基本情况(2003)
Industrial Development Zone

(10,000 yuan)

技术性收入 Tech-related	销售收入 Sales revenue	总产值 Gross Output Value	净利润 After Tax Profits	实交税金 Tax	年出口额(万美元) Exports (US $ 10,000)
11004645	**171898860**	**172574345**	**11292011**	**9900390**	**5101690**
7340276	119359549	118141540	7809403	6171327	4658093
1025234	32282756	32979457	2074960	2485301	213665
2639135	20256555	21453348	1407648	1243763	229932
4192565	18022773	16077549	1615245	1200866	329299
127915	4456018	4820861	324677	213626	148573
30662	1915016	1828157	88104	132437	14162
531	1039127	1063238	82072	62903	8031
148210	2172389	2362507	94488	146202	4140
37877	1526160	1611121	65046	59226	23798
667007	2934858	2538627	256356	242525	85301
409630	2567814	2517310	295055	197640	66475
56403	1248515	1305822	65112	93172	2206
96033	6029509	6237933	453337	636663	50703
48683	4133324	4101602	140838	263292	5045
76487	2659397	2781670	174755	184458	19522
57462	1810212	1885243	94250	114323	2431
347812	12796861	12361533	1074740	865583	663450
47962	8301852	8082192	490307	401729	210137
8070	1862011	1855766	91250	77469	37446
12656	6367381	6467452	523985	318341	342841
9902	7469067	7558655	251658	191521	473187
620629	3804230	3558274	242471	224157	61300
13735	1871205	2070076	128381	214758	14919
55016	1767124	1797267	94886	69673	80911
4903	3505806	3378651	300206	192071	245540
50908	1039362	1075408	62776	57028	14757

5－13 续表

	企业数（个） Number of Enterprises	从业人员（人） Employees (person)	全年收入 Revenue
济　南 Jinan	323	86825	3836113
青　岛 Qingdao	175	65498	5477145
淄　博 Zibo	145	66804	2775369
潍　坊 Weifang	202	49528	2498182
威　海 Weihai	153	40601	1843364
郑　州 Zhengzhou	342	53249	1878106
洛　阳 Luoyang	243	55054	1376327
武　汉 Wuhan	600	115512	4812906
襄　樊 Xiangfan	88	65474	1615436
长　沙 Changsha	732	89188	4039143
株　州 Zhuzhou	152	50526	1508129
广　州 Guangzhou	918	89211	5881922
深　圳 Shenzhen	273	82716	8330114
珠　海 Zhuhai	266	65194	3808983
惠　州 Huizhou	85	48389	4539498
中　山 Zhongshan	432	97092	3252510
佛　山 Foshan	46	27794	2112399
南　宁 Nanning	273	32589	1488694
桂　林 Guilin	230	51603	1080108
海　南 Hainan	109	16655	1173138
成　都 Chengdu	539	113025	5903372
重　庆 Chongqing	372	108444	2753955
绵　阳 Mianyang	89	45907	1920663
贵　阳 Guiyang	93	46317	955867
昆　明 Kunming	157	31516	1318985
西　安 Xian	2537	167390	6264743
宝　鸡 Baoji	121	47938	789502
杨　凌 Yangling	70	8838	239388
兰　州 Lanzhou	366	38711	1022695
乌鲁木齐 Wulumuqi	100	10272	355373

(10,000 yuan)

技术性收入 Tech-related	销售收入 Sales revenue	总产值 Gross Output Value	净利润 After Tax Profits	实交税金 Tax	年出口额(万美元) Exports (US $ 10,000)
93022	3469469	3674994	142134	219564	19013
25984	4980583	5000923	254448	199787	92519
49296	2643099	2556035	181301	154227	32107
28332	2427834	2385350	169163	130589	14205
3312	1779157	1816422	81454	98163	87081
157279	1557254	1428473	133102	118842	18942
103721	1118601	1065255	51534	109966	8141
158840	3784656	3768194	240936	260834	25357
3067	1278639	1266825	147795	109900	2830
100576	3348882	3521928	299106	205601	25474
10234	1479327	1414346	53661	63435	21404
390093	4149716	4230455	219665	172807	169944
90056	8130746	8957996	402055	325290	521970
6729	3747400	3865555	156038	88291	329514
590	3521462	3691331	153538	46242	259648
396	3251579	3264042	72394	63439	267015
59721	2050129	2281357	115000	98517	91784
243313	1065974	1073071	94558	74485	4885
4831	1025955	1054309	45650	75098	8172
1085	1149923	1205726	66092	90698	4436
1046878	4216312	5115766	579545	323604	12200
317264	2297735	2401312	125962	152399	37157
6645	1899267	2051776	28393	56056	69618
23537	901449	1014996	47331	63703	7990
15500	1012447	982142	65322	74419	18214
919051	4144992	4021402	253572	270066	33363
1608	757527	804711	26309	38171	3374
2697	208915	179362	15772	3842	5757
10334	903818	893083	52329	37113	2319
9602	296003	250298	7860	15581	3086

六、科技活动成果
Results of Science and Technology Activities

6－1 国内专利申请受理数(1995－2003)

Domestic Application for Patents Received

单位:件 (piece)

地 区 Region		1995	1996	1997	1998	1999	2000	2001	2002	2003
全 国	**Total**	**69535**	**83026**	**90071**	**96233**	**109958**	**140339**	**165773**	**205544**	**251238**
东部地区	Eastern Region	40257	48727	53790	57997	68152	89851	107548	139029	171874
中部地区	Mid Region	13927	15893	16341	17485	19164	21942	24300	28044	34042
西部地区	Western Region	9741	11440	11662	12109	13148	16381	17497	20527	25376
北 京	Beijing	6362	6595	6313	6321	7723	10344	12174	13842	17003
天 津	Tianjin	1648	1743	1540	1485	2016	2789	3081	5360	6812
河 北	Hebei	2707	2944	3292	3295	3330	3848	4695	5390	5623
山 西	Shanxi	917	953	1020	1070	1140	1475	1473	1630	1743
内蒙古	Neimenggu	647	859	940	785	971	1138	1087	1202	1393
辽 宁	Liaoning	4449	5218	5142	5643	6065	7151	7514	9851	13545
吉 林	Jilin	1389	1626	1672	1960	2111	2501	2627	3413	4267
黑龙江	Heilongjiang	2569	2776	2642	2695	2987	3106	3670	4392	4972
上 海	Shanghai	2456	3154	3120	3419	4605	11337	12777	19970	22374
江 苏	Jiangsu	4078	4980	5339	5829	7091	8211	10352	13075	18393
浙 江	Zhejiang	4042	5162	6262	7074	8177	10316	12828	17265	21463
安 徽	Anhui	1026	1243	1404	1484	1721	1877	2045	2312	2676
福 建	Fujian	1979	2625	3018	3393	3381	4211	4971	6522	7236
江 西	Jiangxi	1008	1199	1307	1259	1387	1557	1778	2037	2434
山 东	Shandong	4624	6125	6523	7597	8589	10019	11170	12856	15794
河 南	Henan	2386	2933	2948	3163	3452	3823	4093	4441	5261
湖 北	Hubei	2004	2195	2278	2629	2963	3486	4322	4960	6635
湖 南	Hunan	2628	2968	3070	3225	3403	4117	4292	4859	6054
广 东	Guangdong	7729	9946	12858	13473	16802	21123	27596	34352	43186
广 西	Guangxi	1231	1379	1374	1317	1604	1762	1838	1927	2250
海 南	Hainan	183	235	383	468	373	502	390	546	445
重 庆	Chongqing	318	677	952	1255	1274	1780	2047	3142	4589
四 川	Sichuan	2868	3077	3020	3187	3676	4496	5039	5997	7443
贵 州	Guizhou	562	774	785	800	789	986	950	1260	1242
云 南	Yunnan	959	1290	1109	1136	1246	1710	1793	1780	1966
西 藏	Tibet	11	10	12	14	10	28	23	15	24
陕 西	Shaanxi	1721	1790	1811	1723	1685	2080	2326	2530	3421
甘 肃	Gansu	546	601	553	598	583	798	734	781	961
青 海	Qinghai	100	92	130	137	172	174	162	151	173
宁 夏	Ningxia	169	178	177	179	262	341	412	503	441
新 疆	Xinjiang	609	713	799	978	876	1088	1086	1239	1473
香 港	Hongkong	655	819	802	915	1226	1374	1329	1746	1816
澳 门	Macao						13	5	18	18
台 湾	Taiwan	4955	6147	7476	7727	8268	10778	15094	16180	18112

注:本年鉴中有关专利申请受理与授权的数据口径为由我国专利机构受理与授权的专利,不包括我国在外国申请专利及被授权的数据。

6-2 国内专利申请授权数(1995-2003)

Domestic Patents Granted

单位:件 (piece)

地区 Region	1995	1996	1997	1998	1999	2000	2001	2002	2003
全国 Total	**41881**	**40337**	**46389**	**61378**	**92101**	**95236**	**99278**	**112103**	**149588**
东部地区 Eastern Region	23877	23931	28259	38076	56273	59231	63738	75099	104869
中部地区 Mid Region	7556	6950	7309	9601	14903	14943	13824	14133	17514
西部地区 Western Region	5774	5443	5751	7317	10968	11299	11360	11496	14297
北京 Beijing	4025	3295	3327	3800	5829	5905	6246	6345	8248
天津 Tianjin	1034	899	940	1042	1508	1611	1829	1827	2505
河北 Hebei	1580	1526	1560	2090	3011	2812	2791	3353	3572
山西 Shanxi	569	521	487	644	920	968	1047	934	1175
内蒙古 Neimenggu	415	326	372	523	723	775	743	679	817
辽宁 Liaoning	2745	2447	2624	3162	4906	4842	4448	4551	5656
吉林 Jilin	824	681	679	1051	1550	1650	1443	1507	1690
黑龙江 Heilongjiang	1403	1202	1288	1517	2378	2252	1870	2083	2794
上海 Shanghai	1436	1610	1886	2334	3665	4050	5371	6695	16671
江苏 Jiangsu	2413	2578	2962	3787	6143	6432	6158	7595	9840
浙江 Zhejiang	2131	2410	3167	4470	7071	7495	8312	10479	14402
安徽 Anhui	574	555	637	933	1422	1482	1278	1419	1610
福建 Fujian	933	1194	1546	2318	2934	3003	3296	4001	5377
江西 Jiangxi	509	495	611	765	1011	1072	999	1044	1238
山东 Shandong	2861	2630	2907	4127	6536	6962	6725	7293	9067
河南 Henan	1145	1242	1233	1803	2871	2766	2582	2590	2961
湖北 Hubei	1017	998	1041	1265	2228	2198	2204	2209	2871
湖南 Hunan	1515	1256	1333	1623	2523	2555	2401	2347	3175
广东 Guangdong	4611	5273	7173	10707	14328	15799	18259	22761	29235
广西 Guangxi	665	646	705	853	1232	1191	1099	1054	1331
海南 Hainan	108	69	167	239	342	320	303	199	296
重庆 Chongqing	305	216	339	612	1078	1158	1197	1761	2883
四川 Sichuan	1714	1628	1591	1971	2921	3218	3357	3403	4051
贵州 Guizhou	274	259	337	418	620	710	642	615	723
云南 Yunnan	569	602	692	832	1185	1217	1347	1128	1213
西藏 Tibet	2	2	6	10	14	17	22	7	16
陕西 Shaanxi	1085	968	946	1129	1569	1462	1354	1524	1609
甘肃 Gansu	257	286	295	349	494	493	512	397	474
青海 Qinghai	65	43	56	62	123	117	101	85	90
宁夏 Ningxia	111	105	84	96	150	224	231	216	338
新疆 Xinjiang	312	362	328	462	859	717	755	627	752
香港 Hongkong	633	612	726	794	1106	1285	1026	1185	1565
澳门 Macao						13	10	3	14
台湾 Taiwan	4041	3401	4344	5590	8851	8465	9320	10187	11329

6-3 国内、外三种专利申请受理数(1995-2003)
Three Kinds of Applications for Patents Received

单位:件 (piece)

	1995	1996	1997	1998	1999	2000	2001	2002	2003
合计 Total	**83045**	**102735**	**114208**	**121989**	**134239**	**170682**	**203573**	**252631**	**308487**
1、发明 Invention	21636	28517	33666	35960	36694	51747	63204	80232	105318
国内 Domestic	10018	11471	12713	13726	15596	25346	30038	39806	56769
职务 Service	2993	3488	4248	4618	6009	12609	14815	22668	34731
大专院校 Universities and Colleges	574	604	635	794	988	1942	2636	4282	7704
科研单位 R&D Institutes	865	1036	1262	1248	1413	2228	2659	3429	4711
工矿企业 Industries Enterprises	1086	1725	2239	2480	3490	8316	9371	14657	21858
机关团体 Organs	468	123	112	96	118	123	149	300	458
非职务 Non-service	7025	7983	8465	9108	9587	12737	15223	17138	22038
国外 Foreign	11618	17046	20953	22234	21098	26401	33166	40426	48549
职务 Service	11045	16329	20003	21351	20245	25334	31820	38764	46764
非职务 Non-service	573	717	953	883	853	1067	1346	1662	1785
2、实用新型 Utility Model	43741	49604	50129	51397	57492	68815	79722	93139	109115
国内 Domestic	43429	49341	49902	51220	57214	68461	79275	92166	107842
职务 Service	8727	10193	10775	11289	14053	17792	21802	27612	34044
大专院校 Universities and Colleges	771	711	649	619	747	965	1137	1658	2375
科研单位 R&D Institutes	1376	1534	1396	1422	1465	1616	1542	1642	2104
工矿企业 Industries Enterprises	4739	7544	8437	9004	11512	14912	18671	23800	28998
机关团体 Organs	1841	404	293	244	329	299	452	512	567
非职务 Non-service	34702	39148	39127	39931	43161	50669	57473	64554	73798
国外 Foreign	312	263	227	177	278	354	447	973	1273
职务 Service	190	142	151	117	201	259	294	640	1076
非职务 Non-service	122	121	76	60	77	95	153	333	197
3、外观设计 Design	17668	24614	30413	34632	40053	50120	60647	79260	94054
国内 Domestic	15433	21395	27456	31287	37148	46532	56460	73572	86627
职务 Service	8193	11449	14995	15971	17894	22974	23487	30962	33681
大专院校 Universities and Colleges	18	5	9	32	34	17	37	41	173
科研单位 R&D Institutes	104	265	171	191	170	278	159	302	183
工矿企业 Industries Enterprises	6031	11032	14793	15695	17634	22634	23260	30505	33261
机关团体 Organs	2040	147	22	53	56	45	31	114	64
非职务 Non-service	7240	9946	12461	15316	19254	23558	32973	42610	52946
国外 Foreign	2235	3219	2957	3345	2905	3588	4187	5688	7427
职务 Service	2013	2994	2853	3229	2742	3432	4003	5458	7192
非职务 Non-service	222	225	104	116	163	156	184	230	235

6-4 国内、外三种专利申请授权数(1995-2003)

Three Kinds of Patents Granted

单位:件 (piece)

	1995	1996	1997	1998	1999	2000	2001	2002	2003
合计 Total	**45064**	**43780**	**50992**	**67889**	**100156**	**105345**	**114251**	**132399**	**182226**
1、发明 Invention	3393	2976	3494	4733	7637	12683	16296	21473	37154
国内 Domestic	1530	1383	1532	1655	3097	6177	5395	5868	11404
职务 Service	932	825	912	954	1685	2824	2614	3144	6895
大专院校 Universities and Colleges	258	228	256	243	425	652	579	697	1730
科研单位 R&D Institutes	304	247	316	337	543	910	800	907	1677
工矿企业 Industries Enterprises	205	187	170	182	462	1016	1089	1461	3382
机关团体 Organs	165	163	170	192	255	246	146	79	106
非职务 Non-service	598	558	620	701	1412	3353	2781	2724	4509
国外 Foreign	1863	1593	1962	3078	4540	6506	10901	15605	25750
职务 Service	1748	1497	1889	2949	4295	6222	10455	15013	24849
非职务 Non-service	115	96	73	129	245	284	446	592	901
2、实用新型 Utility Model	30471	27171	27338	33902	56368	54743	54359	57484	68906
国内 Domestic	30195	26961	27185	33717	56094	54407	54018	57092	68291
职务 Service	6766	6393	6564	8492	14603	15519	16544	18369	24008
大专院校 Universities and Colleges	623	611	511	600	848	868	943	973	1582
科研单位 R&D Institutes	1025	1029	962	1276	1860	1529	1473	1276	1485
工矿企业 Industries Enterprises	2627	3435	4601	6305	11519	12821	13783	15753	20485
机关团体 Organs	2491	1318	490	311	376	301	345	367	456
非职务 Non-service	23429	20568	20621	25225	41491	38888	37474	38723	44283
国外 Foreign	276	210	153	185	274	336	341	392	615
职务 Service	154	135	97	111	185	261	241	252	498
非职务 Non-service	122	75	56	74	89	75	100	140	117
3、外观设计 Design	11200	13633	20160	29254	36151	37919	43596	53442	76166
国内 Domestic	9523	11381	17672	26006	32910	34652	39865	49143	69893
职务 Service	5344	6537	10556	15000	17627	17789	19220	20020	31465
大专院校 Universities and Colleges	10	15	7	17	31	28	12	40	104
科研单位 R&D Institutes	156	111	194	216	170	248	155	140	270
工矿企业 Industries Enterprises	2554	5035	10239	14742	17360	17482	19015	19802	31002
机关团体 Organs	2624	1376	116	25	66	31	38	38	89
非职务 Non-service	4179	4844	7116	11006	15283	16863	20645	29123	38428
国外 Foreign	1677	2252	2488	3248	3241	3267	3731	4299	6273
职务 Service	1402	2083	2407	3150	3111	3108	3567	4106	6113
非职务 Non-service	275	169	81	98	130	159	164	193	160

6-5 国内三种专利申请受理数按地区分布(2003)

Three Kinds of Domestic Applications for Patents Received by Region

单位:件 (piece)

地 区 Region	合计 Total	发明 Invention	实用新型 Utility Model	外观设计 Design
全 国 Total	**251238**	**56769**	**107842**	**86627**
北 京 Beijing	17003	7833	6665	2505
天 津 Tianjin	6812	3328	2713	771
河 北 Hebei	5623	986	3272	1365
山 西 Shanxi	1743	480	951	312
内蒙古 Neimenggu	1393	244	713	436
辽 宁 Liaoning	13545	2584	7859	3102
吉 林 Jilin	4267	1172	2268	827
黑龙江 Heilongjiang	4972	1151	3173	648
上 海 Shanghai	22374	5936	5992	10446
江 苏 Jiangsu	18393	3279	8228	6886
浙 江 Zhejiang	21463	2751	7750	10962
安 徽 Anhui	2676	532	1516	628
福 建 Fujian	7236	797	2554	3885
江 西 Jiangxi	2434	832	1071	531
山 东 Shandong	15794	2596	9186	4012
河 南 Henan	5261	1025	3219	1017
湖 北 Hubei	6635	1627	3406	1602
湖 南 Hunan	6054	1492	3124	1438
广 东 Guangdong	43186	6181	12985	24020
广 西 Guangxi	2250	452	1212	586
海 南 Hainan	445	110	147	188
重 庆 Chongqing	4589	560	1835	2194
四 川 Sichuan	7443	1475	2865	3103
贵 州 Guizhou	1242	385	566	291
云 南 Yunnan	1966	574	788	604
西 藏 Xizang	24	4	12	8
陕 西 Shaanxi	3421	1191	1737	493
甘 肃 Gansu	961	324	536	101
青 海 Qinghai	173	70	60	43
宁 夏 Ningxia	441	101	200	140
新 疆 Xinjiang	1473	254	938	281
香 港 HongKong	1816	279	441	1096
澳 门 Macao	18	3	8	7
台 湾 Taiwan	18112	6161	9852	2099

6-6 国内三种专利申请授权数按地区分布(2003)

Three Kinds of Domestic Patents Granted by Region

单位:件 (piece)

地区 Region	合计 Total	发明 Invention	实用新型 Utility Model	外观设计 Design
全国 Total	**149588**	**11404**	**68291**	**69893**
北京 Beijing	8248	2261	4244	1743
天津 Tianjin	2505	241	1547	717
河北 Hebei	3572	275	2197	1100
山西 Shanxi	1175	276	662	237
内蒙古 Neimenggu	817	80	423	314
辽宁 Liaoning	5656	644	3905	1107
吉林 Jilin	1690	233	1049	408
黑龙江 Heilongjiang	2794	229	2097	468
上海 Shanghai	16671	880	3844	11947
江苏 Jiangsu	9840	626	5381	3833
浙江 Zhejiang	14402	429	4947	9026
安徽 Anhui	1610	139	968	503
福建 Fujian	5377	137	1658	3582
江西 Jiangxi	1238	97	685	456
山东 Shandong	9067	580	5770	2717
河南 Henan	2961	256	1983	722
湖北 Hubei	2871	420	1859	592
湖南 Hunan	3175	346	1888	941
广东 Guangdong	29235	953	7921	20361
广西 Guangxi	1331	83	790	458
海南 Hainan	296	28	97	171
重庆 Chongqing	2883	125	1088	1670
四川 Sichuan	4051	342	1722	1987
贵州 Guizhou	723	79	355	289
云南 Yunnan	1213	173	527	513
西藏 Xizang	16	4	5	7
陕西 Shaanxi	1609	169	1105	335
甘肃 Gansu	474	83	307	84
青海 Qinghai	90	17	35	38
宁夏 Ningxia	338	54	160	124
新疆 Xinjiang	752	75	521	156
香港 HongKong	1565	80	314	1171
澳门 Macao	14	1	5	8
台湾 Taiwan	11329	989	8232	2108

6-7 按国别(地区)分三种专利申请受理(2003)

Three Kinds of Applications for Patents Received by Country

单位:件 (piece)

		合计 Total	发明 Invention	实用新型 Utility Model	外观设计 Design
总计	**Total**	**57249**	**48549**	**1273**	**7427**
阿拉伯联合酋长国	United Arab Emirates	1	1	0	0
安提瓜和巴布达	Antigua and Barbuda	1	1	0	0
荷属安的列斯群岛	Netherlands Antilles	23	23	0	0
阿根廷	Argentina	6	6	0	0
奥地利	Austria	185	173	3	9
澳大利亚	Australia	450	394	0	56
巴巴多斯	Barbados	6	6	0	0
比利时	Belgium	189	173	0	16
保加利亚	Bulgaria	2	0	1	1
百慕大	Bermuda	14	8	3	3
文莱	Brunei Darussalam	2	0	2	0
巴西	Brazil	58	46	1	11
巴哈马	Bahamas	25	20	2	3
白俄罗斯	Belarus	1	1	0	0
伯利兹	Belize	1	0	1	0
加拿大	Canada	407	362	14	31
中非共和国	Central African Republic	2	0	0	2
瑞士	Switzerland	1374	1193	10	171
智利	Chile	2	2	0	0
哥伦比亚	Colombia	5	4	0	1
哥斯达黎加	Costa Rica	2	2	0	0
古巴	Cuba	9	9	0	0
塞普路斯	Cyprus	14	13	1	0
捷克共和国	Czech Republic	13	11	0	2
德国	Germany	4522	3993	40	489
丹麦	Denmark	315	251	13	51
厄瓜多尔	Ecuador	1	1	0	0
爱沙尼亚	Estonia	2	2	0	0
西撒哈拉	Western Sahara	1	0	1	0
西班牙	Spain	164	104	4	56
芬兰	Finland	598	510	0	88
法国	France	1941	1695	2	244
英国	United Kingdom	1314	1040	28	246
直布罗陀	Gibraltar	3	3	0	0
希腊	Greece	12	11	0	1
克罗地亚	Croatia	6	6	0	0
匈牙利	Hungary	12	12	0	0
印度尼西亚	Indonesia	13	3	4	6
爱尔兰	Ireland	54	29	7	18
以色列	Israel	163	152	0	11
印度	India	118	82	3	33
冰岛	Iceland	4	4	0	0
意大利	Italy	765	563	11	191

6-7 续表

单位:件 (piece)

		合计 Total	发明 Invention	实用新型 Utility Model	外观设计 Design
泽西岛	Jersey Island	1	1	0	0
日本	Japan	24241	20092	627	3522
圣克里斯托夫岛	St. Chirstoph Island	1	1	0	0
韩国	Republic of Korea	5015	4328	139	548
开曼群岛	Cayman Islands	23	14	0	9
哈萨克斯坦	Kazakhstan	1	1	0	0
黎巴嫩	Lebanon	4	3	1	0
列支敦士登	Liechtenstein	79	53	1	25
卢森堡	Luxembourg	42	42	0	0
拉托维亚	Latvia	2	2	0	0
摩纳哥	Monaco	6	6	0	0
马里	Mali	2	2	0	0
马耳他	Malta	4	3	0	1
毛里求斯	Mauritius	2	1	0	1
墨西哥	Mexico	5	5	0	0
马来西亚	Malaysia	32	21	4	7
荷兰	Netherlands	1376	1270	7	99
挪威	Norway	120	113	0	7
新西兰	New Zealand	43	39	0	4
巴拿马	Panama	19	14	2	3
秘鲁	Peru	1	1	0	0
菲律宾	Philippines	2	1	1	0
波兰	Poland	6	6	0	0
葡萄牙	Portugal	7	7	0	0
罗马尼亚	Romania	1	1	0	0
俄罗斯联邦	Russian Federation	57	54	1	2
沙特阿拉伯	Saudi Arabia	11	10	0	1
塞舌尔	Seychelles	1	1	0	0
苏丹	Sudan	1	1	0	0
瑞典	Sweden	694	636	1	57
新加坡	Singapore	142	83	4	55
斯洛文尼亚	Slovenia	14	13	0	1
斯洛伐克	Slovakia	1	1	0	0
圣马力诺	San Marino	2	2	0	0
泰国	Thailand	61	13	9	39
土耳其	Turkey	18	4	0	14
特立尼达和多巴哥	Trinidad and Tobago	1	1	0	0
乌克兰	Ukraine	7	6	1	0
美国	United States of America	12221	10682	310	1229
乌拉圭	Uruguay	1	1	0	0
乌兹别克	Uzbekistan	1	1	0	0
委内瑞拉	Venezuela	3	3	0	0
维尔京群岛	Virgin Islands, British	117	46	14	57
瓦努阿图	Vanuatu	1	1	0	0
萨摩亚	Samoa	3	1	0	2
南非	South Africa	56	52	0	4
赞比亚	Zambia	1	1	0	0

6-8 按国别(地区)分三种专利授权(2003)

Three Kinds of Patents Granted by Country

单位:件 (piece)

		合计 Total	发明 Invention	实用新型 Utility Model	外观设计 Design
合计	**Total**	**32638**	**25750**	**615**	**6273**
安道尔	Andorra	1	1	0	0
荷属安的列斯群岛	Netherlands Antilles	15	15	0	0
阿根廷	Argentina	3	2	1	0
奥地利	Austria	124	118	2	4
澳大利亚	Australia	211	153	5	53
巴巴多斯	Barbados	1	1	0	0
比利时	Belgium	125	116	1	8
百慕大	Bermuda	7	5	1	1
文莱	Brunei Darussalam	1	0	1	0
巴西	Brazil	34	20	0	14
巴哈马	Bahamas	17	4	6	7
加拿大	Canada	197	163	3	31
中非共和国	Central African Republic	2	0	0	2
瑞士	Switzerland	913	762	7	144
古巴	Cuba	4	4	0	0
塞普路斯	Cyprus	4	2	2	0
捷克共和国	Czech Republic	21	14	7	0
德国	Germany	2977	2615	14	348
丹麦	Denmark	217	177	3	37
西班牙	Spain	90	48	3	39
芬兰	Finland	525	433	0	92
法国	France	1180	1038	0	142
波斯尼亚和黑塞哥维亚	Bosnia and Herzegovina	2	2	0	0
英国	United Kingdom	808	572	19	217
直布罗陀	Gibraltar	2	2	0	0
希腊	Creece	2	2	0	0
克罗地亚	Croatia	2	2	0	0
匈牙利	Hungary	17	17	0	0
印度尼西亚	Indonesia	8	0	1	7
爱尔兰	Ireland	18	14	0	4
以色列	Israel	86	75	1	10
印度	India	33	16	0	17
冰岛	Iceland	1	1	0	0
意大利	Italy	531	374	12	145
日本	Japan	12674	9369	205	3100

6-8 续表

单位：件 (piece)

		合计 Total	发明 Invention	实用新型 Utility Model	外观设计 Design
朝鲜	Democratic People's Republic of Korea	1	0	1	0
韩国	Republic of Korea	2693	2017	113	563
开曼群岛	Cayman Islands	24	3	3	18
列支敦士登	Liechtenstein	53	26	1	26
斯里兰卡	Sri Lanka	4	0	0	4
利比里亚	Liberia	1	1	0	0
卢森堡	Luxembourg	15	15	0	0
摩纳哥	Monaco	5	5	0	0
蒙古	Mongolia	4	2	1	1
马耳他	Malta	1	1	0	0
毛里求斯	Mauritius	1	0	1	0
马尔代夫	Maldives	1	1	0	0
墨西哥	Mexico	1	1	0	0
马来西亚	Malaysia	20	6	2	12
荷兰	Netherlands	868	756	0	112
挪威	Norway	80	77	1	2
新西兰	New Zealand	20	19	0	1
巴拿马	Panama	15	15	0	0
波兰	Poland	10	5	0	5
葡萄牙	Portugal	2	2	0	0
罗马尼亚	Romania	2	2	0	0
俄罗斯联邦	Russian Federation	29	27	0	2
沙特阿拉伯	Saudi Arabia	3	1	0	2
瑞典	Sweden	832	791	2	39
新加坡	Singapore	66	17	3	46
斯洛文尼亚	Slovenia	5	5	0	0
圣马力诺	San Marino	1	1	0	0
泰国	Thailand	23	5	3	15
土耳其	Turkey	9	5	0	4
乌克兰	Ukraine	5	5	0	0
美国	United States of America	6835	5733	177	925
乌拉圭	Uruguay	2	1	1	0
乌兹别克斯坦	Uzbekistan	1	1	0	0
委内瑞拉	Venezuela	4	4	0	0
维尔京群岛	Virgin Islands, British	110	31	10	69
萨摩亚	Samoa	2	0	2	0
南非	South Africa	37	32	0	5

6-9 按国际专利标准分类的发明、实用新型专利申请和批准(2003)

Two Kinds of Patents Applied and Granted by International Patent Classification

单位:件 (piece)

	申请 Application	批准 Granted
合计 Total	**195123**	**106060**
A部(人类生活需要) Section A: Human Necessities	**41507**	**20075**
农、林、牧、渔 Agriculture, Forestry, Animal Husbandry and Fishery	4835	2530
烘烤、食用面团 Baking and Edible Doughs	276	145
屠宰、加工 Butchering and Meat Treatment	58	24
食品、食物及处理 Foods and Foodstuffs and their Treatment	2884	906
烟类及用品 Tobacco, Cigars and Cigarettes	499	317
服装 Wearing Apparel	1159	528
帽类制品 Headwear	222	120
鞋类 Footwear	973	578
男用服饰用品、珠宝 Haberdashery and Jewelry	295	230
手携及旅行用品 Hand or Traveling Articles	1495	841
刷类用品 Brushware	447	304
家具、家庭日用品或设备 Furniture, Domestic Articles, and Appliance	8125	4740
医学、兽医学、卫生学 Medical or Veterinary Science and Hygiene	16583	6838
救生、消防 Life-saving and Fire-fighting	920	355
运动、游戏、娱乐活动 Sports, Games and Amusements	2736	1619
B部(作业、运输) Section B: Performing Operaton and Transportation	**35126**	**22051**
物理或化学的方法功能装置 Physical or Chemical Processes or Apparatus	2796	2396
破碎、研磨、粉碎 Crushing, Pulverizing or Disintegrating	521	405
分选、分离 Separation of Solid Materials, Electrostatic Separation	242	162
离心装置、离心机 Centrifugal Apparatus or Machines	113	93
喷射、雾化 Spraying or Atomizing in General	1022	600
机械振动的产生和传递 Generating or transmitting Mechanical Vibrations	39	18
固体分离、分选 Separating Solids from Solids	286	182
清洁 Cleaning	308	180
固体废料的处理 Disposal of Solid Waste	189	109
金属加工、冲裁 Mechanical Metal-working and Punching Metal	1053	673
铸造、粉末冶金 Casting and Powder Metallurgy	730	366
机床、其他金属加工 Machine Tools	1966	1360
磨削、抛光 Grinding and Polishing	498	268
简单工具 Hand tools, Portable Power Tools and Workshop Equipment	1079	590
手工切割工具、切断 Hand Cutting Tools, Cutting and Servering	595	376
木材加工、保存、钉钉机 Preserving Wood and Nailing or Stapling	478	319
加工水泥、粘土和石料 Working Cement, Clay or Stone	561	332
塑料制品的加工 Working of Plastics	1338	828
压力机 Presses	214	138
纸品制作、纸的加工 Making Paper Articles and Working Paper	90	67
叠层产品 Layered Products	465	332
印刷、打字机、印刷机 Pringting, Lining Machines, and Typewriters	1363	655
装订、图册、文件夹 Bookbinding, Albums, and Files	545	269
绘图具、办公附属用品 Writing or Drawing Appliances	1497	703

6 - 9 续表 1

单位:件 (piece)

	申请 Application	批准 Granted
装饰艺术 Decorative Arts	573	267
一般车辆 Vehicles in General	5216	2764
铁路 Railways	598	335
无轨陆用车牌 Land Vehicles other than on Rails	2823	1731
船舶、船只,有关的设备 Ships and Related Equipment	511	310
飞行器、航空、宇宙航行 Aircraft and Aviation	219	118
输送、包装、存储、搬运 Conveying aand Packing Filamentary Material	6089	4246
卷扬、提升、牵引 Hoistng, Lifting, and Hauling	843	661
液体的储运 Opening or Closing Bottles, Jars or Similar Containers	196	188
鞍具、室内装璜 Saddlery and Upholstery	14	8
微观结构技术 Micro-Structural Technology	40	2
超微技术 Nano-Technology	16	0
C 部(化学、冶金) Section C: Chemistry and Metallurgy	**18939**	**8974**
无机化学 Inorganic Chemistry	924	368
水、废污水、泥浆的处理 Treatment of Water, waste Water, Sewage or Sludge	1733	953
玻璃、矿棉和渣棉 Glass, Mineral or Slag Wool	480	242
水泥、陶瓷等、隔音材料 Cements, Concrete, Ceramics, Refractories	768	273
肥料及制造 Fertilizers and Manufacture Thereof	348	108
炸药、火柴 Explosives and Matches	60	25
有机化学 Organic Chemistry	4075	1993
有机高分子化合物 Organic Macromolecular Compounds	2565	1702
杂料、涂料、抛光剂等 Dyes, Paints, Polishes, Resins, and Adhesives	1857	586
石油、煤气及炼焦工业 Petroleum, Gas or Coke Industries	928	586
动植物油、脂类 Animal or Vegetable Oils, Fats	397	261
生化、酒、醋、酶、遗传工程 Biochemistry, Beer, Spirits, Wine, Microbiology	2471	764
糖或淀粉工业 Sugar Industry	22	19
大小原皮、毛皮、皮革 Skins, Hides, Pelts, Leather	38	14
黑色冶金 Metallurgy of Iron	393	221
冶金学、合金或有色合金 Metallurgy, Ferrous or Non-ferrous Alloys	697	367
金属加工涂料、防腐防锈 Coating Metallic Material	605	216
电解电泳方法及设备 Electrolytic or Electrophoretic Processes	427	206
晶体生长 Crystal Growth	151	70
D 部(纺织、造纸) Section D: Textiles and Papers	**3722**	**1893**
线、纤维、纺纱 Natural or Artificial Threads or Fibres, Spinning	699	389
纺纱、整经或络经 Yarn, Mechanical Finishing of Yarns or Ropes	153	60
织造 Weaving	305	124
编带、花边、针织、整理 Braiding, Lacce-making, Knitting	384	209
缝纫、绣花、簇绒 Sewing, Embroidering, Tufting	309	198
织物等的处理、洗涤 Treatment of Textiles, Laundering	1461	624
绳、除电缆外的缆绳 Ropes, Cables other than Electric	43	29
造纸、纤维素的生产 Paper-making, Production of Cellulose	368	260
E 部(固定建筑物) Section E: Fixed Constructions	**12313**	**7958**
道路、铁路和桥梁的建筑 Construction od Roads, Railways, or Bridges	981	720
水利工程、基础、运土 Hydraulic Engineering, Foundations, Soil-shifting	958	532
给水、排水 Water Supply, Sewerage	1605	962

6 -9 续表 2

单位:件 (piece)

	申请 Application	批准 Granted
建筑物 Building	3518	2216
锁、钥匙、门窗、保险箱 Locks, Keys, Windows or Door Fittings	1873	1172
一般门、窗、百叶窗、梯子 Doors, Windows, Shutters, or Roller Blinds in General	1604	1130
钻进、采矿 Earth Drilling, Mining	1774	1226
F 部(机械工程) Section F: Mechanical Engineering	**22908**	**14935**
一般机器、发动机、蒸汽机 Machines or Engines in General	813	487
内燃机等 Combustion Engines	1477	880
液力机械和其他发动机 Machines or Engines for Liquids	461	184
液体变容机械、泵 Prositive-displacement Machines for Liquids	2399	1541
液压调节器、液压技术 Fluid-pressure Acurators	275	146
工程元件或部件 Engineering Elements of Units	5809	3908
气体或液体的储藏或分配 Storing or Distributing Gases or Liquids	204	153
照明 Lighting	1479	1084
蒸汽的产生 Steam Generation	165	123
燃烧设备、燃烧技术 Combustion Apparatus	1426	1002
采暖、炉灶、通风 Heating, Ranges, Ventilating	5389	3421
制冷气体的液化和固化 Refrigeration or Cooling, Heat Pump System	1244	861
干燥 Drying	288	178
炉、窑、灶、罐 Furnaces, Kins, Ovens	363	234
一般热交换 Heat Exchanges in General	714	513
武器 Weapons	209	110
弹药、爆破 Ammunition, Blasting	193	110
G 部(物理) Section G: Physics	**29981**	**14301**
测量、测试 Measuring,Testing	7408	4049
光学技术 Optics	3729	1482
照相术、电影术、电刻术 Photograpphy,Cinematography, Electrography	1909	751
测时技术 Horology	386	254
控制、调节技术 Controlling, Regulating, Counting	654	375
计算、推算、计数技术 Computing, Calculating, Counting	8876	3620
核算装置 Checking Devices	518	264
信号装置 Signaling	626	405
教育、密码、显示、广告等 Educating, Cryptography, Advertising, Seals	2375	1061
乐器、声学 Musical Instruments, Acoustics	651	386
信息的储存 Information Storage	2555	1472
仪器的零部件 Instrument Details	223	96
核物理、核工程 Nuclear Physics, Nuclear Engineering	71	86
H 部(电学) Section H: Electricity	**30627**	**15873**
基本电器元件 Basic Electric Elements	12529	6658
电力的发电、变电或配电 Generation, Conversion, or Distribution of Electric Power	4011	2000
基本电子电路 Basic Electronic Circuitry	1013	809
电信技术 Electric Communication Technique	10985	5411
其他类不包括的电技术 Electric Technique Not Otherwise Provided for	2089	995

6－10 国外主要检索工具收录我国论文总数及在世界上的位置(1995－2002)

Number of Chinese Paper Taken by Major Foreign Referencing Systems and Precedence in the World

单位:篇 (piece)

	1995	1996	1997	1998	1999	2000	2001	2002
篇数合计 Total Number	**26395**	**27569**	**35311**	**35003**	**46188**	**49678**	**64526**	**77395**
《Science Citation Index》	13134	14459	16883	19838	24476	30499	35685	40758
《Index to Science and Technical Proceeding》	5152	3963	5790	5273	6905	6016	10263	13413
《Engineering Index》	8109	9147	12638	9892	14807	13163	18578	23224
位次 Precedence								
《Science Citation Index》	15	14	12	12	10	8	8	6
《Index to Science and Technical Proceeding》	10	11	9	10	8	8	6	5
《Engineering Index》	7	6	4	5	3	3	3	2

6－11 国外主要检索工具收录的我国科技人员在国内外期刊上发表论文数(1995－2002)

Number of Papers by Chinese Scientists and Technicians Published in Domestic and Foreign Periodicals and Taken by Major Foreign Referencing System

单位:篇 (piece)

	1995	1996	1997	1998	1999	2000	2001	2002
《Science Citation Index》收录合计	**7980**	**8200**	**10033**	**11456**	**19936**	**22608**	**25889**	**31572**
Taken by SCI								
国内发表 Published in Domestic Periodicals	1087	734	1708	2119	7647	9208	9580	11425
比重(%) As % of Total	14	9	17	19	38	41	37	36
国外发表 Published in Foreign Periodicals	6893	7466	8325	9337	12289	13400	16309	20147
比重(%) As % of Total	86	91	83	81	62	59	63	64
《Engineering Index》收录合计	**6791**	**8035**	**9834**	**8220**	**13155**	**13991**	**15605**	**19268**
Taken by《Engineering Index》								
国内发表 Published in Domestic Periodicals	3038	4997	5121	4160	8324	8293	9055	6458
比重(%) As % of Total	45	62.19	52	51	63	59	58	34
国外发表 Published in Foreign Periodicals	3753	3038	4713	4060	4821	5698	6550	12810
比重(%) As % of Total	55	37.81	48	49	37	41	42	66

* 1999 年开始使用《SCI-EXPANDED》统计。

6-12 国外主要检索工具收录我国科技论文按学科分布(2002)

Chinese Scientific Papers Taken by Major Foreign Referencing System by Discipline

单位:篇 (piece)

	位次 Precedence	篇数 pieces				比重 as % of total		
		合计 Total	SCI	EI	ISTP	SCI	EI	ISTP
合计 Total		**62592**	**31572**	**19268**	**11752**	**50.4**	**30.8**	**18.8**
数学 Mathematics	7	3137	2172	714	251	69.2	22.8	8.0
力学 Mechanics	18	1019	633	245	141	62.1	24.0	13.8
信息、系统科学 Information, Systems Science	4	504	74	0	430	14.7	0.0	85.3
物理学 Physics	1	10359	6164	3288	907	59.5	31.7	8.8
化学 Chemistry	2	9790	8021	1638	131	81.9	16.7	1.3
天文学 Astronomy	26	465	328	47	90	70.5	10.1	19.4
地学 Earth Science	13	1732	1230	253	249	71.0	14.6	14.4
生物学 Biology	9	2712	2456	139	117	90.6		4.3
预防医学与卫生学 Protective Medicine	32	311	286	1	24	92.0	0.3	7.7
基础医学 Basic Medicine	17	1239	1014	128	97	81.8	10.3	7.8
药学 Pharmacy	31	458	458	0		100.0	0.0	
临床医学 Clinic Medicine	14	765	652	0	113	85.2	0.0	14.8
中医学 Traditional Chinese Medicine	38	55	55	0		100.0	0.0	
军事医学与特种医学 Special Medicine	36	68	68	0		100.0	0.0	
农学 Agriculture	28	231	155	12	64	67.1	5.2	27.7
林学 Forestry	22	12	5	1	6	41.7	8.3	50.0
畜牧、兽医科学 Livestock, Veterinary Medicine	24	31	31	0		100.0	0.0	
水产学 Aquatic	10	39	35	0	4	89.7	0.0	10.3
测绘科学技术 Surveying & Mapping	35	44	2	9	33	4.5	20.5	75.0
材料科学 Material Science	3	5487	3760	844	883	68.5	15.4	16.1
工程与技术基础学科 Engineering & Basic Technology Science	12	291	11	108	172	3.8	37.1	59.1
矿山工程技术 Mining	15	166	21	127	18	12.7	76.5	10.8
能源科学技术 Energy	34	576	180	375	21	31.3	65.1	3.6
冶金、金属学 Metallurgy, Metallography	27	1582	576	957	49	36.4	60.5	3.1
机械、仪表 Machinery, Instrument	16	1730	287	870	573	16.6	50.3	33.1
动力与电气 Power & Electrical Engineering	25	2702	164	1927	611	6.1	71.3	22.6
核科学技术 Nuclear Technology	33	369	133	154	82	36.0	41.7	22.2
电子、通讯与自动控制 Electronics, Communication & Automation	5	5895	751	2697	2447	12.7	45.8	41.5
计算技术 Computer	8	4257	361	1485	2411	8.5	34.9	56.6
化工 Chemical Engineering	20	2339	763	1478	98	32.6	63.2	4.2
轻工、纺织 Light Industry & Textile Industry	29	113	25	69	19	22.1	61.1	16.8
食品 Food	39	35	29	2	4	82.9	5.7	11.4
土木建筑 Civil Construction	19	842	82	554	206	9.7	65.8	24.5
水利 Water Conservancy	30	257	9	41	207	3.5	16.0	80.5
交通运输 Transportaiton	6	285	13	139	133	4.6	48.8	46.7
航空航天 Aviation and Aerospace	11	301	29	251	21	9.6	83.4	7.0
环境 Environment	23	803	479	132	192	59.7	16.4	23.9
安全科学技术 Security	37	188	15	46	127	8.0	24.5	67.6
管理 Management Science	21	1302	28	456	818	2.2	35.0	62.8
其他 Others	40	101	17	81	3	16.8	80.2	3.0

6-13 国外主要检索工具收录我国科技论文按地区分布(2002)

Chinese Scientific Papers Taken by Major Foreign Referencing System by Region

单位:篇 (piece)

地区 Region	位次 Precedence	篇数 pieces 合计 Total	SCI	EI	ISTP	比重 as % of total SCI	EI	ISTP
全国 Total		**62592**	**31572**	**19268**	**11752**	**50.4**	**30.8**	**18.8**
北京 Beijing	1	17586	8924	5197	3465	50.7	29.6	19.7
天津 Tianjin	9	2070	990	594	486	47.8	28.7	23.5
河北 Hebei	18	663	286	199	178	43.1	30.0	26.8
山西 Shanxi	20	583	307	151	125	52.7	25.9	21.4
内蒙古 Neimenggu	27	80	48	25	7	60.0	31.3	8.8
辽宁 Liaoning	5	3071	1311	1176	584	42.7	38.3	19.0
吉林 Jilin	12	1744	1075	437	232	61.6	25.1	13.3
黑龙江 Heilongjiang	13	1713	462	765	486	27.0	44.7	28.4
上海 Shanghai	2	7824	3852	2728	1244	49.2	34.9	15.9
江苏 Jiangsu	3	4445	2379	1261	805	53.5	28.4	18.1
浙江 Zhejiang	7	2799	1397	869	533	49.9	31.0	19.0
安徽 Anhui	10	2066	1226	567	273	59.3	27.4	13.2
福建 Fujian	17	950	613	193	144	64.5	20.3	15.2
江西 Jiangxi	24	150	86	38	26	57.3	25.3	17.3
山东 Shandong	8	2205	1308	679	218	59.3	30.8	9.9
河南 Henan	22	485	253	95	137	52.2	19.6	28.2
湖北 Hubei	6	3013	1479	795	739	49.1	26.4	24.5
湖南 Hunan	15	1609	772	484	353	48.0	30.1	21.9
广东 Guangdong	11	1996	1175	508	313	58.9	25.5	15.7
广西 Guangxi	23	155	80	40	35	51.6	25.8	22.6
海南 Hainan	29	15	15			100.0		
重庆 Chongqing	19	627	246	218	163	39.2	34.8	26.0
四川 Sichuan	14	1708	792	572	344	46.4	33.5	20.1
贵州 Guizhou	25	139	126	11	2	90.6	7.9	1.4
云南 Yunnan	21	496	355	76	65	71.6	15.3	13.1
西藏 Xizang	31	1	1			100.0		
陕西 Shaanxi	4	3173	1122	1391	660	35.4	43.8	20.8
甘肃 Gansu	16	1111	810	188	113	72.9	16.9	10.2
青海 Qinghai	28	19	18	1		94.7	5.3	
宁夏 Ningxia	30	12	9		3	75.0	0.0	25.0
新疆 Xinjiang	26	83	55	10	18	66.3	12.0	21.7
地区不详		1			1			100.0

6－14　1997－2001 年《SCI》收录的我国科技论文在 2002 年被引用情况
Citation of Chinese Scientific Papers Taken in SCI

单位:篇　　(piece)

	1997	1998	1999	2000	2001	合计
收录论文数(A) Number of Papers Taken by SCI	10033	11456	13357	15313	17995	68154
被引用论文数(B) Number of Papers Cited	3030	3741	4986	6323	6074	24154
收录论文被引用次数(C) Times of Citation	6373	7806	11194	14284	12109	51766
B/A	0.30	0.33	0.37	0.41	0.34	0.35
C/B	2.10	2.09	2.25	2.26	1.99	2.14
C/A	0.64	0.68	0.84	0.93	0.67	0.76

6－15　中文科技期刊刊登的科技论文篇数按机构类型分类(2002)
Scientific Papers Published in Chinese Science and Technology Periodicals by Type of Institutes

单位:篇　　(piece)

	总计 Total	高等院校 Universities	研究机构 Research Institutes	企业 Enterprises	医院 Hospital	其他 Others
合计　Total	**238833**	**157984**	**28779**	**16307**	**25612**	**10151**
基础学科　Basic Disciplines						
数学　Mathematics	5490	5218	150	17	3	102
力学　Mechanics	1951	1715	202	19		15
信息、系统　Information, System Science	3803	3302	269	51	6	175
物理　Physics	5429	3911	1094	69	2	353
化学　Chemistry	9523	7650	1397	214	28	234
天文　Astronomy	302	129	113			60
地学　Earth Sciences	6956	3263	2492	250		951
生物　Biological Sciences	10656	7606	2461	60	289	240
医药卫生　Medical Care	76250	44405	4112	939	24788	2006
农林牧渔　Agriculture, Forestry, Animal Husbandry and Fishery	15357	8118	4684	311	23	2221
工业技术　Manufacturing Technology	98016	68601	11475	14182	276	3482
其他　Other	5100	4066	330	195	197	312

6-16 重大科技成果(1997-2003)
Major Research Results of Science and Technology

单位:项 (item)

	1997	1998	1999	2000	2001	2002	2003
合计 Total	**30566**	**28584**	**31060**	**32858**	**28448**	**26697**	**30486**
#基础理论 Elementary Theory	2727	3258	2490	2368	1970	1808	2006
应用技术 Applied Technology	26244	23015	26706	28843	25119	23649	26837
软科学 Soft Science	1595	2311	1864	1647	1359	1240	1643
按完成单位类型分 by Type of Performing Institutes							
研究机构 R&D Institutes	11049	6863	9322	7859	6244	5543	6794
高等院校 Universities	7005	7336	6841	6508	6156	5640	6546
企业 Enterprises	8655	7979	9595	10586	9371	8821	10084
其他 Other	3857	6406	5302	7905	6677	6693	7062
应用技术成果按行业分 by Industries							
农林牧渔业 Farming, Forestry, Animal Husbandry and Fishery	4166	3698	3714	4147	3695	3453	3722
采掘业 Mining and Quarrying	1422	630	481	600	1201	667	674
制造业 Manufacturing	6500	5530	5467	5334	3997	3786	4795
电力、煤气及水的生产和供应业 Electric Power, Gas and Water Production and Supply	1655	798	947	1279	1483	1244	1412
建筑业 Construction	1060	979	983	1189	1246	1031	1149
地质勘查业水利管理业 Geological Prospecting and Water Conservancy	1326	769	556	580	820	710	741
交通运输仓储及邮电通信业 Transportation, Storage, Postal and Telecommunications Services	1439	1176	1323	1963	1715	1535	2037
批发和零售贸易餐饮业 Wholesale and Retail Trade and Catering Services	232	248	182	152	184	156	153
金融保险业 Finance and Insurance	164	149	122	244	320	210	231
房地产业 Real Estate Management	161	340	161	176	208	159	145
社会服务业 Social Services	471	386	258	404	376	326	341
卫生体育和社会福利业 Health Care, Sports, and Social Welfare	4458	4984	5557	6009	5184	4836	5319
教育文化艺术和广播电影电视业 Education, Culture, and Arts, Radio, Film and Television	466	436	313	456	455	376	437
科学研究和综合技术服务业 Scientific Research and Polytechnic Services	1599	1766	3567	2154	1812	3242	3427
国家机关党政机关和社会团体 Government Agencies, Party Agencies and Social Organizations	248	353	199	501	384	395	561
其他 Other	877	773	2876	3655	2039	1523	1693

6-17 国家级科技奖励(1991-2003)

National S&T Awards

单位:项 (item)

	1991	1995	1996	1997	1998	1999	2000	2001	2002	2003
合计 Total	**958**	**795**	**647**	**626**	**543**	**602**	**288**	**223**	**263**	**254**
一、获国家科技进步奖 National S&T Advance Award	**502**	**607**	**536**	**475**	**471**	**476**	**250**	**191**	**218**	**216**
特等 Special Class	1	2	4	3	3	2				1
一等 1st Class	32	25	20	19	22	17	22	17	18	16
二等 2nd Class	140	182	169	150	133	143	228	174	200	199
三等 3rd Class	329	398	343	303	313	314				
二、获国家发明奖 National Invention Award	**209**	**131**	**111**	**100**	**72**	**69**	**23**	**14**	**21**	**19**
特等 Special Class			1							
一等 1st Class	1	1	8	1						
二等 2nd Class	12	12	56	13	10	13	23	14	21	19
三等 3rd Class	92	59	46	46	30	38				
四等 4th Class	104	59		40	32	18				
三、获国家自然科学奖 National Natural Sciences Award	**53**	**57**		**51**		**57**	**15**	**18**	**24**	**19**
一等 1st Class				1					1	1
二等 2nd Class	10			8		10	15	18	23	18
三等 3rd Class	31			30		31				
四等 4th Class	12			12		16				

6-18 国家级科技奖励分布(1991-2003)

Distribution of National S&T Awards

单位:项 (item)

	1991	1995	1996	1997	1998	1999	2000	2001	2002	2003
一、国家科技进步奖	**502**	**607**	**536**	**475**	**471**	**506**	**250**	**191**	**218**	**216**
National S&T Advance Award										
按行业分 by Industries										
工业交通 Manufacturing and Transportation	218	214	195	144	145	136	79	86	75	101
农林牧渔 Agriculture, Forestry, Animal Husbandry and Fishery	93	91	90	70	69	65	24	23	33	23
文教卫生 Education, Culture and Health Care	34	63	48	70	67	55	35	24	25	22
国防公安 National Defense and Public Security	112	139	107	108	106	144	71	54	62	63
其他 Others	45	100	95	83	84	106	41	4	23	7
按隶属分 by Subordination										
部委 Ministries and Commissions	288	471	378	333	310	297	123	75	64	50
省市自治区 Province	91	103	105	92	87	106	51	54	64	70
其它单位 Others									28	33
军口 Military System	123	33	53	50	74	73	76	62	62	63
二、国家发明奖	**209**	**131**	**111**	**100**	**72**	**69**	**23**	**14**	**21**	**19**
National Invention Award										
1、按行业分 by Industries										
工业交通 Manufacturing and Transportation	140	59	41	39	21	26	16	9	13	12
农林牧渔 Agriculture, Forestry, Animal Husbandry and Fishery	16	18	6	14	11	11	1	1	3	1
文教卫生 Education, Culture and Health Care	14	13	12	10	3	3	3	2	1	1
国防公安 National Defense and Public Security	39	28	29	25	20	16	2	2	3	5
其他 Others		13	23	12	17	13	1		1	
按隶属分 by Subordination										
部委 Ministries and Commissions	84	82	61	54	38	37	12	4	7	3
省市自治区 Province	81	49	40	38	26	24	9	7	8	4
其它单位 Others									3	7
军口 Military System	44		10	8	8	8	2	2	3	5
三、获国家自然科学奖	**53**	**57**		**51**		**57**	**15**	**18**	**24**	**19**
National Natural Sciences Award										
按学科分 by Disciplines										
数理 Maths & Physics	13	13		10		12	3	4	5	3
化学 Chemistry	8	7		8		8	3	1	5	4
生物医学 Biol-medical	12	16		7		9	3	6	5	5
地球 Earth Sciences	9	7		14		12	5	3	3	2
材料工程 Material Engineering	6	7		7		9	1	3	4	2
信息 Information	5	7		5		7		1	2	3
其他 Other										
按隶属分 by Subordination										
部委 Ministries and Commissions	44	48		38		44	11	14	13	8
省市自治区 Province	8	9		7		12	4	3	5	8
专家推荐 Expertise									6	3
军口 Military System	1			1						
国外 Foreign				5						

6-19 全国技术市场成交合同数(1997-2003)
Contract Deals in Domestic Technical Markets

单位:项 (item)

	1997	1998	1999	2000	2001	2002	2003
一、按合同类型分 by Type of Contracts	**250496**	**281782**	**264496**	**241008**	**229702**	**237093**	**267997**
技术开发 Technology Development	41019	47529	43380	47324	45427	48411	58591
技术转让 Technology Transfer	35672	39070	36313	27624	25638	22749	25118
技术咨询 Technology Consultation	41889	43936	44889	44411	43346	48782	59256
技术服务 Technology Service	131916	151247	139914	121649	115291	117151	125032
二、按卖方类型分 by Type of Sellers	**250496**	**281782**	**264496**	**241008**	**229702**	**237093**	**267997**
科研机构 R&D Institutes	52249	77464	66699	62468	56753	52060	59989
大中专院校 Universities	33406	40658	32705	31202	29553	31257	37974
工业企业 Industrial Enterprises	37643	43022	34407	40934	47177	57480	73390
技术贸易机构 Technology Trade Agencies	90277	90077	95068	68873	67238	67555	74113
个人及个人合伙 Individuals or in Partners	8866	9512	10521	5747	5504	4826	4609
其他 Other	28055	21049	25096	31784	23477	23915	17922
三、按企业买方类型分 by Type of Buyers of Enterprises	**151338**	**170278**	**150212**	**155999**	**164044**	**175093**	**196605**
国有企业 State-own Enterprise			69711	65697	55796	52676	44967
集体企业 Collective-own Enterprises			37207	24269	23935	16276	17632
私营企业 Private Enterprise			21282	17278	9617	13009	19482
有限责任公司 Limited Company			14015	34845	53524	68589	86186
股份有限公司 Share Holding Company			6635	10880	18590	21559	25293
港澳台商投资企业 Gang, Ao, Tai-Invested Joint Venture			635	1298	885	1068	925
外商投资企业 Foreign-Invested Enterprises			727	1732	1697	1916	2120

6-20 全国技术市场成交合同金额(1997-2003)

Value of Contractual Deals in Domestic Technical Markets

单位:万元 (10,000 yuan)

	1997	1998	1999	2000	2001	2002	2003
一、按合同类型分 by Type of Contracts	**3513718**	**4358228**	**5234544**	**6507519**	**7827489**	**8841713**	**10846727**
技术开发 Technology Development	1162291	1494044	2019721	2405017	3097061	3629959	4260691
技术转让 Technology Transfer	633517	731959	911856	1578757	2038727	2024073	2462116
技术咨询 Technology Consultation	286530	345210	329693	382002	430805	541279	715256
技术服务 Technology Service	1431380	1787015	1973274	2141743	2260896	2646402	3408664
二、按卖方类型分 by Type of Sellers	**3513718**	**4358228**	**5234544**	**6507519**	**7827489**	**8841713**	**10846727**
科研机构 R&D Institutes	1206327	1519120	1639014	1663127	1816447	1870829	1913669
大中专院校 Universities	452864	517675	622819	1105282	864067	726423	1066945
工业企业 Industrial Enterprises	511756	695416	1091667	1426338	2856100	3585850	5187431
技术贸易机构 Technology Trade Agencies	868712	912389	993110	1035197	1082778	1387621	1464591
个人及个人合伙 Individuals or in Partners	64060	84851	115140	204040	130152	74565	76871
其他 Other	409999	628777	772794	1073535	1077945	1196425	1137220
三、按企业买方类型分 by Type of Buyers of Enterprises	**2126994**	**2459464**	**3310761**	**4573520**	**5736291**	**6420039**	**8007481**
国有企业 State-own Enterprise			1685610	1774988	1778165	1917331	2142338
集体企业 Collective-own Enterprises			477626	402421	288871	234964	291719
私营企业 Private Enterprise			211064	150238	199055	288799	343844
有限责任公司 Limited Company			629701	1297539	2044323	2398769	3353227
股份有限公司 Share Holding Company			206482	358389	651566	789220	1122593
港澳台商投资企业 Gang, Ao, Tai-Invested Joint Venture			33320	78702	203242	84351	58263
外商投资企业 Foreign-Invested Enterprises			66958	511243	571069	706605	695497

6－21　各地区技术市场成交合同数(1997－2003)

Contract Deals in Domestic Technical Markets by Region

单位:项　　　　(item)

		1997	1998	1999	2000	2001	2002	2003
全国	**Total**	**250496**	**281782**	**264496**	**241008**	**229702**	**237093**	**267997**
东部地区	Eastern Region	165186	187986	175184	165313	163819	175186	203496
中部地区	Mid Region	60959	71214	68458	56226	49151	45997	48671
西部地区	Western Region	24351	22582	20854	19469	16732	15910	15830
北京	Beijing	13866	20724	20711	21270	23921	27038	32173
天津	Tianjin	7573	7416	5572	6415	7335	6889	7278
河北	Hebei	8571	21794	9399	3340	1886	1901	2152
山西	Shanxi	259	244	232	290	256	698	407
内蒙古	Neimenggu	2180	3110	4407	3075	2148	776	679
辽宁	Liaoning	13174	13060	12682	11455	10197	9571	11528
吉林	Jilin	5277	5033	5498	5386	4990	4550	4436
黑龙江	Heilongjiang	8358	11180	10218	9883	2229	2548	2918
上海	Shanghai	18863	18364	19721	20974	23816	26010	27292
江苏	Jiangsu	44131	44430	40471	28618	30855	33150	30393
浙江	Zhejiang	19808	21774	25479	31218	33728	38400	50861
安徽	Anhui	1472	2529	2794	3184	4034	3599	4082
福建	Fujian	6310	5698	6506	5597	4589	4668	5496
江西	Jiangxi	3896	4157	2802	5068	3033	2899	2721
山东	Shandong	25915	28091	29135	30962	17840	19263	24368
河南	Henan	18111	19511	13376	4097	2824	3209	3668
湖北	Hubei	8738	10842	9664	7203	9024	9832	9124
湖南	Hunan	14848	17718	23874	21115	22761	18662	21315
广东	Guangdong	6498	6253	5004	5464	9270	8265	11924
广西	Guangxi	800	1377	1533	912	1117	906	748
海南	Hainan	477	382	504		382	31	31
重庆	Chongqing	3607	3131	1374	1610	1594	1098	1925
四川	Sichuan	6380	3937	4313	3441	1870	1966	3278
贵州	Guizhou	58	65	128	43	46	551	318
云南	Yunnan	2210	2258	2033	2054	1802	2059	2082
西藏	Tibet							
陕西	Shaanxi	3755	3962	2640	4023	6023	5496	3221
甘肃	Gansu	3522	1904	3200	2960	317	993	1526
青海	Qinghai	372	440	540		236	329	205
宁夏	Ningxia	644	534	201	233	266	386	332
新疆	Xinjiang	823	1864	485	1118	1313	1350	1516

6－22 各地区技术市场成交合同金额(1997－2003)

Value of Contractual inflows in Domestic Technical Markets by Region

单位:万元

(10,000 yuan)

		1997	1998	1999	2000	2001	2002	2003
全　国	**Total**	**3513718**	**4358228**	**5234544**	**6507519**	**7827489**	**8841713**	**10846727**
东部地区	Eastern Region	2294841	2863915	3351953	4515047	5661567	6500517	7995226
中部地区	Mid Region	767363	917648	1043071	1133795	1186213	1230890	1386526
西部地区	Western Region	451513	576665	839519	858677	979709	1110306	1464975
北　京	Beijing	543192	815591	921889	1402871	1910065	2211738	2653574
天　津	Tianjin	150074	200298	220296	262581	306009	363262	420008
河　北	Hebei	115256	139090	153795	94143	46784	60406	67969
山　西	Shanxi	10284	9758	3955	5258	14693	39014	32251
内蒙古	Neimenggu	28958	31332	29687	60287	62359	58197	108452
辽　宁	Liaoning	250372	280977	301546	347817	408698	508326	620200
吉　林	Jilin	85793	93167	103498	71390	88543	82921	87292
黑龙江	Heilongjiang	145752	152569	157121	152382	111035	120110	121165
上　海	Shanghai	287568	314060	366324	738952	1061603	1202170	1427790
江　苏	Jiangsu	284472	330684	416683	449568	529165	594873	765163
浙　江	Zhejiang	133231	162275	188496	276275	316652	389438	530353
安　徽	Anhui	29585	39545	48626	61012	64145	75423	87960
福　建	Fujian	57455	69363	80868	172601	136941	128988	166779
江　西	Jiangxi	31058	38332	51444	69299	62724	62891	83324
山　东	Shandong	241582	261922	275121	288135	321938	347650	525682
河　南	Henan	157766	176492	201661	211621	212589	178506	192690
湖　北	Hubei	145733	187596	230161	276000	338597	348603	412538
湖　南	Hunan	161392	220189	246605	286833	293887	323422	369306
广　东	Guangdong	195994	248122	344528	482104	539722	684532	805730
广　西	Guangxi	17293	37021	25344	17741	37753	44406	41808
海　南	Hainan	35645	41533	82407		83990	9134	11978
重　庆	Chongqing	60628	92951	325345	296594	289484	409433	555083
四　川	Sichuan	158004	152000	125931	104150	126311	77524	128686
贵　州	Guizhou	1150	14071	762	620	599	13484	17892
云　南	Yunnan	54515	127222	172339	187742	255279	179496	228718
西　藏	Tibet							
陕　西	Shaanxi	71782	57765	82537	92560	84615	151554	168022
甘　肃	Gansu	26427	28137	25816	26413	27393	54644	77581
青　海	Qinghai	12035	2917	4282		4657	12373	8291
宁　夏	Ningxia	2351	2643	4654	6402	8872	8496	10047
新　疆	Xinjiang	18370	30606	42822	66168	82387	100699	120395

6-23 技术市场技术流向地域(合同数)(1997-2003)

Contract inflows to Domestic Technical Markets by Region

单位:项 (item)

	1997	1998	1999	2000	2001	2002	2003
全 国 Total	**250496**	**281782**	**264496**	**241008**	**229702**	**237093**	**267997**
东部地区 Eastern Region	164170	186242	172243	161446	160832	168209	195057
中部地区 Mid Region	58625	66305	64662	54854	46281	45478	48551
西部地区 Western Region	27701	29235	27335	23905	20147	21331	21924
北 京 Beijing	10968	15414	14559	16998	16195	17276	21387
天 津 Tianjin	6924	7535	5876	6297	6850	5671	6189
河 北 Hebei	10924	21696	9210	5230	3638	3632	4276
山 西 Shanxi	1683	1755	1764	1693	1249	1868	1672
内 蒙 古 Neimenggu	2848	3803	5171	3907	2914	1487	1530
辽 宁 Liaoning	13529	13010	12785	9631	9689	9319	10292
吉 林 Jilin	4403	4802	5228	5257	4993	4502	4349
黑 龙 江 Heilongjiang	8668	10610	9063	8391	2971	3280	3768
上 海 Shanghai	16841	17129	18605	21036	22717	24645	26166
江 苏 Jiangsu	41413	41967	36789	25957	29202	31133	28074
浙 江 Zhejiang	21132	23062	26413	29197	33747	38427	50679
安 徽 Anhui	2566	3562	3225	3276	3362	3045	3447
福 建 Fujian	7144	6643	7745	6532	5638	5372	6781
江 西 Jiangxi	4608	4826	4049	5772	3284	3467	3638
山 东 Shandong	25658	29552	31256	30909	20760	21890	26999
河 南 Henan	15917	15134	11732	5312	3814	4387	5087
湖 北 Hubei	7043	9744	8020	6166	7352	8118	7534
湖 南 Hunan	13737	15872	21581	18987	19256	16811	19056
广 东 Guangdong	8891	9343	8026	9277	11746	10412	13771
广 西 Guangxi	1443	2147	2034	1566	1788	1677	1561
海 南 Hainan	746	891	979	382	650	432	443
重 庆 Chongqing	1603	2435	1731	1639	1583	1430	2247
四 川 Sichuan	8272	7098	6000	4330	2946	3063	4117
贵 州 Guizhou	522	1035	1249	806	611	1208	1229
云 南 Yunnan	2853	2857	2697	2754	2397	2742	2886
西 藏 Tibet	47	55	37	41	71	93	95
陕 西 Shaanxi	3101	3180	2146	2582	3963	4526	2802
甘 肃 Gansu	3983	2453	3623	3590	885	1662	2082
青 海 Qinghai	647	698	810	280	460	638	487
宁 夏 Ningxia	843	818	466	488	466	684	530
新 疆 Xinjiang	1539	2656	1371	1922	2063	2121	2358
港 澳 台 Taiwan, Macao & Hongkong			77	203	265	231	317
其 它 Other			179	600	2177	1844	2148

6-24 技术市场技术流向地域(合同金额)(1997-2003)

Value of Contractual inflows to Domestic Technical Markets by Region

单位:万元 (10,000 yuan)

	1997	1998	1999	2000	2001	2002	2003
全　国　Total	**3513718**	**4358228**	**5234544**	**6507519**	**7827489**	**8841713**	**10846727**
东部地区　Eastern Region	2250968	2665240	3233472	4326995	5283623	5497169	7023630
中部地区　Mid Region	755885	957942	1082717	1024928	1189459	1318959	1458703
西部地区　Western Region	506863	735046	861115	898411	1154901	1290327	1653698
北　京　Beijing	390751	488692	596177	1031906	1265786	1221450	1554698
天　津　Tianjin	118187	187310	207963	231158	278593	327808	375363
河　北　Hebei	119636	142243	157913	163950	115412	140416	159251
山　西　Shanxi	41524	42511	88961	49350	60104	107826	127311
内蒙古　Neimenggu	40631	37029	43664	79600	84291	103019	151723
辽　宁　Liaoning	258188	289291	311332	326885	386687	421852	479685
吉　林　Jilin	78945	90173	106171	78926	103570	104469	120162
黑龙江　Heilongjiang	142846	184639	145270	155168	123141	126770	132629
上　海　Shanghai	238235	330306	383685	633736	970110	1031660	1274888
江　苏　Jiangsu	283318	310100	354546	411821	496369	528419	748114
浙　江　Zhejiang	166294	213460	218765	303584	383328	441292	633039
安　徽　Anhui	40858	45809	54384	66604	82081	90357	97017
福　建　Fujian	72266	92464	113385	193767	176242	158639	207635
江　西　Jiangxi	43331	45687	79365	66104	68326	80195	162123
山　东　Shandong	270829	229464	377530	345610	445567	480009	741602
河　南　Henan	150370	174963	182656	190434	213028	208120	238466
湖　北　Hubei	116466	154468	187409	190942	284923	316095	303856
湖　南　Hunan	141545	219692	238501	227400	254286	285127	277139
广　东　Guangdong	285903	333307	423772	669783	664496	721967	819589
广　西　Guangxi	21303	57623	33350	38736	57675	66729	71785
海　南　Hainan	47361	48603	88404	14795	101033	23657	29766
重　庆　Chongqing	17674	80759	204307	164500	193421	331867	312251
四　川　Sichuan	181976	193718	153643	128590	154186	128784	199430
贵　州　Guizhou	14355	25959	19200	16522	23307	38492	104378
云　南　Yunnan	74049	156189	194576	228497	304949	207002	271710
西　藏　Tibet	1198	2665	753	2994	8463	6443	15012
陕　西　Shaanxi	54131	56338	83227	84188	94803	143097	135801
甘　肃　Gansu	42783	44878	44708	54557	63195	79619	164079
青　海　Qinghai	9443	12028	13961	7628	16870	24518	28739
宁　夏　Ningxia	7058	9462	13459	9752	27544	24318	23998
新　疆　Xinjiang	42262	58398	56267	82847	126197	136439	174792
港澳台　Taiwan, Macao & Hongkong			24172	47241	68354	124048	60685
其　它　Other			33068	209944	131152	611210	650011

6-25 按合同类别分技术市场技术流向地域(合同数)(2003)

Contract inflows to Domestic Technical Markets by Region

单位:项 (item)

地 区 Region	合计 Total	技术开发 Technology Development	技术转让 Technology Transfer	技术咨询 Technology Consultation	技术服务 Technology Service
全 国 Total	**267997**	**58591**	**25118**	**59256**	**125032**
东部地区 Eastern Region	195057	38386	17569	46997	92105
中部地区 Mid Region	48551	10933	5424	9005	23189
西部地区 Western Region	21924	7477	1981	3193	9273
北 京 Beijing	21387	6601	1168	2650	10968
天 津 Tianjin	6189	1847	331	1274	2737
河 北 Hebei	4276	1256	612	558	1850
山 西 Shanxi	1672	526	349	157	640
内蒙古 Neimenggu	1530	475	203	193	659
辽 宁 Liaoning	10292	1966	840	2702	4784
吉 林 Jilin	4349	1217	391	1143	1598
黑龙江 Heilongjiang	3768	861	235	953	1719
上 海 Shanghai	26166	3661	2030	5682	14793
江 苏 Jiangsu	28074	5856	2877	7589	11752
浙 江 Zhejiang	50679	5923	981	19947	23828
安 徽 Anhui	3447	954	400	697	1396
福 建 Fujian	6781	1353	421	1378	3629
江 西 Jiangxi	3638	884	519	553	1682
山 东 Shandong	26999	6325	7259	3624	9791
河 南 Henan	5087	1291	521	384	2891
湖 北 Hubei	7534	2206	873	917	3538
湖 南 Hunan	19056	2994	2136	4201	9725
广 东 Guangdong	13771	3475	970	1529	7797
广 西 Guangxi	1561	563	125	239	634
海 南 Hainan	443	123	80	64	176
重 庆 Chongqing	2247	422	226	230	1369
四 川 Sichuan	4117	1336	448	834	1499
贵 州 Guizhou	1229	319	133	164	613
云 南 Yunnan	2886	1420	124	310	1032
西 藏 Tibet	95	31	6	7	51
陕 西 Shaanxi	2802	1349	208	277	968
甘 肃 Gansu	2082	568	163	292	1059
青 海 Qinghai	487	165	49	59	214
宁 夏 Ningxia	530	191	39	35	265
新 疆 Xinjiang	2358	638	257	553	910
港澳台 Taiwan, Macao & Hongkong	317	168	52	24	73
其 它 Other	2148	1627	92	37	392

6-26 按合同类别分技术市场技术流向地域(合同金额)(2003)

Value of Contractual inflows to Domestic Technical Markets by Region

单位:万元 (10,000 yuan)

地区 Region	合计 Total	技术开发 Technology Development	技术转让 Technology Transfer	技术咨询 Technology Consultation	技术服务 Technology Service
全国 Total	**10846727**	**4260691**	**2462116**	**715256**	**3408664**
东部地区 Eastern Region	7023630	2554771	1717918	560465	2190476
中部地区 Mid Region	1458703	563192	324595	75849	495066
西部地区 Western Region	1653698	822943.39	241880.41	75724.6	513149.96
北京 Beijing	1554698	618255	223568	73366	639509
天津 Tianjin	375363	234951	50552	13736	76125
河北 Hebei	159251	46428	38765	7055	67002
山西 Shanxi	127311	39194	23689	4303	60125
内蒙古 Neimenggu	151723	51978	11781	4863	83102
辽宁 Liaoning	479685	134896	89543	45938	209307
吉林 Jilin	120162	62590	17735	10749	29088
黑龙江 Heilongjiang	132629	58717	15572	11069	47271
上海 Shanghai	1274888	353896	474616	63144	383233
江苏 Jiangsu	748114	326059	155877	60517	205662
浙江 Zhejiang	633039	162402	71873	190587	208177
安徽 Anhui	97017	30611	24214	8816	33375
福建 Fujian	207635	76753	58071	17411	55401
江西 Jiangxi	162123	57554	63348	7839	33382
山东 Shandong	741602	232750	299784	49728	159340
河南 Henan	238466	81447	58447	8046	90525
湖北 Hubei	303856	146104	79179	8837	69735
湖南 Hunan	277139	86974	42410	16188	131566
广东 Guangdong	819589	358722	243317	38016	179533
广西 Guangxi	71785	48155	6304	4068	13258
海南 Hainan	29766	9658	11953	968	7187
重庆 Chongqing	312251	220514	37658	13367	40712
四川 Sichuan	199430	71326	50854	17634	59616
贵州 Guizhou	104378	23283	57360	3419	20316
云南 Yunnan	271710	205955	12089	8159	45507
西藏 Tibet	15012	2937	789	234	11052
陕西 Shaanxi	135801	64797	18393	6676	45935
甘肃 Gansu	164079	37262	6670	4388	115759
青海 Qinghai	28739	15624	4106	1246	7763
宁夏 Ningxia	23998	15632	1927	988	5451
新疆 Xinjiang	174792	65482	33949	10682	64679
港澳台 Taiwan, Macao & Hongkong	60685	21375	15914	452	22944
其它 Other	650011	298410	161808	2766	187027

6-27 按地区分的国外技术引进合同(2003)

Technology Contracts Imported by Region

单位:万美元 (USD10,000)

	合同数(件) Number of Contracts	合同金额 Value of Contracts	技术费 for technology	设备费 for equipment
全　国　Total	**7130**	**1345121**	**951127**	**393994**
东部地区　Eastern Region	5983	940245	806510	133735
中部地区　Mid Region	389	69926	58068	11857
西部地区　Western Region	454	46823	32325	14499
北　京　Beijing	1224	160392	107538	52854
天　津　Tianjin	370	95869	93727	2142
河　北　Hebei	39	9009	8949	60
山　西　Shanxi	8	404	367	38
内蒙古　Neimenggu	3	331	279	52
辽　宁　Liaoning	245	34479	29489	4990
吉　林　Jilin	100	10153	8949	1205
黑龙江　Heilongjiang	29	12694	12076	618
上　海　Shanghai	2543	294128	234644	59484
江　苏　Jiangsu	374	93560	92722	838
浙　江　Zhejiang	232	70482	69545	937
安　徽　Anhui	90	22126	16866	5259
福　建　Fujian	148	42695	39559	3136
江　西　Jiangxi	69	4814	2286	2528
山　东　Shandong	424	14993	14352	641
河　南　Henan	19	3800	1768	2032
湖　北　Hubei	61	4828	4709	119
湖　南　Hunan	13	11107	11049	58
广　东　Guangdong	374	124396	115744	8652
广　西　Guangxi	26	1401	1401	0
海　南　Hainan	10	241	241	0
重　庆　Chongqing	106	7506	7306	200
四　川　Sichuan	174	16655	6349	10306
贵　州　Guizhou	6	7741	6416	1325
云　南　Yunnan	66	4106	3813	293
西　藏　Tibet				
陕　西　Shaanxi	40	4873	4026	848
甘　肃　Gansu	7	2647	1985	662
青　海　Qinghai				
宁　夏　Ningxia	14	857	228	629
新　疆　Xinjiang	12	705	521	184

6－28　按行业分的国外技术引进合同（2003）

Technology Contracts Imported by Industry

单位：万美元　　　　　　　　　　　　　　　　　　（USD10，000）

	合同数（件）Number of Contracts	合同金额 Value of Contracts	技术费 for technology	设备费 for equipment
总计 Total	**7130**	**1345121**	**951127**	**393994**
农、林、牧、渔业小计 Farming, Forestry, Animal Husbandry and Fishery	27	4221	4035	186
采掘业小计 Mining and Quarrying	183	43629	11658	31971
制造业小计 Manufacturing	4141	993273	787544	205729
电力、煤气及水的生产和供应业小计 Production and Supply of Electricity, Gas and Water	165	162421	24253	138168
建筑业小计 Construction	97	4031	2958	1074
地质勘查业、水利管理业小计 Geological Prospecting and Water Conservancy	23	543	273	270
交通运输、仓储及邮电通信业小计 Transport, Storage, Post and Telecommunications	113	10851	7029	3822
批发和零售贸易、餐饮业小计 Wholesale, Retail Trade and Catering Service	101	14313	14313	0
金融、保险业小计 Finance and Insurance	32	4057	3390	667
房地产业小计 Real Estate	543	27569	27357	212
社会服务业小计 Public Service	782	31264	30776	488
卫生、体育和社会福利业小计 Health Care, Sporting and Social Welfare	23	1157	1157	0
教育、文化艺术及广播电影电视业小计 Education, Culture and Arts, Radio, Film and Television	82	4320	4293	28
科学研究和综合技术服务业小计 Scientific Research and Polytechnic Service	103	3162	2838	324
国家机关、政党机关和社会团体小计 Government, Party Agencies and Social Organizations	6	63	63	0
其他行业小计 Other	709	40247	29191	11056

6－29 国外技术引进合同按引进方式分(2003)

Technology Contracts Imported by type of Import

单位:万美元 (USD10,000)

	合同数(件) Number of Contracts	合同金额 Value of Contracts	技术费 for technology	设备费 for equipment
总计 Total	**7130**	**1345121**	**951127**	**393994**
专利技术的许可或转让(包括专利申请权的转让) Patent Technology License and Transfer	259	132545	128715	3829
专有技术的许可或转让 Technology License and Transfer	1152	443311	430404	12907
技术咨询、技术服务 Technology Consultation and service	4354	354408	272100	82308
计算机软件的进口 Import of Computer Software	726	39011	37381	1630
商标许可 Trade Mark License	51	11241	11241	0
合资生产、合作生产等 Joint-venture Production and Cooperative Production	68	12731	12145	586
为实施以上内容而进口的成套设备、关键设备、生产线等 Comolete Set of Equipment, Key Equipment and Production Line	338	296610	40701	255909
其它方式的技术进口 Other	182	55263	18438	36825

6-30 按引进国别和地区分的国外技术引进合同(2003)

Technology Contracts Imported by Country

单位:万美元 (USD10,000)

		合同数(件) Number of Contracts	合同金额 Value of Contracts	技术费 for technology	设备费 for equipment
总计		**7130**	**1345121**	**951127**	**393994**
阿拉伯酋长国	United Arab Emirates	5	84	84	0
塞浦路斯	Cyprus	1	88	88	0
中国香港	Hongkong	937	51468	39183	12285
印度尼西亚	Indonesia	4	21	21	0
以色列	Israel	16	534	389	145
印度	India	20	5676	5676	0
日本	Japan	1637	351481	287997	63483
朝鲜	Democratic People's Republic of Korea	1	50	50	0
韩国	Republic of Korea	386	141127	119993	21134
斯里兰卡	Sri Lanka	2	1	1	0
蒙古	Mongolia	1	8	8	0
中国澳门	Macao	2	4485	4485	0
马来西亚	Malaysia	33	6805	2586	4219
菲律宾	Philippines	8	98	98	0
新加坡	Singapore	212	11712	7149	4563
泰国	Thailand	14	165	165	0
土耳其	Turkey	5	132	44	88
中国台湾	Taiwan	232	12163	12123	41
毛里求斯	Mauritius	10	228	228	0
南非	South Africa	5	63	63	0
亚美尼亚	Armenia	1	15	15	0
奥地利	Austria	55	10751	4632	6119
比利时	Belgium	33	5099	2581	2518
白俄罗斯	Belarus	2	48	48	0
瑞士	Swiss	92	31824	29058	2766
捷克共和国	Czech	6	328	328	0
德意志联邦共和国	Germany	752	113578	53204	60374
丹麦	Danmark	38	2244	1856	388
西班牙	Spain	45	4263	1873	2389
芬兰	Finland	28	37477	37008	469

6－30 续表

单位:万美元 (USD10,000)

		合同数(件) Number of Contracts	合同金额 Value of Contracts	技术费 for technology	设备费 for equipment
法国	France	225	42881	22049	20832
英国	Britain	218	44469	25002	19468
匈牙利	Hungary	1	8	8	0
爱尔兰	Ireland	85	2579	2579	0
冰岛	Iceland	1	48	48	0
意大利	Italy	140	34892	23919	10973
吉尔吉斯	Kirghizia	2	10	10	0
列支敦士登	Liechtenstein	1	60	60	0
卢森堡	Luxemburg	4	976	479	497
荷兰	Netherland	105	28176	27006	1170
挪威	Norway	21	15705	8033	7672
波兰	Poland	3	1494	1014	480
葡萄牙	Portugal	3	15	15	0
罗马尼亚	Romania	5	69	67	3
俄罗斯	Russia	39	2373	1722	650
瑞典	Sweden	48	10203	7175	3028
斯洛文尼亚共和国	Slovenia	1	30	30	0
乌克兰	Ukraine	22	547	547	0
阿根廷	Argentina	1	5	5	0
巴西	Brazil	7	248	248	0
巴哈马	Bahamas	1	20	20	0
开曼群岛	Cayman Is.	18	3210	2850	360
巴拿马	Panama	1	35	35	0
乌拉圭	Uruguay	1	118	8	111
委内瑞拉	Venezuela	1	8	8	0
英属维尔京	Virgin	59	19239	18454	785
百慕大	Bermuda	2	75	75	0
加拿大	Canada	128	7706	5441	2266
美国	United States	1185	326555	183529	143026
澳大利亚	Australia	187	5816	4895	921
新西兰	New Zealand	5	68	68	0
萨摩亚	Samoa	15	3945	3945	0

6－31 高技术产品的进出口贸易额按类别分(2003)

Exports and Imports of High-tech Products

单位:百万美元 (US $ 1,000,000)

	出口贸易总额 Export	%	进口贸易总额 Import	%	进出口贸易总额 Export and Import
合计 Total	**110320**	**100**	**119300**	**100**	**229620**
计算机技术 Computers	59410	53.9	23170	19.4	82580
通信技术 Telecommunications	32520	29.5	17140	14.4	49660
生命科学技术 Life Science	2500	2.3	3060	2.6	5560
电子技术 Electronics	11420	10.4	53590	44.9	65010
计算机集成制造技术 Computer Integrated Manufacturing	1030	0.9	11350	9.5	12380
航空航天技术 Aerospace and Aeronautics	760	0.7	5500	4.6	6260
光电技术 Opto-electronics	1800	1.6	2180	1.8	3980
生物技术 Biotechnology	190	0.2	110	0.1	300
材料技术 Material	410	0.4	2440	2.0	2850
其它技术 Others	280	0.3	760	0.6	1040

6-32 高技术产品、工业制成品、初级产品的进出口贸易额(1995-2003)

Imports and Exports of High-tech Products, Manufactured Goods and Primary Goods

单位:亿美元 (USD 100,000,000)

	1995	1996	1997	1998	1999	2000	2001	2002	2003
一、商品进出口贸易总额 Total value of exports and imports	**2808**	**2899**	**3251**	**3239**	**3606**	**4743**	**5098**	**6208**	**8512**
工业制成品 Manufactured goods	2350	2425	2725	2804	3139	4021	4376	5430	7437
占总额(%) % of total exports and imports	83.7	83.7	83.8	86.6	87.0	85.0	85.9	87.5	87.4
#高技术产品 High-tech products	319	351	402	495	623	896	1106	1507	2296
占总额(%) % of total exports and imports	11.4	12.1	12.4	15.3	17.3	18.9	21.7	24.3	27.0
占工业制成品(%) % of total manufactured goods	13.6	14.5	14.8	17.6	19.8	22.3	25.3	27.8	30.9
初级产品 Primary goods	459	474	525	436	468	722	721	778	1076
占总额(%) % of total exports and imports	16.3	16.3	16.2	13.4	13.0	15.0	14.1	12.5	12.6
二、商品出口贸易总额 Total value of exports	**1488**	**1511**	**1827**	**1838**	**1949**	**2492**	**2662**	**3256**	**4384**
工业制成品 Manufactured goods	1273	1291	1588	1632	1750	2238	2398	2971	4036
占总额(%) % of total exports	85.6	85.5	86.9	88.8	89.8	89.8	90.1	91.3	92.1
#高技术产品 High-tech products	101	127	163	203	247	370	465	679	1103
占总额(%) % of total exports	6.8	8.4	8.9	11.0	12.7	14.9	17.5	20.8	25.2
占工业制成品(%) % of total manufactured goods	7.9	9.8	10.3	12.4	14.1	16.6	19.4	22.8	27.3
初级产品 Primary goods	215	219	239	206	199	255	264	285	348
占总额(%) % of total exports	14.4	14.5	13.1	11.2	10.2	10.2	9.9	8.7	7.9
三、商品进口贸易总额 Total value of imports	**1321**	**1388**	**1424**	**1402**	**1657**	**2251**	**2436**	**2952**	**4128**
工业制成品 Manufactured goods	1077	1134	1137	1172	1389	1784	1978	2459	3401
占总额(%) % of total impost	81.5	81.7	79.9	83.6	83.8	79.2	81.2	83.3	82.4
#高技术产品 High-tech products	218	225	239	292	376	525	641	828	1193
占总额(%) % of total imports	16.5	16.2	16.8	20.8	22.7	23.3	26.3	28.1	28.9
占工业制成品(%) % of total manufactured goods	20.3	19.8	21	24.9	27.1	29.4	32.4	33.7	35.1
初级产品 Primary goods	244	254	286	230	268	467	458	493	728
占总额(%) % of total imports	18.5	18.3	20.1	16.4	16.2	20.8	18.8	16.7	17.6
四、商品出进口贸易差额 Balance	167	122	403	436	292	241	225	304	256
工业制成品 Manufactured goods	196	157	450	459	361	241	420	512	635
高技术产品 High-tech products	-117	-98	-76	-90	-129	-155	-177	-150	-90
初级产品 Primary goods	-29	-35	-47	-24	-69	-213	-194	-208	-380

七、科技服务

Scientific and Technologic Services

7－1 全国地质勘查分部门情况(1991－2003)
Basic Statistics on Geological Work by Sector

	从业人员(人) Employees (year end) (person)	技术人员 Technical Personnel	地质勘查工作费用(万元) Expenditure on Geological Work(10,000 yuan)
一、按年度分			
1991	1121405	106456	1065104
1992	1111821	103609	1277192
1993	1058557	91491	1458115
1994	994952	87729	1857485
1995	969269	84411	2141855
1996	807663	79994	2581164
1997	792126	80775	2920572
1998	742998	39407	3008294
1999①	314789	41955	2075697
2000	258713	38863	2176666
2001	240148	51059	2223651
2002	221524	52310	2220273
2003	209398	47470	2597619
二、全国情况			
属地化单位 Localized Unit	38172	19889	253296
冶金部门 Metallurgic Industry	1074	631	6579
有色金属部门 nonferrous	187	108	1085
地质调查局 Geological Prospecting	852	668	17800
武警黄金部门 Gold Industry	3502	688	4640
煤田部门 Coal Industry	2501	597	21093
石油天然气 Oil Industry	87190	10872	1191361
海洋石油部门 Offshore Oil	6087	3660	256977
石化集团 Petrol-chem Corp.	64781	8050	811718
核工业部门 Nuclear Industry	1470	847	9166
化工部门 Chemical Engineering	1672	525	5513
建材部门 Building Material	1868	903	8599
中联煤层气公司 China United Coalbed Methane Corporation, Ltd.	42	32	9791

注:原地矿、有色、轻工所属地勘单位已全部属地化,与各部门的属地化单位合称属地化单位。

7-2 全国地质勘查分地区情况(2003)

Basic Statistics on Geological Work by Region

地　区 Region	年末从业人员 (人) Employees	技术人员 Technical Personnel	地质勘查工作费用(万元) Expenditure on Geological Work
全　国　Total	**209398**	**47470**	**2597619**
北　京　Beijing	692	602	40240
天　津　Tianjin	11417	1997	171138
河　北　Hebei	26956	10114	70957
山　西　Shanxi	976	516	11185
内蒙古　Neimenggu	1463	647	6070
辽　宁　Liaoning	13421	1477	56612
吉　林　Jilin	10125	1481	127966
黑龙江　Heilongjiang	14276	1742	221266
上　海　Shanghai	1296	531	27956
江　苏　Jiangsu	7839	1484	50567
浙　江　Zhejiang	2774	1160	46554
安　徽　Anhui	2013	767	18597
福　建　Fujian	1246	610	5659
江　西　Jiangxi	1197	876	4830
山　东　Shandong	25767	3442	275360
河　南　Henan	23091	3936	126464
湖　北　Hubei	8329	1131	33580
湖　南　Hunan	3108	1107	12542
广　东　Guangdong	1232	960	103957
广　西　Guangxi	2290	1280	15908
海　南　Hainan	383	209	897
重　庆　Chongqing	654	367	2276
四　川　Sichuan	16926	2203	67739
贵　州　Guizhou	1578	842	8532
云　南　Yunnan	4735	1784	83686
西　藏　Tibet	1184	362	7429
陕　西　Shaanxi	6207	1315	209874
甘　肃　Gansu	3868	1224	47240
青　海　Qinghai	2318	919	72215
宁　夏　Ningxia	46	34	376
新　疆　Xinjiang	11958	2324	669246

注:全国总量中含我国在国外开展的地质勘查工作数据。

7-3 全国气象部门基本情况(1991-2003)

Basic Statistics on Meteorological Units

	1996	1997	1998	1999	2000	2001	2002	2003
一、人员(人) Number of Personnel								
1、全国气象部门职工总数 Total Staff and Workers	66319	65522	63390	62116	59113	58162	56872	56590
#专业技术人员 Technical Personnel	56102	55834	54263	53453	51495	48163	49507	49837
#气象观测人员 for observation	16427	15815	15106	14636	14180	13968	13098	12585
气象通信人员 for telecommunication	2513	2194	1894	1894	1520	1481	1274	1068
气象预报人员 for prediction	6853	6481	6056	5755	5468	5210	4944	4674
农业气象人员 for agriculture	1919	1770	1582	1441	1391	1341	1206	1128
气象资料人员 for information	1288	1223	1080	938	911	827	717	644
计算机人员 for computer	1026	1033	1007	929	806	717	650	557
二、业务站点(个) Operating Station								
1、气象台站总数 Total Meteorological Observations and Stations	2591	2599	2615	2623	2641	2604	2615	2632
气象台 Meteorological Observations	347	346	349	355	356	356	363	366
气象站 Meteorological Stations	2244	2253	2206	2208	2206	2483	2483	2481
2、地面观测站点数 for ground	2539	2569	2691	2800	2819	2422	2409	2411
3、高空探测站点数 for high-altitude observation	141	141	138	138	156	120	124	124
4、天气雷达观测站点数 for radar	226	231	233	237	238	256	236	243
5、农业气象观测站点数 for agriculture	1140	1136	1125	1134	1125	833	783	780
6、农业气象试验站点数 for agriculture	70	70	70	69	68	70	66	66
7、卫星云图接收站点数 Number of Satellite Cloud Images Receiving Stations	179	235	277	315	319	356	454	413
云图接收机数(台) Number of cloud Inages Receiving Stations	212	262	308	346	354		570	567
三、装备 Equipment								
1、拥有计算机数(台) Number of Computers	15182	17677	20933	26737	27724	28634	33219	37898
高性能计算机 High-powered Computers							24	32
服务器及工作站(套) Servers and Workstations							410	536
PC 服务器 PC Servers							814	1109
PC 机(含 PC 工作站) Personal Computers							31971	36221
2、拥有雷达数(部) Number of Radar	429	434	437	441	436	405	401	426

7-4 海洋观测预报单位机构、人员情况(1991-2003)
Institutions and Personnel in Ocean Observation and Forecasting

	中心站 Central Station	观测站 Observing Station	监测监视中心 Monitoring Center	预报区台 Forecast Station	预测中心 Forecast Center
一、机构数(个) **Institutions**					
1991	8	58	5	3	1
1992	8	56	5	3	1
1993	9	53	3	3	1
1994	7	56	4	3	1
1995	9	57	4	3	1
1996	10	56	4	3	1
1997	10	60	4	3	1
1998	10	56	4	3	1
1999	12	60	4	3	1
2000	12	60	4	3	1
2001	12	60	4	3	1
2002	12	63	4	3	1
2003	12	63	4	3	1
二、人员数(人) **Personnel(person)**					
1991	219	602	797	310	360
1992	279	573	937	316	354
1993	348	582	488	307	360
1994	267	558	819	292	360
1995	348	580	697	300	358
1996	379	557	690	289	360
1997	531	592	624	574	358
1998	395	525	777	304	313
1999	362	468	809	352	269
2000	362	468	809	352	269
2001	362	468	809	352	269
2002	530	427	739	421	313
2003	530	427	739	421	313

7-5 海洋监测调查情况(2003)
Basic Statistics on Ocean Observation

	合计 Total	#台站监测 Station Observation	#污染监测网 Pollution Monitoring	#验潮井 Tide Well	#浮标监测 Buoy Monitoring	#断面调查 Sectional Monitoring
站点(个) Stations	1505	61	1269	102	4	171
数据(万组) data(10,000 groups)	1702.3	1686.5	6.3	79.7	7.4	2.0

7-6 地震台、网基本情况(1991-2003)

Statistics on Earthquake Monitoring Stations and Networks

	1991	1995	1996	1997	1998	1999	2000	2001	2002	2003
一、国家地震观测台、网 **State Earthquake Stations, Networks**										
人员总数(人) Personnel (person)	3537	3262	3217	3244	3038	2979	3023	2862	3905	4146
科技人员(人) S&T Personnel (person)	2935	2785	2776	2714	2628	2594	2551	2428	3618	3768
地震台、站(个) Earthquake Stations	420	401	396	391	386	383	381	381	524	536
#1. 基准台 Standard	35	35	44	52	34	36	38	38	42	39
2. 基本台 Comprehensive	156	156	137	137	137	157	157	180	262	267
3. 省级台 Monitoring	229	210	215	202	215	190	186	163	220	230
#强震台(点) Strong Earthquake Observation	209	251	241	265	255	258	252	243	286	307
二、国家地震遥测台、网 **State Earthquake Remote Measure Stations, Networks**										
人员总数(人) Total Personnel	382	453	489	498	490	475	516	371	432	474
子台(个) Observation Spot	287	304	303	345	334	341	411	433	682	649
有线传输 Cable Transmit	104	99	85	108	116	149	229	262	347	378
无线传输 Radio Transmit	183	205	218	237	218	192	182	171	335	271
三、地方地震工作情况 **Local Earthquake Measure**										
地(市、州)级地震局(个) Prefecture	317	292	293	293	288	279	293	298	338	325
重点县地震办(个) Focal County	751	777	776	779	931	1280	1341	1331	1160	1140
人员总数(人) Total Personnel	6157	5940	6128	5841	6733	7097	7520	7475	7761	7711
地方办台站(个) Station run by Local Government	453	532	597	643	620	647	651	715	345	458
企业办台站(个) Station run by Enterprises	252	250	248	229	258	204	213	210	77	104
骨干测报点(个) Leading Observations	2413	1861	1753	1974	1703	1311	1666	1754	1758	1803
一般测报点(个) Normal Observations	5200	7351	5682	6291	6528	5685	4597	5112	5076	5746

7-7 国家标准、计量
Statistics on National Standards

	1991	1992	1993	1994
一、本年度制、修订标准合计(个)	**1122**	**1063**	**1411**	**1304**
制定 Formulation	810	865	1109	883
修订 Redaction	312	198	302	421
二、国标标准采用程度合计(个)	**314**	**437**	**602**	**438**
等同 Same	37	143	45	59
修改 Modified	95	34	148	140
非等效 Non-equivalent	182	260	409	239
三、计量基准、标准建立情况				
类别 Categories	10	10	10	10
项别 Items	84	89	85	87
种别 Sorts	143	144	144	147
四、计量仪器检定按类别分(台、件)				
合计 Total	30275117	28047661	24976346	25735737
长度 Length	4174302	3320171	2550392	2419281
温度 Temperature	937282	848883	525141	630550
力学 Mechanics	21175999	19574291	18366649	18638860
衡器 Weighing Apparatus	12671809	11462462	10533832	10728650
电磁 Electromagnetism	3491825	3652924	2972965	3373039
光学 Optics	84067	101953	114313	117165
声学 Acoustics	5447	9899	9179	11518
化学 Chemistry	167579	163355	142023	168165
放射性 Radioactivity	4012	6433	10643	12637
无线电 Radio	74354	95959	59443	70586
时间频率 Time Frequency	30152	28311	13351	45841
其他 Other	130098	245482	212247	248095

7-8 地方标准、质量监督
Statistics on Local Standards and

	单位	1991	1992	1993	1994
本年末标准累计 Number of Standards	个 unit	50433	16755	16910	11473
本年度制、修订标准合计 Number of Standards for Formulation or Redaction	个 unit	1151	1716	934	1030
制定 Formulation	个 unit	989	1251	866	1017
修订 Redaction	个 unit	162	465	68	13
产品质量监督检验企业数 Number of Enterprises Supervised and Checked for Product Quality	家 unit	223711	251652	235252	265975
检验批次数 Inspection Batch-time	批次 batch. time	442122	418077	409691	439125
批次合格率 Rate of Batch-time Qualified	%	75	74.6	77.75	77.38
商品质量监督检验企业数 Number of Enterprises Supervised and Checked for Commodity Quality	家 unit	137855	191957	146567	208253
检验批次数 Inspection Batch-time	批次 batch. time	346064	667757	703703	914025
批次合格率 Rate of Batch-time Qualified	%	60	65	78	77

基本情况(1991 －2003)
and Measurement

1995	1996	1997	1998	1999	2000	2001	2002	2003
1319	**1387**	**1162**	**990**	**900**	**1087**	**1045**	**1049**	**1653**
899	818	658	587	477	605	497	514	734
420	569	504	403	423	482	548	535	919
505	**560**	**688**	**600**	**526**	**538**	**492**	**608**	**661**
96	203	281	249	194	230	213	222	361
185	186	267	235	194	220	167	269	192
224	171	140	116	138	88	112	117	108
10	10	10	10	10	10	10	10	10
86	83	87	88	133	133	133	133	130
147	143	141	140	190	191	190	190	177
26344211	27611905	29374465	27597670	31004284	40058507	38943590	44993208	41587596
2441130	2584605	2358173	2086995	2283278	2990725	3033660	3475520	3476880
534085	670683	689446	669758	745406	5019420	1294382	1881378	1421727
18845119	19252999	20153072	17955936	18393406	20325728	20623794	23679332	21153580
10442331	10229244	9751864	8971949	9470396	8197099	8375575	8051990	7937044
3688655	4012280	4997291	5231026	7569615	8565969	10885992	11827159	11610007
113448	157343	173046	254095	322881	336359	397073	410101	381681
15262	19272	24641	25778	32937	46625	43058	67133	52472
151530	228704	221255	210298	224892	294201	317330	484879	477352
18485	32522	28914	40257	43377	49763	53111	115578	65886
94819	86536	97672	107467	156113	688232	731195	813242	832157
32525	77136	84747	145744	252201	401238	407959	380299	396674
409153	489825	546208	870316	980178	1340247	1156036	1858587	1719179

基本情况(1991 －2003)
and Quality Supervision

1995	1996	1997	1998	1999	2000	2001	2002	2003
8553	10216	10793	10965	12156	11464	11914	12269	12877
985	801	738	678	1151	921	722	1388	2109
930	787	637	644	1021	873	689	1255	1976
55	14	101	34	130	48	33	133	133
260490	301839	422153	395015	401089	389675	355119	351882	319492
435900	476885	633563	508191	501121	484581	445044	448718	392712
77	78	80	79.4	79.92	81	81.07	83.59	86.07
211012	258168	367317	397843	422987	392346	409077	313305	244734
558606	725350	1090214	908762	790028	757906	790193	563532	419100
67	68	69	71	71	70	73	75	77

7-9 全国测绘部门资料提供情况(2003)

Statistics on Surveying and Mapping Materials

地区 Region	地形图合计(张) Topographic (piece)	1:10000	1:50000	大地成果(点) Geodetic Results (point)	航摄成果(片) Aerial Photograph (piece)	挂图(张) Wall-map (piece)	地图集(册) Atlas (volume)
全　国　Total	**693979**	**195642**	**124309**	**147658**	**446685**	**9621**	**5240**
东部地区 Eastern Region	390132	68888	14822	51156	19797	3356	3217
中部地区 Mid Region	90889	60337	25397	59235	130515	955	40
西部地区 Western Region	163670	66417	47397	34776	153455	5310	1983
北　京 Beijing	45278	4762	405	16057		483	645
天　津 Tianjin	13665	1980	178	217	68		
河　北 Hebei	9924	6380	2615	2112	90	44	36
山　西 Shanxi	13722	10400	3019	920	3036		
内蒙古 Neimenggu	13602	2111	9043	1724			
辽　宁 Liaoning	5086	4306	778	372		2703	1948
吉　林 Jilin	15914	11428	3110	4490	3468	693	17
黑龙江 Heilongjiang	16012	6626	8071	685	105687	262	23
上　海 Shanghai	251936	1786	144	20808	10080		
江　苏 Jiangsu	9464	6746	1961	2093	1058		426
浙　江 Zhejiang	17395	14917	1631	3562	934		
安　徽 Anhui	12322	7644	3914	3886	4771		
福　建 Fujian	9187	6236	1887	2500	1750		
江　西 Jiangxi	10457	8656	1392	47372	8411		
山　东 Shandong	12878	9015	3155		675	126	162
河　南 Henan	3848	1569	1938	705	4588		
湖　北 Hubei	1925	1321	358	555	152		
湖　南 Hunan	16689	12693	3595	622	402		
广　东 Guangdong	14331	12118	1945	3172			
广　西 Guangxi	27254	24394	1307	19911	2842	1646	2
海　南 Hainan	988	642	123	263	5142		
重　庆 Chongqing	17427	783	292	58	3311	7	
四　川 Sichuan	20356	9209	7307	3032	9221	234	452
贵　州 Guizhou	12449	8423	3725	452	34872	392	73
云　南 Yunnan	16918	6076	6552	5850	5597	975	
西　藏 Tibet	14121	143	353	165		597	506
陕　西 Shaanxi	12440	8209	3386	501	73301	46	
甘　肃 Gansu	10765	2138	7175	608	310		
青　海 Qinghai	5695	1096	3332	619		856	950
宁　夏 Ningxia	3924	2549	1089	554		31	
新　疆 Xinjiang	8719	1286	3836	1302	24001	526	
国家基础地理信息中心 National Geomatics Center of China	49288		36693	2491	142918		

7-10 软科学基本情况(1991-2002)

Basic Statistics on Soft Sciences

	单位	1991-1992	1993-1994	1995-1996	1997-1998	1999-2000	2001-2002
软科学机构数 Number of Institutes	个 unit	960	1076	1241	1224	1323	1634
从事科学活动人员数 S&T Personnel	人 person	29241	29529	44300	36230	37347	48589
科学家工程师 Scientists and Engineers	人 person	22126	22404	27898	24308	27548	35840
高级职称 Senior Title	人 person	7671	9107	10841	12172	14207	19207
中级职称 Middle Title	人 person	11039	12452	16107	12070	13314	16514
完成软科学课题 Finished Projects	项 item	3767	6047	5761	7672	7147	9213
正在进行的软科学课题 Ongoing projects	项 item	2396	2361	2367	3262	3020	5139
投入软科学研究经费 Research Funds	万元 10,000 yuan	16700	23600	48400	62400	58500	886492
投入软科学研究人力 Research Personnel	人年 person. year	28100	23500	22400	33700	26011	37647
发表科学论文 Scientific Papers	篇 piece	30477	34464	44230	45862	42934	64671
国外发表 Published abroad	篇 piece	1599	2552	2154	2658	1895	2391
获奖成果 Achievements Awarded	项 item	1346	1542	1411	1976	1642	2027
开展国际合作项目 International Cooperative Projects	项 item	396	808	592	1222	995	1022
参加人数 Personnel Participated	人 person	1671	5602	2307	3154	3476	4753
出席国际会议或出国考察 Participated Intl Conference or Field Trip abroad	项 item	1167	1242	2714	3338	3616	4370
参加人数 Personnel Participated	人 person	2516	3795	5736	7480	7208	10172

7－11 国际科技合作项目(1995－2003)

International Cooperation Exchange for Science and Technology

单位:项 (item)

	1995	1996	1997	1998	1999	2000	2001	2002	2003
按出国项目分 by Type of Project Going Abroad									
合计 Total	**18845**	**26859**	**24493**	**15818**	**19407**	**17652**	**16496**	**18272**	**16305**
考察访问 Field Trip	6133	11115	8984	5222	6167	5825	5903	7104	4796
国际会议 International Conference	5170	7771	7661	5519	6710	6600	5616	5974	5368
合作研究 Cooperative Research	3052	3025	2705	2079	2660	2250	2196	2313	2300
培训 Training	2687	2796	2909	1754	2410	1836	1834	1794	1339
展览会 Exhibition	496	374	482	407	491	293	224	292	267
其他 Other	1307	1778	1752	837	969	848	723	795	2235
按来华项目分 by Type of Project Coming to China									
合计 Total	**8940**	**6432**	**7832**	**6192**	**4711**	**5085**	**7507**	**7892**	**6219**
考察访问 Field Trip	5050	3206	3361	2638	1949	1893	3432	3430	2703
国际会议 International Conference	1212	872	1472	911	1012	1240	1282	1640	1095
合作研究 Cooperative Research	1522	1134	1227	1330	702	1281	1766	2011	1593
培训 Training	363	475	297	245	231	248	287	231	271
展览会 Exhibition	149	61	112	232	182	150	351	97	94
其他 Other	644	684	1363	836	635	273	389	483	463

7-12 国际科技合作项目参加人数(1995-2003)

Personnel Participated in International Cooperation Exchange for Science and Technology

单位:人次 (person-times)

	1995	1996	1997	1998	1999	2000	2001	2002	2003
按出国项目分 by Type of Project Going Abroad									
合计 Total	**58883**	**68485**	**69115**	**45020**	**52948**	**48826**	**48616**	**57247**	**48992**
考察访问 Field Trip	21578	29338	30499	19322	20833	20568	21574	27605	20061
国际会议 International Conference	10937	13718	13951	10317	12113	12576	11079	11948	9641
合作研究 Cooperative Research	6873	5620	5152	3607	4700	4166	4862	4683	3716
培训 Training	12127	11852	10733	6754	8912	6425	7218	6826	5690
展览会 Exhibition	3729	3661	3809	2296	3545	2023	1447	2983	2392
其他 Other	3639	4296	4971	2724	2845	3068	2436	3202	7422
按来华项目分 by Type of Project Coming to China									
合计 Total	**35098**	**31493**	**37504**	**24913**	**20630**	**21991**	**32472**	**53510**	**29022**
考察访问 Field Trip	15587	11970	13325	8545	7973	7070	11078	10701	7857
国际会议 International Conference	9101	11690	11988	6495	7402	8930	9484	35904	10328
合作研究 Cooperative Research	4029	2932	3413	3144	1996	2552	4212	4060	3879
培训 Training	1376	1625	1281	1065	671	745	817	818	914
展览会 Exhibition	3271	1619	4377	4014	1099	1729	5498	1051	4853
其他 Other	1734	1657	3120	1650	1489	965	1383	976	1191

7-13 中国科协系统
Basic Statistics on Scientific and Technological Activities of

项　目	Item	总计 Tatal
机构和人员	**Number of Associations or Academic Societies and Personnel**	
机构数 （个）	Number of Associations or Academic Societies (unit)	6988
从业人员 （人）	Number of Employed Persons (person)	48527
学会个人会员 （万人）	Number of Personal Members of Academic Societies (10,000 person)	
学术交流活动	**Academic Exchange**	
境内举办学术交流活动 （次）	Number of Academic Meetings Held in China (time)	23862
参加人数 （万人次）	Number of Participants (10,000 person-time)	323
科学技术普及(经常性科普活动)＊	**S&T Popularization Activities (Frequent Popularization Activities)**	
举办科普讲座 （次）	Number of S&T Popularization Lectures (time)	101903
听讲人数 （万人次）	Number of Participants (10,000 person-time)	2483
举办科普展览 （次）	Number of S&T Popularization Exhibitions (time)	29130
参观人数 （万人次）	Number of Participants (10,000 person-time)	6070
举办科普宣传 （次）	Number of S&T Popularization Propagation (time)	51094
组织工作人员 （万人次）	Working staffs (10,000 person-time)	80
举办青少年科技竞赛 （次）	Number of S&T Competitions for Adolescent (time)	5735
参加人数 （万人次）	Number of Participants (10,000 person-time)	2950
举办青少年科技夏冬令营 （次）	Number of Summer-Winter Camps on S&T Competitions for Adolescent(time)	1804
参加人数 （万人次）	Number of Participants (10,000 person-time)	150
科学技术普及(科技周活动)＊	**S&T Popularization Activities (National S&T Week Activities)**	
举办科普讲座 （次）	Number of S&T Popularization Lectures (time)	15725
听讲人数 （万人次）	Number of Participants (10,000 person-time)	634
举办科普展览 （次）	Number of S&T Popularization Exhibitions (time)	12563
参观人数 （万人次）	Number of Participants (10,000 person-time)	2502
举办科普宣传 （次）	Number of S&T Popularization Propagation Events (time)	17268
组织工作人员 （万人次）	Working staffs (10,000 person-time)	69
科学技术普及(科技下乡活动)	**S&T Popularization Activities(Popularization Activities Conducted in Rural Section)**	
组织科技下乡次数 （次）	Number of S&T Popularization Programs Conducted in Rural Section (time)	47396
举办科普讲座 （次）	Number of S&T Popularization Lectures (time)	45345
听讲人数 （万人次）	Number of Participants (10,000 person-time)	1262
举办科普展览 （次）	Number of S&T Popularization Exhibitions (time)	19903
参观人数 （万人次）	Number of Participants (10,000 person-time)	3474
举办科普咨询 （次）	Number of S&T Popularization Consultion (time)	91223
组织工作人员 （万人次）	Working staffs (10,000 person-time)	58
对外交流活动	**International S&T Exchange**	
接待国外及港澳台地区来访科技团组（个）	Visits from Foreign Countries, Hong Kong, Macao and Taiwan (unit)	2418
接待总人数 （人次）	Total Number of People (person-time)	19096
派往国外及港澳台地区科技团组 （个）	Visits to Foreign Countries, Hong Kong, Macao and Taiwan (unit)	1683
派出总人数 （人次）	Total Number of People (person-time)	12921
社会、科技服务活动	**Public Service on S&T**	
“金桥工程”本年完成数 （项）	Number of Completed "Golden Bridge Program" Projects (item)	9509
完成技术咨询合 （项）	Number of Consultative Contracts Completed (item)	56686
反映科技建议 （项）	Number of S&T Proposals (time)	32455
举办培训班 （个）	Number of Training Courses (unit)	77777
培训人数 （万人次）	Number of Persons Trained in Training Courses (10,000 person-time)	1343
科技传媒情况	**S&T Media**	
主办科技期刊 （种）	Number of Scientific & Technological Journals (kind)	2145
发行量 （万册）	Number of Copies Distributed (10,000 copies)	10500
主办科技报纸 （种）	Number of Scientific & Technological Newspapers (kind)	102
发行量 （万册）	Number of Copies Distributed (10,000 copies)	25961
编著科技图书 （种）	Number of Scientific & Technological books (kind)	1957
发行量 （万册）	Number of Copies Distributed (10,000 copies)	1342

注：1. 经常性科普活动的数据不含科技周和科技下乡活动数据。

2. 科协科技周活动数据含所属学会数据。

科技活动情况（2003）
China Associations for Science and Technology（2003）

科协小计 Total Number of Associations	中国科协 China Associations	省级科协 Provincial Associations	地级科协 Prefectural Associations	县级科协 County Associations	学会小计 Total Number of Learned Societies	全国性学会 National Learned Societies	省学会 Provincial Learned Societies
3207	1	31	396	2779	3781	167	3614
34015	1391	6372	9297	16955	14512	1958	12554
						387	400
13307	38	291	4847	8131	10555	2316	8239
214	1	8	65	140	109	29	80
86198	132	791	14718	70557	15705	1166	14539
2200	8	28	297	1867	283	32	251
25962	61	575	5031	20295	3168	197	2971
5500	152	303	1086	3960	570	55	514
46304	42	766	8344	37152	4790	635	4155
74	0	1	12	62	6	1	4
5125	2	149	1512	3462	610	46	564
2212	0	506	905	801	738	192	546
1462	0	70	499	893	342	57	285
146	0	1	126	19	4	1	3
15725	0	141	2960	12624			
634	0	200	120	314			
12563	0	118	2427	10018			
2502	0	161	513	1828			
17268	0	122	3516	13630			
69	0	0	34	35			
41339	3	588	5744	35004	6057	471	5586
38776	10	269	6655	31842	6569	328	6241
1126	1	10	164	951	136	8	128
19320	26	442	2807	16045	583	11	572
3396	34	174	747	2441	78	3	75
87271	0	2406	10873	73992	3952	270	3682
56	0	1	17	38	2	0	2
221	54	167			2197	669	1528
1755	646	1109			17341	6985	10356
322	138	184			1361	444	917
2698	1245	1453			10223	4065	6158
9509	240	1754	3265	4250			
48776	0	11998	27781	8997	7910	268	7642
20312	133	377	3864	15938	12143	385	11758
67103	71	1613	11290	54129	10674	1002	9672
1211	1	8	139	1063	132	13	119
82	14	68			2063	873	1190
2544	278	2266			7956	5169	2787
37	1	36			65	14	51
16250	3	16246			9712	3276	6436
955	21	289	223	422	1002	223	779
883	14	431	179	259	459	119	341

a) Data of frequent popularization activities excludes data of national S&T week activities, activities of popularization conducted in Rural Section.

b) Associations's data of national S&T week activities includes data of Academic societies.

八、国际比较

International Comparison

8-1 研究与试验发展(R&D)经费及占国内生产总值的比重

R&D Expenditure and Its Share in GDP

单位:10 亿本国货币单位 (billion of national currency)

国家(地区)	Region	R&D 经费 R&D Expenditure							
		1991	1992	1993	1994	1995	1996	1997	1998
中国	China	15.95	19.80	24.80	30.63	34.87	40.45	50.92	55.11
美国	USA	161.41	165.74	166.21	169.63	184.08	197.75	212.69	226.77
日本	Japan	13771.52	13909.49	13709.14	13596.03	14408.24	14155.06	14794.03	15169.20
英国	UK	12.13	12.37	13.19	13.68	14.03	14.34	14.66	15.45
法国	France	24.86	25.82	26.48	26.76	27.30	27.84	27.76	28.32
德国	Germany	37.85	38.69	38.62	38.90	40.46	41.17	42.86	44.65
澳大利亚	Australia		6.48		7.47		8.79		8.94
加拿大	Canada	10.77	11.34	12.18	13.34	13.75	13.82	14.64	16.08
意大利	Italy	9.12	9.27	9.10	8.98	9.23	9.89	10.79	11.44
瑞典	Sweden	41.76		49.01		59.30		66.92	
瑞士	Swiss		9.09				9.99		
土耳其	Turkey	3330.05	5356.81	8776.14	13991.27	29509.39	66727.98	141781.67	260422.14
奥地利	Austria	2.10	2.20	2.30	2.54	2.68	2.86	3.12	3.40
比利时	Belgium	2.78		3.15	3.31	3.47	3.74	4.06	4.28
捷克	Czech	15.21	14.50	12.32	12.98	13.98	16.26	19.48	22.87
丹麦	Denmark	14.10	14.90	15.70		18.54	19.66	21.65	23.79
芬兰	Finland	1.71	1.75	1.80	2.01	2.17	2.50	2.90	3.35
希腊	Greek	0.17		0.29		0.39		0.49	
冰岛	Iceland	4.62	5.31	5.50	6.05	6.96		9.65	11.77
爱尔兰	Ireland	0.35	0.41	0.51	0.59	0.67	0.76	0.86	0.97
墨西哥	Mexico			2.76	4.17	5.69	7.83	10.94	14.52
荷兰	Netherlands	5.04	5.08	5.29	5.67	6.01	6.34	6.81	6.87
新西兰	New Zealand	0.71	0.76	0.82		0.89		1.11	
挪威	Norway	12.60		14.26		15.91		18.19	
葡萄牙	Portugal		0.40			0.46		0.58	0.70
西班牙	Spain	2.88	3.24	3.35	3.29	3.55	3.85	4.04	4.72
韩国	Korea	4158.44	4989.03	6152.98	7894.75	9440.61	10878.05	12185.81	11336.62
中国台北	Taipei					125.03	137.96	156.32	176.46
新加坡	Singapore				1.17	1.37	1.79	2.10	2.49
匈牙利	Hungary	26.73	30.99	34.69	38.85	41.20	44.89	61.75	68.62
波兰	Poland				1.72	2.13	2.76	3.36	4.01
俄罗斯联邦	Russian Federation	0.02	0.14	1.32	5.15	12.15	19.39	24.45	25.08
巴西	Brazil	2834	2321	3072	4657	5360			
印度	India	2270(1990)	1931	1992	2174		2188		2303

8－1 续表 1

单位:10 亿本国货币单位 (billion of national currency)

国家(地区) Region		R&D 经费		R&D Expenditure			R&D/GDP			
		1999	2000	2001	2002	2003	1991	1992	1993	1994
中国	China	67.89	89.57	104.25	128.76		0.74	0.74	0.72	0.65
美国	USA	244.02	265.19	274.76	277.10	284.58	2.72	2.65	2.52	2.43
日本	Japan	15032.66	15304.42	15542.82	15551.51		2.94	2.89	2.83	2.77
英国	UK	16.93	17.55	18.47	19.56		2.07	2.02	2.05	2.01
法国	France	29.53	30.95	32.89	33.42		2.37	2.38	2.4	2.34
德国	Germany	48.19	50.62	52.00	53.28	53.25	2.52	2.4	2.33	2.24
澳大利亚	Australia		10.34					1.52		1.58
加拿大	Canada	17.63	20.36	22.12	21.70	22.45	1.6	1.64	1.7	1.76
意大利	Italy	11.52	12.46	13.57			1.23	1.18	1.13	1.05
瑞典	Sweden	75.81		96.79			2.72		3.17	
瑞士	Swiss		10.68					2.59		
土耳其	Turkey	489162.88	798437.97				0.53	0.49	0.44	0.36
奥地利	Austria	3.67	3.84	4.09	4.22	4.34	1.47	1.45	1.47	1.54
比利时	Belgium	4.62	5.05	5.51			1.62		1.7	1.69
捷克	Czech	23.65	26.49	28.34	29.55		2.02	1.72	1.21	1.1
丹麦	Denmark	26.42		31.82	34.31		1.64	1.68	1.74	
芬兰	Finland	3.88	4.42	4.62	4.83		2.04	2.13	2.16	2.29
希腊	Greek	0.76		0.85			0.36		0.47	
冰岛	Iceland	14.52	18.25	22.78	24.10		1.17	1.35	1.36	1.41
爱尔兰	Ireland	1.07	1.18	1.32			0.93	1.04	1.17	1.27
墨西哥	Mexico	19.75	20.49	22.92					0.22	0.29
荷兰	Netherlands	7.56	7.65	8.09			1.97	1.9	1.93	1.97
新西兰	New Zealand	1.09		1.44			0.98	1	1.01	
挪威	Norway	20.32		24.44	25.44		1.64		1.72	
葡萄牙	Portugal	0.81	0.93	1.04	1.20			0.61		
西班牙	Spain	5.00	5.72	6.23	7.19		0.84	0.88	0.88	0.81
韩国	Korea	11921.75	13848.50	16110.52	17325.08		1.92	2.03	2.22	2.44
中国台北	Taipei	190.52	197.63	204.97	224.43					
新加坡	Singapore	2.66	3.01	3.23	3.40					1.09
匈牙利	Hungary	78.19	105.39	140.61	171.47		1.06	1.04	0.97	0.88
波兰	Poland	4.59	4.80	4.86	4.58					0.71
俄罗斯联邦	Russian Federation	48.05	76.70	105.26	135.00		1.43	0.74	0.77	0.84
巴西	Brazil	4623	5844				0.46	0.38	0.48	0.69
印度	India	3500					0.85(1990)	0.81	0.86	0.81

8－1 续表 2

单位:10 亿本国货币单位 (billion of national currency)

国家(地区) Region		R&D/GDP								
		1995	1996	1997	1998	1999	2000	2001	2002	2003
中国	China	0.60	0.60	0.68	0.7	0.83	1.00	1.09	1.23	
美国	USA	2.51	2.55	2.58	2.6	2.65	2.72	2.74	2.67	2.62
日本	Japan	2.9	2.78	2.84	2.95	2.96	2.99	3.07	3.12	
英国	UK	1.95	1.88	1.81	1.8	1.87	1.84	1.86	1.88	
法国	France	2.31	2.3	2.22	2.17	2.18	2.18	2.23	2.2	
德国	Germany	2.25	2.25	2.29	2.31	2.44	2.49	2.51	2.52	2.5
澳大利亚	Australia		1.66		1.51		1.54			
加拿大	Canada	1.72	1.68	1.68	1.79	1.82	1.92	2.03	1.91	1.87
意大利	Italy	1	1.01	1.05	1.07	1.04	1.07	1.11		
瑞典	Sweden	3.35		3.54		3.65		4.27		
瑞士	Swiss		2.67				2.57			
土耳其	Turkey	0.38	0.45	0.49	0.5	0.63	0.64			
奥地利	Austria	1.56	1.6	1.71	1.78	1.86	1.86	1.92	1.93	1.94
比利时	Belgium	1.72	1.8	1.87	1.9	1.96	2.04	2.17		
捷克	Czech	1.01	1.04	1.16	1.24	1.24	1.33	1.3	1.3	
丹麦	Denmark	1.84	1.85	1.94	2.06	2.19		2.4	2.52	
芬兰	Finland	2.28	2.54	2.71	2.88	3.23	3.4	3.41	3.46	
希腊	Greek	0.49		0.51		0.67		0.65		
冰岛	Iceland	1.57	..	1.88	2.07	2.38	2.75	3.06	3.09	
爱尔兰	Ireland	1.28	1.32	1.28	1.25	1.19	1.15	1.15		
墨西哥	Mexico	0.31	0.31	0.34	0.38	0.43	0.37	0.39		
荷兰	Netherlands	1.99	2.01	2.04	1.94	2.02	1.9	1.89		
新西兰	New Zealand	0.96		1.1		1.02		1.18		
挪威	Norway	1.7		1.64		1.65		1.6	1.67	
葡萄牙	Portugal	0.57		0.62	0.69	0.75	0.8	0.85	0.93	
西班牙	Spain	0.81	0.83	0.82	0.89	0.88	0.94	0.95	1.03	
韩国	Korea	2.5	2.6	2.69	2.55	2.47	2.65	2.92	2.91	
中国台北	Taipei	1.78	1.8	1.88	1.97	2.05	2.05	2.16	2.3	
新加坡	Singapore	1.15	1.38	1.49	1.82	1.9	1.88	2.1	2.15	
匈牙利	Hungary	0.73	0.65	0.72	0.68	0.69	0.8	0.95	1.02	
波兰	Poland	0.65	0.67	0.67	0.68	0.7	0.66	0.64	0.59	
俄罗斯联邦	Russian Federation	0.85	0.97	1.04	0.95	1	1.05	1.16	1.24	
巴西	Brazil	0.69				0.87	1.05			
印度	India		0.77		0.67	0.86				

	中国 China	美国 USA	日本 Japan	英国 UK	法国 France	德国 Germany	澳大利亚 Australia
一、R&D 人员　R&D personnel							
1、人力资源(千人) Human Resources(1,000 persons)	(2001)	(1999)	(2002)	(1993)	(2001)	(2002)	(2000)
从事 R&D 活动人员 R&D Personnel	956.5		857.3	257.0 (1998)	333.5	478.6	95.3
科学家工程师 Scientists and Engineers	742.7	1261.2	646.5	157.7 (1993)	177.4	264.7	65.8
每万人劳动力中从事 R&D 活动人员 R&D Personnel in 10,000 Labor Forces	13		128	90 (1998)	124	121	98
科学家工程师 Scientists and Engineers	10	90	97	55	66	67	68
2、从事 R&D 活动人员按执行部门分(%) R&D Personnel by Performing Sectors (%)	(2001)		(2002)	(1993)	(2001)	(2002)	(2000)
企业 Enterprises	55.6		64.8	58.4	55.6	63.2	29.2
研究机构 Research Institutes	26.5		7.5	13.2	14.8	15.1	19.3
高等学校 Higher Learning	17.9		25.7	25.7	27.6	21.7	48.6
二、R&D 经费　R&D Funds							
1、按经费来源分(%) By sources of Funds (%)	(2000)	(2003)	(2002)	(2002)	(2001)	(2003)	(2000)
企业 Enterprises	57.6	63.1	73.9	46.7	54.2	65.1	45.9
政府 Government	33.4	31.2	18.2	26.9	26.9	32.1	46.1
其他 Other	9.0	5.7	7.9	26.4	18.9	2.8	8.0
2、按执行部门分(%) By Performing Sector (%)	(2001)	(2003)	(2002)	(2002)	(2002)	(2003)	(2000)
企业 Enterprises	60.4	68.9	74.4	67.0	62.2	69.1	47.1
研究机构 Research Institutes	27.7	9.1	9.5	8.9	17.0	13.8	23.1
高等学校 Higher Learning	9.8	16.8	13.9	22.6	19.5	17.1	27.1
其他 Other	2.1	5.2	2.2	1.5	1.3	0.0	2.7
3、按研究类型分(%) By types of Research (%)	(2001)	(2000)	(1999)		(1999)		(1998)
基础研究 Fundamental Research	5.0	18.1	12.3		24.4		26.6
应用研究 Applied Research	16.9	20.8	21.6		27.5		32.6
实验发展 Experimental Development	78.1	61.1	66.1		48.1		40.8

的国际比较
of R&D Activities

加拿大 Canada	意大利 Italy	瑞典 Sweden	瑞士 Swiss	土耳其 Turkey	奥地利 Austria	比利时 Belgium	捷克 Czech	丹麦 Denmark	韩国 Korea	俄罗斯联邦 Russian Federation
(2000)	(2001)	(2001)	(2000)	(2000)	(1998)	(2001)	(2002)	(2001)	(2002)	(2002)
164.8	153.9	72.2	52.2	27.0	31.3	55.9	26.0	39.9	172.3	986.9
107.3	66.7	46.0	25.8	23.1	18.7	32.2	15.0	19.5	141.9	491.9
103	64	162	130	12	81	126	50	139	75	137
67	28	103	64	10	48	73	29	68	62	68
(2000)	(2001)	(2001)	(2000)	(2000)	(1998)	(2001)	(2002)	(2001)	(2002)	(2002)
61.2	42.4	68.5	69.3	22.3	65.1	63.4	48.6	64.8	70.1	61.5
10.8	19.3	3.9	1.7	15.1	6.7	6.6	28.2	14	8.1	28.3
27.4	38.3	27.5	29		27.7	29.0	22.5	20.5	20.6	10.0
(2003)	(1999)	(2001)	(2000)	(2000)	(2003)	(2001)	(2002)	(2001)	(2002)	(2002)
44.3	44.0	71.9	69.1	42.9	40.8	64.3	53.7	61.5	72.2	33.1
34.0	51.3	21.0	23.2	50.6	40.4	21.4	42.1	28.0	25.4	58.4
21.7	4.7	7.1	7.7	6.5	18.8	14.3	4.2	10.5	2.4	8.5
(2003)	(2001)	(2001)	(2000)	(2000)	(1998)	(2001)	(2002)	(2002)	(2002)	(2002)
53.7	49.1	77.6	73.9	33.4	63.6	73.7	61.1	69.3	74.9	69.9
11.2	18.4	2.8	1.3	6.2	6.4	6.0	23.0	7.0	13.4	24.5
34.9	32.6	19.4	22.9	60.4	29.7	19.2	15.6	23.1	10.4	5.4
0.2	0.0	0.2	1.9	0.0	0.3	1.1	0.3	0.6	1.3	0.2
	(1998)		(1996)		(1998)		(2000)	(1999)	(2001)	(1998)
	22.2		28.7		17.4		36.6	23.1	12.6	16.1
	43.7		32.9		38.7		30.9	29.0	25.3	16.9
	34.1		38.5		43.9		32.5	47.9	62.1	67.0

指标解释

Explanatory Notes of Indicators

指标解释

科学事业费：是拨给政府部门属研究与开发机构及高等学校属科研机构的科研行政费和业务费。

科技三项费：新产品试制费、中间试制费、重要科学研究补助费及其专项费，由国家根据科研项目拨给相关单位。

科技活动：指在自然科学、农业科学、医药科学、工程与技术科学、人文与社会科学领域（简称科学技术领域）中，与科技知识的产生、发展、传播和应用密切相关的有组织的活动。

科技活动人员：指直接从事科技活动、以及专门从事科技活动管理和为科技活动提供直接服务累计从事科技活动的实际工作时间占全年制度工作时间10%及以上的人员。（1）直接从事科技活动的人员包括：在独立核算的科学研究与技术开发机构、高等学校、各类企业及其他事业单位内设的研究室、实验室、技术开发中心及中试车间（基地）等机构中从事科技活动的研究人员、工程技术人员、技术工人及其它人员；虽不在上述机构工作，但编入科技活动项目（课题）组的人员；科技信息与文献机构中的专业技术人员；从事论文设计的研究生等。（2）专门从事科技活动管理和为科技活动提供直接服务的人员包括：独立核算的科学研究与技术开发机构、科技信息与文献机构、高等学校、各类企业及其他事业单位主管科技工作的负责人，专门从事科技活动的计划、行政、人事、财务、物资供应、设备维护、图书资料管理等工作的各类人员，但不包括保卫、医疗保健人员、司机、食堂人员、茶炉工、水暖工、清洁工等为科技活动提供间接服务的人员。

科学家与工程师：指科技活动人员中具有高、中级技术职称（职务）的人员和不具有高、中级技术职称（职务）的大学本科及以上学历人员。

研究与试验发展（R&D）：是指在科学技术领域，为增加知识总量、以及运用这些知识去创造新的应用进行的系统的创造性的活动，包括基础研究、应用研究、试验发展三类活动。

基础研究：是指为了获得关于现象和可观察事实的基本原理的新知识（揭示客观事物的本质、运动规律，获得新发现、新学说）而进行的实验性或理论性研究，它不以任何专门或特定的应用或使用为目的。其成果以科学论文和科学著作为主要形式。

应用研究：是指为获得新知识而进行的创造性研究，主要针对某一特定的目的或目标。应用研究是为了确定基础研究成果可能的用途，或是为达到预定的目标探索应采取的新方法（原理性）或新途径。其成果形式以科学论文、专著、原理性模型或发明专利为主。

试验发展：是指利用从基础研究、应用研究和实际经验所获得的现有知识，为产生新的产品、材料和装置，建立新的工艺、系统和服务，以及对已产生和建立的上述各项作实质性的改进而进行的系统性工作。其成果形式主要是专利、专有技术、具有新产品基本特征的产品原型或具有新装置基本特征的原始样机等。在社会科学领域，试验发展是指把通过基础研究、应用研究获得的知识转变成可以实施的计划（包括为进行检验和评估实施示范项目）的过程。人文科学领域没有对应的试验发展活动。

研究与试验发展人员：指参与研究与试验发展项目研究、管理和辅助工作的人员，包括项目（课题）组人员，企业科技行政管理人员和直接为项目（课题）活动提供服务的辅助人员。

全时人员：指报告年内从事R&D活动的时间占全年工作时间90%及以上的人员。

非全时人员：指报告年内从事R&D活动的时间占全年工作时间10%（含10%）－90%（不含90%）的人员。

非全时人员折合全时人员：指所有非全时人员按实际工作时间折算为全时人员。例如，有三个非全时人员，他们从事R&D活动的时间分别为全年工

作时间的20%、30%、70%,折合全时人数为0.2+0.3+0.7=1.2(人年)≈1(人年)

全时当量:指全时人员数加非全时人员按工作量折算为全时人员数的总和。例如:有两个全时人员和三个非全时人员(工作时间分别为20%、30%和70%,则全时当量为2+0.2+0.3+0.7=3.2人年。

专业技术人员:指从事专业技术工作和专业技术管理工作的人员,即企事业单位中已经聘任专业技术职务从事专业技术工作和专业技术管理工作的人员,以及未聘任专业技术职务,现在专业技术岗位上工作的人员。包括工程技术人员,农业技术人员,科学研究人员,卫生技术人员,教学人员,经济人员,会计人员,统计人员,翻译人员,图书资料、档案、文博人员,新闻出版人员,律师、公证人员,广播电视播音人员,工艺美术人员,体育人员,艺术人员及企业政治思想工作人员,共十七个专业技术职务类别。

科技活动经费筹集:指从各种渠道筹集到的计划用于科技活动的经费,包括政府资金、企业资金、事业单位资金、金融机构贷款、国外资金和其他资金等。

政府资金:指从各级政府部门获得的计划用于科技活动的经费,包括科学事业费、科技三项费、科研基建费、科学基金、教育等部门事业费中计划用于科技活动的经费以及政府部门预算外资金中计划用于科技活动的经费等。

企业资金:指从自有资金中提取或接受其他企业委托的、科研院所和高校等事业单位接受企业委托获得的,计划用于科研和技术开发的经费。不包括来自政府、金融机构及国外的计划用于科技活动的资金。

金融机构贷款:指从各类金融机构获得的用于科技活动的贷款。

科技活动经费内部支出:指报告年内用于科技活动的实际支出。包括劳务费、科研业务费、科研管理费,非基建投资购建的固定资产、科研基建支出以及其他用于科技活动的支出。不包括生产性活动支出、归还贷款支出及转拨外单位支出。

劳务费:指以货币或实物形式直接或间接支付给从事科技活动人员的劳动报酬及各种费用。包括各种形式的工资、津贴、奖金、福利、离退休人员费用、人民助学金等。

业务费:指报告年内用于科技活动的全部实际消耗性支出。如原材料费、水电费、差旅费、资料费等各种业务费。

固定资产购建费:指报告年内使用非基建投资购建的固定资产和用于科研基建投资的实际支出额,即固定资产实际支出和科研基建投资实际完成额之和。固定资产是指长期使用而不改变原有实物形态的主要物资设备、图书资料、实验材料和标本以及其他设备和家具、房屋、建筑物。

新产品:指采用新技术原理、新设计构思研制、生产的全新产品,或在结构、材质、工艺等某一方面比原有产品有明显改进,从而显著提高了产品性能或扩大了使用功能的产品。既包括政府有关部门认定并在有效期内的新产品,也包括企业自行研制开发,未经政府有关部门认定,从投产之日起一年之内的新产品。

专利:是专利权的简称,是对发明人的发明创造经审查合格后,由专利局依据专利法授予发明人和设计人对该项发明创造享有的专有权。包括发明、实用新型和外观设计。

发明:是指对产品、方法或者其改进所提出的新的技术方案。

实用新型:是指对产品的形状、构造或者其结合所提出的适于实用的新的技术方案。

外观设计:是指对产品的形状、图案、色彩或者其结合所作出的富有美感并适于工业上应用的新设计。

职务发明:执行本单位的任务或者主要是利用本单位的物质条件所完成的发明创造,申请专利的权利属于本单位。

"执行本单位的任务"是指(1)在本职工作中作出的发明创造;(2)履行本单位交付的本职工作之外的任务所作出的发明创造;(3)退职、退休或者调动工作一年内作出的,与其在原单位承担的本职工作或者原单位分配的任务有关的发明创造。"本单位的物质条件"是指本单位的资金、设备、零部件、原材料或者不对外公开的技术资料等。

非职务发明:申请专利的权利属于发明人或者设计人。

《SCI》:美国《科学引文索引》(Science Citation Index),是由美国科学情报研究所于 1961 年创立,报道生命科学、医学、生物、物理、化学、农业、工程技术领域内的科技文献。是目前国际上最具权威性的用于基础研究和应用研究科研成果的评价体系。

《EI》:美国《工程索引》(The Engineering Index),创刊于 1884 年,由美国工程信息公司编辑出版。作为世界著名的工程技术领域的文献检索系统,其收录文献的内容包括以下工程技术领域:生物工程、土木、地质、环境、矿业、石油、冶金、机械、燃料工程、核能、汽车、宇航工程、电气、电子、控制工程、化工、食品、农业、工业管理、数学、物理、仪表等。

《ISTP》:《科学技术会议录索引》(Index to Scientific and Technical Proceedings)。

东部地区:包括北京,天津,河北,辽宁,上海,江苏,浙江,福建,山东,广东和海南 11 个省区市。

中部地区:包括山西,吉林,黑龙江,安徽,江西,河南,湖北,湖南 8 个省区市。

西部地区:包括内蒙古,广西,重庆,四川,贵州,云南,西藏,陕西,甘肃,青海,宁夏,新疆 12 个省区市。